应急急诊室

范升彦 ◎著

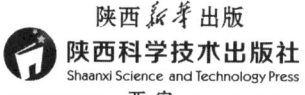

图书在版编目(CIP)数据

应急急诊室/范升彦著. — 西安：陕西科学技术出版社，2024.4
ISBN 978-7-5369-8918-4

Ⅰ.①应… Ⅱ.①范… Ⅲ.①地方政府—风险管理 Ⅳ.①D035.5

中国国家版本馆 CIP 数据核字(2024)第 063148 号

应急急诊室
YINGJI JIZHENSHI
范升彦 著

责任编辑	高　曼
封面设计	申　畅

出 版 者	陕西科学技术出版社 西安市曲江新区登高路1388号陕西新华出版传媒产业大厦B座 电话(029)81205187　传真(029)81205155　邮编710061 http://www.snstp.com
发 行 者	陕西科学技术出版社 电话(029)81205180　81206809
印　　刷	陕西隆昌印刷有限公司
规　　格	787mm×1092mm　16开本
印　　张	21.5
字　　数	380千字
版　　次	2024年4月第1版 2024年4月第1次印刷
书　　号	ISBN 978-7-5369-8918-4
定　　价	98.00元

版权所有　翻印必究

医院门诊,是医生为患者看病的地方。人总会有生病的时候,生病的时候会出现头疼、发烧、出汗或者晕厥等现象,人身体上出现的这些现象,并不是疾病,而是疾病在人身体上的客观反映。医生为了准确了解患者的发病原因,往往需要通过"望、闻、问、切"等诊断手段或采用诊疗设备进行全面的检查、专家医护团队的综合分析研判,最终才能科学准确地确定患者所患是何种疾病。医院急诊室是专门为突发急症、重症、生命体征不稳定患者而设置的一个应急处置科室,是急诊患者入院治疗的必经之路。医院急诊室将院前的医疗急救与院内的医学治疗进行了有效结合,为急危重症患者第一时间救治提供了应急保障。

地方单位"门诊",是为地方或单位所组织开展的"查体""会诊"及开具"处方"等一系列"看病"活动。对于地方或单位而言,《应急急诊室》就是为地方或单位组织开展风险管理与应急管理活动,而设置的一个特别诊疗"病情"的"特殊诊室",是利用管理学相关原理知识和现代科学技术手段,在进行全面系统"查体""会诊"的基础上,为地方或单位开出"病情"诊疗"处方",再运用"特殊管理"方式,进行"应急药物干预"或实施"外科手术治疗",以达到早期预防或基本根治地方或单位所患应急之"疾病"的目的。任何一个地方或单位都会不同程度地存在着这样或那样的风险与隐患"疾病",都可能随时发生意想不到的事件,所以,这个地方或单位有没有"疾病",不能简单、直观地从看到的表面现象上下结论,而需要像医院给患者看病一样,进行一次全面系统的"体检",通过专家会诊和研判分析,找出地方或单位的风险隐患及突发事件发生的内在诱因,开出治理"处方",提出解决问题的配套方案。若放弃了对地方或单位的"体检",放弃了风险隐患的排查与治理,就会使地方或单位的"病情"从"感冒"现象,转变为"住院"治疗,治疗手段也就会从"吃药"转变为"开刀",这也必将会导致地方或单位"病情"加剧,甚至扩散或蔓延,若贸然采取应对措施,势必会给地方或单位的经济发展与社会稳定带来严重影响。

《应急急诊室》可以及时帮助您,解决您意想不到的问题。

编 者

2022 年 12 月

目录

第一章 ① 药理：风险概论

第一节　风险管理概述 …………………………………………… 3
第二节　风险管理流程 …………………………………………… 12
第三节　风险管理与应急管理、危机管理 ……………………… 31

第二章 ㊋ 体检：风险评价

第一节　自检：危险及有害因素辨识与分类 …………………… 57
第二节　复检：常见风险分析评定 ……………………………… 67
第三节　专检：重大事故隐患 …………………………………… 104

第三章 ⑰ 处方：应急预案

第一节　应急预案概论 …………………………………………… 119

第二节	应急预案制定	138
第三节	应急预案的要素、内容及相关成果	160
第四节	应急预案管理	169
第五节	应急演练	181

第四章 195
手术：应急行动

第一节	应急行动概论	197
第二节	应急指挥与协调	228
第三节	应急力量编成及运用	247
第四节	应急行动的组织实施	257

第五章 273
临床：案例剖析

【自然灾害】从责任主体、综合监管到抢险救援——"7·20"河南郑州特大暴雨灾害应对反思 …… 275

【事故灾难】从资源协调、力量统筹到现场指挥——"8·12"天津港爆炸事故处置反思 …… 290

【公共卫生事件】从阻击战、总体战到人民战争——新冠肺炎疫情大流行应对工作反思 …… 304

【社会安全事件】从风险评估、信息预警到应急处置——"12·31"上海外滩陈毅广场拥挤踩踏事件应对反思 …… 320

参考文献 …… 333
后记 …… 335

第一章
药理：风险概论

你可以雇人为你开车攒钱，但不会有人为你承担疾病；失去物质的东西你可以随时找回来，但失去的生命你却永远找不回来。祸患常积于忽微，古人云：道虽迩，不行不至；事虽小，不为不成。风险存在是客观的，风险认知是主观的，应急管理工作不能只注重灾后举国关注、轰轰烈烈的救灾行动，而忽视灾前默默无声、无人问津的防灾准备。愚者谙于成事，智者见于未萌，突发事件的预防与准备应从风险感知开始。

药理学是生命科学的重要组成部分,与相关学科相互渗透,彼此借鉴和促进,是研究药物与机体(包括病原体)相互作用规律的学科,衍生出的分支也可以指导应急管理工作。在药理学中,药物是预防、治疗和诊断疾病的物质,安全、有效、质量可控;食物对治疗疾病有帮助,食物虽安全,但对治疗并不一定有效;毒物对治疗疾病会有效,但并不一定安全,三者之间无绝对的界限,食物与药物是健康与疾病食用物质的选择,药物与毒物仅存在用量上的差异。研究风险管理,就是从药理学的视角,探索风险、感知风险、调控风险,通过"药动"的作用,实现风险本体对"药物"的"吸收、分布、代谢及排泄",通过"药效"的作用,实现风险机体的"自愈、消除和转移"。

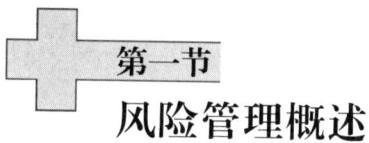

第一节 风险管理概述

一、风险

"风险"是一个日常用语,也是一个科学术语。所谓风险,是指某一特定危险情况发生的可能性和不利后果(严重性)的组合。其中,可能性是指导致事件发生的难易程度,即风险的概率,不利后果(严重性)是指风险变为现实后造成的影响,包括有形的客观损失(如人员伤亡、经济损失、环境影响等)和无形的主观损失(如危及人群心理健康,国际声誉、国家形象影响,社会舆论等),任何一方的缺失,风险都将会不复存在。

与"风险"相关的概念,主要包括风险(源)/危险要素、脆弱性、抗灾能力、安全风险、风险点、隐患等。其中,风险(源)/危险要素也称致灾因子,是指具有潜在的引起不幸、伤害、财产损失、基础设施破坏、农业损失、环境破坏、经营中断或其他类型损害或损失的事件或客观条件;安全风险常常表现为发生危险事件或有害暴露的可能性,与随之引发的人身伤害、健康损害或财产损失的严重性的组合;风险点是存在风险的设施、部位、场所和区域,以及在设施、部位、场所和区域实施的伴随风险作业活动或以上两者的组合;隐患则是个人或组织违反相关法律、法规、规章、标准、规程和管理制度,在生产生活活动中存在的可能导致事件发生的物的危险状态、人的不安全行为和管理上的缺陷。风险与危险(源)、脆弱性之间的关系可以表示为:风险 = 危险(源)×脆弱性。在此基础上,若将"抗灾能力"纳入其中,即风险 = 危险(源)×脆弱性/能力。

关于风险的定义,人们通常的理解是"可能发生的危险"。韦伯字典将风险定义为"面临的伤害或损失的可能性",在保险业中则将风险定义为"灾害或可能的损失"。风险是能够对研究对象产生影响的事件发生的机会,它通过后果和可能性这两个方面来具体体现。风险概念中包含了三个因素,即对可能发生的事件的认知、该事件发生的可能性和发生的后果。

风险的定义可以大致归结为四类:第一类,将未来结果的变动可能性视为风险;第二类,是将不确定性视为风险;第三类,将不利事件发生的可能性视为风险;第四类,从结果之间的差异来界定风险。

从结果之间的差异来界定风险又分为三种:第一种,将各种可能结果之间的差异本身视为风险;第二种,以客观实际结果为参照对象,将风险界定为主观预想与客观实际结果的距离;第三种,以主观预想的结果为参照对象,将风险定义为未来结果与预期或期望结果之间的差距。

风险可以认为是不确定性结果的一种度量,是在不确定性情境下不利事件或危险事件发生的可能性及其后果、影响的综合体。而所谓的不确定性就是一个问题的结果存在两个或更多的选择。风险的不确定性突出在两个方面,即风险发生的不确定性和风险损失的不确定性。风险具有客观性,其大小随着时间延续而变化,是一定时期内的风险。从系统分析的角度来看,风险具有系统特性和动态特性,风险实际上并非某一单一实体或事物的固有特性,而是属于一个系统的特性,若系统发生变化,很容易就会使事先对风险所做的估算随之发生变化。有形风险有物理属性的条件,而无形风险则更多的是道德和心理方面的影响,一个组织所能控制的只有非系统风险,对系统风险是无能为力的。显而易见,风险是针对不确定性事件而言的。在许多情况下,危机就是不确定性事件。

1. 风险的分类

风险分类是依据风险的相关特性与要求,对风险的类别进行组织区分管理的一种形式,风险的类别也呈现出了多元化的表现形式。不同的行业(领域)对风险分类有不同的分法和要求,如系统风险、非系统风险、有形风险、无形风险、主要风险、次要风险、内部风险、外部风险、输入风险、输出风险、特殊风险、关联风险、交叉风险、变形风险、单一风险、复合风险、整治风险、残余风险,等等。若对风险不进行类别区分,单位或组织就很难开展对风险的分析与评估工作,也不便于组织对风险的管理。因此,单位或组织在对风险进行排查、辨识、登记、统计的基础上,一般都要科学精准地确定风险的类别,按照风险的危害程度、影响范围、物质特性、管理要求等,将排查辨识出的风险,划分成不同的风险类别。

按照风险出现的时间先后顺序,可将风险划分为临时风险和后续风险;按照风险作用的时间长短,可将风险划分为短期风险和长期风险;按照风险产生的环境,可将风险划分为静态风险和动态风险;按照风险演变的规律,可将风险划分为传统风险和新型风险;按照风险危害程度,可将风险划分为主要风险和次要风险;按照风险管控的级别要求,可将风险划分为一级、二级、三级、四级风险;按照风险存在的形式,可将风险划分为固有风险、现实风险、潜在风险和剩余风险;按照风险承担主体,可将风险划分为个人风险、家庭风险、企业风险、政府风险、国家风险;按照风险是否有获利机会为标准,可将风险划分为纯粹风险和投机风险。最常见的风险分类是基于风险源(致灾因子)的角度,来对风险类别进行划分的。

根据事件发生的可能性、产生的不利后果、风险环境及形成损失的原因进行风险类别的区分,这也是从应急管理的角度来区分风险类别的一种常用方法。通常将风险分为自然灾害类风险、事故灾难类风险、公共卫生事件类风险、社会安全事件类风险和综合类风险。其中,自然灾害类风险是由于自然力的非规则运动所引起的自然现象或物理现象和其他实质风险因素所形成的风险,如地震、海啸、暴风雨等;事故灾难类风险是个体或组织在生产经营过程中的不正常行为或使用工具的不可预测性所造成的风险,如矿难、溃坝、坍塌、爆炸等;公共卫生事件类风险,如各种传染病的暴发和流行、群体性不明原因疾病以及可能导致健康负面效应事件等;社会安全事件类风险是由于反常的个人行为或不可预料的团体行为所造成的风险,如抢劫、罢工、暴动等;综合类风险包括了经济风险、市场风险、技术风险、环境风险、政治风险等不同类型的风险。制度引发的政策和决策风险可能演化为社会风险。经济风险一般是在生产经营活动过程中,由于经营管理不力、预测失误、价格变动或消费需求发生变化等因素导致的经济损失的风险,技术风险是由于科技发展所带来的某些不利因素而导致的风险,这两种风险,既有向事故灾难类风险演变的趋势,也有向社会安全事件类风险演变的趋势,是一种多变风险。

这里还要强调的是,在应急管理领域组织安全风险评估时,还经常会遇到类别风险(某一行业领域共性风险的集合)和点位风险(类别风险在地理坐标上的具体分布),这两种风险也是组织风险辨识的重要内容。风险类别划分,如表1-1所示。

表1-1 风险类别划分

自然灾害类	事故灾难类	公共卫生事件类	社会安全事件类	综合类
水旱灾害 地震灾害 气象灾害 地质灾害 海洋灾害 生物灾害 森林草原火灾等	生产安全事故 交通运输事故 海上溢油事故 公共设施和设备事故 核与辐射事故 环境污染和生态破坏事件	传染性疫病 群体性不明原因疾病 急性中毒事件 食品和药品安全事件 动物疫情等	恐怖袭击事件 刑事案件 群体性事件 金融突发事件 民族宗教事件等	市场 经济 技术 环境 制度 政治等

为了便于直观形象地反映风险类别的分布情况,我们可以将风险以象限区域或网状结构的形式进行体现。当将风险划分为四个象限或区域时,风险矩阵的两维坐标分别是风险发生的概率与风险影响程度,即风险造成的损失。其风险矩阵分区显示为Ⅰ区(红色)、Ⅱ区(橙色)、Ⅲ区(黄色)和Ⅳ区(蓝色)。其中Ⅳ区表示高可能性、轻微后果,处在这一区域的风险需要较好的控制;Ⅲ区表示低可能性、轻微后果,如果有足够的资源,可以对其加以处理,如果没有足够的资源,可以暂时不去考虑处在这一区域的风险;Ⅱ区表示低可能性、严重的后果,处在这一区域的风险需要尽可能想办法去避免;Ⅰ区表示高可能性、严重的后果,处在这一区域的风险需要立即采取措施去处置。风险矩阵是对期望损失的一种刻画,无法具体、精准地表示出风险发生的可能性和后果的严重性。风险分类象限图,如图1-1所示;风险矩阵图,如图1-2所示。

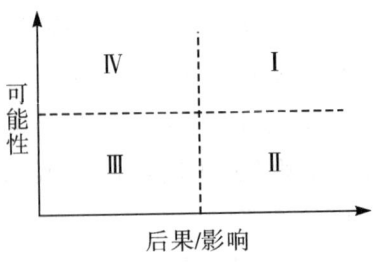

图1-1 风险分类象限图

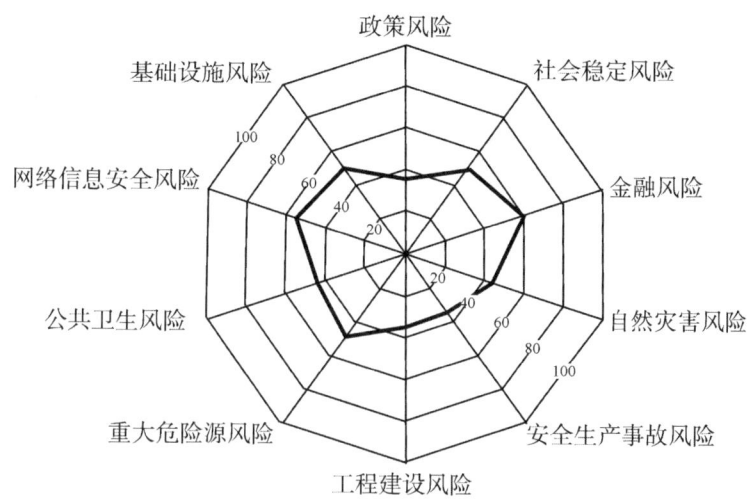

图 1-2 风险矩阵图

2. 风险的分级

风险分级是对风险的危害、影响、可能造成损失的预测，区分为不同等级进行管控的行为。根据风险等级与风险可能性及其不利后果之间的相关矩阵，结合风险鉴别中对风险可能性和后果分析的认识，即可得到每一个风险的风险等级。根据不利事件发生的可能性，我们将风险可能性划分为五个等级：①极少发生（事件在极少情况下有发生的可能）；②不太可能发生（事件在很少情况下会发生）；③可能发生（事件在一些情况下可能会发生）；④很可能发生（事件在大部分情况下有可能会发生）；⑤几乎确定发生（事件在一般情况下会发生）。

根据事件发生将会产生的后果及其严重程度，并结合受灾体的脆弱性，包括客观损失（人员伤亡、经济损失等）和主观影响（敏感程度、社会影响等），我们将风险后果区分为五个级别：①几乎无影响（可忽略）；②一般（中等）；③较大；④重大；⑤特别重大（灾难性的）。

基于"可能性-不利后果"的风险级别划分，如表 1-2 所示。若想采用数据分值来显示风险发生的可能性与不利后果的严重性两者之间的关系，我们还可以通过对风险的级别进行数据赋值，形成"风险级别数据矩阵分值划分"表，如表 1-3 所示，这样更便于直接观察出风险的严重程度。

表1-2　基于"可能性-不利后果"的风险级别划分

风险级别		不利后果				
		几乎无影响	一般	较大	重大	特别重大
可能性	极少发生	低	低	低	中	高
	不太可能发生	低	低	中	高	极高
	可能发生	低	中	高	极高	极高
	很可能发生	中	高	高	极高	极高
	几乎确定发生	高	高	极高	极高	极高

表1-3　风险级别数据矩阵分值划分

风险级别		后果				
		影响很少	影响一般	影响较大	影响重大	影响特别重大
可能性	基本不可能发生	1	2	3	4	5
	不太可能发生	2	4	6	8	10
	可能发生	3	6	9	12	15
	很可能发生	4	8	12	16	20
	极有可能发生	5	10	15	20	25

计分说明:20~25分为重大风险(用红色显示);12~16分为较大风险(用橙色显示);8~10分为一般风险(用黄色显示);4~6分为低风险(用蓝色显示);1~3分为剩余风险(用白色显示)。

二、风险管理

风险管理最早起源于保险业,风险管理包括了对风险的量度、评估和应变策略。理想的风险管理是一连串排好优先次序的过程,使可能导致最大损失及最可能发生的事情能被优先处理,而相对风险较低的事情则押后处理。现实情况中,优化的过程往往很难决定,因为风险和发生的可能性通常并不一致,所以要权衡两者的比重,以便做出最合适的决定。风险管理亦要面对有效资源运用的难题,这牵涉到了机会成本的因素。把资源用于风险管理,可能会使能运用于有回报活动的资源减低,而理想的风险管理,正希望能够使用最少的资源去尽可能化解最大的危机。

人类社会的发展,就是在与灾害进行不断抗争、不断解决各类社会矛盾和问题中前进的。任何事物的发展都是由安全发展状态转化为不安全状态,事物发展过程中必将产生新的风险与隐患,我们对这些新增风险和隐患采取必要的管控治理等干预手段,再让事物发展重新回归到安全状态,这是事物发展的基本规律,也是风险管理的基本流程。风险管理是根据风险评估和对法律、政治、社会、经济等因素综合考虑所采取的过程活动,是由面临风险者进行风险识别、风险估测、风险评价、风险控制,对风险实施有效管控,妥善处理风险所致损失,期望以最小的成本获得最大安全保障的一项管理活动。风险管理通过识别和分析风险概率及可能的后果,结合受灾体的脆弱性确定风险级别,并决定哪些风险需要控制以及如何控制,从而及时发现各种风险隐患,充分暴露各种问题,并有针对性地采取相应措施,避免和降低风险造成的危害和损失。

  风险管理是应急管理工作的基点,风险的识别与评估是开展有效应急管理工作的第一步。因为人们只有知道会出现什么样的紧急情况,才能去考虑如何对其进行管理,把风险管理作为应急管理的基点,改变了传统应急管理对突发事件采取的"刺激-反应"较为被动的管理模式,引入风险管理的应急管理模式和方法,更利于资源配置和任务管理的优化。与应急处置和应急救援相比,风险管控是一种更经济、更安全、更有效、更实用的办法,更经济也是强调在风险管控的现实管理过程中,以最小的成本,最大限度地防范化解风险,以达到最安全的效果。

  风险管理是一个不断学习和循序积累的过程,作为公共事务的管理者,要切实看清风险的不可避免性,采取积极可行的措施,及时有效地控制和管理风险,将风险管理纳入政府的日常工作中去。风险管理是党委政府一项基本的核心职能,是涉及党委政府组织的全部范围以及党委政府组织中所有成员单位的管理职能,应建立和发展更为有效的、全面整合的、与其职能相匹配的风险管理模式。党委政府应逐步构建发现、定义、防范、抗击、转移、缓冲风险的相关工作机制,提高风险管理水平。

三、风险管理的目标、原则与要求

  风险管理是应急管理的基础,做好风险管理工作,有助于降低或减轻因风险所造成的损失,提高工作效率,有助于减少个体和组织对风险的恐惧与忧虑,有助于调动各类人员的积极性和创造性,有助于避免社会经济的波动,利于减少社会资源浪费,利于改进社会资源的分配和利用。

　　风险管理是一项系统性、专业性、科学性和综合性很强的工作,加强风险管理,是应急管理工作实现"预防为主、关口前移"的重要基础,对增强应急管理工作以及突发事件应对工作的预见性、针对性、科学性和主动性,实现应急管理工作的"关口再前移"以及突发事件快速、高效处置具有十分重要的意义。因此,风险管理的目标设定就显得尤为重要。风险管理要实现的目标,就是遵循系统性、专业性的原则,实现突发事件应对工作关口前移,提高对突发事件事前风险的预见能力和突发事件发生后的应对能力,及时有效地防控公共安全风险,降低或减轻突发事件可能造成的危害及损失,保障人民群众生命财产安全,维护社会和谐稳定。

　　风险管理应遵循以下原则：

　　(1)系统性原则。风险管理必须坚持系统性的工作原则,不能停留在"点"上、"线"上,要尽可能运用系统的分析方法,统筹考虑各个流程、各个环节、各个层级、各种类型的风险。

　　(2)专业性原则。要充分发挥专家和专业技术支撑作用,依托各类专业科研机构,运用现代科学技术方法和手段,充分借鉴国内外相关理论和研究成果,开展风险管理工作。

　　(3)综合性原则。风险的出现往往是多方面因素的耦合与叠加,要跳出单一灾种单一类型突发事件的局限,充分考虑多方面的影响和各种次生、衍生灾害等因素,并注重运用综合分析的手段来判断风险的性质和危害。

　　(4)针对性原则。要紧密结合各地区、各部门、各单位风险管理的实际需要和主要目标任务,按照风险等级、风险能否被消除或缓解、剩余风险能否被接受等需求,有针对性地开展风险管控工作。

　　(5)实用性原则。要紧紧围绕突发事件应对与应急管理工作的实际情况和需要,本着简便易行、实用优先的原则,有序开展风险管理工作。

　　(6)广泛性原则。树立风险管理社会参与意识,利益相关者的广泛参与,有助于其观点在风险管理过程中得到体现,其利益诉求在决定组织的风险偏好时得到充分考虑。利益相关者广泛参与应建立在对其权利和责任明确认可的基础上。

　　做好风险管理工作应注意以下几个方面的问题：

（1）由党委政府牵头负责，部门单位密切配合，行业领域共同参与，形成风险管控的合力。各级各单位要建立党政同责、政企负责、密切配合、齐抓共管的风险管理工作机制和责任体系。明确党委政府的危机责任，单位及基层组织的风险共担责任。根据风险管理对象和活动要求，落实主管单位和主要责任单位的风险管理责任，理顺多部门多单位在同一灾害风险管理中的责任分工，落实政府风险管理与评估工作问责机制。

（2）建立基层组织风险共担机制。将某些在党委政府职能范围外，但在单位及基层组织或企业范围内的公共危机风险管理项目，交由单位及基层组织或企业承担，党委政府从统抓统管转变为监督和指导，通过明确单位及基层组织或企业的风险管理责任，建立起单位及基层组织与企业共担公共危机风险的机制。鼓励保险行业研究出台强制性保险政策与措施（如交通事故意外保险等），探索商业保险模式（如农业保险、工业保险、自然灾害保险、气象灾害保险等新险种），降低或减轻风险管理成本，提升风险管理效益。

（3）持续开展隐患排查和风险管控工作。各级各单位要建立风险隐患普查和预防工作机制，全面系统组织开展区域风险源普查工作，定期更新灾害风险安全记录，标识危险源等级。对重大危险源和重大事故隐患组织勘察、评估和监控工作。在全面掌握危险源的基础上，对生产、储存、运输和经营使用危险品的企业，可能暴发公共危机的企业，以及可能造成群死群伤的公共场所，加强登记管理和监控，强化政府对危险行业的管理能力，将风险评估、安全评估作为重大活动、重大项目实施的强硬性约束。

（4）制定和公开风险管控标准及相关信息。各级各单位要结合区域实际情况，研究制定风险管控相关规范和标准，积极开展风险评估工作。对达到设定要求的风险，且符合公开要求的信息，应当及时向社会予以公布（如对人们同时感染某种烈性传染性疾病的事件，对威胁人民群众生命财产安全的灾害、事故、污染等事件，都应当列入公开范畴），对没有达到设定等级的风险，应当加大力度继续追踪。若风险发生变化，及时向社会公众发出预警。

（5）全面系统持续地开展风险综合评估工作。风险评估时，因受时间和资料所限，最初的评估通常是采用定性或半定量的分析方法，因此，组织方应系统地、持续地、不间断地筛选分析新获取的风险数据信息，及时更新补充完善风险数据库。风险评估者和风险管理者在紧急事件最初阶段需要进行频繁交流，需要对风险评估结果进行内部的或外部的最终确认，尤其是在数据有限或意见分歧较大的情况下，必须对风险评估结果达成共识，这样才可以避免工作中可能存在的疏忽和漏洞，风险评估结果必须科学可行，经得起各种质疑（即结果必须经得起反复推敲）。

（6）积极引导专业机构和社会力量参与风险管理工作。培育培养社会中介力量，发挥行业协会专业机构对公共危机与风险管理的监管优势，落实风险共担责任。重视发挥专业机构及专家团队在风险评估工作中的作用，鼓励政府及单位引进风险管理第三方参与机制，依托地方大专院校、科研院所和社会专业机构，开展风险管理工作。各级应建立健全应急管理专家库、风险信息资料库、重大危险源数据库和各类风险管控台账，为风险管理工作提供支撑和保障。

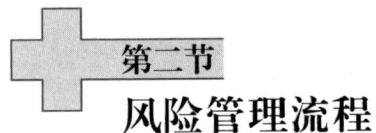

第二节 风险管理流程

风险管理是突发事件预防与准备的重要环节，组织开展风险管理工作通常包括策划与准备、风险识别、风险分析、风险评估、风险管控、风险沟通和编制风险评估报告等内容。

一、策划与准备

策划与准备是开展风险管控工作的前提和基础，是风险管理过程有效性的重要保证。开展风险管理工作应建立健全风险管控工作机构，制订风险管理工作目标、计划、方案和任务清单，收集风险管理相关资料与信息，对风险管控重点问题进行专题研究，组织开展专项分析与调研，确定风险评估规范与标准，组织专业技能辅导与业务培训，完善相关工作机制，做好风险管控的各项保障等工作，确保风险管控工作有序推进。

成立机构，准备方案。各级各单位应根据风险管控工作目标、任务和范围等不同要求，建立和完善资料收集、隐患排查、风险辨识、数据录入、分析评估、专家支撑、报告编撰等工作机构。风险管控方案和计划应明确：风险管理的目标与任务、职责与分工、阶段划分、风险点与危险源辨识及重点区域划分、风险清单统计、经费保障和工作要求等内容。

制定标准，健全体系。风险管理规范和标准，是评估风险重要程度的重要依据，它包括了操作性的、技术性的、经济性的、法律性的、社会性的以及人道意义上的各种标准规范。制定风险管理规范和标准，需要综合考虑经费配备、法律及法令规定、社会经济及环境因素、利益相关者的关注程度、影响评估的先后次序以及其他外在因素等条件。随着风险管理工作日益重要，风险管理规范和标准也将会呈现出一个系统的、全面的、上下贯通的、相互衔接的完整体系。因此，在规范标准设定时，不能只考虑物的因素，而忽略了人的因素；不能只考虑事故灾难类，而忽视了自然灾害类；不能只重视点上的危险源（风险点），而忽视了面上风险管理的缺陷。

组织培训，提升能力。风险评估工作开展前，组织相关机构和人员，依据风险管理相关规定和要求，采取理论讲解、专题辅导、现场教学、实际操作、案例剖析等方法，开展形式多样的专题业务培训活动，通过培训，力争使大家全面掌握风险辨识、隐患排查、预测分析、图表绘制、工具使用、清单编制等有关风险评估的方式、方法和技能，不断提升风险分析评估能力。

建立机制，做好保障。风险管理工作是一个闭环的管理过程，也是一个认识的过程、沟通的过程、形成机制的过程。组织开展风险评估工作，应建立会议研判、信息反馈、风险评价、风险沟通、专家支撑、社会参与等风险评估工作机制，积极做好风险评估过程中所需的人、财、物以及技术等方面的资源保障工作，为实施风险管控工作提供强有力的保障。

二、风险识别

风险识别是识别并描述区域内或单位内部存在的风险及其可能造成的影响的过程，也是发现、确认和描述风险的过程。其目的是确定辖区内或单位内部存在着什么样的风险，这些风险影响的对象、范围和严重程度如何，哪些风险必须进行优先对待，从而决定制定哪些(类)应对处置措施。风险识别包括了查找危险源与隐患、风险辨识、风险描述、关键要素描述等内容。

1. 查找危险源与隐患

危险源是一个系统中具有潜在能量和物质释放危险的，可造成人员伤害、财产损失或环境破坏的，在一定的触发因素作用下可转化为事故的部位、区域、场所、空间、岗位、设备及其位置,也是可能造成人员伤亡或疾病等伤害的根源、状态或行为以及它们的组合。其实质是具有潜在危险的源点或部位,是暴发事故的源头,是能量、危险物质集中的核心,是能量从那里传出来或暴发的地方。识别危险源的存在并确定其特性的过程,就是辨识危险源,也是查找危险源。危险源辨识过程的输出是识别危险源的存在和确定危险源危害性质(危害的类别及其造成事故的类型)与特性(危险源导致可能受伤害的对象或如何受到伤害)。危险源具有潜存危险、存在条件和触发因素三个要素。隐患是引发突发事件的直接原因,它可以是一种状态,也可以是一种行为,还可以是一种缺陷。危险源和隐患之间有着内在联系,又是两个不同的概念,危险源属于自然常态,隐患属于不正常状态。

危险源辨识是识别危险源的存在,并确定其分布和特性的过程,可采取直接询问、现场观察、查阅记录、任务分析、安全检查等方法进行。对于长期组织某项工作或具有丰富风险管理经验的人,往往能通过询问、交谈、分析,排查出单位或区域存在的危险源;通过对工作环境的现场观察,发现存在的危险源;通过调阅查询事故记录,从中发现存在的危险源;通过分析组织成员工作任务中所涉及的危害,可以识别出有关危险源;也可运用已经编制好的安全检查表,对组织进行系统的安全检查,辨识出存在的危险源。

查找危险源与隐患应从危险因素(强调突发和瞬间作用)和危害因素(强调时间的积累作用)两个方面入手,进行全面的辨识,如人的因素、物的因素、环境的因素、管理的因素,等等。从人的因素来分析,包括不采取安全措施、不按规定方法操作以及心理生理性危险因素、行为危险因素等;从物的因素分析,包括物的不安全状态,设计、工艺、设备的缺陷,保护措施及安全装置存在的缺陷以及物理性(噪声、振动、温度、辐射等)危险因素、化学性(易燃易爆、有毒、危险气体、氧化物等)危险因素、生物性危险因素等;从环境因素分析,包括现场作业环境危险因素、外界作业环境危险因素、自然环境危险因素等;从管理的因素分析,包括机构设置、规章制度、经费投入、宣传培训、日常监控(安全检查、工艺过程、操作方法、事故防范、防护用品等)等。

危险源与隐患辨识结束后,应形成危险源与隐患辨识统计清单。其内容通常包括危险源与隐患的名称、存在区域位置、根源及状态描述、可能造成的危害及影响、当前采取的措施、危险源与隐患监管负责人等。基层社区在进行风险隐患治理时,其风险辨识和隐患排查类别清单包括以下内容:①地震灾害风险隐患;②地质灾害风险隐患;③火灾风险隐患;④城市内涝风险隐患;⑤气象灾害风险隐患;⑥治安安全风险隐患;⑦社会安全风险隐患;⑧潜在供电安全风险隐患;⑨公共设施安全风险隐患;⑩公共卫生安全风险隐患;⑪交通安全风险隐患;⑫脆弱人群安全风险隐患等。

2. 风险辨识

风险辨识是在组织调查、排查、查找风险过程中,对风险进行认知的一种管理活动,这是做好风险分析工作的前提。风险辨识主要工作任务,就是调查在管辖区或组织内部已经出现或可能出现的突发事件的种类,形成一份风险清单。组织风险辨识,首先,应明确风险辨识区域范围(管理区域、重点行业、人员密集性场所、受限空间、敏感目标区等)及内容(如城市规划、平面布局、建构筑物体、场所部位、基础设施、大型活动、旅游景点等)。其次,应确定不同类型的风险辨识方法。根据风险的特征与特性,采取检查表、询问交流、现场检查、查阅历史资料等方法,组织开展风险的辨识工作。最后,形成风险清单。风险清单应依据国家相关法律、法规和行业规范要求,全面客观真实地反映风险存在的实际情况。如组织风险调查时,除采用查找历史资料外,还可采用走访当地长期住户等方式开展风险辨识活动,既不要漏掉曾经发生过的突发事件,又要发现新增加的风险源,比如新建的工厂、水库甚至道路,总之,要确保风险清单内容翔实、全面。风险清单,如表1-4所示。

表1-4 风险清单

自然灾害	事故灾难	公共卫生事件	社会安全事件
水旱灾害	生产安全事故		
地震灾害	交通运输事故	传染性疫病	恐怖袭击事件
气象灾害	海上溢油事故	群体性不明原因疾病	群体性事件
地质灾害	公共设施和设备事故	急性中毒事件	金融突发事件
海洋灾害	核与辐射事故	食品和药品安全事件	涉外突发事件
生物灾害	环境污染和生态破坏事件	动物疫情等	民族宗教事件等
森林草原火灾等	网络与信息安全事件等		

3. 风险描述

风险描述就是将查找和辨识出来的风险,按照有关规定和标准,用文字、图表或符号等方式进行科学、客观、准确的描述,为风险的提取、比较、分析、归类、建档和管理等工作提供基本依据,其目的就是对风险清单上列出的所有风险逐一评估,以便排列出风险管控的优先顺序。具体风险描述是将某一种风险,用专用术语对其做全方位的描述,包括突发事件发生的周期/模式、频率/历史、地理/范围、严重性/强度/级别、时间框架、发展速度、可预警性、可管理性,等等。美国联邦应急管理局制定的风险描述工作表,如表1-5所示,可为我们开展风险描述工作提供参考。

表1-5 风险描述工作表

风险名称:	
可能的级别(社区可能受影响部分的百分比): ◎灾难级的:超过50% ◎严重级的:25%~50% ◎一般级的:10%~25% ◎微小级的:不到10%	
发生概率: ◎极可能:次年发生概率接近100% ◎很可能:次年发生概率或以后10年至少发生1次的概率在10%~100%之间 ◎可能:次年发生概率或以后100年至少发生1次的概率在1%~10%之间 ◎不太可能:以后100年发生的概率低于1%	周期模式:
最有可能受影响的地区:	
可能的持续时间:	
可能的发展速度(预警时间的可能长度): ◎时间最短(或没有)预警时间 ◎6~12小时预警时间 ◎12~24小时预警时间 ◎24小时以上预警时间	
现有的预警系统:	
是否存在脆弱性分析? ◎是 ◎否	

4.关键要素描述

关键要素描述是对风险需要的关注点和风险核心点的把握,风险关键要素是风险分析的重要因素,因此,应保证风险关键要素描述的准确性、完整性和实用性。辖区风险关键要素是与突发事件的影响、响应相关联的构件和环境。构件部分包括突发事件作用对象(承灾体,如人口、重要设施、财产)、响应处置组织(部门、单位);环境包括地理特征、人口分布、基础设施,等等。描述的目的是确定可能的受害对象、受害范围和应急响应的资源。美国联邦应急管理学院教科书中关于管辖区关键要素描述,如表1-6所示。

表1-6 管辖区关键要素描述

要素	地理	财产	基础设施	人口状况	应对机构
要素具体内容	主要地理特征、典型气候特征	数量、类型、年代、建筑法规、关键设备、潜在的间接威胁	公共事业建筑,通信系统布局、特征、后备,道路系统,空中水路支持	人口数量、分布、密集度,易受攻击地区的人口数量,特殊人群,动物数量	位置、联系地点、设备、服务、资源
风险分析中的作用	预测风险因素,以及潜在的危险与间接危险的影响	预计潜在的危险对地方影响的结果,确定可用的资源(如避难所等)	确定脆弱点,准备疏散路线、紧急状态通信,以及预计应对与恢复的需要	预计灾难对人口影响的结果,发布警报信息和公共信息,部署撤离与群众照顾	确定应对能力

风险识别结束后,应按照风险的类别和特性,绘制重要风险(隐患)分布图,标示(绘)重大危险源及隐患点,形成详细的风险(隐患)清单,为风险分析提供基本依据。

三、风险分析

为了比较风险的大小,确定风险的次序与级别,人们常常会用期望值来代替概率分布,或选用某种、某些算子对有关的量进行数学组合,依据可使用风险信息和数据,通过分析的方法,获得不同程度的精确性。风险分析是理解风险性质,确定风险大小的过程,从风险发生的可能性和产生的后果或影响两个方面来对风险进行分析。其中,可能性又可以从概率和频率两个方面来衡量,概率通常是以百分比(或千分比等)的形式来表示事件发生的可能性的大小,而频率则是指事件可能在多长时间内发生一次(如三个月一次、十年一次等)。风险分析包括三个必不可少的步骤:其一,采集数据。必须采集所要分析的与风险相关的各种数据。其二,完成不确定性模型。不确定性模型以得到的有关风险信息和数据为基础,对风险发生的可能性和可能性的结果给以明确的定量化。其三,风险影响评价。在不同风险事件的不确定性模型化后,就要评价这些风险的全面影响,通过风险评价,把不确定性与可能结果结合起来。

风险水平,可以划分为不可以接受、可以接受和尽可能降低三种形式。在尽可能降低风险的范围内,为了将风险的水平尽可能地降低,应当尽量采取降低风险的措施。如果能够采取所有的措施来使风险的水平尽可能地降低,抑或降低风险是不现实或者从成本-利益的观点看来是不可能的话,这样的风险水平是可以接受的,也就是说,有必要从成本的角度考虑可行的前提下,采取某些风险消减措施。通过风险分析,我们会发现,有些风险需要马上想办法去应对,而有些风险可以暂时忽略不计。那么,哪些风险必须马上去处理,而哪些风险又可以暂且搁置一边呢?这就要求我们去做风险评估工作。

危险分析,是根据事件发生的可能性、潜在强度和历史影响,概括分析所研究区域的风险,并确定风险的优先级。危险包括人的危险、物的危险和责任危险三个类别,人的危险可分为生命危险和健康危险;物的危险是指威胁财产安全的火灾、雷电、台风、洪水等事故灾难;责任危险是产生于法律上的损害赔偿责任,一般又称为第三者责任险。其中,危险是由意外事件、意外事件发生的可能性及蕴藏意外事件发生可能性的危险状态构成。危险分析有助于对风险进行排序,并生成相应的场景,便于后续分析。危险分析包括四个步骤:查看多致灾因子评估工具已有的危险数据,进行数据差异分析,收集额外的数据,灾害建档(以收集的数据为基础,根据危险发生频率、严重程度、持续时间、强度对风险进行排序)。危险分析应遵循"木桶原理"和"冰山理论",决定风险管理水平的不是"木桶的最长板",而是"木桶的最短板",薄弱环节决定着风险管理的整体水平;分析时,既要看到浮在水上面的冰山(当前暴露的矛盾),又要研究分析看不到的水下冰山(长期积压的问题),这样分析出来的结论,才会全面、系统、完整、科学。

脆弱性分析,是风险分析的一个重要组成部分,是衡量一个招致损失的倾向性的尺度,是风险的敏感性。脆弱性分析是对辖区易受危险侵袭的承灾体的查找和确定。简单地说,如果遭受一种灾害的打击,谁将会受到影响?受影响的程度又如何?它们对这些影响的抵御力如何?有可能造成多大的生命、财产或经济损失?通过回答上述问题,从而找出最薄弱的环节,这就是脆弱性分析的目标与任务。通过脆弱性分析,确定管辖区内部那些面对某种特定危险威胁的各种财产和人群,为设定应急响应时保护对象的优先权提供依据。脆弱性分析的对象一般是社区或地区集聚的人口、建筑、基础设施和重要设施,诸如城市、医院、学校、铁路、通信中枢、电力设施、自来水供应系统、重要危险源,等等。脆弱性分析的对象一般是指社区,那么,基层社区开展脆弱性分析时,应当包括以下内容:①危险识别;②危险分析;③关键设施分析;④社会分析;⑤经济分析;⑥环境分析;⑦减灾机会分析等。

风险分析有狭义和广义之分,狭义上的风险分析是通过定量分析的方法,给出完成任务所需要的费用、进度、性能三个随机变量的可实现值的概率分布,而广义上的风险分析则是一种识别和测算风险、评估与管理风险有组织的手段。从风险管控和应急管理的角度看,风险分析主要包括以下几个方面:①识别可能发生突发事件的风险源;②确定风险源引发突发事件的频率及其造成的破坏;③确定突发事件对区域或单位所造成的影响;④明确最有可能和最有破坏性的风险源;⑤确定面对突发事件风险时区域或单位的脆弱性;⑥确定制定各种应急预案的优先顺序。

风险分析的方法,可以是定性的、半定量的、定量的或以上几种方法的组合。采用定性分析时,可采用检查表法、类比法、现场调查法、头脑风暴法、故障类型与影响分析法、经验分析法等方法组织实施;采用半定量分析时,可采用风险矩阵法、层次分析法、事件树法、故障树法等方法组织实施;采用定量分析时,可采用概率法、计算机模拟分析法等方法组织实施。随着环境条件的变化和科学技术的发展,风险分析还可采用风险概率分布、外推法、多目标分布等多种方法组织实施。

风险分析以达成确定风险的概率与后果,为确定风险级别(主要的风险、次要的风险、可以接受的风险等)和风险管控提供基准与支持。因此,风险分析结束后,应提出风险发生可能性的结论(如风险可能发生时段、区域、大小、持续时间等)和产生的后果(人员伤亡、财产损失、重大危机等)或影响(生产生活秩序运行、社会安全与稳定等),为风险评估(评价)提供基本依据。

四、风险评估

风险治理的基础工作是风险评估,风险评估是防灾备灾的前提。风险评估,是对不良后果或不期望事件发生的概率和造成的后果进行描述及量化的系统过程,也是风险识别、风险分析和风险评价的过程,还是对一特定时期内安全、健康、生态、财产等受到损害的可能性及可能的损害程度做出评估的系统过程。风险评估通过分析风险的概率与后果来界定风险,在此基础上对各种风险进行综合排序,从而为避免或减轻风险提供一套科学、系统的方法。风险评估的目的是区分风险的大小以及确定风险的可容许度,生成与特定风险诱因有关的信息,这些诱因具有不确定性,但有可能产生影响。风险评估的最终结果是对风险的判断,它以模拟影响的概率分布表现出来。风险的可能性和后果主要受三个因素决定:①风险源(致灾因子)本身发生的可能性和危害程度;②风险所作用对象(受灾体)的承受能力(脆弱性);③控制和应对突发事件的能力。

公共安全风险综合评估与风险定级模型:

$$风险度 = 意愿度 + 支持度 + 容忍度 - 反对度$$

(1)意愿度:实施项目的意愿及其强度。

(2)支持度:对于项目的实际支撑、具体行动、实施保障等多方面配套状况的真实程度。

(3)容忍度:"不能容忍"的风险。

(4)反对度:利益群体的真实反对程度。

(5)风险度:待评事项可能引发社会稳定风险的综合状况,意愿度、支持度、容忍度、反对度四项的综合状况等,再加上社会稳定风险管理的状况。

公共安全风险综合评估模型,如图1-3所示。

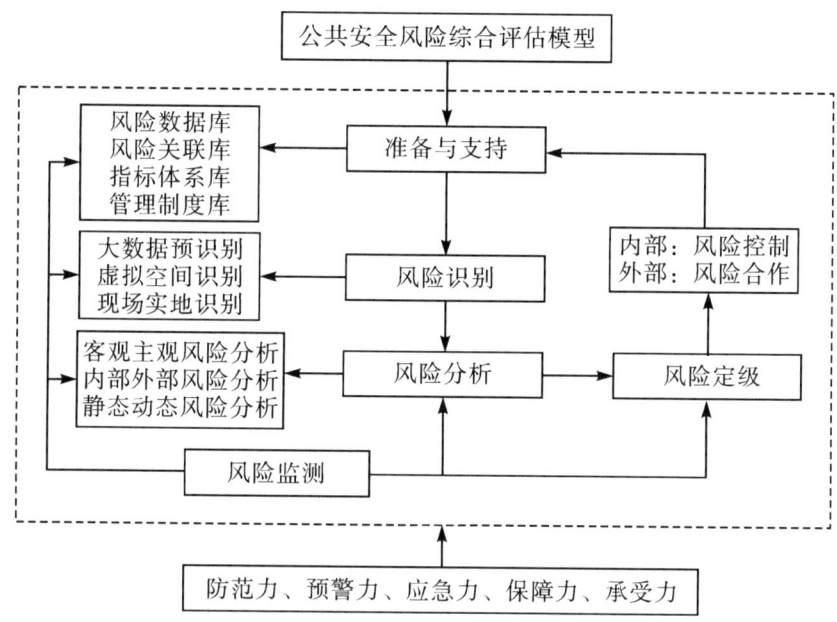

图 1-3 公共安全风险综合评估模型

风险评估的主要内容：①风险出现的可能性；②风险对组织的影响大小或规模；③风险管理的难易程度，评估风险管理的难易程度，并根据其难易程度进行排序；④管理风险需要什么，即确定管理每项风险可能需要耗费的资源和时间，这样会产生一组管理能力和所需资源为基础的新排序；⑤风险是否可控制或可预测。

评估风险大小以及确定风险是否可容许，是风险评估的关键所在，包括了固有风险评估和现有风险评估两个过程。固有风险评估是在不考虑风险管控措施的情况下，实施风险评估的过程；现有风险评估是在考虑风险管控措施的情况下，实施风险评估的过程。风险评估采用自我评估或委托专业机构评估的方式方法进行。评估时，可采用划分风险单元、头脑风暴、情景分析、风险矩阵等方法组织实施，还应综合考虑导致风险的原因及其发生的可能性和影响后果、承灾体脆弱性、减灾能力等方面的因素。然而，仅仅将各项风险的重要性加以评估后进行排序，并不是评估的唯一目的，管理者必须综合考虑各种因素，以建立一个风险的优先处理序列，同时，对各种风险控制方法的可靠性、成本及收益加以分析，最终为不同的风险选用最适当的处理方法。启动风险评估的决策树示例,如图1-4所示;处置突发事件决策树分析图,如图1-5所示。

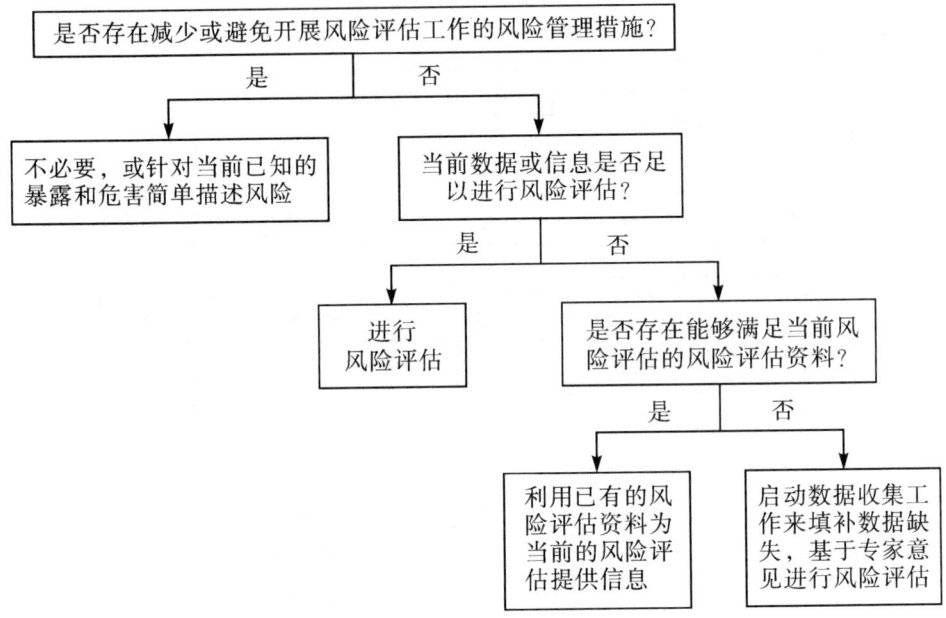

图1-4 启动风险评估的决策树示例

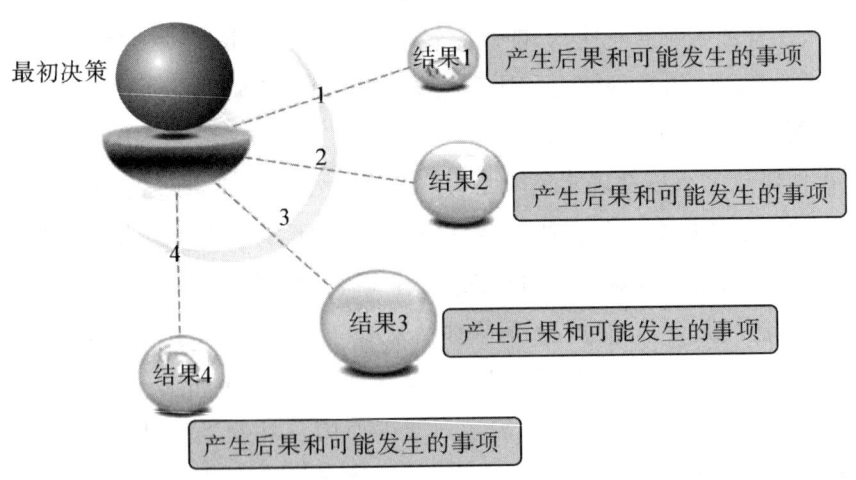

图1-5 处置突发事件决策树分析图

风险评价是将风险分析过程中,得出的风险水平与预先设定的风险评价准则进行比较,确定风险等级,并对各种风险进行综合排序,确定不同风险的重要程度和可接受水平,以便更加合理、有效地分配组织有限资源,优先对高风险的灾害进行管理。风险评价不能只从一维的角度去考虑,而需要对风险可能性、后果及其影响因素等多维尺度进行综合判断,确定不同风险的轻重缓急。此外,还需要对不同领域的风险因素进行量化和标准化,以使得不同领域的风险评价结果具有可比性。风险评价的结果为进一步组织风险处置行动提供具有优先级的风险列表,如果风险被归类为低风险或可接受的风险类型,则它们就可以只进行最低程度的处理而被接受,并通过监控和定期审查,确定它们是否继续保持可接受的程度;如果风险没有被归类为低风险或可接受的风险类型,则应对它们采取措施进行处理。

风险评价的标准包括正常期望损失(风险管理单位在正常的风险防范措施下遭受损失的期望值)、可能的最大损失(风险管理单位在某些风险防范措施出现故障的情况下,可能遭受的最大损失)、最大可能损失(风险管理单位在最不利的情况下,可能遭受的最大损失)等方面的内容。如何确定风险等级,应根据风险管控的实际情况而定,当数据充足时,将对风险水平与风险准则进行全面、系统的比较,计算确定风险等级。当数据不足时,可根据风险分析过程中推断出的事件发生可能性以及后果严重性,采用风险矩阵法、LEC风险评价法,确定风险等级,判定风险结果。风险等级通常分为低、中、高、极高四个级别(也称低风险、一般风险、较大风险、重大风险),分别用红、橙、黄、蓝四种颜色标示。四个级别的风险,宜对应可容许和不可容许两个层次。风险评估方应根据自身实际情况判定风险是否可容许,当风险可容许时,应保持已有的安全措施;当风险不可容许时,应采取相应安全措施,以降低、控制或转移风险。在确定风险等级的同时,应综合考虑风险等级和可控性类别,确定风险处置的优先级顺序。风险可控性类别包括可消除风险、可降低风险和不可控风险。

风险评估结束后,应明确需要管控或采取措施的风险类别的多少、风险级别的大小、风险处置排序的先后、风险严重性的程度、风险容许的现实要求等,为风险的沟通与管理提供基本依据。

五、风险管控

风险管理是在做"绘图织网"的工作。风险管控包含了风险处理、风险监控和风险控制,是风险可能产生后果与运用风险管控资源平衡与匹配的一种行为活动。风险管控是以风险等级为依据,根据对威胁来源、受灾体的脆弱性、现有控制措施的有效性以及可能性产生后果的分析,明确对不同的风险如何进行控制和管理,确定管理的优先级别和风险处置策略,提出具体的风险处置措施和工作建议的过程。风险管控不仅要考虑风险水平和风险处置能力,而且还要考虑风险处理的成本与收益问题,也就是说,在风险可能造成的后果与需要的应对资源中,找到一个新的平衡点,以最小的成本实现安全效益最大化。

公共安全风险管控要建立风险所有权责任务明晰的管控责任机制、风险认识到位并能有效进行充分沟通的共识机制、风险干预策略科学管控措施切实可行的处置机制和基层广泛参与形成群防群治合力的联防联控机制。面对社会风险管控的复杂性,风险管控存在着风险规避与承受、单方面承担与共同应对和降低风险层级与对冲风险三种治理模型。面对风险管控的不同治理形式,风险管理体系建设和公共安全体系建设,都亟待建立健全风险管控共治模型,即共建、共享、共担与共治模式。

共建-共治模式:风险管控相关利益群体方,积极广泛参与风险管控工作,在确保自身利益的同时,降低矛盾和风险,联合采取措施,进行风险治理。

共享-共治模式:风险管控各相关方权责利益相对等,共同享有经济、社会等综合收益,也共同承担相应的风险治理责任,共同参与风险治理工作。

共担-共治模式:风险管控各相关方共同面对风险,尤其是对不确定风险和非传统风险,增强对抗风险的"群体堡垒"建设,营造广泛参与群防群治的风险管控局面。

日常的风险管控要树立正确的世界观,加强安全技能培训学习和教育,不断增强忧患意识。事前的风险管控要有正确的认识论,做到防早打小,坚持底线思维,把矛盾和问题解决在萌芽状态;事中的风险管控要有正确的价值观,做到及时快速处置,牢固树立以人民为中心的发展理念;事后的风险管控要坚持科学的方法论,坚持问题导向,做好亡羊补牢、吸取教训工作,不断完善风险管控设备设施、制度和措施。风险管控的过程包括了风险告知、持续改进,建立新机制、制订相关风险管理措施等。

风险处理是选择应对风险的合适的策略和手段,并加以执行。传统意义上讲,风险处理有四种策略可供选择,分别是避免、缩减、转移、保持或接受。风险避免是不去做那些可能导致风险的事,直接避开导致风险的事项或活动,以消除可能发生的损失,从理论上讲,对于一切风险都可以采用这种策略,但现实中,这就可能意味着什么也别去做也不要去做,显然这是不可能的;风险缩减是采用比较恰当的做法来减少风险的发生、减弱风险的后果;风险转移是把风险的负担转嫁给另一方;风险的保持或接受是在无法避免、缩减和转移风险的情况下,接受风险发生的可能性和后果。除上述传统的四种风险处理策略之外,还有两种常用的风险处理与控制策略,即预防风险损失和分离风险单位。预防风险损失是降低风险损失发生的频率。分离风险单位包括分割风险单位和复制风险单位。分割风险单位是将面临损失的单一的风险单位分为两个或两个以上独立的单位,并且每一个风险都应投入使用,摩天大楼中的隔离层和舰船上的水密隔舱就是分割风险单位的最好例证。复制风险单位是组织保存备用资产或设备,只有在使用的资产或设备遭受损失后,才会使用这些备用品,复制风险单位在风险处理过程中,最广泛的使用就是应用系统的数据备份。

风险监控是对已识别出来的风险(危险源)加以分析、评估,确定需要监控的对象和区域,选择合适的策略和手段予以应对,这是风险管控执行过程中的一个重要环节。通常采取技术设备、设施和手段,对确定需要监视的风险(危险源)进行监控,并根据实际情况及时不断地进行修正和调整,形成一个封闭的、动态的风险监测流程。风险监控包括了对风险发生的监控和对风险管理的监控。前者是对已经识别出来的风险源进行监视和控制,而后者则是在项目实施过程中,对风险管理内容、技术措施与效果等过程所进行的监测。风险监控是一个持续动态的过程,是一个循环闭合的系统,风险监控过程及结果,应及时进行跟踪、检查、沟通、反馈、更新和评估。

风险控制是处理风险的流程、策略、方法、设施、操作或其他方面的有关行动,是处置风险和避免或减少损失所采取的各种措施和手段,可以通过风险保留、风险规避、风险减缓和风险转移四个方面来实现。在对风险进行慎重分析研判评估后,认为自己可以承担的风险,采取风险保留的策略,这类风险一般是相对较小的风险,可能造成的损失微不足道,受灾体能够承担起风险造成的损失;当人们已经认识到了风险的存在,为了避免卷入某种风险,设法采取远离、撤离、回避的方法,避开某种风险,防止损失的发生而展开的行动,采用这样的方法,就是采取了风险规避的方法;风险减缓是在通过对风险的全面分析后,采取了预防与控制措施,以防止损失的发生,其目的在于努力减少发生概率和

(或)可能造成的损失的可能性;风险转移是通过法律、协议、保险或其他途径向他人转移责任或损失负担,风险转移是一种与他人共同分担特定风险的方法,参加保险就是其中比较常见的方法。

风险控制措施在实施前,应对其进行认真的评价,确保控制措施的可行性和可持续性。风险控制措施的评价包括控制措施是否能使风险降到可容许水平;控制措施的合理性、充分性和可操作性;是否可能产生新的风险。风险控制措施的运用应遵循"消除、预防、减弱、隔离、连锁、警告、个体防护"的基本原则,管理者应详细登记和统计风险管控情况,建立健全风险管控资料档案和台账,为风险的再分析、再评估提供参考。

重要危险源管控措施包括了基础硬件设施整改、编制重要危险源预知卡、重要危险源(设备)技术操作、安全提醒警示标示、制定重要危险源管控应急预案、落实重要危险源管控责任等。

(1)硬件设施整改,降低风险等级。通过改造硬件设备和基础设施,有效降低危险源的危险性。

(2)编制重要危险源预知卡。主要从物质能量本身的危害、物的不安全状态、人的不安全行为及管理的缺陷四个方面进行考量,确定相应的管控措施。

(3)重要危险源(设备)操作人员指名作业。对已经识别出来的重要危险源(如天车、叉车、堆高车、压力容器等特种设备)实行指名作业,按照指名作业的要求进行管控,并对指名作业人员的操作技能进行测试,不合格者一律不允许操作。

(4)安全警示、标示。对于流动的重要危险源(如天车、机动车辆)应进行相应的安全警示、标示,提醒作业人员及其他通行人员进行避让。

(5)重要危险部位制定应急预案、定期演练。对于重要危险源部位(如焊接、喷漆、锅炉、塔吊、化学品仓储等)制定相应的应急预案,定期开展应急演练。

(6)重要危险源责任人、管理干部点检。各层级管理干部对安全点检内容明确,对重要危险源编制重要危险源安全点检表,落实分级点检管理、层层管理、责任到人,形成一套系统的重要危险源点检网络。

组织风险管控,可采用以下方法:制订管理目标、管理方案;制定管理办法;组织培训与教育;制定应急预案与组织应急演练;加强现场监督检查;保持现有措施。

风险存在是客观现实,控制风险是主观行为和意愿,保持风险在合理的可控区间,是我们做好风险管理工作的关键所在。风险的控制与风险可能产生的后果内部存在着千丝万缕的联系,只要我们掌控了他们之间的这个平衡点,把握住了风险管控这个"度",抓住了风险管控的关键环节,风险就会避免、缩减或转移,风险就会被管理者所接受,风险甚至还可能转化成为"机遇",成为一种机会。

1926年,美国人为了保护黄石公园内的麋鹿等植食性动物,对公园内的北美灰狼进行了大规模的猎杀,并一度杀光了公园内所有的灰狼,灰狼的消失导致黄石公园内的麋鹿因失去天敌而数量剧增,颤杨、柳树被大量啃食,又使得另一种植食动物——靠柳树生存的河狸数量锐减,没有了河狸"修建"堤坝,以堤坝生存的更小型的水生动植物也相继消失,进一步影响到了公园水流系统,由于这一系列的连锁反应,最终导致公园生态系统遭到严重破坏。直到20世纪90年代,黄石公园不得不重新将狼群引入,才逐渐恢复了公园的生态体系。由此可见,风险管理与生态管理一样,都需要把握住一个关键的平衡点,把握住了这个平衡点,就控制住了风险。风险管理与生态管理逻辑关系图,如图1-6,人与狼羊草水关系图。

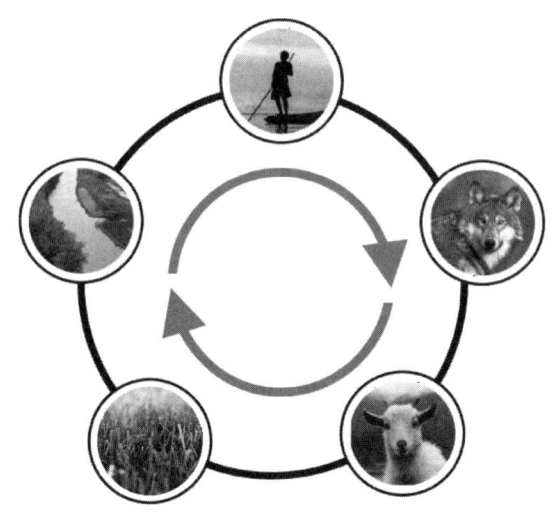

图1-6 人与狼羊草水关系图

"人猎狼,狼吃羊,羊吃草,草生水,水养人",这就是自然界一个闭环的生态圈,也是一个风险管控圈。若人猎狼多了,狼就少了,狼若少了,羊就多了,羊若多了,草就少了,草若少了,水就少了,水若少了,自然会导致土地干涸、沙尘飞扬等极端气候,就会是农作物减产或绝收,就会危及人类的生存;反之,若人不去猎狼,那狼就多了,狼若多了,羊自然就少了,羊若少了,草就自然多了,草若多了,生的水也就多了,水若多了,极可能引发山体滑坡、泥石流、洪涝等自然灾害,杂草丛生也会引发森林火灾和蝗虫泛滥,同样也会危及人类的生存安全。我们从这个生态链条中,就可以清楚地看到,把控这个风险管控圈的关键因素是人,重要环节是"狼"。人是最高级的统治者、是管理者,人,也只有人,有智慧、有准备的人,才能够真正有效地控制、避免、缩减和转移客观现实中存在的风险。

健全风险管控责任体系。对风险管控工作要建立健全全流程、各环节、多层级的风险管控责任体系,将风险管控工作纳入绩效考核机制,加大对风险管控责任的落实。不要等灾难发生了才开始重视,不要等失误造成了才开始后悔,不要等问题成堆了才进行反思。要多想一想,万一出现意外情况怎么办,万一预防准备不到位怎么办,万一应急指挥失灵怎么办,处理问题要做到"七个绝不放过",即找不到问题的根源绝不放过,找不到问题的责任人绝不放过,找不到问题解决方法绝不放过,改进方法落实不到位绝不放过,问题责任人没有受到教育绝不放过,没有长期的改进措施绝不放过,没有建立其奖罚机制绝不放过。

六、风险沟通

风险沟通是不同利益相关者之间(如技术专家与普通大众之间、公职人员与社会或社会团体之间)就有关风险因素信息进行沟通的过程。由于风险具有主观性,涉及风险引致者(产生者)、风险承受者、风险处置者等多个利益相关方,不同利益主体对风险的感知是不同的,任何一方采取的行动,都会对风险选择和处置结果产生十分重要的影响。所以,不同利益相关主体相互之间的风险信息沟通就显得尤为重要。风险信息的沟通,不但要在党委政府组织内部建立信息共享和沟通机制,还必须加强党委政府与技术专家、社会组织、媒体和公众之间的交流与沟通,建立面向社会、多方参与的风险沟通模式,协助利益相关方更好地了解风险评价结果和风险管控决策的基本原理,增强利益相关方对风险的认知程度,逐步提升全社会风险感知能力。

风险沟通应遵循"主动沟通、坦诚沟通、尽快沟通和选择性沟通"的原则,对可能发生或已经发生的影响公共安全的重要事件,由党委政府部门或其他社会组织对公众、媒体、利益攸关方发表准确、及时、必要的信息,旨在通知他们潜在的危险和应该采取的避险措施,帮助他们在面对损失和伤害时,尽可能地做出有利的选择。风险沟通应自始至终贯穿于风险管控的全过程,缺少了沟通的风险管理活动,都将显得毫无意义。

风险沟通的方法和模式,可分为单向传播和双向沟通。单向传播模式,主要用于由专业技术人员或专家向一般公众传达风险知识,而双向沟通模式则赋予了公众思考、提问、建议甚至参与决策的权利。单向传播模式能够实现风险沟通的"告知"和"引导"功能,但若要想实现"解决冲突"和"营造正面关系"的功能,则必须采用双向沟通模式。

风险沟通,在于更进一步地认识风险的严重性和后果,自觉地落实风险管控各项措施,努力降低或减少突发事件发生的概率。风险管理时期,各级各单位应持续加强风险沟通工作,根据风险沟通具体情况,及时组织会商研判,不断完善风险管控措施。

七、编制风险评估报告

编制风险评估报告是风险管理工作的一项重要内容,风险评估报告也是告知相关方风险类别、风险区域、管控措施以及组织风险沟通的基本文书。风险评估工作结束后,要组织相关人员对风险评估工作进行认真的梳理和总结,组织编制风险评估报告。风险评估报告格式应规范、文字应简洁、数据应精准、结论应科学、措施应具体。附件是报告的重要支撑,附件可附图附表。

风险评估报告基本格式包括了前言(导语)、基本情况、风险分析、评估结论、工作建议等内容。

1. 前言(导语)部分

通常包括风险评估的依据(包括指导思想),风险评估要达到的目的,风险评估要实现的目标以及风险评估的区域、范围等。

2. 基本情况部分

通常包括筹划准备情况(如组织开展风险评估的相关机构、计划安排、任务区分、工作调研、有关保障等),风险分析评估对象情况(如人口、面积、地域、区域、灾害类型、灾害特点和灾害分布等),主要工作开展情况(如召开会议、组织培训、信息采集、风险普查、现场查看、专家分析、工作建议等)。基本情况部分能用数据说明的,尽可能使用数据说明。

3. **风险分析部分**

通常包括风险辨识(区域风险、类别风险、点位风险的辨识,危险源的识别,描述每一种风险的名称、类型、发生部位等风险特征),风险隐患形成原因(内因、外因、影响因素、影响形式等)及潜在后果分析,风险分类(按照风险划分相关标准,区分风险类别),风险分级(依据风险评估标准,确定风险等级),特定风险的筛选与描述,风险分析结论及风险辨识清单。

4. **风险评估部分**

是对风险分析所确定的风险类别、风险级别及危害程度进行综合研判、分析和评价,形成科学、严谨、实用的风险评估结论。其内容通常包括风险评估方法选取理由(如详细列出定性、半定量、定量分析过程,给出相应的评估结果),单类别风险评价结果(如自然灾害类风险评估结论中风险等级的排序及风险管控的优先顺序),复合类别风险评价结果(如某范围、某行业风险评估结论中风险等级的排序及风险管控的优先顺序)和单位(组织)综合(整体)风险评估结论。综合(整体)风险评估结论是风险评估内容的小结,既要简明扼要,又要突出重点,不能长篇大论、夸夸其谈,采用归纳性的语言,重点明确重大风险、不可控风险和可控风险的重要级别排序和需要采取管控措施的优先顺序,为应急预案编制、管控措施优化和管理制度的完善提供基本依据。

5. **工作建议**

工作建议中涵盖了风险管控与隐患治理的有关策略,是依据风险评估所给出的结论,对重大风险和可控风险提出应采取的应对措施,对风险管控和隐患治理策略与行动提出意见或建议。特别值得注意的是,这些治理策略与措施,应在充分考虑组织内部应急资源调查分析评估的基础上,提出合理化的意见或建议,这样,才能使这些策略及措施与应急资源能力相匹配,才真正符合风险管控的实际情况,才能有效地应对各类突发事件,否则,就是纸上谈兵。风险管控与隐患治理策略及措施应从思想上、组织上、机制上、物质上、设备上、制度上等方面全面考虑,如建立机构、优化机制、改进工艺、完善设施、加强投入、健全制度、开展培训、制定预案,等等。必要时,意见建议也可以提出风险管控与隐患治理的责任清单和完成时限。

6. 附件

附件是风险评估报告体系的重要组成部分,也是风险评估结论的重要支撑材料。附件内容通常包括风险分析评估所采用引用的相关依据、标准和规范;各种调研报告、专题报告;专业机构及专家审查意见汇总;标绘的区域风险分布图、重大危险源分布图、安全风险图;制订的风险矩阵、风险列表、关键要素描述、风险清单、标绘的灾害发展态势图(危险类型、强度、等级、风险点的时间空间分布及名称),绘制的应急疏散示意图、资源分布图、应急指挥网络图等。

第三节
风险管理与应急管理、危机管理

一、风险概念的延伸与突发事件

"风险""危险"与"突发事件"。在进入政策领域后,风险的含义有所改变。澳大利亚与新西兰关于风险管理的国家标准 AS/NZS4360:1990 认为,"风险"是"对目标产生影响的某些事情发生的机会,它以因果关系和可能性来衡量"。国际风险分析协会将"风险"界定为"对人类生命、健康、财产或者环境安全产生的不利后果的可能"。英国内阁办公室在报告中指出:"风险"是"不确定性和后果的结合"。联合国的有关报告将"风险"定义为"由自然或人为因素相互作用而导致的有害后果的可能性或预期损失"。

"风险(源)"(Hazards)也与"突发事件"密切相关,《中华人民共和国安全生产法》对重大危险源定义为:长期地或者临时地生产、搬运、使用或者储存危险物品,且危险物品的数量等于或者超过临界量的单元(包括场所和设施)。美国联邦应急管理局将其定义为:"具有潜在的引起不幸、伤害、财产损失、基础设施损坏、农业损失、环境破坏、经营中断或其他类型损害或损失的事件或客观条件"。从某种意义上讲,危险(源)是造成突发事件的条件之一,"风险""危险"与突发事件的关联,一个广为认可与接受的公式为"风险(Risk) = 风险(源)(Hazards) × 脆弱性(Vulnerability)"。因此,风险、危险与突发事件的关系可表述为,危险是风险的构成要素之一,而风险则是突发事件的潜在状态,突发事件是风险的呈现状态。从时间先后顺序上来看,风险和突发事件是一个状态连续的两个阶段。其中,风险处在突发事件的前段,是萌芽、孕育阶段的突发事件;突发事件处在风险的后段,是演化成为现实事件的风险。从风险到突发事件的过程,也就是事件从潜在状态到呈现状态发展的过程,风险是潜在的突发事件。

就此而言,"风险"与"突发事件"既有联系,又有区别。风险是一种尚未发生的"事件",一旦发生,就有可能形成突发事件;突发事件则是一种已经发生的事实状态,它的发生通常与风险有关,突发事件应急管理与风险管理本身就有着密切的联系。

"危机"与"突发事件"。"危机"在中文中具有双重含义,即"危险 + 机遇"。英文中"Crisis"最初来源于古希腊"Crimein",其基本含义是"鉴别、审察、决定"(To separate, To sift, To decide),现在的含义则与中文表述的"危机"类似。

在管理实践中,"危机"概念有两大来源:一是国际政治领域,"冷战"格局中,美苏对抗经常会造成国际政治局势紧张。格雷厄姆·艾理森(G. Allison)基于 1962 年"古巴导弹危机"写出的《决策的本质》一书,被认为是这一领域的代表作品。二是企业管理领域,"三里岛泄漏"和"挑战者号爆炸"等事件的发生,推动了企业危机管理成为一个重要的领域。因此,公共领域中的"危机"在概念上,容易与"突发事件"混淆,国内在管理实践中,也经常不加区分地使用这两个概念。多数研究观点认为,危机与突发事件没有本质的差别,但有两点区别:一是危机的严重程度高于一般突发事件,往往是极端的或特别重大的突发事件。按照具有较大影响的乌里尔·罗森塔尔(Uriel Rosenthal)的观点,危机是一种对社会系统的基本结构和核心价值规范所造成的严重威胁。二是危机是相对于特定的主体而言的,如组织,而突发事件则并无特指的主体。

"公共安全"与"突发事件"。"公共安全",是在国内管理实践中使用频率非常高的概念。近些年来,作为一门新的学科被提出来,是我国自己采用的学科名称。2004 年 5 月至 6 月,科技部受国务院委托,在讨论制定中国中长期科技发展规划会议上,将所有学科分为 20 个门类,"公共安全"列为第九类,研究内容包括6个方面,即自然灾害、事故灾难、防恐反恐、基础设施保护、公共卫生和社会安全。在2006年2月发布的《国家中长期科学和技术发展规划纲要(2006—2020)》中,公共安全被列为重点领域与优先主题。因此,就管理的内涵而言,公共安全管理与突发事件应急管理在我国的含义非常相近。公共安全管理是对事件各个环节进行的干预和治理,而不只是在事件发生后进行的应对活动,公共安全管理思想强调的是对事件的全过程治理。公共安全体系是以公共安全为目标,以事件防范和灾害治理为主要工作形式,坚持主动防灾减灾救灾,实施包括风险识别与评估、预防与准备、预警与预测、应急与处置、灾害评估与恢复重建在内的全过程治理。简单来说,就是对灾害进行的"源头治理、动态管理和应急处置"。

"灾害""灾难"与"突发事件"。从使用习惯上讲,"灾害",在我国通常是指自然灾害,如水灾、旱灾、蝗灾和地震等;"灾难",通常是指人为的事故,如矿难、空难等。但是"灾害"与"灾难"没有本质差别,都是给国家及社会造成人员伤亡或财产损失的各种自然、社会现象,都是相对于人类社会发展进程中的异常现象。"灾害""灾难"与"突发事件"有着密切的联系,灾害、灾难往往就是人类需要有效应对的突发事件。

"管理""治理"与"突发事件"。"管理""治理"一字之差,涵义却相去甚远。管理是管理主体通过人、财、物、信息、时空和资源等要素,借助工具手段,完成该组织目标的过程。过去,国家对社会和经济事务的管理,采取的是国家一元化的主导方式。应急事务的管理采取了综合协调的方式,但应急管理的最高境界是"无急可应",如何才能实现"无急可应",关键还是要做好"预防"管理工作,防住了风险、治住了隐患、控制了事态发展方向和进程,就不会发生突发事件。然而,现在我们的应急管理工作者一谈到应急管理,就谈处置与救援,应急管理工作者的思路还是在应急处置这个小圈子里来回转悠,我们应该跳出应急看应急,把眼界放宽一些,这样,就很容易领会到什么是真正的应急管理了。国家治理则是强调各种公共的或个人和机构管理其共同事务的诸多方式的总和,更加注重党委、政府、企业、非政府组织、公民参与到公共事务管理中来,提倡主体多元化,通过系统性、时代化、科学化、规范化的治理措施,发挥治理体系整体功能,提高公共治理能力。

"风险谱系""资源谱系"与"突发事件"。"风险谱系"是对管辖区域风险的建档与集成，"资源谱系"是突发事件应对相关资源的规划与管理，有什么样的风险，就需要调用什么样的资源去应对，这是突发事件应对工作的关键"链条"。在科学技术飞速发展的今天，大数据、云计算、物联网和人工智能等技术，在天地网络领域不断地为突发事件应对工作进行科技赋能。大数据应急指挥平台和辅助决策系统，为科学指挥构建突发事件应对"指挥链"，提供了技术支持；风险谱系数据库、重大危险源监控系统，为阻断突发事件发展"灾害链"，提供了基本依据；三维地形交通网络、物流物联资源网络、监测预警预报等系统，为搭建突发事件应对"救援链"，提供了有力保障；智慧城市、数字城市、透明城市、海绵城市等城市运行系统相继投入使用，为应急管理"区块链"的建设，奠定了坚实基础。

综上所述，突发事件涵盖了自然灾害、事故灾难、公共卫生事件和社会安全事件，或者是几类事件的复合体，最为严重的突发事件往往会转化成为危机。因此，做好防灾、备灾、减灾、救灾和抗灾（恢复重建）工作是最基础的应急管理工作，有效应对各类突发事件，维护公共安全社会秩序，确保人民群众生命财产安全和社会和谐稳定，是最重要的应急管理工作，这是时代赋予应急管理工作的使命，是一个复杂、开放、巨大的系统工程，也是人类面临的永恒主题。

二、应急管理的属性、内容及发展要求

应急管理是在做"触发成链"的工作。人类社会与各种灾害抗争的历史，是一步一步地从被动承受、逃避灾害的低级阶段向主动防灾、综合防控的高级阶段发展的历史。随着经济社会和科学技术发展到了一定阶段，应急管理就应运而生，开展应急管理工作，就是人类面对灾害的一种有意识的综合性的防控管理活动。

（一）应急管理的属性

应急管理是事件应对的"调节器"，社会发展的"压舱石"。应急管理是以突发事件为中心的管理，又称公共危机管理，是指政府及其他公共机构在突发事件的事前预防、事发应对、事中处置和善后恢复过程中，通过建立必要的应对机制，采取一系列必要措施，应用科学、技术、规划与管理等手段，保障公众生命健康和财产安全，促进社会和谐健康发展的有关活动。也是为了降低事件的危

害,基于对造成突发事件的原因、突发事件发生和发展过程以及所产生负面影响的科学分析,有效集成社会各方面的资源,运用现代技术手段和现代管理方法,对突发事件进行有效监测、应对、控制和处理的过程。具有面向受灾人员的救援救助、面向受灾群体的资源管理、快速及时的信息搜集处理和面向次生灾害防范等应急管理功能。广义上的应急管理就是突发事件全生命周期的应对活动,狭义上的应急管理就是突发事件的应急处置,应急管理的拓展,向前延伸到风险管理,向后扩展到危机管理,应急管理的理论核心是以人民为中心的发展理念,城市应急管理注重与城市安全运行及重大活动保障相融合。

应急管理属性包括了公共管理属性、应急属性、应急体系属性、应急管理工作属性和应急管理体系属性等内容。通过对其独有属性的甄选与分析,可以细化和适配应急管理情境,健全和完善应急管理功能体系。从单级属性看,公共管理属性就是公共管理主体为了解决公共问题,维护与实现公共利益,运用公共权力对公共事务与公共部门施加管理的社会活动;应急属性就是组织或参与各类突发事件的应急工作,也就是处置各类突发事件;应急体系属性就是应急工作在特定环境中的全要素和全流程的系统构建;应急管理属性就是对应急过程的科学管理活动,是围绕着突发事件而展开的预防(Precaution)、响应(Response)、处置(Handling)和恢复(Recovery)的相关活动;应急管理体系属性就是国家层面处理紧急事务或突发事件的行政职能及其载体系统,是政府应急管理的职能与机构之和;应急管理工作属性就是对应急全过程的科学管理活动,包括了应急管理及体系建设、防灾救灾减灾、突发事件处置与救援和安全生产综合监督管理等工作;应急管理部门承担着提高地方应急管理水平、提高防灾减灾救灾能力、确保人民群众生命财产安全和社会稳定的重大任务,应急管理部门是防范化解安全风险的主管部门,健全公共安全体系的牵头部门,整合优化应急力量和资源的组织部门,推动形成中国特色应急管理体制的支撑部门。以"新冠肺炎疫情应对"为例,来分析单级属性,细化与适配应急情境。

从公共属性层面上看:适用的应急情境为风险防控情境、未知灾种等,如罕见怪病、疫情蔓延等;适用的应急阶段为疫情暴发前的全民预警,疫情处置中的秩序重建和疫情减缓期的协同参与;匹配的应急力量为基层的"第一响应人"行动和全社会的"安全防控责任",应急功能体现形式是"无责"的。

从管理属性层面上看:适用的应急情境为决策复杂情境,跨区域跨部门行

动等,如新发传染病、重大疫情等;适用的应急阶段为疫情暴发时的专业决策,疫情处置中的联防联控群防群治和疫情结束后的善后重建;匹配的应急力量包括了有决策权的力量、有管理权的力量和专业处置力量,应急功能体现形式是"低损"的。

从应急属性层面上看:适用的应急情境为定性简便情境、常见灾种等,如常见传染病;适用的应急阶段为疫情暴发时触发响应流程,疫情处置中的专业处置行动和疫情后期的风险消除等;匹配的应急力量包括了国家力量、专业应急力量和有资质的社会力量等,应急功能体现形式是"速逆"的。

当单级属性无法切割时,应组合或整合应急方面的属性,通过组合与融合,建立多层级综合性属性,更能体现出应急管理的价值体系。例如,将应急工具中的信息系统、决策系统、科技系统等进行优化融合,建立风险评估前置、隐患排查治理、快速触发响应等应急工作制度,实现"科学"管理的"智慧型"应急价值体系;将应急工具中的应急指挥系统、预警响应系统、支撑保障系统等进行优化融合,建立健全应急指挥机制、响应运行机制、预案支持保障等应急工作制度,实现"常态"管理的"有备型"应急价值体系;将应急工具中的监督考核责任体系、法制网络绩效体系、培训演练评估体系等进行优化融合,建立健全安全责任追究、技术标准规范、法律法规支持等应急工作制度,实现"法治"管理的"治理型"应急价值体系。实践证明,应急属性是速度最快、效率最高的应急模式,应急管理工作如何通过改革创新,使其尽可能多的适用应急属性,是应急管理工作者优先选择的目标。

"防"与"救"的属性,刻画出应急管理工作的"两个层级""三方责任"和突发事件应对的"四重危机"。应急管理工作的重点就是要妥善处理好"防"与"救"的关系。防是基础,救是目标,重在防灾,急在救灾,"防"与"救"就是做好应急管理的两个层级。"防"是经常性的工作,是基础性的工作,是全方位、全员性的工作,因此,风险防控的责任在基层;"救"是地方党委政府的重要工作,"救"的资源在地方党委政府,"救"的力量部署在地方党委政府,"救"的职责使命在地方党委政府,应急管理的责任自然就落到了地方党委政府;"治"就是治乱,是"救"的一种特殊表现形式,需要用"重典",需要用"雷霆"手段,是突发事件发展到了一个特殊的阶段,是事件的危机状态。

危机应对需要政策制度支持,需要国家力量和非常规手段来治理,国家《关于深化党和国家机构改革决定稿和方案稿的说明》中指出,"发生特别重大灾害时,应急管理部作为指挥部,协助中央组织应急处置工作",这也说明特别重大突发事件的应对工作(危机管理)使命在国家。这样,就清晰描绘出了风险管理、应急管理和危机管理的三方责任。"防"就是风险防控,"救"就是应急救援,风险防控既要防重大影响(相关利益方的影响,包括国际外交方面的、国内社会层面的、政治方面的、经济层面的等),也要防社会影响(直接利益相关方的影响、社会恐慌以及应急管理服务可能造成的风险);应急救援的目的就是减少人员伤亡和财产损失。重大影响、社会影响、遇险人员生命安全和灾害造成的财产损失,这四个方面就自然地刻画出了应急管理面临的四重危机。

应急管理"两场三维一主体"与三种"责任模式",其本质是检验在风险和危机状态下,公共安全和社会综合治理真实水平的具体反映。"两场",即突发事件应对工作现场和舆论场。每一件突发事件应对时,都是在突发事件应对工作现场和舆论场"两个战场"上同时作战,任何一个"战场"上的失利,都会给突发事件的应对工作带来不可估量的损失。官方舆论场要注重"做好",民间舆论场要注重"说好",防止出现"驼峰"现象。"三维",即突发事件应对工作的三个维度。突发事件应对时,应充分考虑突发事件发展进展、社会公众反应和信息管理有效性三个维度,只有处理好了三个维度之间的关系,才能快速有效地应对各类突发事件。"一主体",即突发事件应对主体,党委政府就是这个主体的牵头组织。这个主体既可是一个集体,也可是一个组合,这个主体在突发事件应对时,通常按照责任分工、专业分工、职能分工的要求,分别展开突发事件应对行动。如突发事件应对主体中包括的专业处置、抢险救援、资源保障、舆情应对等工作,这些工作可能是分阶段、分时域、分空间进行的,也可能是同步展开的。风险治理,形成了"共建－共治、共享－共治和共担－共治"三种治理模式,突发事件应对工作也有三种责任模式。

1. 速战速决的无责任模式

突发事件应对时,只要是按照应急预案和有关计划方案的要求组织处置,只要不是阻碍突发事件应对、迟滞突发事件应对进程、无故不参与突发事件应对工作的情况,均应属于无责任模式,这样,就会极大地调动突发事件应对工作的主动性和积极性,就会解决突发事件应对过程中,由于担心决策失误、方法不当、措施不力等问题而承担突发事件应对工作责任,给突发事件应对工作人员以最大的应急空间和无责任保护,利于达成突发事件的快速处置,这也是突发事件应对工作的主要责任模式,无责任模式的问责体现在突发事件应对后的通报表彰上。

2. 相互协作的部分责任模式

适用于突发事件危害严重、影响较大、应对时间较长,事件主体责任非常明确,协作应对客体无责任的情况,或突发事件应对过程中因违法违规、擅自改变应对工作计划方案,而造成严重次生衍生灾害,给经济运行和社会稳定带来严重影响的情况。例如,2020年全国暴发的新冠肺炎疫情应对中,由于疫情防控不力,导致疫情扩散蔓延的行政责任追究,就是部分责任模式的典型代表。部分责任模式的问责大多体现在突发事件应对过程中的党纪行政责任追究上。

3. 阻碍迟滞的完全责任模式

突发事件应对过程中,由于过度考虑其经济利益与得失,阻碍突发事件应对工作,迟滞突发事件应对进程,造成次生衍生事件不断发生等行为,属于完全责任模式范畴,完全责任模式的问责大多体现在事件调查后的刑事责任追究上。

应急管理的基本理念包括生命至上,以人民为中心的发展理论;主体延伸,社会力量成为重要依托;重心下沉,基层是重要基石;关口前移,预防准备重于应急处置;专业处置,岗位权力大于级别权力;综合协调,跨区域跨部门协同合作;依法应对,将应急管理纳入法制化轨道;加强沟通,第一时间赋予社会公众的知情权;注重研究,发现问题比总结教训更重要;依靠科技,从人海战术到科学应对等。

(二)应急管理重点内容

应急管理的基本内容包括了突发事件机理研究分析、应急体制设计、应急机制法治建设、应急预案管理、应急资源管理、风险分析与应急评价、应急心理与行为、应急基础设施设备与技术、应急系统与平台和应急安全文化等十个方面的内容。应急管理的重点是"一案三制"(突发事件应急预案、应急管理体制、应急管理运行机制和应急管理法规制度)。

突发事件原理性机理分析。突发事件一般需要经过孕育、发生、发展、演化和消减等阶段。从突发事件原理性机理研究分析看,这是一个周期性、闭合性的过程。单一事件的孕育机理通过接触和积累,完成了事件的孕育过程,进而转化为事件的发生机理,发生机理通过渐发和突发两种形式,演化为发展机理,发展机理通过空间上的扩展和烈度上的增强,进入了事件的演化阶段。单一事件的演化阶段通常会演化为多个事件,多个事件的孕育机理是从单一事件演化而来,涵盖了单一事件的转化机理(B事件由A导致)、蔓延机理(事件A导致类似事件A1、A2、A3……连续发生)、衍生机理(应对A事件的有效措施造成了B事件)和耦合机理(B事件与A事件相互影响、相互作用)。消减阶段是事件发展的终结,包含了瞬息终结机理、快速终结机理和缓慢终结机理三种模式。突发事件与应急管理机理可从纵向和横向两个方面进行分析,突发事件与应急管理的纵向机理包括共性机理、突发事件机理和应急管理机理、一般性机理和专业性机理、一般性机理四个方面;突发事件与应急管理横向机理包括原则性机理、原理性机理、流程性机理和操作性机理四个阶段。

应急管理体系与体制。应急管理体系包括承担紧急事务处置与突发事件应对的行政职能与其相配套的支撑载体,如应急管理机构设置、应急管理科学研究、应急技术规范标准、政策法规制度支撑、应急资源管理保障等内容。若按照突发事件应对工作进程进行区分,应急管理体系可分为应急准备体系(应急组织体系、应急预案体系、应急力量体系、社会动员体系和宣传教育培训体系等)、风险防控体系(风险防范体系、监测预警体系、风险评估体系、群防群治体系和风险管控责任体系等)、应急响应体系(应急指挥体系、资源管理体系、专家服务体系、通信保障体系和现场管理体系等)和支撑支持体系(应急保障体系、政策法规体系、科技支撑体系、恢复重建体系和监督管理体系等)四个部分。应急管理体系结构,如图1-7所示。

国家建立"统一领导、综合协调、分类管理、分级负责、属地管理为主"的应急管理体制。各级逐步建立了"党委统管、政府主抓、协调议事、专项指挥、群防群治"的突发事件应对工作体制,构建和完善了行政责任与社会责任系统(行政责任系统、组织化社会责任系统、非组织化社会责任系统)、事件响应与评估恢复系统(灾难评估系统、事件响应系统、灾难恢复重建系统)、防御避难与救护救助系统(防御避难系统、救护救助系统)和资源支持与技术保障系统(资源支持系统、技术保障系统),确保了应急管理事业健康有序发展。

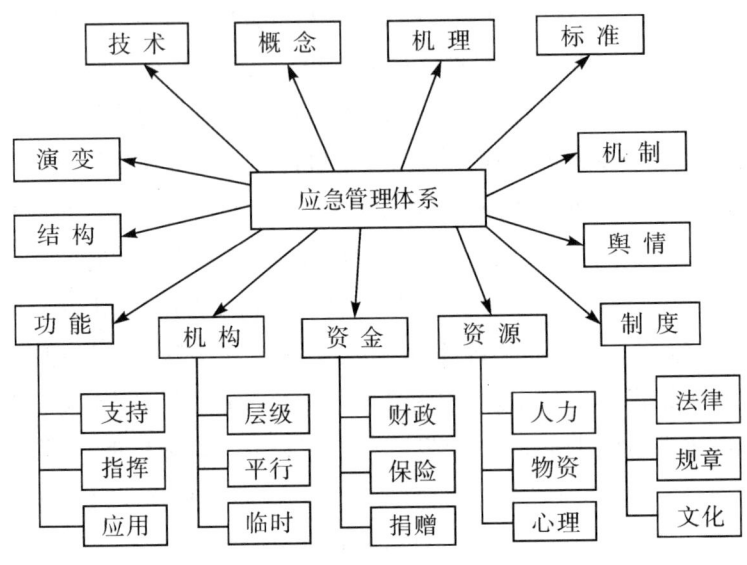

图1-7 应急管理体系结构

应急机制与预案管理。应急机制建设包括预防与准备机制(社会管理机制、风险防范机制、应急准备机制、社会动员机制、宣传教育培训机制)、风险监测与预警机制(监测机制、研判机制、预警机制、信息传递机制、国际合作机制)、应急响应机制(先期处置机制、快速评估机制、决策指挥机制、协调联动机制、信息发布与舆论引导机制)和恢复与重建机制(恢复重建机制、救助补偿机制、心理抚慰机制、调查评估机制、奖励与责任追究机制)等。

应急预案体系由国家应急预案体系、地方应急预案体系、基层应急预案体系和社会单元应急预案体系四个层级构成。国家应急预案体系由突发事件总体应急预案、专项应急预案和部门应急预案构成,国家应急预案体系体现的是原则性和指导性,侧重于综合协调和分类指导;地方应急预案体系由突发事件总体应急预案、专项应急预案、部门应急预案、资源保障应急预案、重大活动应急预案和联合应急预案构成,地方应急预案体系体现的是针对性和可操作性,侧重于专业协同和实际操作;基层应急预案体系由生产经营单位应急预案体系和社会组织应急预案体系构成,基层应急预案体系体现的是风险治理,侧重于风险管理和非等级事件的超前处理,将风险隐患消灭在萌芽状态;社会单元应急预案体系是由不可再进行分割的独立体应急预案和社会家庭应急预案构成,如一架飞机、一栋楼、一条船、一个家庭的应急预案等,侧重明确紧急事态的疏散、撤离、防护等程序和要求。应急预案层级不同,其框架结构要素和所规范的内容也不尽相同。

应急管理法规制度与应急安全文化。应急管理法规制度包括了涵盖公共安全、应急管理、事件应对等行业领域的相关法律以及条令、条例、规章和制度等内容。应急安全文化是人们在应急工作实践中形成的应急意识和价值观、应急制度规范以及外化的行为表现,包括了应急物质文化、应急精神文化、应急行为文化三个方面。涵盖了安全与应急理念、安全与应急规范、安全与应急行为、安全与应急环境和安全与应急制度等内容。

(三)应急管理的发展与时代要求

1. 应急管理发展历史沿革

我国应急管理的演进有四个鲜明标志,也称应急管理四个里程碑:一是1950年成立的中央救灾委员会;二是1989年成立的"中国国际减灾十年"委员会;三是2006年成立的国务院应急管理办公室;四是2018年组建的应急管理部。1949年9月27日,中国人民政治协商会议第一届全体会议通过《中华人民共和国中央人民政府组织法》。该法第十八条规定,政务院(国务院的前身)设立政治法律委员会,负责指导内务部、公安部、司法部、法制委员会和民族事务委员会工作。其中,内务部(民政部的前身)履行灾害救济职能。1950年2月27日,政务院政治法律委员召开会议,成立了中央救灾委员会,为全国救灾工作的最高指挥机关,由政务院副总理、政治法律委员会主任董必武任主任,内务部负责中央救灾委员会日常工作,并确定了"生产自救、社会互助、以工代赈、辅之以必要的救济"的救灾方针。1949年10月27日,国家成立了中央防疫委员会,1950年6月3日,成立了中央防汛总指挥部,董必武副总理任总指挥,办公室设在水利部。这样,就构成了以中央救灾委员会为核心,中央防汛总指挥部和中央防疫委员会为两翼,各相关职能部门为基础的灾害管理"雁行模式"。1989年3月1日,国家成立了"中国国际减灾十年"委员会,2000年10月11日,"中国国际减灾十年"委员会更名为"中国国际减灾委员会",2005年4月2日,"中国国际减灾委员会"更名为"国家减灾委员会"。2003年"非典"疫情的暴发,推动了我国应急管理事业的快速发展,2006年5月,国务院成立了国务院应急管理办公室,承担着国务院应急管理的日常工作。2017年,中共中央国务院印发了《关于推进防灾减灾救灾体制机制改革的意见》,标志着我国的应急管理事业进入了一个崭新的阶段,2018年3月13日,国家机构改革方案提出设立应急管理部,4月16日,应急管理部在国家消防局挂牌成立,应急管理部整合了11个部门13项职责,承担了国家减灾委员会、国家防汛抗旱总指挥部、国家森林草原防灭火指挥部、国务院安全生产委员会、国务院抗震救灾指挥部五个议事协调机构办公室的职责。

2. 应急管理基本任务

应急管理的基本任务包括了预防准备、预测预警、响应控制、资源协调、抢险救援、信息管理和善后恢复等内容。预防准备是以突发事件的预防行动和准备行动为重点,建立突发事件源头防控机制,建立健全应急管理体制、机制与制度,有效的控制突发事件发生,做好突发事件应对的全面准备;预测预警是认真预测评估突发事件发生的可能性,采取积极有效的预测预警措施,及时向社会发出预警,减少突发事件带来的危害与损失;响应控制是在突发事件发生时,能够及时快速启动应急预案,触发应急响应,采取有效响应控制措施,精准高效地开展应急救援行动,防止事态进一步扩散和蔓延;资源协调是在合理部署应急资源的前提下,建立科学完整的资源共享与调配机制,有效利用可用应急资源,防止在应急响应行动中出现资源短缺或过度浪费的情况;抢险救援是在应急处置与救援行动中,能够及时、快速、有序、科学地组织实施现场处置与抢险行动,抢救和安全转送人员,以降低伤亡率,减少突发事件造成的损失;信息管理是做好突发事件现场信息管理工作,以现代技术手段为支撑,通过各种渠道和信息平台,对信息进行采集、分析和研判,加强信息的共享与沟通,为突发事件应对工作提供信息保障;善后恢复是在突发事件应对工作结束后,及时清理恢复灾害现场,加强环境监测,尽快使系统功能恢复或者部分恢复,及时调查突发事件发生的原因和性质,评估影响范围和危害程度,督促相关善后恢复事项的落实。

3. 匹配与突发事件应对对等的应急管理能力

以"四阶段四制度"来匹配"四种能力"。按照应急管理全生命周期进行划分,突发事件可划分为"潜伏孕育、发酵暴发、扩散蔓延和减缓恢复"四个发展阶段,从"预防与准备、监测与预警、处置与救援和恢复与重建"四项核心制度上,给予政策法规制度支持与保障,匹配"风险管理、危机应对、现场处置和安全发展"四种能力。

风险管理能力包括风险研判能力和风险沟通能力。风险研判能力,即掌握突发事件应对对象的动态状况,并善于研判风险规律。全面掌握突发事件的暴发机理,阻止危机发生,"上医治未病"。领导干部的风险研判能力,是敏锐识别安全风险、动态掌握安全风险整体情况、精准把控风险规律的能力,是突发事件应对工作的基础能力,应掌握危机识别、风险感知、全方位风险分析和总结风险规律四种基本技能。风险沟通能力,在安全风险共担的全域全员共建共享中稳步提升公众安全感。领导干部的风险沟通能力是在安全风险环境中或突发事件的状态下,通过信息公开、交流互动、社会动员等方式,形成畅通民意和风险共担的格局,稳步提升公众安全感的能力。在突发事件应对常见场景中,领导干部应加强直面突发事件应对全媒体"现场直播"、解决涉灾民众的现实问题并开展情绪疏导的危机公关和开展涉灾民众的社会动员及修复公信力的群众工作等三个方面的技能。

危机应对能力包括危机预防能力和危机决策能力。危机预防能力,即做好应急准备以防控不同等级的公共安全风险。领导干部的危机预防能力是针对频发危机或显性高危风险,提前开展应急准备,提升安全风险承受水平的能力。在实践中,危机预防要做到"两手抓、两手都要硬"。既要借鉴国际经验,持续完善公共安全基础设施建设,也要针对本地实际情况,建立健全应急管理体制机制,不断优化改善应急管理的社会环境。危机决策能力,是根据应急管理关键因素的变化,实时、适时制定损失和失误最小化、行动和资源最优化的处置方案。领导干部的危机决策能力是运用研判结论、依据危机预防状况,实施动态风险定级和设置突发事件应对工作方案的综合能力。复杂环境中的危机决策要求领导干部掌握对突发事件应对的对象进行风险动态定级,形成支持科学危机决策的基本面,能决策处置复杂问题,掌握设定危机决策方案,并追踪效果和积极调整决策方案,能协调应对综合问题,掌握危机决策过程中严控重大安全风险的关联反应,能关口前移防范重大风险等三个方面的技能。

现场处置能力包括第一响应能力、先期处置能力和现场指挥能力。第一响应能力,具有组织协调第一响应人参与突发事件第一行动能力。能够及时开展监测预警、指导协调受灾群体开展自救互救和紧急疏散行动,减轻受灾群体和灾害造成的危害与损失。先期处置能力,采取协作合作等方式,组织开展自救互救和灾害先期控制的能力。现场指挥能力,具备全情景、多灾种的协作应急

本领和承受复杂灾害艰巨挑战的能力。领导干部的现场指挥能力是按照既定方案、根据现场情况权限管理,开展"点—线—面"协作应急的能力。对领导干部的现场指挥能力主要有三项要求。一是对常见灾种依法应对和稳妥处置的能力,二是对特殊灾情灵活处置和随机应变的能力,三是对大灾巨灾联合响应和持续作战的能力。

安全发展能力,健全公共安全体系和构建高质量安全发展格局。安全和发展分为三个风险区域:不发展且不安全区,称之为"高危风险区";发展但不安全和安全但不发展,称之为"中危风险区";安全发展且高质量安全发展,称之为"低危风险区",这就是安全和发展的"四种形态"和"三级风险"。长治久安需要公共安全体系规划,才能发挥战略引领、行业支撑、社会协同、公众参与的合力作用。高质量安全发展是应用新发展理念,更加超前和主动积极地调整特定社会的经济文化环境、特定的生产力水平和生产方式形态所引发的灾种和损害,实现本质安全或严格将安全风险控制在低危状态,从而长久保持整体的安全发展局面。因此,领导干部必须肩负起更高层次的责任,从安全助发展、发展保安全的层次,推动实现真正意义上的安全发展。领导干部的安全发展能力,是通过综合协调,谋求突发事件应对的根本性解决方案,实现"不安全发展—安全不发展—安全发展"的战略部署和主动转换的能力,整治扭转"不安全局面"为"安全状态",规划升格"安全状态"为"安全发展格局",积极助推"安全发展"为"高质量安全发展"。应急管理的前瞻性防范与研究是领导干部的必修课,应急管理的整体性协同与联动是领导干部的专业课,应急管理的根源性防控与治理是领导干部的主攻课,应急管理的持续性修复与更新是领导干部的创新课,这是灾害特征匹配应急管理能力的基本要求。

4. 新时期应急管理发展的新要求

新时期应急管理要改变传统的"被动式""保姆式""运动式"管理思想观念,逐步建立"积极防御、科学治理、有备无患、责权对等"的应急管理价值理念体系,扛起"防"的政治责任、"救"的主体责任、"减"的社会责任和"抗"的时代责任,应急管理事业发展要做到"两个坚持、三个转变",落实"四个突出"。即,要坚持以防为主、防抗救相结合,坚持常态减灾和非常态救灾相统一;实现从注重灾后救助向注重灾前预防转变,从应对单一灾种向综合减灾转变,从减少灾害损失向减轻灾害风险转变;突出强调灾害风险管理、突出强调属地管理、突出强调综合减灾和突出强调发挥市场机制与社会力量作用。

新时期应急管理工作发展面临着许多新的情况,突发事件应对工作也出现了诸多新的特点。灾害应对工作从"举国救灾"转向了"全民防灾和应对风险社会",应急管理的价值观和科学观发生了根本性转变;突发事件应对由"单一事件应对"转向了"多灾种事件的综合治理",形成了全灾种、全链条式的减灾救灾体系,由原来"个别部门应对、个别地方应对"转向了"部门协作、区域联动、国际合作"协同应对模式,建立起了跨空间、跨区域、跨部门应急联动机制,由"以政府为主体组织应对"转向了"政府主导、社会协同、公众参与、多元合作"的联合应对模式,呈现出了多主体、多渠道、多元化,全社会共同参与的格局;应急管理工作由原来"重处置轻预防"的观念转向"应对与预防并重"的新理念,体现出了应急管理全流程、全要素科学管理的思路;在减灾方针上,由原来的只"注重减灾"转向"减灾与可持续发展,注重生态文明"的策略方针,充分体现了应急管理的认识论和发展观;在传统与非传统安全上,由"注重传统安全"转为"传统安全与非传统安全并重",反映的是新技术、新液态、新领域多维度安全观;在应急管理范围上,从只注重"应急管理"转向"风险管理+应急管理+危机管理",拓展了应急管理的内涵,体现出了"大应急、大安全、全流程"的现代化管理思想;在应急观念上,从只讲"应急观"转向"风险观、应急观、危机观互为一体",体现了应急管理的发展格局和全局观;在灾害危害影响程度上,从只重视"灾害损失"转向全面关注"灾害风险、灾害范围、灾害类别、灾害影响、灾害评估、灾害趋势",充分揭示了应急管理精准救援、精细化管理的内在规律。

应急管理面临的新情况和新变化,也给应急管理工作提出了新要求。国家安全和社会稳定是改革发展的重要前提,健全完善公共安全体系,加强应急管理是国家治理体系和治理能力现代化的重要组成部分。为此,要不断更新应急管理理念,不断深化对应急管理发展规律性的再认识,坚持依法应对突发事件,坚持依靠科技进步,提升应急能力,坚持共建共治共享,编织全方位立体化的公共安全网络,不断提升应急管理综合能力和水平。

三、风险管理与应急管理、危机管理的关系

风险管理、应急管理、危机管理是事件管理从小到大逐渐演变的一个管理过程,都属于公共安全管理的范畴。公共安全管理包含了危机管理、应急管理、

防灾减灾管理、安全生产监督管理和风险管理等内容,应急管理又包含了防灾减灾管理、安全生产监督管理和风险管理。应急管理处在公共安全管理链条的中间环节,向前延伸到风险管理,向后扩展到危机管理,就如同患者生病治疗一样,生病前,所进行的食补调理保健,就是"风险管理",病发组织的查体和药物干预治疗就是"应急管理"(查体如同安全生产综合监管职能,治疗如同突发事件处置职能),病危所采取的紧急抢救行动就是"危机管理"。应急管理强调的是对事件管理全过程的风险评价,包括事前风险评价(对传统风险、变异风险、扩展风险进行评估)、事中风险评价(灾害过程的实时风险评估,如可减缓性评价、可挽救性评价、可恢复性评价)和事后风险评价(灾害后的整体性评估,如灾害危害影响评价、人员伤亡损失评价)。从全过程的风险评价关系上看,风险管理是应急管理与危机管理的前提和基础,风险管理的延伸必将涉及应急管理与危机管理,风险管理、应急管理和危机管理是突发事件应对生命周期中的一个有机整体。从突发事件应对工作流程上看,风险管理处在这个有机整体的最前端,是突发事件应急管理学中最基础、最迫切、最经济的管理活动。

1. 风险管理

风险管理,强调的是"关口再前移",采取的措施是"消减控制",是"治未病"的管理。风险管理涵盖了风险识别、风险分析、风险评估、风险控制、风险沟通等内容。风险管理重在"绘图织网",应绘制标注区域"风险谱系图",织牢"监测预警网、信息传递网、资源配置网",建立风险防控责任体系。《中华人民共和国突发事件应对法》第一次从法律的高度对风险评估工作提出了要求,法律明确规定"国家建立重大突发事件风险评估体系,对可能发生的突发事件进行综合性评估,减少重大突发事件的发生,最大限度地减轻重大突发事件的影响"。法规还规定"县级以上人民政府应当对本行政区域内容易引发自然灾害、事故灾难和公共卫生事件的危险源、危险区域进行调查、登记、风险评估、定期进行检查、监控,并责令有关单位采取安全防范措施"。

从管理对象上讲,风险管理的对象是"风险",风险具有不利性、不确定性和复杂性三维特征,可能导致人员伤亡、经济损失、环境破坏,也会造成社会影响、政治影响和人员的心理健康影响。风险管理,就是对风险的不确定性和可能性进行的管控,管住了风险,应急管理才能实现真正意义上的触角向前延伸,实现从最基础的层面上,对"能带来损失的不确定性"(风险)进行超前预防与控制,以达成应急管理工作"关口前移""未雨绸缪,防患于未然"之目标。

从管理效能上讲,风险管理比应急管理更能从根本层面(基础规划、制度、城市软硬件建设)上避免损失的产生。风险管理的最佳功效是"超前预防",即尽量避免和减少人类活动与"灾害性"环境之间的互动,也就是尽量降低"致灾因子"产生的可能性,由此从最根本的层面上,防止突发事件及其损失的产生。一旦出现了"风险源",风险管理的主要任务则变为评估和分析风险产生的可能性以及造成损失的概率,进而通过相应的手段,减少、降低、消灭这些可能性和概率,达到减少损失的目的。但是,"风险"一旦演化成为"突发事件",那么,损失便难以避免,此时,就需要采取有效的应急管理措施,将突发事件的损失减少或降低到最低程度。

从管理职能上讲,风险管理是从战略的角度去思考问题,重在如何"防",而应急管理则更多地倾向于一种行动策略,重在如何"救"。因此,风险管理能够在更基础的层面,实现管理工作的优化。风险管理通过对环境和"危险源"的认真分析与评估,制定出处理"潜在损失"的系统性规划(其中包括了最基础的规划),从根本上防止危害的产生,同时,也具备相对充足的时间、空间及手段来消除、降低和减缓这些可能性和不确定性的发生,不断实现管理模式和方法的优化。而应急管理则不同,应急管理是在"突发事件"突然发生时,按照既定预案或方案,重新组合相关资源来进行应对的,是在非常有限的时间、空间、信息和资源等压力情况之下,需要及时快速做出决策,因此,很难保证资源配置的科学性和最优性。

从管理目标上讲,风险管理工作的终点是控制、消除和转移风险。若风险源被成功地消除、控制或转移,则管理工作又重新进入常态管理和风险管理的起点(也就是风险管理准备阶段),若风险控制行动失败,"潜在的危害"转化成为"突发事件",则立即进入应急管理过程。因此,风险管理工作的终点就是应急管理工作的起点(事发阶段的监测预警时期)。

风险管理是"默默无闻、不见声色"的管理,应急管理则是"刀光剑影、轰轰烈烈"的管理。若要实现应急管理过程"关口前移"的目标,不是仅做好"监测预警"工作就可以了,而是应当将关口"再前移",衔接到风险管理的具体环节中,从根本上防止和减少风险源和致灾因子的产生,这也是风险管理工作"超前预防"的目的。所以,风险管理是针对风险发生的可能性及其后果,通过全面综合考虑风险处置各环节的因素,充分开展风险沟通、风险监测与更新的动态管理。此管理过程应建立相应的机制与规划,确保风险管理与应急管理有效衔接,着眼做好"治末病"的工作。

2. 应急管理

应急管理,强调的是"事件应对周期",采取的措施是"全过程管理",是"治重病"的管理。从突发事件应对周期上讲,应急管理的"关口前移"就延伸到了风险管理,应急管理的扩展向后延伸也可以伸展到危机管理,所以说,应急管理也是一种"中间管理"活动。应急管理和风险管理都涉及了监测预警与预防准备,但其侧重点有所不同。风险管理侧重于"危险源"管理,解决的是化解、消除、控制和转移风险,是其"风险"不再转化成为"突发事件";而应急管理是在风险防控的基础上,侧重于"突发事件"管理,既是在监测预警与预防准备阶段,也是侧重于突发事件处置期间的监测预警,侧重于"突发事件"应对行动时的应急资源与应急力量准备,虽同为监测预警与预防准备阶段,一个管的是"危险源",而另一个管的是"突发事件",两者管理对象截然不同。但在实际工作中,我们已经将风险管理纳入到了应急管理的范畴,应急管理的主要目标是"预防和减少突发事件及其造成的损失"。全过程的应急管理囊括了突发事件事前、事发、事中、事后所有的应急管理环节,这也就包括了预防准备、监测预警、组织指挥、信息报告、应急响应、处置救援、恢复重建及调查评估等内容,反映的是突发事件潜伏孕育(事前)、发酵暴发(事发)、扩散蔓延(事中)和减缓恢复(事后)整个发展过程。其中,突发事件潜伏孕育(事前)阶段,也就是"风险"没有转化成为"突发事件"的阶段,这也正好是风险的管理阶段。

在应急管理过程中,监测预警是突发事件应急管理工作的起点,也是"预防为主、关口前移"的重要内容,预防的主要目的在于防止已经存在的"潜在的危害"转化为"突发事件",若说监测预警是应急管理的起点,那么,风险管理就是应急管理的"前哨",风险管理与应急管理中的"预警管理"环节,有着必然的内在联系,风险与预警管理,如图1-8所示。虽然应急管理工作的触角已经向前延伸,但要推动应急管理从"被动应对型"向"主动保障型"转变,就应从更基础、更根本的层面做起,做到以"防"为主、防"治"兼顾,着重做好"治重病"的工作。

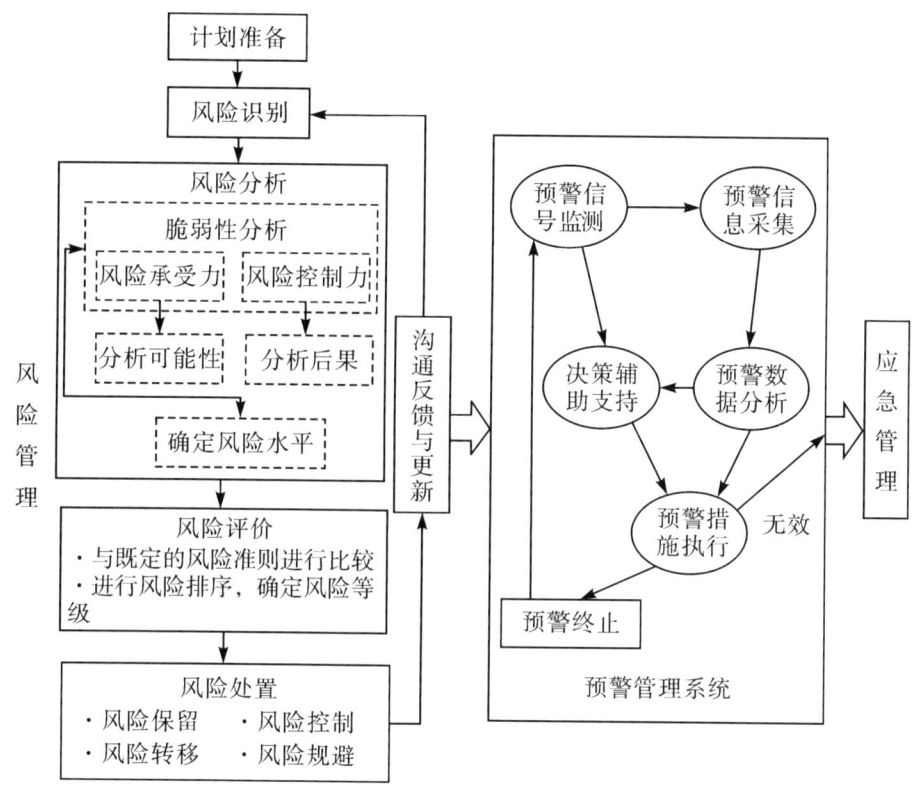

图 1-8 风险与预警管理

3. 危机管理

危机管理,强调的是"做最坏的打算",采取的措施是"重典治乱",是"治危病"的管理。危机管理是对"危机型"突发事件的管理,即针对影响范围特别大、影响时间特别长、伤亡或损失特别严重,对经济社会造成极端恶劣影响的特别重大突发事件,需要调动特别资源,采取非常果断措施,做出关键决策来组织集中或专项行动,进行有效应对的突发事件管理活动。危机管理的哲理与内涵包含了失败在于危机、成功在于转机,危机、时机、契机、转机四者的关系包含了现代危机管理全部程序。危机管理可以属于应急管理,但通常不是一般的应急管理,它主要在于防范高端的紧急性威胁事态危机的发生或降低危机发生率,减少危机的负面影响,并最好能化险为夷或变威胁为机遇,实现管理与社会的进步,危机管理更需要非常规管理。危机事件往往会导致公共秩序紊乱,伦理道德丧失,政策制度失效。危机不是独立存在的,危机的产生极有可能诱发新的危机事件,或者是多种危机事件的组合体。

2022年2月24日,俄罗斯总统普京决定对顿巴斯地区开展特别军事行动,当日,俄军就登陆了乌克兰的敖德萨,俄乌战争从此暴发。俄乌战争就是一场危机,由于俄乌战争的持续进行,危机的外溢效应逐渐显现出来,美国及西方国家的制裁与限制,导致全球及局部地区暴发了能源危机、粮食危机、难民危机、人道危机、欧洲安全危机等危机事件,人类也面临着核危机的风险。同时,危机又具有一定的"机遇性",即"危机=危险+机遇"。危机的暴发,必将会为当前的政治、经济、秩序及社会制度等方面的改革创造良好的机遇。俄乌战争的暴发,这场危机,就为美国的能源企业和军工复合体创造了千载难逢的机遇,他们从危机中赚得盆满钵满,发了战争财。"危机"同时又兼顾了"风险"与"突发事件"的特性,危机管理是风险管理和应急管理发展的又一个新的阶段,是风险管理与应急管理周期的一个特殊终端。在风险管理阶段,根据信息论里的"约哈里窗口理论",风险信息可以被分为四个区域,其中,盲区和不可预知区的对象,就是危机管理需要重点监测和防控的对象。风险信息分区矩阵,如表1-7所示。

表1-7 风险信息分区矩阵

政府\公众	知道	不知道
知道	Ⅰ 开放区	Ⅲ 盲区
不知道	Ⅱ 隐藏区	Ⅳ 不可预知区

一般来讲,我们按照突发事件发生的机理与性质,可将突发事件分为常规性突发事件(即可以立刻找到诱因的事件)及非常规性突发事件(原因不明、情况复杂、不确定性大)。对于常规性的突发事件,应对工作可以根据应急预案以及以往的处置经验,利用常规化管理手段和程序性决策进行有效的处置,而对于非常规性突发事件而言,因其不确定性大、影响大,情况更为复杂,时间又非常紧迫,这就需要采取非常规的决策手段,这也正是危机管理需要关注的重点问题。应急管理的科学程度取决于危机决策,危机决策过程存在着环境复杂、

信息稀缺、资源有限、条件受限、时间紧迫等特点,决策时,还往往会受到内部意见冲突大、合格决策人员参与少、技术支持不足等问题的干扰,因此,危机决策不能盲目地追求"最优方案"或"满意方案",也难以做到统筹兼顾、考虑周全、集思广益、注重程序,应遵循"多害相比取其轻"的基本原则,甚至可以采取"排除法",抓住重点、当机立断,制定"可用方案",适时调整优化行动方案。危机决策应把握"三原则":一是将公众的利益置于首位。二是局部利益要服从组织全局的利益。危机可能由局部产生,但危机的影响则是全局性的,因此,在危机处理中要有全局观念,要从全局的角度去考虑问题,局部利益要服从组织全局利益。三是组织应立即成为第一消息来源,掌握对外发布信息的主动权。如果作为第二或第三消息来源,则会陷入被动局面。

危机管理的独特之处在于它特别重视"事件必须发生,且要做最坏的打算",并重点强调决策的非常规性和"重典治乱"的勇气,更要善于把握机遇,转危为安,转危为机。危机管理目标定位,可以按照危机事前与事发后两个阶段,分别明确应该追求的最高和最低境界,危机管理的四层 U 形境界,如图 1-9 所示。这是从"做最坏的打算"着眼,着力做好"治危病"的工作。

境界	危机阶段	
	事前	事发后
高	1. 安全避免危机	4. 善于利用危机
低	2. 充分准备危机	3. 有效应对危机

图 1-9 危机管理的四层 U 形境界

风险管理与应急管理、危机管理是公共安全领域管理活动的一个持续循环的动态过程,防范风险、高效应急、化解危机是推动实现国家安全体系和治理能力现代化建设的重要内容,三者之间相互联系、互相作用、各有侧重,并无严格的区分。风险管理更加关注于"绘图织网"工作,应急管理更加注重于"触发成链"(依据应急预案启动响应程序,加强对灾害链、指挥链、救援链和区块链的运用)建设,危机管理则突出了"科学决策"策略。公共安全管理不同阶段所反映出的不同管理工作重点,在整个管理活动过程中构成了一个公共安全管理"星链网计划",这个"星链网计划"相互融合又互为补充,形成了公共安全管理一个有机整体。因此,加强对风险的辨识与跟踪、监测与预警,建立信息反馈与沟通、互动与共享机制,采取科学、合理、积极、有效的响应措施,及时将事件发生的可能性和后果的严重性降到最低程度,防止危机事件的发生,是应急管理工作者责任使命所系。

德国飞机涡轮机发明者帕布斯·海恩在航空界提出的一个关于安全飞行的法则,即《海恩法则》,这个法则指出,每一起严重事故的背后,必然有29次轻微事故及300起未遂事故先兆和1000起事故隐患。若将公共安全管理活动过程按照这个法则进行区分,那么,1000起事故隐患及300起未遂事故先兆,就属于风险管理防控范畴,29次轻微事故,就属于应急管理需要处置的范畴,"严重事故",就属于危机管理需要应对的范畴。公共安全管理活动过程,好比一辆行驶在高速公路上的汽车,0~5千米/小时的速度,就是车辆行驶的风险管理阶段,这个阶段一般不会发生事故,只会出现不安全的事故苗头和事故隐患;5~60千米/小时的速度,就是车辆行驶的应急管理阶段,这个阶段容易发生交通事故,造成人员的伤亡和财产损失;60~180千米/小时的速度,就是车辆行驶的危机管理阶段,这个阶段就会发生灾难,就会造成交通设施破坏,车毁人亡。

由此可见,危机管理是公共安全管理活动中风险量的积累,以致发生了质的变化,风险管理与应急管理、危机管理只是公共安全管理活动周期中,所呈现出来的不同形式。公共安全管理活动所反映的本质是"治末病"大于"治重病","治重病"大于"治危病"这个逻辑关系。风险管理与应急管理、危机管理三者之间的相互关系,如表1-8所示。

表1-8 风险管理与应急管理、危机管理的关系

公共安全管理	风险管理	应急管理	危机管理
管理对象	风险、隐患	突发事件	危机事件
管理过程	查找、辨识 沟通、管控	事前、事发 事中、事后	预测、预警 决策、转机
管理内容	风险识别、分析、评估、控制与更新 (风险分级管控与隐患排查治理)	预防与准备、监测与预警、处置与救援、恢复与重建 (一案三制)	规避策略、控制理论 决策、化解、恢复与机遇 (危险+机遇)

续表

公共安全管理	风险管理	应急管理	危机管理
管理目标	减少增量风险 消除存量风险	降低减少灾害损失 保证生命财产安全	减缓事件危害 消除危机影响
管理责任	党委政府各部门单位及基层组织	应急管理部门牵头 党委政府相关部门参与	国家安全领导小组 公共安全专职机构
管理方法	防范与化解 （治未病）	处置与救援 （治始病）	重典治乱 （治重病）
管理阶段	孕育潜伏阶段	发酵暴发阶段	扩散蔓延失控阶段
管理层级	初级（战术层级）：管理者应具备和掌握的相关知识与技能。处在公共安全管理活动的前端	中级（战役层级）：应急管理工作者和各类应急队伍必须具备掌握的操作技能。处在公共安全管理活动的中端	高级（战略层级）：专业部门及机构应具备运筹帷幄和果断决策的领导艺术及能力。处在公共安全管理活动的终端
工作重点	绘图织网：即编织风险谱系图，织牢监测预警、信息传递和资源配置网络	触发成链：即触发启动响应程序，组织开展灾害链、指挥链、救援链和区块链各个环节的应对工作	运筹帷幄、科学决策
资源调度	行业、部门及单位和基层相关应急资源	本级党委政府部门应急资源	国家资源 国家力量
事件案例（以金融事件为例）	表现为融资、集资利率调整、加息等	发生货币提、挤、兑事件，非法集资事件等	暴发金融风暴 金融危机等

第二章
体检：风险评价

当一个人被推进手术室的时候，他才发现自己那本有关健康与生命的书还没有读完；当一个人坐上飞机去旅行时，无论他坐的是头等舱，还是经济舱，若飞机出了问题，他的财富也阻止不了坠落。古人云：水在火上，既济；君子以思患而豫防之；千丈之堤，以蝼蚁之穴溃；百尺之室，以突隙之烟焚。应急之人，应熟知风险、真识风险，监控风险，既要有掌控防范风险之法，又要有精通"精准拆弹"之术，真正成为风险管理的"行家"和"明白人"。

体检，是对人身体状况进行检查的简称，是运用医学手段和方法对受检者的检查，是医疗的诊断环节，是查找症状或疾病及其相关因素的诊察手段。医生在对患者进行查体时，通常需要对患者进行全面系统的检查，查明病因、分析病情，依据病理学和药理学相关原理，提出对患者的医治方案。在应急管理领域，对地方或单位所做的风险管控工作，也需要像体检机构对人身体"体检"一样，进行全面的排查分析，风险分析评价的过程，实质上就是对地方或单位可能存在风险隐患进行"体检"的过程，通过对风险的排查、辨识、分析、评价，真实了解到风险的"症状"，并寻求其管控之法，防止风险的转移、变形和纠缠。

随着经济社会的发展,人类文明程度的进步,公民素质的不断提升,公众的风险防范意识、安全防护意识、健康保护意识也正在日益提升,"体检"已经逐步地走进了人们的日常生活,"体检"不再是一件"奢侈"事项,已经成为人们日常生活中的一种"常态"现象,人们通常每年都会组织一次体格检查。随着国家安全体系和治理能力现代化建设步伐的加快,"地方体检、城市体检、部门体检、单位体检和企业体检"也必将会成为新形势下安全管理工作的常态要求。只有通过"体检",才能暴露和发现"自身"存在的问题,才能为风险管理工作提供基本依据,才能有的放矢地做好安全管理工作。因此,专检(专项整顿与检查)、年检(政府组织的年度检查)、季检(部门开展的专项或行业检查,也可是季节性、重要节日前或关键时期组织的检查)、月检(单位企业组织系统内部的检查)、周检(班组科室组织的检查)和岗检(上岗前的例行检查),也将会成为安全管理"体检"工作的常态工作制度。

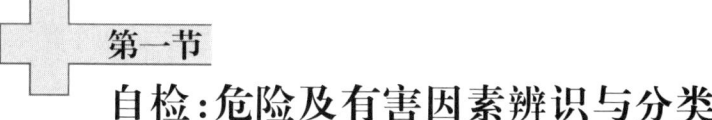

第一节
自检:危险及有害因素辨识与分类

危险及有害因素,是能对人造成伤亡或影响人的身体健康,甚至导致疾病的因素,类别则是危害的类别及其造成事件的类型。危险源辨识过程中,输出的就是识别危险源的存在和确定危险源的分布及其特性。

一、危险及有害因素

危险及有害因素,包括了可能导致事件发生人的因素、物的因素、环境的因素和管理方面(人的不安全行为、物的危险状态、环境的变化和管理上的缺陷)的因素。人的不安全行为,是指人在工作过程中的操作、指示或其他具体行为不符合安全规定;物的危险状态,是指生产过程或生产区域内的物质条件(如材料、工具、设备、设施、成品、半成品)处于危险状态;环境的变化,是指作业环境受到其他条件的影响发生了变化(如暴雨、台风、塌陷);管理上的缺陷,是指在开展各种生产活动中所必需的各种组织、协调等行动存在的缺陷。危险及有害因素辨识,如表 2-1 所示。

表 2-1 危险及有害因素辨识

类　别		危险和有害因素		说　明
人的因素	心理、生理性危险和有害因素	负荷超限	体力负荷超限	易引起疲劳、劳损、伤害等负荷超限。伤病期。
			听力负荷超限	
			视力负荷超限	
			其他负荷超限	
		健康状况异常		
		从事禁忌作业		
		心理异常	情绪异常	
			冒险心理	
			过度紧张	
			其他心理异常	
		辨识功能缺陷	感知延迟	
			辨识错误	
			其他辨识功能缺陷	
		其他心理、生理性危险和有害因素		
	行为性危险和有害因素	指挥错误	指挥失误	包括与生产管理环节有关各级管理人员的指挥。
			违章指挥	
			其他指挥错误	
		操作失误	误操作	
			违章作业	
			其他操作失误	包括脱岗等违反劳动纪律行为。
		监护失误		
		其他行为性危险和有害因素		

续表

类别		危险和有害因素		说明
物的因素	物理性危险和有害因素	设备、设施、工具、附件缺陷	强度不够	抗倾覆、抗位移能力不够(重心过高、底座不稳定、支承不正确等)。
			刚度不够	
			稳定性差	
			密封不良	密封件、密封介质、设备附件、加工精度、装配工艺等缺陷以及磨损、变形、气蚀等造成的密封不良。
			耐腐蚀性差	
			应力集中	
			外形缺陷	
			外露运动件	
			操纵器缺陷	
			制动器缺陷	
			控制器缺陷	
			设备、设施、工具、附件其他缺陷	
		防护缺陷	无防护	防护装置、设施和防护用品不符合要求。
			防护装置、设施缺陷	
			防护不当	
			支撑不当	
			防护距离不够	
			其他防护缺陷	
		电伤害	带电部位裸露	包括 X 射线、γ 射线、α 粒子、β 粒子、中子、质子、高能电子束等。
			漏电	
			静电和杂散电流	
			电火花	
			其他电伤害	
		噪声	机械性噪声	
			电磁性噪声	
			流体动力性噪声	
			其他噪声	

续表

类 别		危险和有害因素		说 明
物的因素	物理性危险和有害因素	振动危害	机械性振动	
			电磁性振动	
			流体动力性振动	
			其他振动	
		电磁辐射		
		非电离辐射	紫外辐射	直射光、反射光、眩光、频闪效应等。
			激光辐射	
			微波辐射	
			超高频辐射	
			高频电磁场	
			工频电场	
		运动物伤害	抛射物	
			飞溅物	
			坠落物	
			反弹物	
			土、岩滑动	
			料堆(垛)滑动	
			气流卷动	
			其他运动物伤害	
		明火		
		高温物质	高温气体	
			高温液体	
			高温固体	
			其他高温物质	
		低温物质	低温气体	
			低温液体	
			低温固体	
			其他低温物质	

续表

类　　别		危险和有害因素		说　　明
物的因素	物理性危险和有害因素	信号缺陷	无信号设施	应设信号设施处无信号,如无紧急撤离信号等,信号量不足,如响度、量度、对比度,信号维持时间不够等。信号显示错误、滞后或超前等。
			信号选用不当	
			信号位置不当	
			信号不清	
			信号显示不准	
			其他信号缺陷	
		标志缺陷	无标志	
			标志不清晰	
			标志不规范	
			标志选用不当	
			标志位置缺陷	
			其他标志缺陷	
		有害光照		
		其他物理性危险和有害因素		
	化学性危险和有害因素	爆炸品		地面、通道、楼梯被任何液体、熔融物质润湿、结冰或有其他易滑物。无安全通道、安全通道狭窄等。无安全出口或安全出口设置不合理等。
		压缩气体和液化气体		
		易燃液体		
		易燃固体、自燃物品和遇湿易燃物品		
		氧化剂和有机过氧化物		
		有毒品		
		腐蚀品		
		放射性物品		
		粉尘与气溶胶		
		其他化学性危险和有害因素		
	生物性危险和有害因素	致病微生物	细菌	风、极端温度、雷电、大雾、冰雹、暴雨雪、洪水、浪涌、泥石流、地震、海啸等。
			病毒	
			真菌	
			其他致病微生物	
		传染病媒介物		
		致害动物		
		致害植物		
		其他生物性危险和有害因素		

续表

类　别		危险和有害因素	说　明
环境的因素	室内作业场所环境不良	室内地面滑	不平整的地面和路面，有铺设的、未铺设的、草地、小鹅卵石或碎石地面和路面。 扶手、扶栏和护栏、护网等。 升降梯井、修车坑、水沟、水渠等。 大门、栅栏、蓄栏和铁丝网等。 通气差或气流过大、缺氧等。
		室内作业场所狭窄	
		室内作业场所杂乱	
		室内地面不平	
		室内梯架缺陷	
		地面、墙和天花板上的开口缺陷	
		房屋基础下沉	
		室内安全通道缺陷	
		房屋安全出口缺陷	
		采光照明不良	
		作业场所空气不良	
		室内温度、湿度、气压不适	
		室内给、排水不良	
		室内涌水	
		其他室内作业场所环境不良	
	室外作业场所环境不良	恶劣气候与环境	生产设备、设施的设计或作业位置不符合人类工效学要求而易引起作业人员疲劳、劳损或事故的一种作业姿势。 显示两种以上致害因素且不能分清主次的情况。
		作业场地和交通设施湿滑	
		作业场地狭窄	
		作业场地杂乱	
		作业场地不平	
		航道狭窄、有暗礁或险滩	
		脚手架、阶梯和活动梯架缺陷	
		地面开口缺陷	
		建筑物和其他结构缺陷	
		门和围栏缺陷	
		作业场地基础下沉	
		作业场地安全通道缺陷	
		作业场地安全出口缺陷	
		作业场地光照不良	

续表

类别		危险和有害因素	说明
环境的因素	室外作业场所环境不良	作业场地空气不良	
		作业场地温度、湿度、气压不适	
		作业场地涌水	
		其他室外作业场所环境不良	
		地下(含水下)作业环境不良	
		隧道、矿井顶面缺陷	
		隧道、矿井正面或侧壁缺陷	
		隧道、矿井地面缺陷	
		地下作业面空气不良	
		地下火	
		冲击地压	
		水下作业供氧不当	
		其他地下作业环境不良	
		其他作业环境不良	
		强迫体位	
		综合性作业环境不良	
管理的因素	职业安全卫生管理规章制度不完善	职业安全卫生组织机构不健全	安全组织机构的设置及人员的配置不健全。隐患管理、事故调查处理等制度不健全。职业健康体检及其档案管理不完善。
		职业安全卫生责任制未落实	
		建设项目"三同时"制度未落实	
		操作规程不规范	
		事故应急预案及响应缺陷	
		培训制度不完善	
		其他职业安全卫生管理规章制度不健全	
		职业安全卫生投入不足	
		职业健康管理不完善	
		其他管理因素缺陷	

二、危险及有害因素引发的事故类型

在综合考虑事件的起因、引起事故的诱导性原因、致害物、伤害方式等基础上,我们可以对危险及有害因素引发的事故类型进行具体的区分。危险及有害因素引发的事故类型,如表2-2所示。

表2-2 危险及有害因素引发的事故类型

1. 物体打击	8. 火灾	15. 瓦斯爆炸
2. 车辆伤害	9. 高处坠落	16. 锅炉爆炸
3. 机械伤害	10. 坍塌	17. 容器爆炸
4. 起重伤害	11. 冒顶片帮	18. 其他爆炸
5. 触电	12. 透水	19. 中毒和窒息
6. 淹溺	13. 放炮	20. 其他伤害
7. 灼烫	14. 火药爆炸	

三、危险及有害因素的分类

危险及有害因素涵盖了可能导致事件发生人的因素、物的因素、环境的因素和管理方面的因素。我们可以对人的不安全行为、物的不安全状态以及环境的不良影响再进行细化区分,确定出更加具体、更加明细的危险及有害因素类型。人的不安全行为分类,如表2-3所示;物的不安全状态分类,如表2-4所示;环境的不良状态分类,如表2-5所示。

表2-3 人的不安全行为分类

人的不安全行为			
操作失误、忽视安全、忽视警告	未经许可开动、关停、移动机器		物体(成品、半成品、材料、工具、切屑和生产用品等)存放不当
	开动、关停机器时未给信号		
	开关未锁紧、造成意外转动、通电或泄漏等	冒险进入危险场所	接进漏料处(无安全设备)
	忘记关闭设备		冒险进入涵洞
	忽视警告标志、警告信号		未经安全监察人员允许进入油罐或井中
	操作按钮、阀门、扳手、把柄等错误		采伐、集材、运材装车时,未离危险区
	奔跑作业		未"敲帮问顶"开始作业
	供料或送料速度过快		冒进信号

续表

人的不安全行为			
操作失误、忽视安全、忽视警告	机械超速运转	冒险进入危险场所	调车场超速上下车
	违章驾驶机动车		易燃易爆场所明火
	酒后作业		私自搭乘矿车
	客货混载		在绞车道行走
	冲压机作业时,手伸进冲压模	攀、坐不安全位置(如平台护栏、汽车挡板、吊车吊钩)	
	工件紧固不牢	在起吊物下作业、停留	
	用压缩空气吹铁屑	机器运转时加油、修理、检查、调整、焊接、清扫等工作	
	其他	有分散注意力行为	
造成安全装备失效	拆除了安全装置	在必须使用个人防护用品、具作业或场合中,忽视其使用	未穿安全鞋
	安全装备堵塞,失掉了作用		未戴安全帽
	调整的错误造成安全装置失效		未佩戴呼吸护具
	其他		未佩戴安全带
使用不安全设备	临时使用不牢固的设施		未戴工作帽
	使用无安全设置的设施		其他
	其他	不安全装束	在有旋转零部件设备旁作业时穿肥大衣服
手代替工具操作	用手代替手动工具		操作带有旋转零部件的设备时戴手套
	用手清除切屑		对易燃、易爆等危险物品处理错误
	不用夹具固定、用手拿工件进行机加工		

表 2-4 物的不安全状态分类

物的不安全状态			
防护、保险、信号等装置缺乏或有缺陷	无防护罩	设备、设施、工具、附件有缺陷	设计不当,结构不符合安全要求
	无安全保险装置		通道门遮挡视线
	无报警装置		制动装置有缺欠
	无安全标志		安全距离不够
	无护栏或护栏损坏		拦车网有缺欠

续表

物的不安全状态			
防护、保险、信号等装置缺乏或有缺陷	（电气）未接地	设备、设施、工具、附件有缺陷	工件有锋利毛刺、毛边
	绝缘不良		设施上有锋利的倒棱
	无消音系统,噪声大		机械强度不够
	危房内作业		绝缘强度不够
	未安装挡车器或挡车栏		起吊重物的绳索不符合安全要求
	防护罩未在适当位置		设备在非正常状态下运行
	防护装置调整不当		设备带"病"运转
	坑道掘进、隧道开凿支撑不当		超负荷运转
	防爆装置不当		设备失修
	采伐、集材作业安全距离不够		地面不平
	放炮作业隐蔽所有缺陷		保养不当,设备失灵
	电气装置带电部位裸露	个人防护用品缺乏或缺陷	无个人防护用品、用具
	其他		所用的防护用品、用具不符合安全要求

表 2-5　环境的不良状态分类

环境的不良状态			
照明光线不良	照度不足	作业场地杂乱	工具、制品、材料堆放不安全
	作业场地烟雾尘弥漫视物不清		采伐时,未开"安全道"
	光线过强、过弱		迎门树、坐殿树、搭挂树未作处理
通风不良	无通风		交通线路配置不安全
	通风系统效率低		操作工序设计或配置不安全
	风流短路	地面滑	地面有油或其他液体
	停电停风时放炮作业		冰雪覆盖
	瓦斯排放未达到安全浓度放炮作业		地面有其他易滑物
	瓦斯超限	贮存方法不当	环境潮湿,温度、湿度不当
作业场所狭窄			高温、低温

第二节 复检:常见风险分析评定

为了比较客观全面地掌握自然灾害、生产安全、信息安全等行业领域存在的风险隐患特性,依据国家有关法律、法规、规范、标准和要求,从风险管理的角度,在对地质灾害、洪涝灾害、林业灾害、生产安全、信息安全等行业领域可能存在的风险隐患进行辨识分析的基础上,就关键性风险要素的分类、分级及评价作进一步的明确。

一、地质灾害风险分类评定

地质灾害主要风险包括了滑坡、崩塌、泥石流、岩溶塌陷、采空塌陷、地裂缝、地面沉降等类别。地质灾害危害程度分级,见表2-6所示;地质灾害诱发因素分类,见表2-7所示;地质灾害危险性分级,见表2-8所示。

表2-6 地质灾害危害程度分级

危害程度	灾 情		险 情	
	死亡人数(人)	直接经济损失(万元)	受威胁人数(人)	可能直接经济损失(万元)
危害大	>10	>500	>100	>500
危害中等	3~10	100~500	10~100	100~500
危害小	<3	<100	<10	<100
危害程度采用"灾情"或"险情"指标评价时,满足一项即应定级。 注1:灾情指已发生的地质灾害,采用"死亡人数""直接经济损失"指标评价。 注2:险情指可能发生的地质灾害,采用"受威胁人数""可能直接经济损失"指标评价。				

表2-7 地质灾害诱发因素分类

分类	滑坡	崩塌	泥石流	岩溶塌陷	采空塌陷	地裂缝	地面沉降
自然因素	地震、降水、融雪、融冰、地下水位上升、河流侵蚀、新构造运动	地震、降水、融雪、融冰、温差变化、河流侵蚀、树木根劈	降水、融雪、融冰、堰塞湖溢流、地震	地下水位变化、地震、降水	地下水位变化、地震	地震、新构造运动	新构造运动
人为因素	开挖扰动、爆破、采矿、加载、抽排水、沟渠溢流或渗水	开挖扰动、爆破、机械震动、抽排水、加载、沟渠溢流或渗水	水库溢流或垮塌、沟渠溢流、弃渣加载、植被破坏	抽排水、开挖扰动、采矿、机械震动、加载	采矿、抽排水、开挖扰动、震动、加载	抽排水	抽排水、油气开采

表2-8 地质灾害危险性分级

发育程度			危害程度	诱发因素
强发育	中等发育	弱发育		
危险性大	危险性大	危险性中等	危害大	自然、人为（见地质灾害诱发因素分类表）
危险性大	危险性中等	危险性中等	危害中等	
危险性中等	危险性小	危险性小	危害小	

地质灾害风险的分类别描述与评定如下。

1. 滑坡

（1）调查滑坡体的影响范围，分析确定滑动面的空间分布特征，初步估算滑坡体体积。

（2）根据评估区地层出露和分布判断滑坡体结构组合特征。

（3）调查滑坡前缘挤压变形、地鼓、水体、湿地分布及变迁情况，分析判断剪出口埋深和位置。

（4）调查滑坡后缘拉张裂缝带宽度和后期充填现状、滑坡体两侧岩土体错裂位移情况,分析判断滑坡体位移量和发育程度。

(5)调查滑坡体前部、中部、后部裂缝空间分布特征、力学属性、密度,分析确定滑坡的抗滑段、主滑段、张拉段和主滑方向。

(6)调查滑坡灾情和险情,确定现状条件下的危害程度。

(7)根据滑坡的发育程度和危害程度,结合评估区地质环境条件,分析滑坡的成因,确定滑坡的诱发因素。

(8)根据调查、勘查、测试或经验值初步确定岩土体物理力学参数,初步分析滑坡的稳定性。

2. 崩塌

(1)调查崩塌体的影响和分布范围,确定主控结构面延展贯穿和分布高度,估算崩塌体积。

(2)根据评估区地层出露和分布确定崩塌体结构组合特征。

(3)根据调查、测试或经验值确定岩土体比重,估算崩塌体总重度。

(4)调查崩塌体坡面状和各剖面岩土体形态变化特征。

(5)调查崩塌体上方裂缝开裂、自然或人为充填、灌木杂草生长、降水或地表水下渗等。调查崩塌体下方主控结构面变化与坡面的位置关系、岩土体压裂状态、流土和掉块情况,分析判断崩塌体活动历史与发育程度。

(6)调查崩塌的灾情和险情,确定现状条件下的危害程度。

(7)根据崩塌的发育程度和危害程度,结合评估区地质环境条件,分析崩塌成因,确定崩塌的诱发因素。

(8)根据崩塌体的规模、掉块和崩塌方式、诱发因素,分析崩塌体的崩落方向和影响范围。

3. 泥石流

(1)调查范围应包括评估区所在的河、沟以上至地表分水岭及泥石流影响地段。

(2)调查泥石流的汇水面积、纵坡比、岩土体组合及植被发育特征。

(3)调查泥石流河、沟汇水范围内岩土体风化剥落、滑坡、崩塌对河、沟的堵塞程度。

(4)收集评估区气象资料,分析多年平均降水量、最大降水量、最小降水量、小时降水强度等与泥石流的关系。

(5)收集泥石流区气象水文条件,分析水源类型、多年平均流量、最大洪峰流量、最小流量,以及积水与泥石流的关系。

(6)调查泥石流的发生时间、频率、规模、泥位、形成过程、延续时间、流体性质、降水与河水条件、已造成和潜在的危害,确定泥石流发育程度和危害程度。

(7)根据泥石流堆积区的影响范围、表面形态、纵坡、植被、沟道变迁和冲淤情况、历次堆积物质组成和厚度,结合对应历史降水强度,分析泥石流成因,确定泥石流的诱发因素。

4. 岩溶塌陷

(1)调查评估区可溶岩分布范围、岩溶发育程度和空间位置、上覆松散层厚度与岩性特征。

(2)调查地表水与地下水的水力联系及其动态变化、地下水开采(疏排)情况,分析与岩溶塌陷的关系。

(3)调查岩溶塌陷的形态特征、规模、已造成和潜在的危害,确定岩溶塌陷发育程度和危害程度。

(4)根据岩溶塌陷发生的时间规律,结合地质环境条件分析岩溶塌陷成因,确定岩溶塌陷的诱发因素。

5. 采空塌陷

(1)调查矿山开采历史与现状、规划设计,调查采掘工作面的布置、采深、采厚、开采方式、开采强度、顶板管理方式,以及与周边开采和工程活动的关系。

(2)调查矿层的种类、分布、层数、单层厚度和总厚度、埋藏深度。

(3)调查开采层顶底板和上覆松散层岩性、厚度及工程地质特征。

(4)调查矿区地表水文与地下水文地质条件,确定地下水位埋深,分析地表水、地下水和开采层的水力联系。

(5)调查采空区的总面积、空间展布、冒落、积水、抽排水情况。

(6)调查地面塌陷对地面破坏影响总面积、已造成和潜在的危害,确定地面塌陷发育程度和危害程度。

(7)调查地面塌陷特征,结合地质环境条件分析地面塌陷成因和变形特征,确定地面塌陷的诱发因素。

(8)根据地面塌陷形成过程和特点,分析地面塌陷所处阶段和发展趋势。

6. 地裂缝

（1）调查地裂缝所处的地质构造位置和地震区划烈度，分析地裂缝与地质构造和地震活动的关系。

（2）调查地层的沉积类型、地貌特征、地层厚度和岩性特征。

（3）调查地裂缝发育区周边松散层孔隙水开采强度和降落漏斗的分布范围，确定地裂缝与降落漏斗的关系，分析地裂缝成因和诱发因素。

（4）调查地裂缝宽度、长度、深度、产状和密度，分析确定地裂缝发育程度。

（5）调查地裂缝对地面的破坏特征、影响范围、已造成和潜在的危害，确定地裂缝发育程度和危害程度。

（6）搜集和调查地裂缝出现的时间、历史出现的时间间隔，分析地裂缝的发展趋势和活跃程度。

7. 地面沉降

（1）调查地面沉降所处的地形地貌和地质构造位置。

（2）调查松散层沉积类型、地貌特征、地层厚度和岩性特征。

（3）调查压缩层的厚度、岩性特征，埋藏深度和分布条件。

（4）调查松散层水文地质条件，确定含水层厚度、岩性特征、埋藏深度和分布条件。

（5）收集地下水开采历史、开采量、地下水位动态，绘制地下水位等值线图。

（6）收集地面沉降观测、构筑物变形破坏等资料，绘制地面沉降等值线图。结合地质环境条件，确定地面沉降的发生时间、范围、累计沉降量和沉降速率、已造成和潜在的危害，确定地面沉降发育程度和危害程度。

（7）分析地面沉降与地下水开采强度的关系，确定地面沉降的成因和诱发因素。

二、洪涝灾害灾情分析评估

（一）洪涝灾害等级评定

场次洪涝灾害分为四个级别，即特别重大洪涝灾害、重大洪涝灾害、较大洪涝灾害和一般洪涝灾害；年度洪涝灾害分为四个等级，即特别重大洪涝灾害年、重大洪涝灾害年、较大洪涝灾害年和一般洪涝灾害年。采用不同方法认定的场次、年度洪涝灾害等级存在不一致时,以认定的最高等级为该场次、年度洪涝灾害的等级。

1. 场次洪涝灾害具体等级划分

当场次洪涝灾害的死亡人口达到 100 人或直接经济损失达到 200 亿元时,该场次洪涝灾害直接认定为特别重大洪涝灾害;死亡人口达到 50 人不足 100 人或直接经济损失达到 100 亿元不足 200 亿元时,该场次洪涝灾害可直接认定为重大洪涝灾害。对于流域性洪水、山洪泥石流、堰塞湖险情等,如果未产生重大灾害损失,可根据实际影响程度,认定洪涝灾害等级。

2. 年度洪涝灾害等级具体划分

依据年度内级别场次洪涝灾害数量,可按照表 2-9 中级别场次洪涝灾害数量与年度洪涝灾害等级关系,认定当年的年度洪涝灾害等级。

表 2-9　级别场次洪涝灾害数量与年度洪涝灾害等级关系

年度洪涝灾害等级	特别重大洪涝灾害年	重大洪涝灾害年	较大洪涝灾害年	一般洪涝灾害年
级别场次灾害数量	4 场特别重大洪涝灾害及以上;或特别重大洪涝灾害和重大洪涝灾害场次合计超过 8 场	3 场特别重大洪涝灾害;或特别重大洪涝灾害和重大洪涝灾害场次合计超过 6 场	2 场特别重大洪涝灾害;或特别重大洪涝灾害和重大洪涝灾害场次合计超过 4 场	其他

注:各级防汛主管部门在进行本级行政区内的年度洪涝灾害等级划分时,其所选用的级别场次灾害数量为本级或上级防汛主管部门认定的级别场次洪涝灾害数量。

依据年度洪涝灾情指标,年度洪涝灾情评估按照以下公式计算:

$$C = (D + L) \times 0.3 + (P + A + F + H) \times 0.1$$

式中:

C——洪涝灾情评估值;

D——死亡人口指标的参数取值;

L——直接经济损失指标的参数取值;

P——受灾人口指标的参数取值;

A——农作物受灾面积指标的参数取值;

F——水利设施经济损失占直接经济损失比例指标的参数取值;

H——倒塌房屋指标的参数取值。

年度洪涝灾害等级划分,见表 2－10 洪涝灾情估值与年度洪涝灾害等级划分。

表 2－10　洪涝灾情估值与年度洪涝灾害等级划分

年度洪涝灾害等级	特别重大洪涝灾害年	重大洪涝灾害年	较大洪涝灾害年	一般洪涝灾害年
洪涝灾情评估值	80≤C	60≤C<80	40≤C<60	C<10

(二)防洪风险评价

1. 洪水风险估算

洪水风险可按下面的公式估算:

$$R = \int D_p dp \approx \sum_{i=1}^{N}(D_{i+1}+D_i)(P_{i+1}-P_i)/2$$

式中:

R——洪水风险;

D_P——洪水发生频率为 P 时的洪灾损失;

P_i、P_{i+1}——洪水发生的频率;

D_i、P_{i+1}——洪水发生频率分别为 P_i、P_{i+1} 时的洪灾损失;

N——选取的洪水频率曲线分段的个数。洪水频率曲线分段的个数,应依据各流域或区域的具体情况确定。

2. 防洪风险评价指标

防洪风险改善率是衡量某项防洪工程建设对洪水风险影响程度的指标,防洪风险改善率用某项防洪工程建成后相对于无该项工程情况下评价区洪水风险的减少值与无该工程状态下评价区洪水风险的比值来表示。防洪风险改善率的取值在 0～1.0 之间,其值越趋近于 0,表明该项防洪工程对评价区域防洪能力的改善程度越低;其值越趋近于 1.0,表明防洪工程对评价区域防洪能力的改善程度越大。防洪保护改善率是衡量某项防洪工程建设对洪水风险影响程度的简化指标,防洪保护改善率用某项防洪工程建成后得到保护的资产数与无该工程条件下洪水风险区的资产总数之比,是防洪风险改善率的简化计算。

(三)堰塞湖风险评价

1. 堰塞体危险性判别

根据堰塞湖可能最高水位对应的库容,可按表2-11堰塞湖规模,将堰塞湖的规模划分为大型、中型、小(1)型和小(2)型。

表2-11 堰塞湖规模

堰塞湖规模	堰塞湖库容(亿 m^3)
大型	≥1.0
中型	0.1~1.0
小(1)型	0.01~0.1
小(2)型	<0.01

根据堰塞湖规模、堰塞体物质组成和堰塞体高度,可按表2-12堰塞体危险级别与分级指标,将堰塞体危险级别划分为极高危险、高危险、中危险和低危险。当3个分级指标所属级别相差两级或以上,且最高级别指标只有1个时,应将3个分级指标中所属最高危险级别降低一级,作为该堰塞体的危险性级别。其余情况均应将分级指标中所属最高危险级别作为该堰塞体的危险级别。根据堰塞湖处理条件、堰塞体上游汇流面积、水位上涨速度、堰塞体的物质组成及其宽高比和堰塞体异常渗流等因素,可在此表基础上适当调整堰塞体危险级别。

表2-12 堰塞体危险级别与分级指标

堰塞体危险级别	分级指标		
	堰塞湖规模	堰塞湖物质组成	堰塞体高度(m)
极高危险	大型	以土质为主	≥70
高危险	中型	土含大块石	30~70
中危险	小(1)型	大块石含土	15~30
低危险	小(2)型	以大块石为主	<15

2. 堰塞体溃决损失判别

根据堰塞湖影响区的风险人口、重要城镇、公共或重要设施等情况,可采用表2-13堰塞体溃决损失严重性与分级指标,将堰塞体溃决损失严重性级别划分为极严重、严重、较严重和一般。以单项分级指标中所属溃决损失严重性最高的一级作为该堰塞体溃决损失严重性的级别。根据堰塞体溃决的泄流条件、影响区的地形条件、处置交通条件、人员疏散等条件因素,可在此表的基础上调整堰塞湖溃决损失严重性级别。

表 2-13 堰塞体溃决损失严重性与分级指标

溃决损失严重性级别	分级指标		
	风险人口(人)	重要城镇	公共或重要设施
极严重	$\geqslant 10^6$	地级市政府所在地	国家重要交通、输电、油气干线及厂矿企业和基础设施、大型水利工程或大规模化工厂、农药厂和剧毒化工厂
严重	$10^5 \sim 10^6$	县级市政府所在地	省级重要交通、输电、油气干线厂矿企业、中型水利工程或较大规模化工厂、农药厂
较严重	$10^4 \sim 10^5$	乡镇政府所在地	市级重要交通、输电、油气干线及厂矿企业或一般化工厂或农药厂
一般	$< 10^4$	乡村以下居民点	一般重要设施及以下

3. 堰塞湖风险等级划分

堰塞湖风险等级可根据堰塞体危险性级别和溃决损失严重性级别,分为极高风险、高风险、中风险和低风险,分别用Ⅰ级、Ⅱ级、Ⅲ级、Ⅳ级表示,堰塞湖风险等级应根据实际情况确定。条件具备时,应通过计算分析的方法确定;条件受限时,宜以查表法为主进行确定。查表法应根据堰塞体危险级别与分级指标表和堰塞体溃决损失严重性与分级指标表,查堰塞湖风险等级划分表,确定堰塞湖风险等级。堰塞湖风险等级划分表,如表 2-14 所示。

表 2-14 堰塞湖风险等级划分表

堰塞湖风险等级	堰塞体危险性级别	溃决损失严重性级别
Ⅰ(极高风险)	极高危险	极严重、严重
	高危险、中危险	极严重

续表

堰塞湖风险等级	堰塞体危险性级别	溃决损失严重性级别
Ⅱ（高风险）	极高危险	较严重、一般
	高危险	严重、较严重
	中危险	严重
	低危险	极严重、严重
Ⅲ（中风险）	高危险	一般
	中危险	较严重、一般
	低危险	较严重
Ⅳ（低风险）	低危险	一般

三、林业灾害风险评价

林业有害生物和有害植物的风险分析指标具有相对独立完整的体系。林业有害生物（不含有害植物）风险分析指标体系，如表2-15所示；林业有害植物风险分析指标体系，如表2-16所示。

表2-15 林业有害生物（不含有害植物）风险分析指标体系

目标层	准则层 P_i	指标层 P_{ij}	评判指标	赋分区间	权重
有害生物风险综合评价值 R	分析区域内分布情况 P_1	分析区域内分布情况 P_{11}	有害生物分布面积占其寄主（包括潜在的寄主）面积的百分率<5%	2.01~3.00	等权
			5%≤有害生物分布面积占其寄主（包括潜在的寄主）面积的百分率<20%	1.01~2.00	
			20%≤有害生物分布面积占其寄主（包括潜在的寄主）面积的百分率<50%	0.01~1.00	
			有害生物分布面积占其寄主（包括潜在的寄主）面积的百分率≥50%	<0.01	

续表

目标层	准则层 P_i	指标层 P_{ij}	评判指标	赋分区间	权重
有害生物风险综合评价值 R	传入、定植和扩散的可能性 P_2	有害生物被截获的可能性 P_{21}	寄主植物、产品调运可能性和携带有害生物的可能性都大	2.01~3.00	等权
			寄主植物、产品调运可能性大,携带有害生物的可能性小或寄主植物、产品调运可能性小,携带有害生物的可能性大	1.01~2.00	
			寄主植物、产品调运可能性和携带有害生物的可能性都小	0.01~1.00	
		运输过程中有害生物存活率 P_{22}	存活率≥40%	2.01~3.00	
			10%≤存活率<40%	1.01~2.00	
			存活率<10%	0~1.00	
		有害生物的适生性 P_{23}	繁殖能力和抗逆性都很强	2.01~3.00	
			繁殖能力强,抗逆性弱或繁殖能力弱,抗逆性强	1.01~2.00	
			繁殖能力和抗逆性都很弱	0.01~1.00	
		自然扩散能力 P_{24}	随介体携带扩散能力或自身扩散能力强	2.01~3.00	
			随介体携带扩散能力或自身扩散能力一般	1.01~2.00	
			随介体携带扩散能力或自身扩散能力弱	0.01~1.00	
		分析区域内适生范围 P_{25}	≥50%的地区能够适生	2.01~3.00	
			25%≤能够适生的地区<50%	1.01~2.00	
			<25%的地区能够适生	0.01~1.00	

续表

目标层	准则层 P_i	指标层 P_{ij}	评判指标	赋分区间	权重
有害生物风险综合评价值 R	潜在危害性 P_3	潜在经济危害性 P_{31}	如传入可造成的树木死亡率或产量损失≥20%	2.01~3.00	0.4
			20%＞如传入可造成的树木死亡率或产量损失≥5%	1.01~2.00	
			5%＞如传入可造成的树木死亡率或产量损失≥1%	0.01~1.00	
			如传入可造成的树木死亡率或产量损失＜1%	0	
		非经济方面的潜在危害性 P_{32}	潜在的环境、生态、社会影响大	2.01~3.00	
			潜在的环境、生态、社会影响中等	1.01~2.00	
			潜在的环境、生态、社会影响小	0.01~1.00	
		官方重视程度 P_{33}	曾经被列入我国植物检疫性有害生物名录	2.01~3.00	0.2
			曾经被列入省(区、市)补充林业检疫性有害生物名单	1.01~2.00	
			曾经被列入我国林业危险性有害生物名单	0.01~1.00	
			从未列入以上名单	0	
	受害寄主经济重要性 P_4	受害寄主的种类 P_{41}	10 种以上	2.01~3.00	等权
			5~9 种	1.01~2.00	
			1~4 种	0.01~1.00	
		受害寄主的分布面积或产量 P_{42}	分布面积广或产量大	2.01~3.00	
			分布面积中等或产量中等	1.01~2.00	
			分布面积小或产量有限	0.01~1.00	
		受害寄主的特殊经济价值 P_{43}	经济价值高,社会影响大	2.01~3.00	
			经济价值和社会影响都一般	1.01~2.00	
			经济价值低,社会影响小	0.01~1.00	

续表

目标层	准则层 P_i	指标层 P_{ij}	评判指标	赋分区间	权重
有害生物风险综合评价值 R	危险性管理难度 P_5	检疫识别的难度 P_{51}	现场识别可靠性低、费时,由专家才能识别确定	2.01~3.00	等权
			现场识别可靠性一般,由经过专门培训的技术人员才能识别	1.01~2.00	
			现场识别非常可靠,简便快速,一般技术人员就可掌握	0~1.00	
		除害处理的难度 P_{52}	常规方法不能杀死有害生物	2.01~3.00	
			常规方法的除害效率<50%	1.01~2.00	
			50%≤常规方法的除害效率≤100%	0~1.00	
		根除的难度 P_{53}	效果差,成本高,难度大	2.01~3.00	
			效果好,成本低,简便易行	0~1.00	
			介于效果差,成本高,难度大和效果好,成本低,简便易行之间	1.01~2.00	

表2-16 林业有害植物风险分析指标体系

目标层	准则层 P_i	指标层 P_{ij}	评判指标	赋分区间	权重
有害植物风险综合评价值 R	分析区域内分布情况 P_1	分析区域内分布情况 P_{11}	有害植物分布面积占其适生面积的百分率<5%	2.01~3.00	等权
			5%≤有害植物分布面积占其适生面积的百分率<20%	1.01~2.00	
			20%≤有害植物分布面积占其适生面积的百分率<50%	0.01~1.00	
			有害植物分布面积占其适生面积的百分率≥50%	<0.01	

续表

目标层	准则层 P_i	指标层 P_{ij}	评判指标	赋分区间	权重
有害植物风险综合评价值 R	传入、定植和扩散的可能性 P_2	有害植物被截获的可能性 P_{21}	被调运和携带繁殖体的可能性都大	2.01~3.00	等权
			被调运和携带繁殖体的可能性一般	1.01~2.00	
			被调运和携带繁殖体的可能性都小	0.01~1.00	
		运输过程中种子存活率 P_{22}	存活率≥40%	2.01~3.00	
			10%≤存活率<40%	1.01~2.00	
			存活率<10%	0~10%	
		自然扩散能力 P_{23}	随介体携带扩散能力或自身扩散能力强	2.01~3.00	
			随介体携带扩散能力或自身扩散能力一般	1.01~2.00	
			随介体携带扩散能力或自身扩散能力弱	0.01~1.00	
		分析区域内适生范围 P_{24}	≥50%的地区能够适生	2.01~3.00	
			25%≤能够适生的地区<50%	1.01~2.00	
			<25%的地区能够适生	0.01~1.00	
	潜在危害性 P_3	潜在经济危害性 P_{31}	如传入可造成的树木死亡率或产量损失≥20%	2.01~3.00	0.70
			20%>如传入可造成的树木死亡率或产量损失>5%	1.01~2.00	
			5%>如传入可造成的树木死亡率或产量损失≥1%	0.01~1.00	
			如传入可造成的树木死亡率或产量损失<1%	0	
		官方重视程度 P_{32}	曾经被列入我国植物检疫性有害生物名录	2.01~3.00	0.30
			曾经被列入省(区市)补充林业检疫性有害生物名单	1.01~2.00	
			曾经被列入我国林业危险性有害生物名单	0.01~1.00	
			从未列入以上名单	0	

续表

目标层	准则层 P_i	指标层 P_{ij}	评判指标	赋分区间	权重
有害植物风险综合评价值 R	受害对象的重要性 P_4	对人类健康危害的情况 P_{41}	发病率≥5%	2.01～3.00	等权
			1%≤发病率<5%	1.01～2.00	
			发病率<1%	0～1.00	
		对林业生产的危害 P_{42}	能攀援或高密度侵占各种林地	2.01～3.00	
			能入侵林地,不易形成优势种	1.01～2.00	
			不会对林业生产产生危害	0.01～1.00	
		对环境的破坏 P_{43}	具有很强的竞争能力,入侵并迅速形成优势种群而破坏环境	2.01～3.00	
			适应能力强,能与当地植物并存生长,对环境有一定的破坏性	1.01～2.00	
			适应能力差,竞争不过当地植物,不能形成种群	0.01～1.00	
	危险性管理难度 P_5	检疫识别难度 P_{51}	现场识别可靠性低、费时,由专家才能识别确定	2.01～3.00	
			现场识别可靠性一般,由经过专门培训的技术人员才能识别	1.01～2.00	
			现场识别非常可靠,简便快速,一般技术人员就可掌握	0～1.00	
		除害处理难度 P_{52}	常规方法不能杀死	2.01～3.00	
			常规方法的除害效率<50%	1.01～2.00	
			50%≤常规方法的除害效率≤100%	0～1.00	
		根除难度 P_{53}	效果差,成本高,难度大	2.01～3.00	
			效果好,成本低,简便易行	0～1.00	
			介于效果差,成本高,难度大和效果好,成本低,简便易行之间	1.01～2.00	

四、生产安全风险分析评价

(一)电气安全风险

1. 电气设备及系统风险要素构成

(1)残余风险。

(2)防护措施(例如根据用户采取的防护措施)失效的风险。

(3)使用信息存在的风险,例如说明书中未告知的风险。

(4)环境的风险要素,例如环境条件的改变对人员、设备的影响。

(5)人员的风险要素,例如在非移动范围内活动、未佩戴或未正确佩戴防护设备、需要专业人员操作的设备在未经允许的情况由非专业人员操作等。

(6)人机协同操作的风险,例如信息传递的准确性等。

2. 预警风险要素的来源

基于历史数据(例如危险和意外事故记录等)和电气安全风险评估结果。根据预警风险要素的确定原则,其来源包括但不限于以下方面:

(1)环境风险要素,例如环境条件的改变对人员、设备的影响。

(2)人员风险要素,例如在非移动范围内活动,未佩戴或未正确佩戴防护设备、需要专业人员操作的设备在未经允许的情况由非专业人员操作等。

(3)人机协同操作风险要素,例如信息传递的准确性。

3. 预警等级的确定

预警等级可根据风险指数情况,将其划分为稍有风险、轻度风险、中度风险、高度风险、严重风险5个风险级别。对应风险等级划分为一级、二级、三级、四级、五级5个预警等级,其颜色表示和应对措施,见表2-17预警等级情况表。

表2-17 预警等级情况表

风险等级	预警等级情况		
	等级	颜色表示	应对措施
稍有风险	一级	绿色	无需采用应对措施,需保存记录
轻度风险	二级	蓝色	采取一般应对措施
中度风险	三级	黄色	采取较高应对措施

续表

风险等级	预警等级情况		
	等级	颜色表示	应对措施
高度风险	四级	橙色	采取严重重视应对措施
严重风险	五级	红色	采取最高级别应对措施

4. 预警措施

根据电气安全风险发生规律和以往经验,对可预先判定的情况,宜采取预防(常设)措施,对突发性情况,宜采取应急措施。

1) 预防(常设)措施包括但不限于:

(1) 电气设备及系统上设置的听觉、视觉、触觉措施。

(2) 应用场所的听觉、视觉措施,可包括指示灯、图形符号、安全标志、安全标语等。

(3) 人员防护措施、人员培训等。

(4) 环境因素的监控措施。

(5) 应急预案等。

2) 应急措施包括但不限于:

(1) 干预措施。人工干预,例如通过操作消除设备的危险、主动脱离危险区域、减少暴露在危险区域的时间等;设备干预,例如自动停止工作等。

(2) 信息传达措施。听觉信号措施,例如语音警示、警报警示等;视觉信号措施,可包括视觉警告措施、视觉危险措施、视觉紧急措施等,例如文字警示、灯光警示等。

(3) 疏散措施等。

(二) 城市轨道交通地下工程建设风险

城市轨道交通地下工程建设风险,通常是按照风险损失程度进行分类。风险类型包括人员伤亡风险、环境影响风险、经济损失风险、工期延误风险、社会影响风险等。城市轨道交通地下工程建设风险管理程序应符合相关规定。工程建设风险管理程序,如图 2-1 所示。

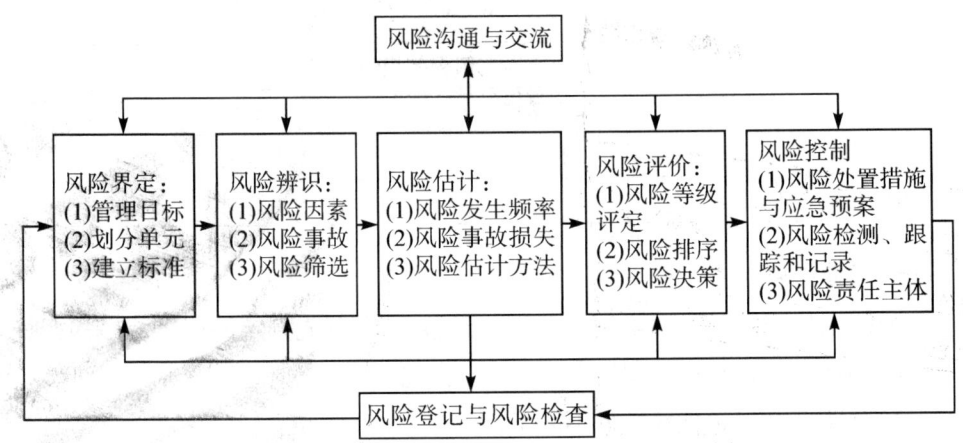

图 2-1　工程建设风险管理程序

1. 收集资料

城市轨道交通地下工程建设风险辨识前,应具备下列基础资料:

(1)工程周边水文地质、工程地质、自然环境及人文、社会区域环境等资料。

(2)已建线路的相关工程建设风险或事故资料,工程建设风险资料。

(3)工程规划、可行性分析、设计、施工与采购方案等相关资料。

(4)工程周边建(构)筑物含地下管线、道路、民防设施等相关资料。

(5)工程邻近既有轨道交通及其他地下工程等资料。

(6)可能存在业务联系或影响的相关部门与第三方等信息。

(7)其他相关资料。

2. 风险等级评定标准

根据风险发生的可能性、伤亡损失、危害影响,确定风险发生可能性等级、风险损失等级、工程建设人员和第三方伤亡等级、环境影响等级、工程本身和第三方直接经济损失等级、工期延误等级、社会影响等级等标准。风险发生可能性等级标准,如表 2-18 所示;风险损失等级标准,如表 2-19 所示;工程建设人员和第三方伤亡等级标准,如表 2-20 所示;环境影响等级标准,如表 2-21 所示;工程本身和第三方直接经济损失等级标准,如表 2-22 所示;工期延误等级标准,如表 2-23 所示;社会影响等级标准,如表 2-24 所示。

表 2-18 风险发生可能性等级标准

等　级	1	2	3	4	5
可能性	频繁的	可能的	偶尔的	罕见的	不可能的
概率或频率值	>0.1	0.01~0.1	0.001~0.01	0.0001~0.001	<0.0001

表 2-19 风险损失等级标准

等　级	A	B	C	D	E
严重程度	灾难性的	非常严重的	严重的	需考虑的	可忽略的

表 2-20 工程建设人员和第三方伤亡等级标准

等　级	A	B	C	D	E
建设人员	死亡(含失踪)10人以上	死亡(含失踪)3~9人或重伤10人以上	死亡(含失踪)1~2人或重伤2~9人	重伤1人或轻伤2~10人	轻伤1人
第三方	死亡(含失踪)1人以上	重伤2~9人	重伤1人	轻伤2~10人	轻伤1人

表 2-21 环境影响等级标准

等　级	A	B	C	D	E
影响范围及程度	涉及范围非常大,周边生态环境发生严重污染或破坏	涉及范围很大,周边生态环境发生较重污染或破坏	涉及范围大,区域内生态环境发生污染或破坏	涉及范围较小,邻近区生态环境发生轻度污染或破坏	涉及范围很小,施工区生态环境发生少量污染或破坏

表 2-22 工程本身和第三方直接经济损失等级标准

等　级	A	B	C	D	E
工程本身	1000万元以上	500万~1000万元	100万~500万元	50万~100万元	50万元以下
第三方	200万元以上	100万~200万元	50万~100万元	10万~50万元	10万元以下

表2-23 工期延误等级标准

等级	A	B	C	D	E
长期工程	延误大于9个月	延误6～9个月	延误3～6个月	延误1～3个月	延误少于1个月
短期工作	延误大于90天	延误60～90天	延误30～60天	延误10～30天	延误少于10天

表2-24 社会影响等级标准

等级	A	B	C	D	E
影响程度	恶劣的,或需紧急转移安置1000人以上	严重的,或需紧急转移安置500～1000人	较严重的,或需紧急转移安置100～500人	需考虑的,或需紧急转移安置50～100人	可忽略的,或需紧急转移安置少于50人

3. 施工准备期风险管理工作

施工准备期风险管理工作分为风险分析与风险管理两个方面的工作。施工准备期风险分析工作包括征地、拆迁、管线切改、交通疏解及场地准备等方面的风险分析;场地地质条件风险分析;邻近建(构)筑物(包括建筑物、管线、道路、既有轨道交通等)影响风险分析;工程建设工期及进度安排风险分析;工程施工组织设计及技术方案可行性风险分析;施工监测布置及监测预警标准风险分析等。从风险管理现实客观要求上讲,还包括现场风险管理制度及组织的建立、现场施工安全防范措施及抢险物资储备,设计方应配合开展施工图设计风险交底,根据施工现场信息反馈,对施工图设计风险进行动态管理等内容。施工准备期风险管理工作主要包括制定风险管理计划;编制施工风险管理实施说明书;建立风险管理工作制度;根据工程前期阶段已有的风险管理成果,在正式开工前分析施工风险,制定风险处置措施;针对重大风险进行专项风险评估,并制定应急预案等。

4. 施工建设期风险管理工作

施工建设期风险管理包括施工中的风险辨识和评估;编制现场施工风险评估报告,并以正式文件发送给工程建设各方,经各方交流后形成现场风险管理实施文件记录;施工对邻近建(构)筑物影响风险分析;施工风险动态跟踪管理;

施工风险预警预报;施工风险通告;现场重大事故上报及处置等。施工建设期风险管理中可采用的风险处置措施包括编写现场施工风险记录,建立现场风险管理监督机制;加强风险培训,提高施工管理人员和现场施工人员的风险防范意识;对Ⅲ级及以上风险编制风险处置措施,建立工程施工预警监控系统;重大风险必须进行专项风险论证,并编制风险监控方案与应急预案;保险单位应参与工程施工风险管理,实施风险的均衡控制;预先成立工程建设风险事故抢险专业队伍,做好人员及物资储备等。

(三)城市轨道交通工程地质风险

1. 地质风险评估单元划分

地质风险评估应依据下列资料划分地质风险单元。

(1)工程区域地质、水文、气象、自然环境等资料。

(2)工程规划、可行性研究和岩土工程勘察报告等资料。

(3)工程区域内的建(构)筑物、市政管线、铁路、公路等周边环境资料。

(4)城市轨道交通工程设计资料。

(5)城市轨道交通工程相关事故资料等。

地质风险单元划分应遵循逢变必分的原则,根据地质条件复杂程度,结合线路敷设方式、线路埋设深度、构筑物结构形式、施工方法、环境条件等进行划分,遇下列情况时,应划分地质风险单元。

(1)地形地貌发生变化时。

(2)穿越地层围岩等级变化时。

(3)岩土类型及岩土参数发生较大变化时。

(4)地下水类型不同或水位、含水层厚度发生较大变化时。

(5)敷设方式发生变化时。

(6)线路埋设深度变化较大时。

(7)结构形式发生变化时。

(8)施工方法发生变化时。

(9)穿越环境类型发生变化时。

当遇下列对工程风险影响较大的特殊部位时,应进一步细分地质风险单元。

(1)隧道洞径范围内存在两级以上围岩(如软硬复合地层)的部位。

(2)隧道上方存在厚层人工填土或软土的部位。

(3)开挖面地层严重不均匀的部位。

(4)存在特殊地质现象(含不良地质作用、特殊性岩土、孤石、漂石、硬质岩脉、风化深槽、富水砂层等)、特殊地形的部位。

(5)隧道地下水条件发生变化的部位。

(6)隧道围岩变形不能及时反映到地表,地表变形监测效果不明显的部位。

(7)受现场环境条件影响,勘察精度不足或未进行勘察的部位。

(8)隧道上方及周边存在变形控制要求高的既有轨道交通线(站)、既有管线或建(构)筑物的部位。

2. 地质风险辨识

(1)地质风险辨识应根据地质风险单元的工程地质、水文地质条件,结合类似工程的事故案例、工程经验以及可能采用的施工工艺、工法,分析预测可能发生的地质风险。

(2)明挖施工,应分析基坑坍塌、基底隆起、基底突涌、围护结构渗漏、围护结构变形、地表过量沉降、爆破振动、降水困难、中毒窒息等风险。

(3)盾构施工,应分析地面坍塌、进出洞坍塌、进出洞突涌、中途换刀检修、密封失效、过大沉降、掘进受阻、刀盘刀具非正常磨损、中毒窒息、爆炸等风险。

(4)矿山法施工,应分析地面坍塌、掌子面坍塌、掌子面突涌、初支过载、过量沉降、爆破飞石、降水困难、中毒窒息、爆炸等风险。

(5)城市轨道交通工程,应分析结构渗漏、结构上浮、结构不均匀变形、结构坍塌、周边环境变化等风险。

3. 地质风险评价

当出现下列情况时,应及时开展地质风险再评估,重新评定地质风险等级。

(1)周边建设活动、自然灾害、气象条件变化,导致地质条件发生变化。

(2)设计方案(工法、工艺、埋深、工程规模等)发生变化。

(3)周边环境变化导致风险发生后经济损失等级变化。

(4)社会环境发生变化导致风险发生后社会影响等级变化。

(5)施工过程中地质风险控制效果较差。

(6)通过补充勘察或超前探测等手段,探明了前序勘察工作地质条件不明区域情况。

(四)城市轨道交通运营安全风险

城市轨道交通运营安全风险等级从高到低依次划分为重大、较大、一般和较小四个等级。风险等级由风险点发生风险事件可能性和后果严重程度的组合决定,城市轨道交通运营单位应按照"分级管控"原则,建立健全风险管控工作机制。对于重大风险,应由城市轨道交通运营单位负责人牵头组织制定风险管控措施;对于较大风险,应由城市轨道交通运营相关专业部门负责人牵头组织制定风险管控措施;对于一般风险及较小风险,则由城市轨道交通运营系统内部班组负责人组织制定风险管控措施。

1. 风险辨识

城市轨道交通运营单位每年对所辖线路开展一次风险辨识,持续发现未知风险,并及时更新风险数据库。城市轨道交通新线在试运营期间或正式运营前,运营单位应同步组织开展风险辨识工作。运营初期,可视情况适当增加风险辨识频次。

遇有下列情况之一的,还应对特定领域、特定环节、特定对象开展风险专项辨识工作:①运营环境发生较大变化;②运营单位部门分工进行较大调整;③发生运营危险性事件;④新设备、新技术、新工艺投用;⑤车辆、信号等关键系统更新,以及车站、线路等改造后投入使用;⑥法律法规、规章制度发生较大变化;⑦需开展风险专项辨识的其他情况。

2. 隐患排查治理

城市轨道交通运营安全重大隐患是指可能直接导致安全生产事故或列车脱轨、列车冲突、列车撞击、列车挤岔、火灾、标隧结构坍塌、车站和轨行区淹水倒灌、大面积停电、客流踩踏等运营危险性事件发生的隐患,具有危害和治理难度大,易造成全线/区段停运或封闭车站,关键设施设备长时间停止运行,需要较长时间治理方能排除、本单位自身难以排除等特点。一般隐患是除重大隐患外,其他可能影响运营安全的隐患,具有危害或治理难度较小,能够快速消除等特点。

隐患排查可采取日常排查、专项排查等方式进行。日常排查是由班组、岗位结合日常工作,组织开展的经常性安全检查,排查范围应覆盖日常生产作业的主要环节,每周应不少于 1 次。专项排查是运营单位在一定范围、领域组织开展的针对特定隐患的排查,可与运营单位专项检查、安全评估、季节性和关键时期检查等工作结合开展。

遇有下列情况之一的,应开展专项排查:①关键设施设备更新改造;②以防汛、防火、防寒等为重点的季节性隐患排查;③重要节假日、重大活动等关键运输节点前;④重点施工作业进行期间;⑤发生重大故障或运营危险性事件;⑥根据政府或有关管理部门安全部署;⑦需开展专项排查的其他情况。

(五)超高层建筑施工安全风险

超高层建筑施工安全风险等级由风险概率等级和风险损失等级的关系矩阵确定,风险概率等级标准及描述应符合表 2-25 风险概率等级及其描述之规定。

表 2-25　风险概率等级及其描述

等级	描述	发生概率区间
1 级	非常可能	$0.1 \leq P \leq 1$
2 级	可能	$0.01 \leq P < 0.1$
3 级	偶尔	$0.001 \leq P < 0.01$
4 级	不太可能	$0 \leq P < 0.001$

超高层建筑施工安全风险按照不同风险程度可将风险分为四个等级。一级风险,风险等级最高,风险后果是灾难性的,并可造成恶劣社会影响或政治影响;二级风险,风险等级较高,风险后果严重,可能在较大范围内造成破坏或人员伤亡;三级风险,风险等级一般,风险后果一般,对工程建设可能造成破坏的范围较小;四级风险,风险等级较低,风险后果在一定条件下可以忽略,对工程本身以及人员等不会造成较大损失。由风险概率等级和风险损失等级得到的风险等级应符合表 2-26 风险等级矩阵表之规定。

表 2-26 风险等级矩阵表

风险等级		损失等级			
		1	2	3	4
概率等级	1	Ⅰ级	Ⅰ级	Ⅱ级	Ⅱ级
	2	Ⅰ级	Ⅱ级	Ⅱ级	Ⅲ级
	3	Ⅱ级	Ⅱ级	Ⅲ级	Ⅲ级
	4	Ⅱ级	Ⅲ级	Ⅲ级	Ⅳ级

风险接受准则应与风险等级的划分对应，应符合表 2-27 风险等级描述及接受准则之规定。

表 2-27 风险等级描述及接受准则

风险等级	风险描述	接受准则
Ⅰ级	风险最高，风险后果是灾难性的，并造成恶劣的社会影响或政治影响	完全不可接受，应立即排除
Ⅱ级	风险较高，风险后果很严重，可能在较大范围内造成破坏或有人员伤亡	不可接受，应立即采取有效的控制措施
Ⅲ级	风险一般，风险后果一般，对工程可能造成破坏的范围较小	允许在一定条件下发生，但必须对其进行监控并避免其风险升级
Ⅳ级	风险较低，风险后果在一定条件下可忽略，对工程本身以及人员等不会造成较大损失	可接受，但应尽量保持当前风险水平和状态

（六）化工企业泄漏场景风险

1. 基本泄漏场景

泄漏场景根据泄漏孔径大小可分为完全破裂以及孔泄漏两大类。有代表性的泄漏场景，见表 2-28 泄漏场景。当设备（设施）直径小于 150mm 时，取小于设备（设施）直径的孔泄漏场景以及完全破裂场景。

表 2-28 泄漏场景

泄漏场景	范围	代表值
小孔泄漏	0~5	5
中孔泄漏	5~50	25

续表

泄漏场景	范围	代表值
大孔泄漏	50~150	100
完全破裂	>150	设备（设施）完全破裂或泄漏孔径>150 全部存量瞬时释放

备注：单位为毫米。

2. 设备典型泄漏场景

泄漏场景应根据设备（设施）的工艺条件、历史事故和实际的运行环境进行确定，可采用表2-29设备（设施）典型泄漏场景定义的典型泄漏场景。

表2-29 设备（设施）典型泄漏场景

序号	设备（设施）种类	泄漏场景
1	管线	管线泄漏场景
2	常压储罐	常压储罐泄漏场景
3	压力储罐	压力储罐泄漏场景
4	工艺容器和反应容器	工艺容器和反应容器泄漏场景
5	泵和压缩机	泵和压缩机泄漏场景
6	换热器	换热器泄漏场景
7	压力释放设施	压力释放设施泄漏场景
8	化学品仓库	化学品仓库泄漏场景
9	爆炸物品储存	爆炸物品储存泄漏场景
10	公路槽车或铁路槽车	公路槽车或铁路槽车泄漏场景
11	运输船舶	运输船舶泄漏场景

3. 管线

管线泄漏需满足以下要求：

（1）对于完全破裂场景，如果泄漏位置严重影响泄漏量或泄漏后果，应至少分别考虑3个位置的完全破裂：①管线前端；②管线中间；③管线末端。

（2）对于长管线，宜沿管线选择一系列泄漏点，泄漏点的初始间距可取为50m。泄漏点数应确保当增加泄漏点数量时，风险曲线不会显著变化。

4. 常压储罐

常压储罐泄漏场景见表2-30常压储罐泄漏场景。

表 2-30 常压储罐泄漏场景

储罐类型	泄漏到环境中				泄漏到外罐中			
	5mm孔径泄漏	25mm孔径泄漏	100mm孔径泄漏	完全破裂	5mm孔径泄漏	25mm孔径泄漏	100mm孔径泄漏	完全破裂
单防罐	√	√	√	√				
双防罐			√	√	√	√	√	
全防罐				√				
地下储罐	注1							

注1：对地下储罐，如果设有限制液体蒸发到环境中的封闭设施，则泄漏场景考虑为地下储罐完全破裂以及封闭设施失效引发的液池蒸发，反之，根据地下储罐类型，考虑为单防罐、双防罐或全防罐的泄漏场景。

注2：如果储罐的储存液位变化较大，且对风险计算结果产生重大影响时，可考虑不同液位的概率。

注3：对于其他类型的储罐，可根据实际情况选择上表中的场景。

5. 压力储罐

对于储存压缩液化气体的压力储罐，当储存液位变化较大，且对风险计算结果产生重大影响时，可考虑不同液位的概率。

6. 工艺容器和反应容器

工艺容器和反应容器见表 2-31 工艺容器和反应容器的定义。对于蒸馏塔附属的再沸器、冷凝器、泵、回流罐、工艺管线等其他相关部件的泄漏场景可按照各自的设备类型考虑。

表 2-31 工艺容器和反应容器的定义

类 型	定 义	例 子
工艺容器	容器内物质只发生物理性质（如温度或相态）变化的容器（不包括下述中的换热器）	蒸馏塔、过滤器等
反应容器	容器内物质发生了化学变化的容器。如果在一个容器内发生了物质混合放热，则该容器也应作为一个反应容器	通用反应器、釜式反应器、床式反应器等

7. 泵和压缩机

泵和压缩机的泄漏场景取吸入管线的泄漏场景,当泵或压缩机的吸入管线直径小于150mm时,则最后一种泄漏场景的孔尺寸为吸入管线的直径。

8. 换热器

换热器泄漏场景见表2-32换热器泄漏场景。

表2-32 换热器泄漏场景

换热器类型	具体分类	泄漏位置	场景			
			泄漏场景1	泄漏场景2	泄漏场景3	泄漏场景4
板式换热器	危险物质在板间通道内	板间危险物质泄漏	5mm孔径泄漏	25mm孔径泄漏	100mm孔径泄漏	破裂
管式换热器	危险物质在壳程	壳程内危险物质泄漏	5mm孔径泄漏	25mm孔径泄漏	100mm孔径泄漏	破裂
	危险物质在管程,壳程的设计压力大于管程危险物质的最大压力	管程内危险物质泄漏				10条管道破裂
	危险物质在管程,壳程的设计压力小于或等于管程危险物质的最大压力	管程内危险物质泄漏	一条管道5mm孔径泄漏	一条管道25mm孔径泄漏	一条管道破裂	10条管道破裂
	管程和壳程内同时存在危险物质,壳程的设计压力大于管程危险物质的最大压力	壳程内危险物质泄漏	5mm孔径泄漏	25mm孔径泄漏	100mm孔径泄漏	破裂
		管程内危险物质泄漏				10条管道破裂

续表

换热器类型	具体分类	泄漏位置	场景			
			泄漏场景1	泄漏场景2	泄漏场景3	泄漏场景4
管式换热器	管程和壳程内同时存在危险物质,壳程的设计压力小于或等于管程危险物质的最大压力	壳程内危险物质泄漏	5mm孔径泄漏	25mm孔径泄漏	100mm孔径泄漏	破裂
		管程内危险物质泄漏	一条管道5mm孔径泄漏	一条管道25mm孔径泄漏	一条管道破裂	10条管道破裂

注1:假设泄漏物质直接泄漏到大气环境中。
注2:其他换热器可按上表的具体分类进行泄漏场景设置。

9. 压力释放设施

当压力释放设施的排放气直接排入大气环境中,应考虑压力释放设施的风险,其场景可取压力释放设施以最大释放速率进行排放。

10. 化学品仓库

化学品仓库宜考虑物料在装卸和存储等处理活动中,由毒性固体的释放,毒性液体的释放或火灾造成的毒性风险。

11. 爆炸物品储存

爆炸物品储存应考虑储存单元发生爆炸和火灾两种场景。在储存单元内发生爆炸,采用储存单元爆炸场景。如果爆炸不会发生,采用储存单元火灾场景。

12. 公路槽车或铁路槽车

企业内部公路槽车或铁路槽车的泄漏场景,应考虑槽车自身失效引起的泄漏和装卸活动导致的泄漏。泄漏场景见表2-33公路槽车或铁路槽车泄漏场景。

表2-33 公路槽车或铁路槽车泄漏场景

设备(设施)	泄漏场景
公路槽车或铁路槽车	(1)孔泄漏,孔直径等于槽车最大接管直径; (2)槽车破裂

续表

设备(设施)	泄漏场景
装卸软管	基本泄漏场景
装卸臂	基本泄漏场景

13. 运输船舶

企业内部码头运输船舶的泄漏事件,应考虑装卸活动和外部影响(冲击)。泄漏场景见表2-34运输船舶泄漏场景。

表2-34 运输船舶泄漏场景

设备(设施)	泄漏场景	备注
装卸臂	基本泄漏场景	装卸活动
气体罐(运输船上的)	基本泄漏场景	外部影响(冲击)
半冷冻式罐	基本泄漏场景	外部影响(冲击)
单壁液体罐	基本泄漏场景	外部影响(冲击)
双壁液体罐	基本泄漏场景	外部影响(冲击)

注1:外部影响如船舶碰撞引起的泄漏由具体情况确定,可不考虑罐体完全破裂。如果船停泊在港口外,外部碰撞造成的泄漏可不考虑。
注2:如果装卸臂由多根管道组成,装卸臂的完全破裂相当于所有管道同时完全破裂。

(七)石油天然气管道行业风险

1. 一级风险部位

一旦遭受侵害,将造成管道系统大范围停产、停供,且易发生闪燃、闪爆、严重环境污染等次生灾害,导致特大人员伤亡或财产损失,并引起公众恐慌的部位。

一级风险部位主要包括:

(1)国家级油气调控中心(含备用调控中心)。

(2)国家战略石油储备库、大型商业油气储备库。

(3)国家骨干管道系统首(末)站、枢纽站。

(4)国家骨干管道系统跨越或隧道穿越长江、黄河的管段。

(5)国家骨干管道系统地处治安复杂和人口密集地区的部位。

(6)输油管道系统地处水源地区的部位。

(7)其他可列为一级风险的部位。

2. 二级风险部位

一旦遭受侵害,将造成管道较大范围停产、停供,可能引发闪燃、闪爆、严重环境污染等次生灾害,导致重大人员伤亡或财产损失的部位。

二级风险部位主要包括:

(1)除国家级油气调控中心(含备用调控中心)以外的油气调控中心。

(2)除国家战略石油储备库、大型商业油气储备库以外的储油库、储气库。

(3)国家骨干管道系统的加压站、输油站、输气站及其他管道系统的首(末)站。

(4)国家骨干管道系统跨越或隧道穿越除长江、黄河以外的大型河流的管段。

(5)除国家骨干管道系统以外的管道系统地处治安复杂和人口密集地区的部位。

(6)其他可列为二级风险的部位。

3. 三级风险部位

除一、二级风险部位以外的管道系统,包括一般站场、阀室和管道等。

(八)交通运输信息系统安全风险

1. 威胁来源

交通运输信息系统安全威胁来源,分为环境和人为威胁,具体威胁来源见表2-37威胁来源。

表2-37 威胁来源

来源		描 述
环境因素		由于断电、静电、灰尘、潮湿、温度、鼠蚁虫害、电磁干扰、洪灾、火灾和地震等环境条件或自然灾害,意外事故或软件硬件,数据和通信线路方面的故障
人为因素	非恶意人员	由于缺乏责任心,不关心或者不关注、没有遵循规章制度和操作流程导致故障或信息损坏;内部人员由于缺乏培训、专业技能不足和不具备岗位技能要求而导致信息系统故障或被攻击

续表

来源		描述
人为因素	恶意人员 内部人员	心存不满的内部人员由于了解目标系统,并具有一定的权限,往往被允许不受限制地访问系统,而且比外部的攻击者有更多的攻击机会,因此不需要掌握太多关于计算机入侵的知识,就可以破坏系统或窃取系统数据,攻击的成功率高
	境外国家力量	组织严密,具有充足资金、人力和技术资源,而且可能在必要时实施高隐蔽性和高破坏性的分发攻击,窃取组织核心机密或使信息系统全面瘫痪
	恐怖分子	恐怖分子试图破坏、致瘫或利用关键基础设施来威胁国家安全,引起大规模人员伤亡,削弱国家经济,破坏民众的士气与信心。恐怖分子可能利用钓鱼网站和恶意软件来获取资金或搜集敏感信息,也可能会佯攻一个目标以转移对其他目标的关注程度和保护力度
	黑客	黑客入侵网络是为了获得挑战的刺激或者在黑客世界里炫耀自己的能力。这类攻击者大多数不具备专业技术能力,却可以从互联网上下载易于使用且破坏力强的攻击脚本和协议,向目标发起攻击。并且他们的数量庞大,分布在全球,即使是独立或短暂的攻击破坏,也会导致严重的后果
	商业间谍	商业间谍通过暗中活动的方式企图获取有情报价值的资产和技术秘密

2. 威胁分类

对威胁进行分类的方式有多种,根据威胁来源,表 2-38 基于表现形式的威胁分类,提供了基于表现形式的一种威胁分类方法。

表 2-38 基于表现形式的威胁分类

种类	描述	威胁子类
软硬件故障	由于设备硬件故障、通信链路中断和系统本身或软件缺陷造成对业务实施、系统稳定运行的影响	控制组件和传感器故障、设备硬件故障、传输设备故障、存储媒体故障、系统软件故障、应用软件故障、数据库软件故障和开发环境故障等

续表

种 类	描 述	威胁子类
物理环境影响	对信息系统的正常运行造成影响的物理环境问题和自然环境问题	断电、静电、灰尘、潮湿、温度、鼠蚁虫害、电磁干扰、洪灾、火灾和地震等环境问题或自然灾害等
无作为或操作失误	由于应该执行而没有执行相应的操作,或无意地执行了错误的操作,对系统造成的影响	维护错误、操作失误和披露信息过多等
管理不到位	安全管理无法落实或不到位,从而破坏信息系统正常有序运行	安全管理不规范、管理混乱、职责不明和管理监督不完善等
恶意代码和病毒	具有自我复制、自我传播能力,对信息系统构成破坏的程序代码	恶意代码、木马后门、网络病毒、间谍软件和窃听软件等
越权或滥用	通过采用一些措施,超越自己的权限访问了本来无权访问的资源,或者滥用自己的职权,做出破坏信息系统的行为	未授权访问网络资源、未授权访问系统资源、滥用权限非正常修改系统配置或数据和滥用权限泄露秘密信息等
网络攻击	利用工具和技术,如侦察、密码破译、安装后门、嗅探、伪造、欺骗和拒绝服务等手段,对信息系统进行攻击和入侵	网络探测和信息采集、漏洞探测、嗅探(账户、口令和权限等)、用户身份伪造和欺骗、用户或业务数据的窃取和破坏、系统运行的控制和破坏、实施钓鱼攻击和云计算平台租户利用隔离失效发起攻击等
社会工程	综合利用社会科学,如心理学、语言学和欺诈学等,对信息安全管理过程中的人员以及薄弱环节实施欺骗、欺诈、威胁和恐吓等行为,以及配合技术手段获取信息系统的控制权限及敏感信息	钓鱼邮件、诈骗电话等
物理攻击	通过物理的接触造成对软件、硬件和数据的破坏	物理接触、物理破坏和盗窃等
信息泄露	信息泄露给不应了解的他人	内部信息泄露、外部信息泄露等

续表

种 类	描 述	威胁子类
篡改	非法修改信息,破坏信息的完整性使系统的安全性降低或信息不可用	篡改和旁路工业控制模块指令、篡改网络配置信息、篡改系统配置信息、篡改安全配置信息和篡改用户身份信息或业务数据信息等
供应商违规	供应商及其子供应商依仗其技术优势和客户依赖性,出于国家和商业利益等原因违背合同约定内容改变原有服务约定	供应商未经用户同意肆意分包工作内容、供应商利用设备和系统依赖加高运维成本或占有远程运维权限、云服务商未经用户同意操作用户数据、云服务商为系统迁出提出额外收费条件等
其他	除上述威胁以外的威胁	

五、信息安全风险评定

(一)电信网及互联网脆弱性分析

1. 脆弱性识别

电信网及互联网的脆弱性是对一个或多个资产弱点的总称,脆弱性识别也称为弱点识别。脆弱性识别所采用的方法主要是问卷调查、工具检测、人工核查、文档查阅、渗透性测试等。需要注意的是,在识别已经运行的电信网和互联网及相关系统资产脆弱性时,应尽量避免影响电信网和互联网及相关系统的正常运行,尽可能在等同条件的实验环境中完成。

脆弱性识别以资产为核心,针对每个资产分别识别其可能被威胁利用的脆弱性,并对脆弱性的严重程度进行评估。也可以从物理环境、设备和系统、网络、业务与应用等层次进行识别,然后与资产、威胁结合起来。脆弱性识别时的数据应来自资产的所有者、使用者以及电信网和互联网及相关系统业务领域的专家和软硬件方面的专业等人员等。

脆弱性识别主要从技术和管理两个方面进行,技术脆弱性涉及物理环境层、设备和系统层、网络层、业务/应用层等各个层面的安全问题;管理脆弱性又可分为技术管理脆弱性和组织管理脆弱性两方面,前者与具体技术活动相关,后者与管理环境相关。

对不同的识别对象,脆弱性识别的具体要求应参照相应的技术或管理标准实施。例如,对物理环境的脆弱性识别可以参照 GB/T9361-2000、YD/T5026-2005、YD5098-2005、YD5002-94、YD/T754-95 等标准中的技术指标实施;对设备、网络等脆弱性识别可以参照 YDN126-2005、YDN127-2005 等标准中的技术指标实施;对管理脆弱性的识别可以参照 GB/T19716-2005、ISO/IEC17799-2005 和 ISO/TEC13335.1-2004 等标准要求。对安全管理制度及其执行情况进行检查,以发现管理漏洞和不足。表 2-35 脆弱性识别内容,为脆弱性的识别提供了参考。

表 2-35 脆弱性识别内容

类型	识别对象	识别内容
技术脆弱性	物理环境	从机房场地、机房防火、机房供配电、机房防静电、机房接地与防雷、电磁防护、通信线路的保护、机房区域防护、机房设备管理等方面进行识别
	设备(含操作系统)	从物理保护、用户账号、口令策略、资源共享、访问控制、新系统配置(初始化)等方面进行识别
	网络	从网络结构设计、边界保护、外部访问控制策略、内部访问控制策略、网络安全配置等方面进行识别
	数据库	从补丁安装、鉴别机制、口令机制、访问控制、网络和服务设置、备份及恢复机制等方面进行识别
	业务/应用	从访问控制策略、业务连续性、通信、鉴别机制、密码保护等方面进行识别
管理脆弱性	技术管理	从物理和环境安全、通信与操作管理、访问控制、系统开发与维护、业务连续性等方面进行识别
	组织管理	从安全策略、组织安全、资产分类与控制、人员安全等方面进行识别

2. 脆弱性赋值

根据对资产损害程度、技术实现的难易程度、脆弱性流行程度,采用等级方式对已识别的脆弱性的严重程度进行赋值。由于很多脆弱性反映的是同一方面的问题,或可能造成相似的后果,赋值时应综合考虑这些脆弱性,最终确定某一方面的脆弱性的严重程度。

对某个资产,其技术脆弱性的严重程度还受到该资产所属电信网和互联网及相关系统的管理脆弱性的影响,因此,资产的脆弱性赋值还应参考技术管理和组织管理脆弱性的严重程度。

脆弱性严重程度可以进行等级化处理,不同的等级分别代表资产脆弱性严重程度的高低。等级数值越大,脆弱性严重程度越高。表2-36脆弱性严重程度赋值,提供了脆弱性严重程度的一种赋值方法。针对电信网和互联网及相关系统中具体网络的脆弱性可按照具体网络的安全防护要求执行。

表2-36 脆弱性严重程度赋值

等级	标识	定义
5	很高	如果被威胁利用,将对资产造成完全损害
4	高	如果被威胁利用,将对资产造成重大损害
3	中等	如果被威胁利用,将对资产造成一般损害
2	低	如果被威胁利用,将对资产造成较小损害
1	很低	如果被威胁利用,对资产造成的损害可以忽略

(二)信息安全技术风险等级

信息安全技术风险等级由低到高分为五个等级,通常情况下的风险等级划分,见表2-39信息安全技术风险等级划分。信息安全技术风险等级评定时,被评估方应当综合考虑风险控制成本与风险造成的影响,提出一个可接受的风险范围。对某些资产的风险,如果风险计算值在可接受的范围内,则该风险是可以接受的风险,应保持已有的安全措施;如果风险评估值在可接受的范围外,即风险计算值高于可接受范围的上限值,是不可接受的风险,需要采取安全措施以降低控制风险。另一种确定不可接受风险的办法是根据等级化处理的结果,不设定可接受风险值的基准,达到相应等级风险都进行处理。

表2-39 信息安全技术风险等级划分

等级	标识	描述
5	很高	一旦发生将产生非常严重的社会或经济影响,如重大生产事故,系统无法正常运行等

续表

等级	标识	描述
4	高	一旦发生将产生较大的社会或经济影响,如生产事故,在一定范围内影响系统的正常运行等
3	中等	一旦发生会造成一定的社会或经济影响,但影响面和影响程度不大
2	低	一旦发生造成的影响程度较低,一般仅限于被评估方内部,通过一定手段很快能解决
1	很低	一旦发生造成的影响几乎不存在,通过简单的措施就能弥补

(三)信息安全风险分析

1. 风险计算

信息安全风险分析是在完成了资产识别、威胁识别、脆弱性识别以及对已有安全措施确认后,采用适当方法与工具,确定威胁利用脆弱性导致安全事件发生的可能性。综合安全事件所作用的资产价值及脆弱性的严重程度,判断安全事件造成的损失对组织的影响,即安全风险,以下面的范式形式化加以说明:

风险值 = $R(A, T, V) = R L(T, V), F(I_a, V_a)$

其中:

R 表示安全风险计算函数;

A 表示资产;

T 表示威胁;

V 表示脆弱性;

I_a 表示安全事件所作用的资产价值;

V_a 表示脆弱性严重程度;

L 表示威胁利用资产的脆弱性导致安全事件发生的可能性;

F 表示安全事件发生后产生的损失。

2. 风险等级

为实现对风险的控制与管理,可以对风险评估结果进行等级化处理,将风险划分为五个级别,等级越高,风险越高。评估者应根据所采用的风险计算方法,计算每种资产面临的风险值,根据风险值的分布状况,为每个等级设定风险值范围,并对所有风险计算结果进行等级处理,每个等级代表了相应风险的严重程度。

第三节
专检:重大事故隐患

生产安全事故隐患的分级是以隐患整改、治理和排除的难易程度及其影响范围为标准来进行划分的,可以分为一般事故隐患和重大事故隐患。一般事故隐患是危害和整改难度较小,发现后能够立即整改排除的隐患。生产经营单位若对一般事故隐患再进行细化区分,还可以在其组织系统内部分为班组级、车间级、分厂级直至厂(公司)级,其含义是在相应级别的组织(单位)中能够整改、治理和排除。重大事故隐患是生产经营单位违反安全生产法律、法规、规章、标准、规程和安全生产管理制度的规定,或者因其他因素在生产经营活动中存在可能导致事故发生的物的危险状态、人的不安全行为和管理上的缺陷,也是危害和整改难度较大,应当全部或者局部停产停业,并经过一定时间整改治理后方能排除,或者因外部因素影响致使生产经营单位自身难以排除的隐患。

存在隐患的生产经营单位应积极主动地开展风险分级管控和隐患排查治理工作,制订隐患排查治理工作方案和计划,明确隐患排查治理工作责任,对排查出来的风险和隐患,要采取科学、严谨的态度,进行综合治理。企业应根据隐患排查结果,按照责任分工,立即或限期组织隐患整改。一般事故隐患应由企业(车间、分厂、区队等)负责人或者有关人员立即组织整改,重大事故隐患应由企业主要负责人组织制定隐患治理工作方案,建立双重预防工作机制,开展隐患治理专项整改工作。双重预防工作机制流程,如图2-2所示。隐患治理工作方案内容通常包括:

(1)隐患治理的目标和任务。

(2)隐患治理采取的方法和措施。

(3)经费和物资的落实。

(4)负责治理的机构和人员。

(5)隐患治理的时限和要求。

(6)安全措施和应急预案。

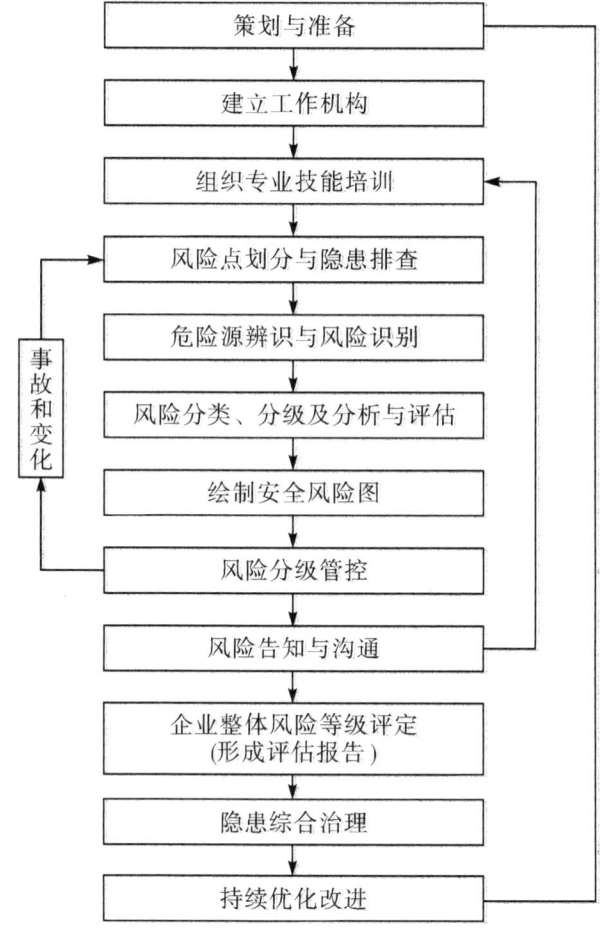

图2-2 双重预防工作机制流程

一、煤矿重大事故隐患

煤矿重大事故隐患包括15个方面。

1.有下列情形之一的,为"超能力、超强度或者超定员组织生产"重大事故隐患。

(1)煤矿全年原煤产量超过核定(设计)生产能力幅度在10%以上,或者月原煤产量大于核定(设计)生产能力的10%的。

(2)煤矿或其上级公司超过煤矿核定(设计)生产能力下达生产计划或者经营指标的。

(3)煤矿开拓、准备、回采煤量可采期小于国家规定的最短时间,未主动采取限产或者停产措施,仍然组织生产的(衰老煤矿和地方人民政府计划停产关闭煤矿除外)。

(4)煤矿井下同时生产的水平超过2个,或者一个采(盘)区内同时作业的采煤、煤(半煤岩)巷掘进工作面个数超过《煤矿安全规程》规定的。

(5)瓦斯抽采不达标组织生产的。

(6)煤矿未制定或者未严格执行井下劳动定员制度,或者采掘作业地点单班作业人数超过国家有关限员规定20%以上的。

2. 有下列情形之一的,为"瓦斯超限作业"重大事故隐患。

(1)瓦斯检查存在漏检、假检情况且进行作业的。

(2)井下瓦斯超限后继续作业或者未按照国家规定处置继续进行作业的。

(3)井下排放积聚瓦斯未按照国家规定制定并实施安全技术措施进行作业的。

3. 有下列情形之一的,为"煤与瓦斯突出矿井,未依照规定实施防突出措施"重大事故隐患。

(1)未设立防突机构并配备相应专业人员的。

(2)未建立地面永久瓦斯抽采系统或者系统不能正常运行的。

(3)未按照国家规定进行区域或者工作面突出危险性预测的(直接认定为突出危险区域或者突出危险工作面的除外)。

(4)未按照国家规定采取防治突出措施的。

(5)未按照国家规定进行防突措施效果检验和验证,或者防突措施效果检验和验证不达标仍然组织生产建设,或者防突措施效果检验和验证数据造假的。

(6)未按照国家规定采取安全防护措施的。

(7)使用架线式电机车的。

4. 有下列情形之一的,为"高瓦斯矿井未建立瓦斯抽采系统和监控系统,或者系统不能正常运行"重大事故隐患。

（1）按照《煤矿安全规程》规定应当建立而未建立瓦斯抽采系统或者系统不正常使用的。

（2）未按照国家规定安设、调校甲烷传感器，人为造成甲烷传感器失效，或者瓦斯超限后不能报警、断电或者断电范围不符合国家规定的。

5. 有下列情形之一的，为"通风系统不完善、不可靠"重大事故隐患。

（1）矿井总风量不足或者采掘工作面等主要用风地点风量不足的。

（2）没有备用主要通风机，或者两台主要通风机不具有同等能力的。

（3）违反《煤矿安全规程》规定采用串联通风的。

（4）未按照设计形成通风系统，或者生产水平和采（盘）区未实现分区通风的。

（5）高瓦斯、煤与瓦斯突出矿井的任一采（盘）区，开采容易自燃煤层、低瓦斯矿井开采煤层群和分层开采采用联合布置的采（盘）区，未设置专用回风巷，或者突出煤层工作面没有独立的回风系统的。

（6）进、回风井之间和主要进、回风巷之间联络巷中的风墙、风门不符合《煤矿安全规程》规定，造成风流短路的。

（7）采区进、回风巷未贯穿整个采区，或者虽贯穿整个采区但一段进风、一段回风，或者采用倾斜长壁布置，大巷未超前至少 2 个区段构成通风系统即开掘其他巷道的。

（8）煤巷、半煤岩巷和有瓦斯涌出的岩巷掘进未按照国家规定装备甲烷电、风电闭锁装置或者有关装置不能正常使用的。

（9）高瓦斯、煤（岩）与瓦斯（二氧化碳）突出矿井的煤巷、半煤岩巷和有瓦斯涌出的岩巷掘进工作面采用局部通风时，不能实现双风机、双电源且自动切换的。

（10）高瓦斯、煤（岩）与瓦斯（二氧化碳）突出建设矿井进入二期工程前，其他建设矿井进入三期工程前，没有形成地面主要通风机供风的全风压通风系统的。

6. 有下列情形之一的，为"有严重水患，未采取有效措施"重大事故隐患。

（1）未查明矿井水文地质条件和井田范围内采空区、废弃老窑积水等情况而组织生产建设的。

（2）水文地质类型复杂、极复杂的矿井未设置专门的防治水机构、未配备专门的探放水作业队伍,或者未配齐专用探放水设备的。

(3)在需要探放水的区域进行采掘作业未按照国家规定进行探放水的。

(4)未按照国家规定留设或者擅自开采(破坏)各种防隔水煤(岩)柱的。

(5)有突(透、溃)水征兆未撤出井下所有受水患威胁地点人员的。

(6)受地表水倒灌威胁的矿井在强降雨天气或其来水上游发生洪水期间未实施停产撤人的。

(7)建设矿井进入三期工程前,未按照设计建成永久排水系统,或者生产矿井延伸到设计水平时,未建成防、排水系统而违规开拓掘进的。

(8)矿井主要排水系统水泵排水能力、管路和水仓容量不符合《煤矿安全规程》规定的。

(9)开采地表水体、老空水淹区域或者强含水层下急倾斜煤层,未按照国家规定消除水患威胁的。

7.有下列情形之一的,为"超层越界开采"重大事故隐患。

(1)超出采矿许可证载明的开采煤层层位或者标高进行开采的。

(2)超出采矿许可证载明的坐标控制范围进行开采的。

(3)擅自开采(破坏)安全煤柱的。

8.有下列情形之一的,为"有冲击地压危险,未采取有效措施"重大事故隐患。

(1)未按照国家规定进行煤层(岩层)冲击倾向性鉴定,或者开采有冲击倾向性煤层未进行冲击危险性评价,或者开采冲击地压煤层,未进行采区、采掘工作面冲击危险性评价的。

(2)有冲击地压危险的矿井未设置专门的防冲机构、未配备专业人员或者未编制专门设计的。

(3)未进行冲击地压危险性预测,或者未进行防冲措施效果检验以及防冲措施效果检验不达标仍组织生产建设的。

(4)开采冲击地压煤层时,违规开采孤岛煤柱,采掘工作面位置、间距不符合国家规定,或者开采顺序不合理、采掘速度不符合国家规定、违反国家规定布置巷道或者留设煤(岩)柱造成应力集中的。

(5)未制定或者未严格执行冲击地压危险区域人员准入制度的。

9.有下列情形之一的,为"自然发火严重,未采取有效措施"重大事故隐患。

（1）开采容易自燃和自燃煤层的矿井，未编制防灭火专项设计或者未采取综合防灭火措施的。

（2）高瓦斯矿井采用放顶煤采煤法不能有效防治煤层自然发火的。

（3）有自然发火征兆没有采取相应的安全防范措施继续生产建设的。

（4）违反《煤矿安全规程》规定启封火区的。

10.有下列情形之一的，为"使用明令禁止使用或者淘汰的设备、工艺"重大事故隐患。

（1）使用被列入国家禁止井工煤矿使用的设备及工艺目录的产品或者工艺的。

（2）井下电气设备、电缆未取得煤矿矿用产品安全标志的。

（3）井下电气设备选型与矿井瓦斯等级不符，或者采（盘）区内防爆型电气设备存在失爆，或者井下使用非防爆无轨胶轮车的。

（4）未按照矿井瓦斯等级选用相应的煤矿许用炸药和雷管、未使用专用发爆器，或者裸露爆破的。

（5）采煤工作面不能保证2个畅通的安全出口的。

（6）高瓦斯矿井、煤与瓦斯突出矿井、开采容易自燃和自燃煤层（薄煤层除外）矿井，采煤工作面采用前进式采煤方法的。

11.有下列情形之一的，为"煤矿没有双回路供电系统"重大事故隐患。

（1）单回路供电的。

（2）有两回路电源线路但取自一个区域变电所同一母线段的。

（3）进入二期工程的高瓦斯、煤与瓦斯突出、水文地质类型为复杂和极复杂的建设矿井，以及进入三期工程的其他建设矿井，未形成两回路供电的。

12.有下列情形之一的，为"新建煤矿边建设边生产，煤矿改扩建期间，在改扩建的区域生产，或者在其他区域的生产超出安全设施设计规定的范围和规模"重大事故隐患。

（1）建设项目安全设施设计未经审查批准，或者审查批准后做出重大变更未经再次审查批准擅自组织施工的。

（2）新建煤矿在建设期间组织采煤的（经批准的联合试运转除外）。

（3）改扩建矿井在改扩建区域生产的。

（4）改扩建矿井在非改扩建区域超出设计规定范围和规模生产的。

13. 有"煤矿实行整体承包生产经营后,未重新取得或者及时变更安全生产许可证而从事生产,或者承包方再次转包,以及将井下采掘工作面和井巷维修作业进行劳务承包"的,为重大事故隐患。

14. 有下列情形之一的,为"煤矿改制期间,未明确安全生产责任人和安全管理机构,或者在完成改制后,未重新取得或者变更采矿许可证、安全生产许可证和营业执照"重大事故隐患。

(1)改制期间,未明确安全生产责任人进行生产建设的。

(2)改制期间,未健全安全生产管理机构和配备安全管理人员进行生产建设的。

(3)完成改制后,未重新取得或者变更采矿许可证、安全生产许可证、营业执照而进行生产建设的。

15. 有下列情形之一的,为"其他"重大事故隐患。

(1)未分别配备专职的矿长、总工程师和分管安全、生产、机电的副矿长,以及负责采煤、掘进、机电运输、通风、地测、防治水工作的专业技术人员的。

(2)未按照国家规定足额提取或者未按照国家规定范围使用安全生产费用的。

(3)未按照国家规定进行瓦斯等级鉴定,或者瓦斯等级鉴定弄虚作假的。

(4)出现瓦斯动力现象,或者相邻矿井开采的同一煤层发生了突出事故,或者被鉴定、认定为突出煤层,以及煤层瓦斯压力达到或者超过 0.74MPa 的非突出矿井,未立即按照突出煤层管理并在国家规定期限内进行突出危险性鉴定的(直接认定为突出矿井的除外)。

(5)图纸作假、隐瞒采掘工作面,提供虚假信息、隐瞒下井人数,或者矿长、总工程师(技术负责人)履行安全生产岗位责任制及管理制度时伪造记录,弄虚作假的。

(6)矿井未安装安全监控系统、人员位置监测系统或者系统不能正常运行,以及对系统数据进行修改、删除及屏蔽的。

(7)提升(运送)人员的提升机未按照《煤矿安全规程》规定安装保护装置,或者保护装置失效,或者超员运行的。

(8)带式输送机的输送带入井前未经过第三方阻燃和抗静电性能试验,或者试验不合格入井,或者输送带防打滑、跑偏、堆煤等保护装置或者温度、烟雾监测装置失效的。

（9）掘进工作面后部巷道或者独头巷道维修（着火点、高温点处理）时，维修（处理）点以里继续掘进或者有人员进入，或者采掘工作面未按照国家规定安设压风、供水、通信线路及装置的。

（10）露天煤矿边坡角大于设计最大值，或者边坡发生严重变形未及时采取措施进行治理的。

（11）国家矿山安全监察机构认定的其他重大事故隐患。

二、渔业船舶重大事故隐患

根据安全生产等有关法律法规和相关国家、行业标准，核定载员10人及以上的渔业船舶具有以下情形之一的，应当判定为重大事故隐患。

（1）未经批准擅自改变渔业船舶结构、主尺度、作业类型的。

（2）救生消防设施设备、号灯处于不良好可用状态的。

（3）职务船员不能满足最低配员标准的。

（4）擅自关闭、破坏、屏蔽、拆卸北斗船位监测系统、远洋渔船监测系统（VMS）或船舶自动识别系统（AIS）等安全通导和船位监测终端设备，或者篡改、隐瞒、销毁其相关数据、信息的。

（5）超过核定航区或者抗风等级、超载航行、作业的。

（6）渔业船舶检验证书或国籍证书失效后出海航行、作业的。

（7）在船人员超过核定载员或未经批准载客的。

（8）防抗台风等自然灾害期间，不服从管理部门及防汛抗旱指挥部的停航、撤离或转移等决定和命令，未及时撤离危险海域的。

三、危险货物港口作业重大事故隐患

危险货物港口作业重大事故隐患是存在超范围、超能力、超期限作业情况，或者危险货物存放不符合安全要求的；危险货物作业工艺设备设施不满足危险货物的危险有害特性的安全防范要求，或者不能正常运行的；危险货物作业场所的安全设施、应急设备的配备不能满足要求，或者不能正常运行、使用的；危险货物作业场所或装卸储运设备设施的安全距离（间距）不符合相关规定的，以及安全管理存在重大缺陷等情况。

1. 有下列情形之一的,为"存在超范围、超能力、超期限作业情况,或者危险货物存放不符合安全要求的"重大事故隐患。

(1)超出《港口经营许可证》《港口危险货物作业附证》许可范围和有效期,从事危险货物作业的。

(2)仓储设施(堆场、仓库、储罐,下同)超设计能力、超容量储存危险货物,或者储罐未按规定检验、检测评估的。

(3)储罐超温、超压、超液位储存,管道超温、超压、超流速输送,危险货物港口作业重要设备设施超负荷运行的。

(4)危险货物港口作业相关设备设施超期限服役,且无法出具检测或检验合格证明、无法满足安全生产要求的。

(5)装载《危险货物品名表》(GB12268)和《国际海运危险货物规则》规定的1.1项、1.2项爆炸品和硝酸铵类物质的危险货物集装箱,未按照规定实行直装直取作业的。

(6)装载《危险货物品名表》(GB12268)和《国际海运危险货物规则》规定的1类爆炸品(除1.1项、1.2项以外)、2类气体和7类放射性物质的危险货物集装箱超时、超量等违规存放的。

(7)危险货物未根据理化特性和灭火方式分区、分类和分库储存隔离,或者储存隔离间距不符合规定,或者存在禁忌物违规混存情况的。

2. 有下列情形之一的,为"危险货物作业工艺设备设施不满足危险货物的危险有害特性的安全防范要求,或者不能正常运行的"重大事故隐患。

(1)装卸甲、乙类火灾危险性货物的码头,未按《海港总体设计规范》(JTS165)等规定设置快速脱缆钩、靠泊辅助系统、缆绳张力监测系统和作业环境监测系统,或者不能正常运行的。

(2)液体散货码头装卸设备与管道未按装卸及检修要求设置排空系统,或者不能正常运行的;吹扫介质的选用不满足安全要求的。

(3)对可能产生超压的工艺管道系统未按规定设置压力检测和安全泄放装置,或者不能正常运行的。

(4)储罐未根据储存危险货物的危险有害特性要求,采取氮气密封保护系统、添加抗氧化剂或阻聚剂、保温储存等特殊安全措施的。

(5)储罐(罐区)、管道的选型、布置及防火堤(隔堤)的设置不符合规定的。

3. 有下列情形之一的,为"危险货物作业场所的安全设施、应急设备的配备不能满足要求,或者不能正常运行、使用的"重大事故隐患。

(1)危险货物作业场所未按规定设置相应的防火、防爆、防雷、防静电、防泄漏等安全设施、措施,或者不能正常运行的。

(2)危险货物作业大型机械未按规定设置防阵风和防台风装置,或者不能正常运行的。

(3)危险货物作业场所未按规定设置通信、报警装置,或者不能正常运行的。

(4)重大危险源未按规定配备温度、压力、液位、流量、组分等信息的不间断采集和监测系统的;储存剧毒物质的场所、设施,未按规定设置视频监控系统,或者不能正常运行的。

(5)工艺设备及管道未根据输送物料的火灾危险性及作业条件,设置相应的仪表、自动联锁保护系统或者紧急切断措施,或者不能正常运行的。

(6)未按规定配备必要的应急救援器材、设备的;应急救援器材、设备不能满足可能发生的火灾、爆炸、泄漏、中毒事故的应急处置的类型、功能、数量要求,或者不能正常使用的。

4. 有下列情形之一的,为"危险货物作业场所或装卸储运设备设施的安全距离(间距)不符合规定的"重大事故隐患。

(1)危险货物作业场所与其外部周边地区人员密集场所、重要公共设施、重要交通基础设施等的安全距离(间距)不符合规定的。

(2)危险货物港口经营人内部装卸储运设备设施以及建构筑物之间的安全距离(间距)不符合规定的。

5. 有下列情形之一的,为"安全管理存在重大缺陷的"重大事故隐患。

(1)未按规定设置安全生产管理机构、配备专职安全生产管理人员的;未建立安全生产责任制、安全教育培训制度、安全操作规程、安全事故隐患排查治理、重大危险源管理、火灾(爆炸、泄漏、中毒)等重大事故应急预案等安全管理制度,或者落实不到位且情节严重的。

(2)未按规定对安全生产条件定期进行安全评价的。

(3)从业人员未按规定取得相关从业资格证书并持证上岗的。

(4)违反安全规范或操作规程在作业区域进行动火、受限空间作业、盲板抽

堵、高处作业、吊装、临时用电、动土、断路作业等危险作业的。

除以上情形外,各地结合本地实际,对发现的风险较大且难以直接判断为重大事故隐患的,可组织5~7名危险货物港口作业领域专家,依据安全生产法律法规、国家标准和行业标准,结合同类型重特大事故案例,针对事故发生的概率和可能造成的后果、整改难易程度,采用风险矩阵、专家分析等方法,进行论证分析、综合判定。

四、水上客运重大事故隐患

有下列情形之一的,为水上客运重大事故隐患。

(1)客船安全技术状况、重要设备存在严重缺陷。

(2)客船配员或船员履职能力严重不足。

(3)客运码头重要设备及应急设备存在严重缺陷或故障。

(4)水上客运生产经营单位违法经营、作业。

(5)水上客运生产经营单位安全管理存在严重问题。

(6)其他重大事故隐患。

五、化工和危险化学品重大事故隐患

依据有关法律法规、部门规章和行业标准,化工和危险化学品生产经营单位的以下情形,应当判定为重大事故隐患。

(1)危险化学品生产、经营单位主要负责人和安全生产管理人员未依法经考核合格。

(2)特种作业人员未持证上岗。

(3)涉及"两重点一重大"的生产装置、储存设施外部安全防护距离不符合国家标准要求。

(4)涉及重点监管危险化工工艺的装置未实现自动化控制,系统未实现紧急停车功能,装备的自动化控制系统、紧急停车系统未投入使用。

(5)构成一级、二级重大危险源的危险化学品罐区未实现紧急切断功能;涉及毒性气体、液化气体、剧毒液体的一级和二级重大危险源的危险化学品罐区未配备独立的安全仪表系统。

(6)全压力式液化烃储罐未按国家标准设置注水措施。

（7）液化烃、液氨、液氯等易燃易爆、有毒有害液化气体的充装未使用万向管道充装系统。

（8）光气、氯气等剧毒气体及硫化氢气体管道穿越除厂区（包括化工园区、工业园区）外的公共区域。

（9）地区架空电力线路穿越生产区且不符合国家标准要求。

（10）在役化工装置未经正规设计且未进行安全设计诊断。

（11）使用淘汰落后安全技术工艺、设备目录列出的工艺、设备。

（12）涉及可燃和有毒有害气体泄漏的场所未按国家标准设置检测报警装置，爆炸危险场所未按国家标准安装使用防爆电气设备。

（13）控制室或机柜间面向具有火灾、爆炸危险性装置一侧不满足国家标准关于防火防爆的要求。

（14）化工生产装置未按国家标准要求设置双重电源供电，自动化控制系统未设置不间断电源。

（15）安全阀、爆破片等安全附件未正常投用。

（16）未建立与岗位相匹配的全员安全生产责任制或者未制定实施生产安全事故隐患排查治理制度。

（17）未制定操作规程和工艺控制指标。

（18）未按照国家标准制定动火、进入受限空间等特殊作业管理制度，或者制度未有效执行。

（19）新开发的危险化学品生产工艺未经小试、中试、工业化试验直接进行工业化生产；国内首次使用的化工工艺未经过省级人民政府有关部门组织的安全可靠性论证；新建装置未制定试生产方案投料开车；精细化工企业未按规范性文件要求开展反应安全风险评估。

（20）未按国家标准分区分类储存危险化学品，超量、超品种储存危险化学品，相互禁配物质混放混存。

六、重大火灾隐患

重大火灾隐患是指违反消防法律法规，可能导致火灾发生或火灾危害增大，并由此可能造成特大火灾事故后果和严重社会影响的各类潜在的不安全因素。符合下列任意一条直接判定要素的，应直接判定为重大火灾隐患。

（1）生产、储存和装卸易燃易爆危险品的工厂、仓库和专用车站、码头、储罐区，未设置在城市的边缘或相对独立的安全地带。

（2）生产、储存、经营易燃易爆危险品的场所与人员密集场所、居住场所设置在同一建筑物内，或与人员密集场所、居住场所的防火间距小于国家工程建设消防技术标准规定值的75%。

（3）城市建成区内的加油站、天然气或液化石油气加气站、加油加气合建站的储量达到或超过GB50156对一级站的规定。

（4）甲、乙类生产场所和仓库设置在建筑的地下室或半地下室。

（5）公共娱乐场所、商店、地下人员密集场所的安全出口数量不足或其总净宽度小于国家工程建设消防技术标准规定值的80%。

（6）旅馆、公共娱乐场所、商店、地下人员密集场所未按国家工程建设消防技术标准的规定设置自动喷水灭火系统或火灾自动报警系统。

（7）易燃可燃液体、可燃气体储罐（区）未按国家工程建设消防技术标准的规定设置固定灭火、冷却、可燃气体浓度报警、火灾报警设施。

（8）在人员密集场所违反消防安全规定使用、储存或销售易燃易爆危险品。

（9）托儿所、幼儿园的儿童用房以及老年人活动场所，所在楼层位置不符合国家工程建设消防技术标准的规定。

（10）人员密集场所的居住场所采用彩钢夹芯板搭建，且彩钢夹芯板芯材的燃烧性能等级低于GB8624规定的A级。

第三章
处方：应急预案

食物，是人类生存最基本的需求与准备。若你不把食物当作药物来吃，那就一定会把药物当作食物来吃，食物与药物的选择，也是健康与疾病的选择，是健康之谛，人若前行不留后路，没有"后手"，那只有死路，此乃生存之道。古人云：得一鱼足以享受一时，学会打鱼之法，可以享受终生；迨天之未阴雨，彻彼桑土，绸缪牖户；见之于未萌，识之于未发。应急预案，为应急管理之"食物"、之"后手"，是"打鱼之法"，是应急管理之"灯塔"，为预防准备、应急规划、监测预警、事件应对、资源保障等应急管理工作航行照亮了前进的方向，居于"一案三制"之首。

处方，是医者为患者出具用药的书面文件，是药剂人员调配药品的依据，具有法律、技术、经济责任。从处方的概念分析，包括两个方面的含义，既是医生对患者用药的书面意见文书，还是药剂人员调配药品的依据。患者在医院就诊时，医生会通过"望、闻、问、切"的方法，初步了解患者引发疾病的诱因，再通过现代化技术设备设施，进行检测、透视和化验，做进一步的检查核对，经过充分论证分析，给患者一个治疗方案，这个方案就是处方，患者依据这个处方就可以用药进行治疗。应急预案就如同医生所开出的"处方"，医院相关方要落实处方责任，就必须有专业的医护团队作保障，必须有足够的药品和医疗器械作支撑，只有这样，疾病的治愈才会有保障。各级应急工作部门就像医院，应急工作者就像医院里的医生，都是在做"救人"的工作，一个处方对应一个患者，一个处方对应一种病情，应急预案亦是如此。若身为"医者"，不懂"处方"、不会开"处方"，或者开出的"处方"有问题，何谈治病救人？

第一节 应急预案概论

我国是一个自然灾害多发的国家,人类在长期与自然斗争的实践中,不断摸索总结出了抵御灾害风险的经验,形成了应对之策,如"大禹治水"中的防洪策略,"后羿射日"中的抗旱之法,"女娲补天"中的地震灾害管理,墨子与公输班的桌面推演等。《救荒书》中明确的"报灾、勘灾、抚恤(急赈)、核赈、正赈、加赈(展赈)"程序,以及"安抚流民、蠲缓、劝捐"等措施,《中国荒政全书》阐述的灾荒成因、备荒策略、救荒举措,这些都是古人面对灾害的应急之策,是人类智慧的结晶,这些策略与智慧,为人类认识自然、适应自然、改造自然、战胜自然提供了遵循和借鉴,将其梳理归纳起来就是灾害应对的"应急预案"。我国应急预案文本最早形成于20世纪80年代末,中国地震局在国内地震重点危险区开展了地震应急预案编制工作,形成了《国内破坏性地震应急反应预案》,21世纪初期,上海出台了突发事件应急预案,随之,我国应急预案管理工作逐步从"后台"管理,进入了"前台"应用阶段。

一、应急预案的特点、地位与作用

应急预案是应急管理工作的"上马石",突发事件应对工作的"作战图",应急响应行动的"路线图"。应急预案,一般是指突发事件应急预案。有时也简称"预案",和"计划"同义,应急预案是针对可能发生的突发事件,为保证迅速、有效地开展应急救援行动,降低突发事件造成的损失而预先制订的有关计划或方案,是突发事件应对工作的路线图。具体讲,应急预案就是针对设备、设施、场所、气候、环境等因素可能引发的突发事件,为降低事件造成的人身、财产与环境损失,控制事态发展,消除突发事件影响,防止发生次生或衍生灾害,而对应

急组织机构与职责、人员、技术、装备、设施(备)、物资、救援行动及其指挥与协调等方面预先做出的科学而有效地计划和安排。主要解决在突发事件事前、事发、事中和事后各个环节中,谁来做、怎么做、做什么、何时做等问题。突发事件发生后,人们会本能地做出反应组织应对,而这种本能因受到各种客观条件的限制,易造成失误,而制定应急预案就是修正消除本能反应所带来的失误。应急预案解决的不是日常工作中紧急的一般性问题,而是用常规管理无法应对的不可预见和具有破坏性的顶级事件。

应急预案必须有一个明确定位。那就是要立足突发事件必须发生,发生的规模和危害程度与应急预案设置的情景相匹配,应急预案是突发事件发生后的应对工作行动方案;应急预案呈现出了两个重要作用,即事前应急管理体系建设、规划、预防、机制、准备、支持支撑等预防准备统筹引领作用及事发后的监测、预警、响应、救援、善后恢复等应急行动指导执行作用。应急预案包含了三项主要内容,即突发事件应对工作应急组织指挥体制、应急处置与救援等运行机制和应对工作所需的支撑支持法制保障体系。应急预案规范了四项核心制度,即预防与准备制度、监测与预警制度、应急与响应制度和恢复与重建制度,以上内容简称"预案1234"。

应急预案是科学应急的基础,它不同于其他计划文书,其特点在于针对性更强,内容更加系统、详尽。应急预案有助于识别潜在的突发事件,了解事件发生肌理,明确应急救援目标和范围,使风险防控、预防预警、资源保障等工作有章可循;有助于预先加强对事件发展规律的研究分析,形成行之有效的应对措施,利于充分做好应急准备,避免或防止事件扩大或升级,最大限度地减少事件造成的损失。

应急预案是在最充足的时间内,选择和规范最优反应程序,确定最及时、最快捷、最有效的应急行动路线,对现有资源进行最科学、最合理、最优化的部署配置,为事件应对构建最科学、最清晰、最直接的权责体系,提供基本准备、基本操作和基本行动,以确定性应对事件的不确定性,具有鲜明的系统性、权威性、科学性、针对性、操作性和时效性的特点。

应急预案是一种系统性、规范性的文件,是指导突发事件应对工作的基本文书,是突发事件应对相关法律法规体系的必要补充和重要支撑,是应对突发事件运行机制的重要载体。应急预案在突发事件应对工作中具有显著的地位和作用。通过应急预案,督促其建立和完善的突发事件应对工作计划、高效协作的协同机制、全面细致的应对工作策略和成熟的社会应对工作体制。

应急预案有明确的制定目标。应急预案的制定目标是实现突发事件发生之前的有效准备和突发事件发生时的合理有效应对,最大限度地降低其损失和负面影响。要实现应急预案制定目标,应急预案的制定与组织者,必须依据现行法律法规、行政体制、上位预案,结合区域实际,科学建立应对突发事件体制机制;预案制定者,应认真研究突发事件发生发展规律及其危害特点,确定事件发展不同阶段应对工作思想和措施;预案审定者,应根据突发事件进程、应对工作要求,审定应急指挥、应急资源调度、支援合作等内容,确保应急预案既定目标的实现。

应急预案的功能。应急预案针对的是在行政区域、职能范围内发生的或被波及的突发事件,是经过推研与演训,能科学指导突发事件处置,并为其应对工作做好了充分准备;突发事件应对工作涉及面广,空间压缩、协调困难、压力增大,应急预案预先为其提供了预设的应对工作运行机制,使指挥者及其组织能够从容有序应对;应急预案是在可调用的应急资源基础上制定的行动方案,因此,应急资源可以快速部署到位,易于形成应对工作合力;应急预案制定采取了分析研究、讨论推演、论证审定等程序,应急预案的应对工作行动预设措施,将会更加科学精准、切实可行。

应急预案的地位。应急预案是应急准备工作的基础,应急预案确立了预防准备、组织指挥、应急响应、资源保障等工作制度与机制,为全面做好应急准备工作指明了方向;应急预案对突发事件的事前预防、事发响应、事中处置和事后恢复整个应对行动过程进行了规范和安排,通过一系列必要措施,督促应急管理各项工作落实,使应急管理事业发展有章可循;应急预案根据不同突发事件类型,明确和规范了监测预警、信息报送、应急响应、专业处置等应对工作程序,并提出了关口前移、适当延伸的要求,是突发事件应对工作的重要指导文件;应急预案是按照已经部署的应急资源或可调用的应急资源所组织的突发事件应对行动,对资源拥有最先使用权、调配权,可有效防止应急资源的过度浪费和基础设施重复建设等问题,是应急管理工作的融合剂。

应急预案的作用。应急预案科学规范了突发事件应对工作的程序。运用基本预案,可以对那些无法预料的突发事件起到应急指导作用,运用专项预案,可以对那些不同类别级别的突发事件进行具体协调与应对,预案明确的工作程序,利于形成快速、高效的突发事件应急处置工作机制。应急预案可以快速合理配置应急资源。应急预案在制定过程中,进行了风险分析和资源调查,详细掌握了风险是什么,危险源那里,可调用资源有多少,确保应急资源的快速调配。应急预案可以增强应急决策的针对性。应急预案对信息和资源保障等问题做了相应规定,事前以预设事件规模、性质、程度,明确了相应的办法和对策,为及时快速决策提供了支持。应急预案确立了应急指挥的权威。应急预案是法律法规的补充,体制机制的载体,在应急指挥中拥有着绝对权威,一旦预案启动,各级各单位必须无条件执行。应急预案具有承上启下的作用。应急预案既要贯彻落实上级突发事件应对工作思想,对本级突发事件应对工作进行安排,还要对下级突发事件应对工作提出要求,预案体系与规划保持上下衔接,不留盲区。应急预案还能缓解公众心理恐慌和压力。应急预案制定过程实际上是一个对风险的辨识、分析、沟通的过程,通过应急预案的宣传教育,让公众最大程度地了解到突发事件处置可能存在的风险以及应急处置过程中的注意事项,以增强公众认知风险、感知风险和防范风险的意识。

应急预案是应急管理第一业务要义在于:一是职能全覆盖、目的相一致。应急管理职能范围是突发事件的事前预防、事发应对、事中处置和善后恢复过程的管理,要实现的目的是保障人民群众生命财产安全,促进社会和谐稳定。应急管理工作的职能,正好反映在应急预案编制的宗旨和目的上,编制好应急预案,就为应急管理工作健康发展奠定良好基础。二是过程更严谨,重点更突出。应急预案制定经过了全面系统的调研分析评估及严格认真的修改完善与审核审查等环节,这个过程既摸清了风险与应急管理工作的底数,也涵盖了应急管理工作中的检查、分析、评估、监督、整改等业务流程,突出了预防准备与事件应对两个重点,为应急管理事业规划编制、风险防控、事件应对和支撑支持等工作提供了基本依据,是应急管理工作健康发展的重要"食物",是应急管理工作具体化形式化的体现。三是内容更科学、措施更具体。应急管理工作坚持的是预防与准备、监测与预警、应急与响应和恢复与重建四大核心制度,应急预案的内容就是围绕着四大核心制度这条主线,将其运行机制细化为组织指挥体系、监测预警、应急响应、应急处置、应急保障等更加细致的行动措施,是应急管理工作的一个"缩影"。四是对象更宽泛、权威性更强。应急管理工作的对象是从事应急管理工作人员,对象相对比较专一,组织管理也在系统内部运行,范围相对较小,而应急预案执行的对象是响应各成员单位以及公众,远远超出了应急管理的系统范围,针对不同的突发事件,其执行对象就更加具体,具有非常强的针对性,预案启动时,并有督查监管机制督导执行,具有很强的权威性。因此,应急预案也是检验应急管理工作的"试金石"。

二、应急预案体系

应急预案的内容是在现有资源信息与实际情况的基础上,经过研究分析讨论,将其成果与结论移植至预案文本之中,是由多个计划、方案和操作程序构成的一个科学体系。应急预案体系是一个系统完整的突发事件应对工作方案体系,是一个从应急准备、风险防控、启动执行到持续更新的完整过程体系。应急预案体系可根据预案编制用途、内容要素、执行对象、制定主体等功能进行细化区分与模块集成。从管理学角度上讲,可以将应急预案体系划分为现行行政体制下的应急预案体系(党委政府及其部门突发事件应急预案体系)、主体责任下的应急预案体系(生产经营单位应急预案体系)、社会组织体制下的应急预案体系(单位及基层组织应急预案体系)和科学技术条件下的应急预案体系(科研院所研究性应急预案体系)四个层次。从操作层面上看,也可按风险清单(主要事件、次要事件、衍生事件)、责任清单(主体责任、监管责任、保障责任、公众责任)、资源清单(应急队伍、应急物资、技术支撑、组织能力)、程序清单(应急准备、监测预警、处置救援、恢复重建)来划分应急预案体系。从管理层级和预案特征上分析,应急预案体系还可以有不同的分法,如区分为管理层级预案(国家应急预案体系、地方应急预案体系、基层单位应急预案体系和社会单元应急预案)、层次层级预案(基础预案体系、基本预案体系和主要预案体系)、响应层级预案(一级预案、二级预案、三级预案和四级预案)、时间特征性预案(常备应急预案体系和临时应急预案体系)、事件类型性预案(自然灾害应急预案体系、事故灾难应急预案体系、公共卫生事件应急预案体系和社会安全事件应急预案体系)、功能型预案(突发事件总体应急预案、突发事件专项应急预案、突发事件部门应急预案和突发事件处置与救援应急预案)等。必要时,应急预案体系划分还可以将执行对象、预案要素、制定主体进行混合编组,形成形式多样,具有各自特色的应急预案体系。

应急预案体系按照制定和执行责任主体进行区分时,可分为党委政府及其部门应急预案和单位及基层组织应急预案两大类别。必要时,社会单元(家庭)也可以制定相关的应急预案。应急预案分类,如表3-1所示;我国"应急预案体系框架"构成,如图3-1所示。

表3-1 应急预案的分类

按照应急预案编制和执行责任主体进行划分	按照管理层级进行划分	按照应急预案功能属性进行划分	按照应急预案体系构成进行划分
党委政府及其部门应急预案	国家层级应急预案体系	综合性应急预案	总体应急预案
			综合应急预案
			专项应急预案
	地方层级应急预案体系	协调性应急预案	现场处置行动方案
			部门应急预案
			重大活动应急预案
单位及基层组织应急预案	单位和基层组织层级应急预案体系	专业性应急预案	资源保障应急预案
			联合应急预案
		操作性应急预案	处置与救援方案
	社会单元应急预案体系		操作手册
			应急处置卡等

(一)党委政府及其部门应急预案

党委政府及其部门应急预案体系包括突发事件总体应急预案、突发事件专项应急预案(资源保障应急预案、重要目标物保护应急预案、重大活动应急预案、联合应急预案)、突发事件部门应急预案和党委政府部门内设机构及单位应急处置与救援工作(预案)方案。

突发事件总体应急预案是综合性应急预案。是国家和地方应对突发事件的整体设想部署、制度安排及行动指南,是党委政府应急预案体系的总纲,主要解决"谁来干"的问题。突发事件总体应急预案名称由"地方名称+突发事件总体应急预案"构成,如"陕西省+突发事件总体应急预案",即《陕西省突发事件总体应急预案》。设区市或经济开发区、自贸区、特区等还应在所辖区名称前加

第三章 处方：应急预案

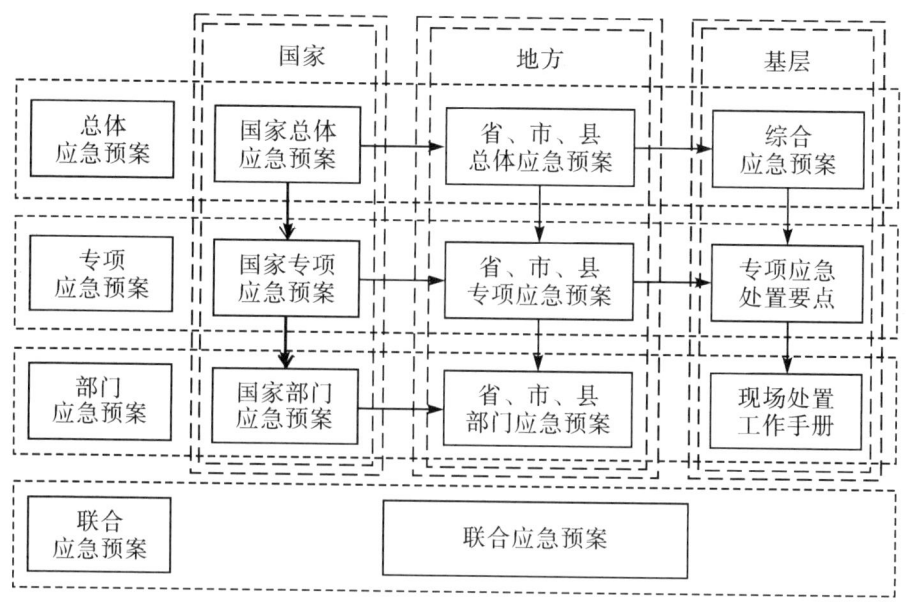

图3-1 应急预案体系框架

上一级地方管理单位名称,如"西安市+高新区突发事件总体应急预案",即《西安市高新区突发事件总体应急预案》。

突发事件专项应急预案是协调性应急预案。是党委政府或部门(系统、组织)为应对某一类型或某几种类型突发事件,对预防与准备、资源与保障、联动与协调等专项工作而预先制订的涉及多个部门职责的工作方案,主要解决"干什么"的问题。突发事件专项应急预案名称由"地方名称+事件类型+功能+应急预案"构成,如"陕西省+自然灾害+救助+应急预案",即《陕西省自然灾害救助应急预案》。资源保障应急预案、重要目标物保护应急预案、重大活动应急预案,还需要加资源保障、重要目标物保护、重大活动的名称。

突发事件部门应急预案是专业性应急预案。是党委政府有关部门根据突发事件总体应急预案、突发事件专项应急预案和部门职责,为应对本部门(行业、领域)突发事件,或者针对某一类型或某几种类型突发事件、应急资源保障、重要目标物保护、重大活动等涉及部门工作职责而预先制订的工作方案,是党委政府应急预案体系的重要支撑,是应急预案体系构成的"最后一公里"。主要解决"怎么干"的问题。部门应急预案的名称只有一个,就是"××省×××部门突发事件应急预案",即《陕西省应急管理厅突发事件应急预案》。部门应急预案也是一个相对独立完整的预案体系,部门应急预案因承接了突发事件总体应急预案和专项应急预案相关应急工作任务和要求,因此,部门应急预案体系中,就会形成很多相应的应对工作方案。应对工作方案名称由"部门名称+应对+突发事件+功能+工作方案"构成,如"卫生健康委+应对+火灾事故+救治+工作方案",即《卫生健康委应对火灾事故救治工作方案》。

资源保障、重要目标物保护、重大活动等应急预案是突发事件专项应急预案的一种特殊表现形式,是为应对重要资源保障、重要目标物保护、重大活动中可能引发的突发事件,采取的应急指挥、资源调配和应急响应行动,涉及多个部门参与应对工作而预先制订的工作方案。重大活动应急预案应按照"一活动一预案、一场馆一预案、一赛事一预案、一设备一预案、一线一案、一站一案"等原则要求,建立独立完善的应急预案体系。资源保障、重要目标物保护、重大活动等应急预案主要解决"如何干"的问题。其应急预案名称由"地方+(资源保障、重要目标物保护、重大活动)名称+功能+应急预案"构成,如"××市+全运会+恐怖袭击事件+应急预案",即《××市全运会恐怖袭击事件应急预案》。

突发事件联合应急预案(超级应急预案)是协同性应急预案。是相邻、相近的地方政府及其有关部门或相关联的单位为应对区域性、流域性、多重性、巨灾事件而预先联合制订的应对工作方案,也是突发事件专项应急预案的另一种表现形式,主要解决"协同干"的问题。联合应急预案(超级应急预案)名称由"联合单位或区域+突发事件类型+功能+联合应急预案"构成,如"长三角地区+大气+防治+联合应急预案",即《长三角地区大气防治联合应急预案》。

突发事件应急处置与救援工作(预案)方案是操作性应急预案。是党委政府及其部门应急预案体系的末梢,主要解决应急预案体系"最后一米"的问题,是党委政府部门(系统、组织)的内设机构与单位,依据突发事件部门应急预案工作安排和要求,针对某一类型或某几种类型的突发事件,就应急处置与救援行动、岗位职责分工、操作规程程序和个人防护保护等方面工作而预先做出的安排,是党委政府部门应急预案的重要支撑和具体操作方案,主要解决"在哪干"的问题。突发事件应急处置与救援工作(预案)方案的名称由"党委政府部门名称+内设机构单位名称+功能+工作方案"构成,如"应急管理厅+应急指挥中心+现场联络+工作方案",即《应急管理厅应急指挥中心现场联络工作方案》。

党委政府及其部门应急预案之间的关系,既是指导关系、传承关系,还是衔接关系、协作关系,既有关联,也为补充。突发事件总体应急预案是管全局、全区域的,突发事件专项应急预案是管"行业""全线路"的,突发事件部门应急预案是管"专业""分路段"的,部门内设机构单位应急预案是管"操作""管点位"的。我们以生活保障品运输事件为例来说明预案之间的关系,突发事件总体应急预案是管生活保障品运输"规划"的,也就是管全局的,例如,明确哪些生活保障品,由哪些部门来运送,有哪些要求等;突发事件专项应急预案是对突发事件总体应急预案明确的任务进行具体协调的,如水产蔬菜运输,是选择铁路、公路、水路运输,还是采取空中运输,哪个部门来维护交通秩序,哪个部门开辟绿色通道,哪个部门进行检测检疫,哪个部门负责装卸等,是做"主干线路"长途运输保障的;突发事件部门应急预案就是对突发事件专项应急预案明确的任务,落实具体专业行动措施的,例如,水产蔬菜到达长途运输终点后,下一步采取分送还是领取,部门内部如何分工,解决的是"支线"运输问题,管的是短距离分发和转运问题;突发事件应急处置与救援工作(预案)方案是部门内设机构单位的行动方案,部门内设机构单位将部门应急预案的响应措施,按照"定岗、定人、定责、定位、定时限"的要求,落实到应对行动的每一个环节。例如,依据水产蔬菜配送计划,按照轻重缓急的顺序,采取分片包干方式,将水产蔬菜运送到具体的供应点上,解决的是配送到"点"的问题,通过这一系列操作,就把应急预案相关措施要求贯彻执行下去了。党委政府及其部门应急预案之间相互关系,如表3-2所示。

表3-2 党委政府及其部门应急预案之间相互关系

预案名称	总体应急预案	专项应急预案	部门应急预案	应急处置与救援工作(预案)方案
执行对象	党委政府	多个部门	一个部门	部门内设机构单位
预案功能	综合性预案	协调性预案	专业性预案	操作性预案
预案特性	体现原则性	体现指导性	体现针对性	体现操作性
解决问题	谁来干	干什么	怎么干	在哪干
预案措施	原则性措施	专业性措施	针对性措施	操作性措施

续表

预案名称	总体应急预案	专项应急预案	部门应急预案	应急处置与救援工作（预案）方案
适用范围	覆盖所有灾害种类（管总体）	适用个别灾害种类（管专项）	具体应对行动"最后一公里"（管专业）	具体岗位与操作程序"最后一米"（管操作）

（二）单位及基层组织应急预案

单位及基层组织应急预案体系一般适合于成建制的或具有独立法人资格的单位、规模以上单位及组织机构相对健全的单位，其应急预案体系构成包括总体应急预案、专项应急预案、现场行动方案和应急处置卡。单位及基层组织应急预案是一个相对独立的应急预案体系，既包含了主体责任下的应急预案体系，又包含了社会组织体制下的应急预案体系，所以，单位及基层组织应急预案体系应根据实际情况而设定。生产经营单位为有效预防和控制可能发生的生产安全事故，最大程度减少事故及其造成的危害，需对生产经营单位的风险和应急资源现状进行研究、评估、分析，建立相应的生产经营单位生产安全事故应急预案体系，其应急预案体系构成通常包括生产经营单位综合应急预案、专项应急预案、现场处置方案、应急处置卡及附件。

总体应急预案是综合性应急预案。是单位及基层组织应对常发、易发、多发、突发性事件的总体计划安排，是单位及基层组织应急预案体系的总纲。总体应急预案名称通常由"单位名称+总体应急预案"构成，如"×××社区+总体应急预案"，即《×××社区总体应急预案》，生产经营单位综合应急预案名称构成，由"单位名称+综合应急预案"构成，如"×××公司+综合应急预案"，即《×××公司综合应急预案》。

专项应急预案是协调性应急预案。是针对某一类型或某几种类型事件，需要预先做好应急准备和响应行动的安排，需要协调调动单位及基层组织的应急资源和采取应对措施而制订的具体行动方案。专项应急预案名称由"单位+事件类型+功能+应急预案"构成，如"×××公司+火灾事故+救援+应急预案"，即《×××公司火灾事故救援应急预案》。

现场行动方案是单位及基层组织根据不同事件应对工作要求,针对特定具体的场所、设施、位置和责任分工,而预先做出的工作安排,是专业性应急预案。现场行动方案名称由"事件类型+功能+方案"构成,如"火灾事故+现场救治+方案",即《火灾事故现场救治方案》,现场行动方案名称前可不挂单位名称。

操作手册与应急处置卡是操作性应急预案。是针对特定装备、设施、场所、岗位、事件类型处置所做出的程序化操作流程。是现场行动方案和标准化操作规范要求的简化和细化。应急处置卡名称由"场所(设备、岗位)+功能+处置流程"构成,如"容器+减压+处置流程",即《容器减压处置流程》,通常以图表形式呈现。

对于应急资源极其有限、规模较小、地理位置偏僻、交通不便、条件艰苦、经济欠发达、居住相对分散的偏、远、散、小单位与基层组织,如山区农村、零散牧区、边防学校、海防厂站等单位组织的应急预案,可建立相应的基础应急预案、基本应急预案或主要应急预案体系,重点突出地震、火灾、洪涝灾害、疏散逃生等应急预案的编制。

(三)社会单元(家庭)应急预案

单元是指自为一体或自成系统的独立体,不可再进行分割,否则,就会改变事物原有的稳定性及其特性,如一条船、一列火车、一架飞机、一辆大巴、一部救援车、一个系统、一栋楼、一个家庭等。家庭是社会的细胞,是做好应急工作最微小、最基本、最基础的单元。这些社会单元也需要按照网格化、单元化、模块化的要求,制定相应的应急预案,落实必要的定岗、定位、定人、定责应急工作要求。家庭可制定个性化的应急工作预案,如面对新型冠状病毒肺炎流行,家庭所制定的疫情防控应对工作预案。

《家庭应对新冠肺炎预案》

1 总 则

1.1 【目的】为科学、及时、安全、有效地做好家庭成员感染新冠肺炎救治工作,防止疫情扩散蔓延,保障家人身心健康。特制定本预案。

1.2 【适用范围】本预案适用于新冠肺炎感染进入全民应对时期、居住在社区、感染新冠肺炎中度(新冠病毒载荷量较大)以下、需7~10天居家救治的新冠肺炎传染事件。

1.3 【应急原则】预防为主、安全第一,常态监测、注重防护,感染病毒、隔离治疗,检测评估、确保康复。

2 家庭成员分工与职责

【责任分工】夫妻为家庭应对新冠肺炎的第一响应人(负责人)。家庭感染新冠肺炎应对工作实行"A""B"角分工负责制。"x"为家庭新冠肺炎感染者,家庭应急成员由 abcdefh 组成。其中,ab 代表夫妻;cd 代表夫妻的父母;ef 代表夫妻的子女;h 为(朋友)志愿者。

共同职责:家庭成员自觉做好自我监测防护工作,协助相关成员做好消杀、防控、救治和应急期间的保障工作。

个性任务:ab 负责购置治疗物品、检查防护准备、进行监测、情况预警、信息通报和感染者救治工作;cd 负责家庭环境清洁、消杀、食材采购、烹饪和照顾 ef 工作;ef 听从 ab 的安排,协助 cd 做一些力所能及的工作;h 按照 ab 的求助与请求,做好应急保障工作。x 进行自我隔离和康复治疗。

3 预防监测

3.1 【预防】

3.1.1 疫苗接种,ab 督促家庭成员,按照相关规定完成疫苗接种。

3.1.2 ab 可有计划安排家庭成员接种相关增强抗体或免疫性药(针)剂。

3.1.3 应对时期,外出交通工具的使用,由乘坐公共交通工具改为步行(或使用专用个人交通工具)。

3.1.4 工作环境调整,由线下工作改为线上工作,若遇特殊情况,应特别注意加强个人防护。

3.1.5 家庭环境管理,由清洁为主改为消杀为主。

3.1.6 对外接待与问候,由线下改为线上,握手改为碰肘等。

3.1.7 生活保障,由去市场采购改为社区专柜采购,储粮油改为储药品,喝水漱口改为盐水漱口,抢红包改为抢口罩,看头条改为看"阳人"现身说法等。

3.2 【监测】做好日常健康监测,出现发热、咳嗽、乏力、咽痛等染病症状时,应加大监测频次。

3.2.1 核酸监测,有病发症状立即测核酸。

3.2.2 体温监测,坚持早晚两次测体温。

3.2.3 抗原监测,周边有新冠肺炎阳性出现或身体不适,应测抗原。

3.2.4 试剂监测,有与新冠肺炎病毒携带者(阳性)接触史或身体不适,应查试剂。

3.3 【预警】

3.3.1 监测异常立即向家人发出预警。

3.3.2 若与新冠肺炎病毒携带者有密接,立即发出预警。

3.3.3 社区及周边区域发现新冠肺炎阳性病例,立即发出预警。

4 响应行动

4.1 【信息报告】

4.1.1 向单位报告信息:上班人员应向单位报告相关信息,内容包括感染者姓名、症状、核酸(抗原)检查结果、现采取的措施(居家或住院)、感染前后情况(到过什么地方、与谁接触过等)。

4.1.2 向家庭成员传递信息:告诉家里人有关情况。

4.1.3 向周边及朋友通报信息:向社区(居民小区)和相关组织(爱心群、共享群等)通报情况,阻断传播途径。

4.2 【分级响应】根据新冠肺炎感染轻重程度,可以采取居家、互联网门诊及医院医治的方式,实施Ⅰ、Ⅱ、Ⅲ级三个级别的应急响应行动。其中Ⅰ级为最高级别。

4.2.1 Ⅲ级响应行动。当感染者发病症状较轻时,由 ab 安排居家隔离,采取降温、退热、止咳等方法进行治疗。这一阶段,由 ab 负责感染者治疗工作,cd 负责家庭生活保障。感染者多休息、多喝水,室内保持通风,活动不出门。若急需应急物品,可让志愿者送至门口。必要时,可加持药物干预治疗。

4.2.2 Ⅱ级响应行动。当感染者发病症状比较严重,且家中有基础性疾病人员,或者家中暂无可以照顾感染者成员时,应集中隔离(集中至隔离酒店或正在患该病的亲朋好友家中)救治,采取线上治疗和定点治疗相结合方式进行。这一阶段,应遵循医嘱,采取药物治疗。生活保障以集中隔离点的现有资源为主,也可食用方便食品,必要时,可叫外卖,无家庭成员陪同。

4.2.3 Ⅰ级响应行动,当感染者发病症状特别严重,身心健康可能造成严重影响或危及生命时,需采取专业救治,ab 拨打 120 电话或用专车送至医院,医院按照新冠肺炎感染者救治程序进行救治,ab 指定一名家庭成员陪同护理。

4.3 【处置措施】感染新冠肺炎后,可采取以下一项或多项措施进行应对:

4.3.1 由 ab 负责隔离感染者,将感染者隔离在家中相对独立的空间。

4.3.2 进行不间断监测,通过询问、测体温、查试剂等方式,依据新冠肺炎感染症状进程图,对感染者症状情况进行观测。

4.3.3 按照感染者症状进行相应的药物干预治疗(根据感染者所表现出的冷、热状况,采取相应的药物治疗)。

4.3.4 饮食干预(家庭成员实行错峰分餐制,感染者及家庭成员多食用高蛋白、高热量、易消化的食材食品),多喝水、多排泄。

4.3.5 室内环境干预,室内环境消杀(每日通风不少于两次,每次不少于半小时,可用艾草、紫外线灯光等方式对室内进行消杀),共享区域(卫生间等)是消杀重点。

4.3.6 宠物短期隔离。应对期间对家庭饲养宠物进行阶段性隔离,防止病毒传播。

4.3.7 调动资源干预(ab 通过外部关系,调动外部资源,做好相关应急保障工作,如药品购置、网络会诊、疑难杂症查询等)。

4.3.8 组织心理干预。ab 对感染者在病发期间可能出现的担心、惊慌、害怕、无助、焦虑、抱怨等不良情绪,进行心理疏导和安抚,听其倾诉和发泄,必要时,求助心理医生或实施心理援助。

4.3.9 规范作息(落实正常的、规律的作息和饮食生活制度)。

4.3.10 在 ab 的指导下,家庭成员有计划地进行适量的室内运动锻炼,增强体质,提高免疫力。

4.3.11 科学治疗,根据感染者发病症状,采取相应的治疗措施。治疗期间可采取讲故事、做游戏、说笑话等形式,分散感染者注意力,减轻感染者痛苦。

4.4 【个人防护】应急响应行动中,家庭成员应主动做好个人防护工作,防止高载量病毒的侵入(吸入高载量病毒感染的风险相对较大,吸入低载量病毒感染的风险相对较小)。

4.4.1 全程佩戴口罩。感染者和家庭成员均应全程佩戴口罩,减轻高载量病毒吸入的可能性。

4.4.2 常漱口、常洗手。用适量淡盐水漱口、清洗鼻腔,也可用酒精喷洒后吸入鼻腔,对鼻腔进行消毒防护。

4.4.3 物品器具使用后,及时进行消杀。

4.4.4 场所环境消杀。用酒精消毒时,应在 ab 的指导下使用,防止引发燃烧和爆炸,房间可采取紫外线、艾草等方法消杀。

4.4.5 救治过程中应保持安全距离,非必要,尽量少交流、少接触。相关措施可参照国家有关新冠肺炎疫情防控指南,地方相关通知通告和社区有关规定要求执行。

4.5 【应急结束】当感染者经过 7~10 天治疗,核酸检测呈阴性后,应急响应行动结束。

4.6 【善后工作】应对工作结束后,应积极做好善后处置工作,通常包括以下内容:

4.6.1 及时查明新冠肺炎感染的原因,分析总结经验教训(感染者治疗的经过与体会,以及治疗过程有关注意事项等),为家庭成员可能再次感染新冠肺炎病毒的预防与救治工作提供借鉴。

4.6.2 康复时期(由"阳"转"阴"后两周之内)应适当锻炼,康复期内不宜进行剧烈性运动。

4.6.3 对感染者居住场所及周边环境进行消杀。

4.6.4 污染物品器具使用完毕,应及时进行专业清理。

4.6.5 对未使用完的药品、用品等物资,仍需继续使用的,应在消毒处理后,进行清点登记和归类。

4.6.6 上班人员向单位报告有关情况。

4.6.7 恢复正常的生活工作秩序。

5 有关保障

保障可分为日常保障和应急保障两种形式,分别确定日常保障与应急保障物资目录清单,制订家庭物资存放地点图表,落实三色管理(红色为药品和急需医疗器械、黄色为应急用品、绿色为日常物资)制度。

5.1 生活保障。正常生活采购(米、面、油、菜等)、应急食品(方便面、火腿肠、榨菜、罐头等)、饮用水(桶、瓶装矿泉水、电解质水等)。

5.2 防护用品。购置和储备口罩、防目镜(罩)、酒精、药棉、洗手液、防护服等。具体标准见国家新冠肺炎防护用品物资推荐目录。

5.3 治疗用品。检测试剂、抗原试剂、感冒药、退热药、止咳药等。治疗药品使用见国家新冠肺炎用药推荐目录。家中若有基础性疾病成员,也可购置制氧机、呼吸机等。

5.4 定点治疗保障。提前商定需要集中隔离的专用隔离酒店(或亲戚、朋友家庭),确定附近救治医院,必要时,建立与酒店、医院的联络机制。酒店应具备基本生活与通信网络保障。

5.5 共享保障。参加社区(居民小区)建立的新冠肺炎疫情应对工作共享群(爱心群),需求助时,共享群中的医疗器械、药品、防护物资可以适时共享,让爱和温暖在社区传递。

5.6 专家咨询服务保障。采取线上线下方式,及时向专家(医生)咨询和了解相关情况,通过网络视频介绍、朋友圈推荐、新闻发布会网上介绍等形式,及时了解相关知识。建立各种联络通信卡,将家庭成员、购物、置药、外卖、单位、社区门卫、酒店、医院和专家(医生)等电话设置为紧急联系电话,建立紧急联系人通讯卡,以备急需。

6 附 则

以上内容要熟知熟记,从新冠肺炎疫情全民应对之日起施行。主要内容已形成要点,张贴于家庭正门之后,望遵循执行。

7 附件

7.1 新冠病毒感染症状进程图解。

7.2 国家有关疫情防控指南家庭要点。

7.3 地方相关通知通告及社区现行规定。

7.4 应急物资清单及存放地点图表。

7.5 紧急联系人通讯录。

三、应急预案的侧重点

(一)党委政府及其部门应急预案的侧重点

1. 突发事件总体应急预案侧重点

突发事件总体应急预案是突发事件应对工作的指导性文件。突发事件总体应急预案侧重于从组织体系、分级分类、预案体系、运行机制、支持支撑以及恢复保障等方面进行统筹和安排。例如,组织指挥体系如何建立,分为哪几个层级,设立什么样的现场应急处置工作机构,应急响应是否分级、如何分级、如何界定分级,响应级别、预案类别分几类及如何分等,均应给予原则性明确;运行机制设置要与现行管理体制相匹配,立足本地区的实际情况和长期以来形成的有效经验做法;支持支撑体系应以能满足本地区、本单位、本类别突发事件处置与救援的需求为出发点来进行规范与设置;恢复保障工作应立足系统完整,结构合理,着眼未来发展,防止突发事件再次发生为目标,确保恢复保障体系的持续性和科学性。突发事件总体应急预案既要考虑常态条件下的应急准备与应急响应工作责任,也要规范非常态下的应急工作职责。对应急预案管理、奖励与责任追究等内容,也要提出规范和要求,健全应急预案持续改进机制,体现出突发事件总体应急预案的原则性和指导性。

2. 突发事件专项应急预案侧重点

突发事件专项应急预案是突发事件专项应对工作方案,不同层级、不同类型的专项应急预案,内容也各有所侧重。专项应急预案应明确应对工作组织指挥机构、信息报告要求、分级响应及响应行动、队伍物资保障及调动程序、相关各方职责与任务分工等。重点规范本层级、本类型的突发事件应对行动,体现主体职能和应对工作的针对性,保持与上位应急预案的有效衔接。随着体制机制改革的不断深入,大数据、云计算、新业态和高新技术的广泛运用,社会管理面临的各种矛盾日趋突出,诱发突发事件的因素不断增多,突发事件专项应急预案的类别设置及其侧重点,也应随着时代的发展进行不断地更新与完善。

3. 突发事件部门应急预案侧重点

突发事件部门应急预案的特色和作用是修正部门本能反应失误的重要依据,是将依法处置、快速处置、科学处置突发事件变为部门本能反应的行动,以减少本能反应的失误给突发事件处置带来的危害和损失。部门应急预案应侧重回答上级(党委政府)启动应急响应时,部门怎么办?本部门发生火灾等突发事件时,部门怎么办?上级和本部门启动应急响应时,部门处(科)室怎么办?每一个怎么办,都是一个或多个独立的突发事件应对问题,只要回答清楚了这三个怎么办,部门应急预案编制重点就明白了。部门应急预案所回答的每一个"怎么办",都是一个专业、系统、完整的问题,一个怎么办,就是部门应对某一类或某几类突发事件的具体工作方案,把这些方案集成起来,形成一套全面的、综合的、系统的部门突发事件应对工作行动方案,这就是部门应急预案。所以说,部门应急预案也是一个体系,不是一个单一的方案文件,其通常由指挥部工作方案、应对某种专项事件工作方案,以及人员紧急疏散、应急保障、舆情管控等工作方案组成。

突发事件部门应急预案是党委政府应对突发事件的专业操作性方案,侧重明确应对工作任务分工、责任划分、专业处置、应对措施和资源保障等有关问题。其体系一般包括四部分内容。

(1)对本部门突发事件应对工作的总体安排。明确部门突发事件应对工作组织指挥机构及其职责、任务分工与安排、行动原则与要求、应急准备与保障等内容,将部门突发事件应对工作的共性问题、原则问题、普遍问题进行规范要求,是部门应急预案体系的总纲。

(2)对部门(系统)可能发生的突发事件应对工作做出安排和部署。如部门(系统)内部发生的火灾事故、交通事故、上访事件等,侧重明确突发事件风险隐患评估及防范措施,明确部门内部组织指挥分工、应急工作小组划分及职责、应急响应机制、信息传递、资源调动和相关善后工作等问题。

(3)制订贯彻落实突发事件专项应急预案赋予应对工作任务方案。侧重围绕突发事件专项应急预案赋予的任务是什么、需要内部什么单位参与,什么时候做、有什么要求等,对本部门(系统)应急资源调配、力量使用、专业技术特点、应急保障措施等进行规范和明确。

(4)部门(系统)内设机构或单位依据以上要求,制订各自的应对工作行动方案,作为部门应急预案的附件和支撑,这样,才是一个完整的突发事件部门应急预案体系。

4. 突发事件应急处置与救援工作(预案)方案侧重点

突发事件应急处置与救援工作(预案)方案是突发事件部门应急预案的关键附件和重要支撑方案,也是部门突发事件应对工作具体操作性方案,是按照上位应急预案的总体要求,侧重明确突发事件发生时"灾害现场、岗位责任、人员调动、操作规程、技术保障"等行动程序、应对时限和防护要求,是把上位应急预案的每一项应急行动任务,落实到应对工作中每一个具体环节、每一个岗位部位、每一个阶段时段、每一个响应人员身上的工作方案。

(二)单位及基层组织应急预案的侧重点

1. 总体应急预案侧重点

因单位及基层组织的性质特点不同,总体应急预案在编制时,其原则性和指导性也有所侧重。总体应急预案主要从总体上阐述单位及基层组织应对突发性事件的工作原则和要求,对事件应对工作做出总体安排和部署。总体应急预案一般包括应急组织机构设置、应急预案体系(应急预案种类与数量)、预防与预警程序规范、响应分级与应急处置要求,规范和明确应急保障、应急预案管理、奖励与追究等内容。若行业对总体应急预案制定有明确规定的,遵其规定执行。

2. 专项应急预案侧重点

单位及基层组织专项应急预案包含了重要活动、重大危险源、生产经营场所、重要基础设施、重要目标物保护等内容所涉及的事件应对与处置工作。专项应急预案侧重于风险与危险源分析、应急指挥机构与职责、应急响应与应急处置流程和措施、应急保障方法等内容。规模以上单位或基层组织应制定独立的专项应急预案,一般单位及基层组织可将专项应急预案作为总体应急预案的

附件一同制定。

3. 现场行动方案侧重点

现场行动方案也称现场处置工作方案。现场行动方案应根据本单位或基层组织的风险评估结论以及风险控制范围、措施组织制定。现场行动方案侧重于应急工作职责、风险分析结论、危险源分布、应急处置工作程序、操作流程、个人防护以及注意事项等内容。现场行动方案应具体、简单、针对性要强。

4. 操作手册与应急处置卡侧重点

应急处置卡是按照专项应急预案和现场行动方案的要求,应急工作班组(场所、设备、岗位、设施)或者个人制定的应急处置工作程序和要求。主要明确应急处置(紧急操作)的顺序、方法、时间、协同、保障和个人防护要求等。

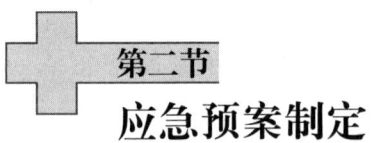

第二节 应急预案制定

应急预案制定是指应急预案的编制与应急预案的审定两个方面,应急预案的编制是基础,应急预案的审定是程序,也是目标。应急预案制定单位应遵循相关程序,依法依规编制应急预案,并对编制出的应急预案组织合法合规性审定,形成一个可适用、可操作的突发事件应对工作行动方案,完成以上两个方面的工作,就是制定应急预案。应急预案制定包括了应急预案框架结构设计、资料收集、调研讨论、风险分析、资源调查、能力评估、组织编写、推演修改、评审论证、审核印发等环节所做的一系列工作。应急预案制定的过程,是一个反复研究讨论修改完善的过程,以此达成应急预案功能集成优化、响应措施制度兼容,促使应急预案相互衔接,实现应急预案功能互补、防备结合、互为关联、不留缝隙和盲区。应急预案制定过程中,应遵循合法性、可行性、科学性和规范性的原则,按照"建立应急预案编制工作机构、组织预案编制准备、展开预案编写、预案内容推演、专家评审论证、完善审定发布"等程序,开展应急预案的制定工作。

一、应急预案制定责任主体

应急预案制定要做到思路清晰、程序规范、统放结合、着眼未来,按照专事专班、专项保障的要求,科学系统、严格规范地组织应急预案的编制工作。但在应急预案编制的现实工作中,部分地方单位错误认为,应急管理部门是预案管理部门,应急预案应由应急管理部门来编制,有些应急管理部门,也认为应急预案应由应急管理部门中的预案管理单位来编制,有些单位直接将应急预案编制工作"外包",让相关企事业单位或者科研院校来编制,应急预案编制工作在客观上就形成了政府编制、院校编制和社会编制三种应急预案编制模式,即政府版、院校版和社会版的应急预案。政府版应急预案,熟悉政府突发事件应急处置程序和要求,符合地方党委政府实际情况,编制的应急预案针对性强,管用适用;院校版应急预案,只注重理论牵引和案例研究,编制的应急预案具有理论性和研究性,对地方突发事件应对工作具有指导意义,而无可行性和操作性;社会版应急预案,对突发事件资源和信息收集相对比较全面,预案具有基层灾害应对工作的经验,但缺乏理论研究和党委政府突发事件处置的经验,缺乏系统性和专业性,很多政府应急预案的属性反映的是社会应急预案的属性。

以上问题和现象,反映出了地方各级领导干部在应急预案编制工作上存在着主体责任不清、制定程序不明的问题,严重影响了应急预案制定工作质量,导致了应急预案编制工作流于形式,偏离了方向。那么,谁来编制应急预案才会更科学、更系统、更有效、更符合实际呢?科学有效的应急预案编制工作责任主体是各级党委政府及其部门或单位及基层组织。大专院校、科研院所以及专业机构可作为应急预案编制的协作单位,提供应急预案编制的理论支撑和案例分析等指导性意见,应急管理专家团队和社会应急管理咨询服务单位可作为应急预案编制的重要支援力量,为应急预案编制工作提供调研座谈、风险分析、资源调查、能力评估等方面的帮助。就像编制应急体系建设规划一样,地方党委政府及其部门以购买社会服务的方式,组织大专院校、科研院所以及社会应急管理咨询服务单位为应急体系建设规划提供课题研究、前瞻性分析和各种评估结论等,为应急体系建设规划内容提供重要支撑。各级党委政府及其部门或单位及基层组织应当针对本行政区域内、本单位,容易引发自然灾害、事故灾难和公共卫生事件的危险源、危险区域进行风险分析,对可能引发社会安全的风险进行评估,充分结合管辖区安全管理工作面临的实际情况,科学制定党委政府及其部门或单位及基层组织应急预案体系建设规划,依据应急预案体系建设规划,依法明确应急预案编修工作责任主体。

党委政府突发事件总体应急预案通常由县级以上人民政府制定,具体组织或牵头的部门,一般是本级人民政府的应急管理部门。必要时,也可由党委政府明确的突发事件总体应急预案编制或者修订责任部门组织实施。单位及基层组织总体应急预案编制由单位及基层组织负责人予以明确。

突发事件专项应急预案,因所涉及的部门较多,不能由所有部门来组织制定,而是由某一种类型或某几种类型突发事件应对过程中,参与主要组织指挥与协调的部门来牵头编制或修订。一般来讲,是按照部门职能分工或行业主管(若无行业主管部门,则按职能相近的原则执行)的要求来确定制定部门。突发事件专项应急预案编制具体牵头部门,则由突发事件总体应急预案予以明确和规范。单位及基层组织的专项应急预案编制牵头单位,由单位及基层组织的总体应急预案予以明确。

突发事件部门应急预案编制时,通常需要协调部门(系统)内部的资源和力量,来组织突发事件的应对与处置工作。一般来讲,发生在部门(系统)内部的突发事件,应急预案由本部门的应急管理机构或者是办公(厅)室负责制定;若需要编制专项应对工作方案时,可由部门(系统)相关业务单位负责制定;也可根据部门(系统)突发事件应对工作实践经验,由单位领导指定相关业务单位组织制定。突发事件部门应急预案不得由与突发事件应对工作无关的业务单位或者下属机构来制定。

资源保障应急预案、重要目标物保护应急预案、重大活动应急预案,通常按照"谁组织、谁主办、谁负责、谁制定"的原则,组织应急预案的编制工作。党委政府组织的资源保障、重要目标物保护、重大活动应急预案制定主体,可参照专项应急预案制定责任主体执行,单位及基层组织举办的重要活动应急预案制定主体,由活动组织单位的安保部门组织制定。

联合应急预案(超级应急预案)是针对某一类型或某几种类型突发事件或者是巨灾事件(如重污染天气、飓风、海啸、流行性传染病等)需要采取相关措施,实现资源共享、信息互通、相互协调、联动处置,所以,在应急预案制定时,更应明确应急预案制定的责任主体。若是本级组织联合处置的应急预案,由本级政府的相关部门或单位以联席会议的形式确定一个牵头单位组织制定;若是本级参与上级党委政府组织联合处置的应急预案,则由上级指定一个资源相对集中、力量相对较强、具有一定号召力的中心城市组织制定;对国家确定的独立开发区、特定开发区,由国家明确联合应急预案制定牵头单位。应急预案制定责任主体分工参考,如表3-3所示。

表3-3 应急预案制定责任主体分工参考

区分	起草	审批	发布	培训演练	更新	备案
突发事件总体应急预案	应急管理部门	党委、政府	政府名义		应急管理部门	上级政府
突发事件专项应急预案	主责(牵头)部门	政府会议、政府分管领导专题会议	应急委员会或政府办公(厅)室	主责(牵头)部门	主责(牵头)部门	应急管理部门、上级主管监管部门
突发事件部门应急预案	主责部门	部门办公会议	部门办公(厅)室	主责部门	部门	应急管理部门、上级主管监管部门
资源保障、重要目标物保护、重大活动应急预案	主责主办部门	地方分管领导、专题会议、主要负责人	协调议事机构、活动举办单位、地方政府有关办公(厅)室	主责部门主办单位		应急管理部门
联合应急预案	牵头地方或单位	上级政府分管领导联合单位分管领导	联合名义	各地方、各单位主责部门	牵头地方或单位	上级政府或单位、本级应急管理部门
单位及基层组织应急预案	参照地方党委政府各类应急预案制定责任主体分工					

二、应急预案编制准备工作

应急预案编制准备工作包括确定应急预案编制部门,确定应急预案编制人员,建立应急预案编制工作机构,制定编制工作计划和方案,组织资料搜集与整理,开展应急资源调查,组织风险分析,进行应急能力评估,组织预案编制培训,做好应急预案框架结构设计等内容。

(一)成立应急预案编制工作机构(预案编制委员会)

健全完善的应急预案编制工作组织机构,是做好应急预案编制工作的重要保证。应急预案编制工作应由地方党委政府及其部门、单位及基层组织有关领导具体负责,吸收应急预案涉及成员部门和具有丰富处置经验相关人员、专家共同组成应急预案编制工作领导机构,这个机构就是预案编制委员会。预案编制委员会视情况可设立法律法规、资料搜集、资源调查、风险分析、预案编写、专家咨询等若干工作小组,通常以正式文件予以明确。

应急预案编制工作领导机构组成。应急预案编制工作领导机构的规模,取决于应急预案的类别、编制修订的形式、突发事件的类型和应急资源调查等情况。突发事件总体应急预案编制工作领导机构,由各级党委政府(开发区)的主要领导担任组长,分管此项工作的领导和应急管理部门的负责人任副组长,成员包括本级应急管理部门、应急部门、应急领导机构成员单位有关人员和应急管理顾问、应急管理专家等。必要时,也可吸收司法、政策、有关公共安全研究的院校学者以及社会组织参与突发事件总体应急预案的编制工作。突发事件专项应急预案编制工作领导机构,由各级党委政府(开发区)的分管领导担任组长,政府办公(厅)室分管副职及专项应急预案牵头部门主要负责人任副组长,突发事件专项应急预案所涉及部门相关人员和有关应急管理专家组成。突发事件部门应急预案编制工作领导机构,由部门主要领导任组长,分管领导及办公(厅)室主任任副组长,相关业务部门组成。联合应急预案编制工作领导机构,组长通常由上级党委政府指定,副组长由联合处置的地方政府具体明确,成员由联合处置的地方政府及其相关部门有关人员组成。资源保障、重要目标物保护、重大活动应急预案编制工作领导机构,参照突发事件专项应急预案编制工作领导机构构成模式执行。

单位及基层组织应建立本单位应急预案编制工作机构,全面负责单位及基层组织的应急预案编制工作。总体应急预案编制工作机构,通常由单位及基层组织的法定代表人或负责人任组长,分管领导任副组长,单位及基层组织的有关部门相关人员组成;专项应急预案编制工作机构,由单位及基层组织的分管领导任组长,此项工作牵头部门负责人任副组长,单位及基层组织的相关部门有关人员为成员;现场行动方案编制工作机构,由单位及基层组织内部单位的负责人任组长、副组长,吸收有现场处置工作经验的一线工作技术人员、社会组织和公民参与现场行动方案的编制工作;应急处置卡由单位及基层组织的现场操作(参与现场处置的班、组长或重点岗位)人员组织编制。

(二)制定应急预案编制工作计划和方案

工作计划和方案,是根据对组织外部环境与内部条件的分析,提出在一定时期内要达到的组织目标以及实现目标的途径。应急预案编制工作计划应简明扼要,任务清晰,用词准确,不能含糊。应急预案编制工作计划和方案由应急预案编写工作组负责制定。

应急预案编制工作计划是以时间轴为主线条的任务部署线路图。其内容包括应急预案编制的目的,应急预案编制理由和应急预案需要解决的主要问题及所要达到的效果,应急预案编制工作任务区分、阶段划分、日程安排、完成工作时限、编制工作经费保障,对完成任务的时限、标准等提出具体要求。应急预案编制工作方案是以应急预案内容要素为主线条的工作计划安排,其内容包括应急预案编制需要达到的目标、完成目标任务所采取的措施、不同阶段应急预案要素的研究与取舍、核心要素的设计与确定,以及有关保障措施等。应急预案编制工作计划和方案须经应急预案编制工作领导机构审定后,印发至应急预案编制各工作机构及各成员单位执行。

(三)组织资料搜集与整理

资料搜集与信息搜集是保障应急预案编制工作的前提条件,是应急预案编制工作顺利实施的重要保障。资料搜集范围包括国家有关法律、国家各行业行政法规、应急预案编制框架指南及规定、地方有关法规规章及相关制度规定、地方有关应急管理政策性文件及应急预案管理有关规定、应急预案体系(上级及本级突发事件总体应急预案、专项应急预案、部门应急预案和联合应急预案)、调研报告、公共安全研究报告、风险分析与应急资源调查报告、应急能力评估报告、突发事件应急处置经验总结报告，以及相关技术指引、规范与实施方案，各地突发事件应对工作实际情况。信息搜集可以通过公开发表的刊物、网络信息、会议交流、企业保存的档案，部门出台的规章、制度、行业标准，供应商、制造商提供的应急产品信息等渠道进行。信息资料必须具有权威性，必须经过核实，使其真实有效。

资料与信息搜集完成后，应按照应急预案编制工作要求，对收集到的相关资料信息，采取"去粗取精、去伪存真"的方法，进行加工处理，按照应急预案编制需求列出相应清单目录，经专家咨询组审议后，形成比较客观全面的资料汇编和理论成果，为应急预案编制提供理论支持与支撑。

(四)开展应急资源调查统计

了解和掌握辖区内或单位可调用的应急力量、装备、物资等资源信息及合作区域内可请求援助的应急资源状况，是应急预案编制的基本要求。开展应急资源调查统计，要制定应急资源调查统计工作方案，确定调查的目标、对象、范围、方式、标准、指标体系和要求，设计相应的调查统计表格，明确任务分工。组织调查统计人员按照调查统计工作方案，收集有关信息，填写调查统计表格，把汇总收集到的信息，通过逻辑分析、现场抽查等方式，查验数据的完备性、真实性和有效性。

组织编写应急资源调查报告，其内容包括调查基本情况、调查过程记录和数据核实、应急资源调查的基本结论及存在的问题，需要加强和改进的意见和建议、报告附件等内容。附件包括应急资源信息清单、分布图、调配流程等内容，并对调查资料信息进行排序编号建档归类。应急资源调查通常包括辖区或单位内现有的各种应急资源及突发事件应对工作必需的应急资源。例如，人力资源类(应急救援队伍、应急保障队伍、应急指挥与管理人员、应急专家等)、应急物资类(生产生活、医疗救助、应急保障等)、应急装备类(车辆、防护、监测、侦检、警戒、救生、抢险、洗消、通信、照明等)、应急设施类(避难设施、交通设施、医疗设施等)、应急资金和技术信息类等。应急资源信息分为实体应急资源信息和关联应急资源信息两类。实体应急资源信息包括组建的综合、专职、兼职和志愿者等应急队伍,现有、自储、代储、协议储备的应急装备、应急物资、应急器材,已建成的应急指挥、监控、监测、预警、应急服务及保障平台或中心,应急避难场所、应急物资或装备存放场所、基础应急数据和信息,政策法规保障和决策指挥能力等。关联应急资源信息包括备案单位或基层组织应急预案中明确的应急资源信息,社会专业机构、社会应急救援队伍、应急物资储备或生产企业、应急装备供应单位以及其他有必要进行调查的企事业单位的应急资源信息。单位及基层组织应急资源调查统计的重点是实体应急资源信息。包括专职和兼职应急队伍,自储、代储、协议储备的应急装备物资,协议救援单位,紧急避难场所,公民及社会资源信息等。

(五)进行风险分析评估

组织风险分析评估是通过对风险的发现、列举、承认、描述和记录,把这些辨识出来的风险汇集起来,构成风险谱系图或数据库,全面、准确地掌握辖区内风险现状和应急管理工作的实际情况,对可能诱发各类突发事件以及产生次生、衍生灾害的风险,进行分析、辨识、归类,并组织定量和定性评估,确定风险等级,为制定应急预案提供依据。风险分析时,要对辨识出来的风险及其特征进行明确的定义描述,分析和描述风险发生可能性的高低、风险发生的条件,确定风险性质和风险等级。根据风险分析的目的、获得的数据、组织决策的需要等因素,采用定性的、半定量的、定量的方法或以上方法的组合进行分析,把分析的结果与预先设定的风险准则相比较,或在各种风险分析结果之间进行比较,以确定风险的种类、级别、程度和严重性,决定是否需要风险应对,对需要进行应对的风险按优先次序进行排序,形成风险清单。在风险分析评估工作结束后,组织编制风险分析评估报告。

(六)组织应急能力评估

应急能力是对突发事件的感知能力、处置能力和资源保障能力的集合。应急能力评估是对应急管理工作综合能力的评估,包括对组织指挥决策能力、风险防范能力、监测预警能力、应急救援能力、行为反应能力、工程防御能力和资源保障能力等方面进行的评估。

应急能力评估包括但不限于:

（1）领导干部、单位及基层组织负责人应对事件的能力，应急管理工作者的知识与技能。

（2）组织内部和外部可利用的应急队伍的素质、经验、技能及装备配置情况。

（3）参与应急处置人员的能力和意识。

（4）与组织外部相关方建立的公共应急响应协议有效性。

（5）对现行应急管理方面的法律法规及其他要求的获取和执行情况。

（七）应急预案编制培训与经费保障

应急预案编写前，应急预案编制工作机构应按照应急预案编制工作计划方案，对资料搜集、风险辨识、资源调查、事件评估等人员，开展法律法规、形势任务、预案编写方法等方面的专题业务培训，培训要突出应急预案框架结构及要素设计培训和应急预案桌面推演培训等重要环节，力求达到应急预案编制工作思路清晰、目标明确、方法科学、重点突出、程序规范，确保应急预案编制工作各项任务高效落实。各级、各单位应根据应急预案编制工作实际情况，合理安排应急预案编制工作经费。应急预案编制工作经费一般包括调研考察座谈、公共安全研究、应急资源调查、风险分析评估、应急能力评估、会议研究审查、桌面推演培训、相关报告撰写、组织专家评审、文本编辑印发、预案宣传培训等费用。

（八）应急预案框架结构及要素设计

应急预案框架结构及要素设计是应急预案编制前最重要的环节，也是应急预案编制准备工作的难点之一，就如同写文章要确立中心思想和提纲一样，若没有中心思想和提纲，一定写不出好文章。

应急预案框架结构及要素设计是对应急预案一个科学、合理、准确的定位，也是应急预案的一个标签。不同类别、级别的应急预案对框架结构和要素要求也不尽相同，同一类型应急预案，在不同层级上，对其要素也有取舍。应急预案框架结构要素设计要有理论依据，具有前瞻性、战略性和衔接性。国家层级应急预案框架结构是从"战略"的高度去谋划，地方层面应急预案框架结构是从"战役"的角度来策划，基层应急预案框架结构是从"战术"的层次做设计，应急预案的层级越低，预案的框架结构越简单。基层应急预案框架结构及要素设计时,应尽量向扁平化方向去考虑,以定岗、定责、定人为好。应急预案框架结构及要素设计包括体系结构、指挥层级、预案体系、运行机制、响应分级等内容。

应急预案结构反映的是应急预案的类型、特性和个性化要求;组织指挥体系反映的是指挥体系构建、指挥层次、指挥方式以及指挥程序等内容;预案体系反映的是突发事件应对工作方案体系构成,是应急预案编制和衔接不可缺少内容;响应分级是对不同的资源部署和应急能力的统筹协调和安排,是科学、精准、快速处置突发事件的基本要求;处置程序是从专业的角度,对突发事件处置工作做出的程序化安排;支持与支撑是保障突发事件应对工作的力量、物资、技术和科技等保障工作。应急预案框架结构构成通常有以下几种模式:

(1)"总预案+基本专项预案+扩展预案"结构模式,较适用于地方党委政府应急预案体系框架构成。总预案就是突发事件总体应急预案,是纲;基本专项预案就是地方突发事件专项应急预案,是目,纲举目张;扩展预案就是资源保障应急预案、重要目标物保护应急预案、重大活动应急预案等。

(2)"总体预案+应急程序+应急行动"结构模式,这种应急预案框架结构,是由整体到局部,较适用于单位及基层组织或风险较大的生产经营企业应急预案体系框架构成。单位及基层组织制定总体预案,将应急程序、应急行动方案作为总体预案的附件或支撑,形成一个独立体系,不再另行制定专项应急预案和现场行动方案。

(3)"基础+基本+主要应急预案"结构模式,这种应急预案框架结构,是从基础、基本的应急行动做起,突出了基本灾害应对工作,对最底层的单位及基层组织事件应对工作比较管用,适用于偏远单位及基层组织应急预案框架构成。

(4)单一应急预案框架结构模式,这种应急预案框架结构,体现的应对工作行动比较单一,突出专业技术性的特点。较适用党委政府部门应急预案和单位及基层组织现场行动应急预案框架构成。

(5)"1+4结构模式",即一个基本预案加应急功能设置、特殊风险预案、标准操作程序和支持附件构成(基本预案+应急功能+风险管理+操作程序+支持附件)。基本预案主要阐述被高度抽象出来的共性问题,包括应急工作方针与原则、组织体系、应急资源、各应急组织在应急准备和应急行动中的职责、基本应急响应程序以及应急预案管理等规定,是对突发事件应对工作做出的基本安排。"1+4结构模式",层次清晰,可操作性强,应急与处置内容比较全面,上下左右衔接比较紧密,但结构相对比较复杂,存在着职能互有交叉、功能多有重叠。因此,比较适合于大中型企业、集团公司以及风险较大的单位应急预案框架构成。

应急预案要素构成。应急预案要素通常分为主要要素和一般要素两大类。主要要素又分为一级要素、二级要素和三级要素。一级要素是任何应急预案必不可少的要素,如组织指挥体系与职责、应急响应、应急保障等。二级要素主要是突发事件总体应急预案和单位及基层组织总体应急预案所必备的要素,如应急原则、风险防控、监督管理等。三级要素是其他应急预案的"骨干"要素,如分级响应、应急处置等。一般要素反映的是应急预案启动与执行必须具备的一些要素,是对应急预案主要要素的扩充、拓展和补充,也称扩充要素、延伸要素和增加要素。不同类型应急预案对其一般要素设计具有较强的选择性,同一类型应急预案所应对的突发事件不同,其一般要素的选择也有较大的区别。对应急预案要素进行调整、优化和补充,更能充分体现出应急预案的针对性、灵活性和自身独有的特色。一般要素的设计,更能满足应急预案个性化特征和要求,通常包括风险分析、事故描述、单位概况、分级分类、工作原则、预案关系、应急小组、预防预测、分灾种响应、信息公开、有关措施、后期处置、安全防护、注意事项、恢复与重建、总结与报告及责任与奖惩等内容。应急预案要素不可能一成不变、一个标准,预案要素的不同搭配和组合,才使应急预案文本更具特色、更有针对性,应急预案的层级越低,应急预案的要素越简单。

进行应急预案框架结构及要素设计时,应着重把握以下几个方面的问题:一是应急预案框架结构及要素设计要符合事件发展规律和应对工作实际;二是应急预案框架结构及要素设计要具有明显的事件类型特征和区域单元元素;三是应急预案框架结构及要素设计要与事件应对责任主体及执行对象相适应;四是应急预案框架结构及要素设计要符合应急管理与社会综合治理的工作实际,着眼未来发展。

(九)应急预案编制其他准备

应急预案编制工作,在完成以上准备工作之外,还可根据实际需要,做好以下应急预案编制的相关准备工作。

（1）组织开展应急预案编制调研工作,形成调研报告。
（2）开展区域公共安全理论研究,形成理论研究报告。
（3）对区域突发事件处置情况进行研究,形成专题报告。
（4）对预案体系建设规划执行情况进行评估,形成报告。
（5）对应急预案启动执行情况进行评估,形成评估报告。
（6）对应急预案演练情况进行研究总结,形成专题报告。
（7）搜集国内外典型应急预案案例。
（8）借鉴其他应急预案编制工作先进经验和做法。
（9）与社会机构合作的相关资料文件。

三、应急预案编写流程与方法

应急预案制定,首先要清楚应急预案之间的关系,了解应急预案编制的先后顺序。应急预案制定应按照综合性应急预案——协调性应急预案——专业性应急预案——操作性应急预案的编制顺序,分阶段组织开展应急预案的编写工作。上位应急预案是指导性预案,是"纲",下位应急预案是"目",编制时,切不可本末倒置,颠倒了应急预案编制的顺序。应急预案执行的顺序与应急预案编制的顺序正好相反,执行应急预案是从最基层、操作性的应急预案开始的。综合性应急预案是指导应急预案编制的预案,一般不启动。

应急预案制定更新基本流程包括现状分析及结论(在组织风险分析、资源调查、能力评估之后,确定应急预案编制的"中心思想",即所需要制定预案的类别与属性、预案的功能和要点、预案需要解决的主要问题等)、岗位责任分析及结论(岗位需求分析、确立应急工作机构设置、明确应急工作职责、分配应急工作任务等)、运行机制分析及结论(预防防控、监测预警、信息管理、响应程序、处置流程、行动要求等)以及应急支撑支持与保障(应急预案的宣传培训教育、应急保障、监督管理、预案管理、相关附件)等内容。

编写应急预案内容,就是对应急预案编制准备阶段成果的取舍和固化。简单地说,就是把应急预案编制准备阶段的相关评估结论、理论成果和研究结果,经过系统整理和归纳,依据应急预案框架结构设计的需要,有选择性地将这些结论与成果移植到应急预案文本之中,再进行丰富完善和补充,这个过程就是编写应急预案。值得注意的是,应急预案的每一个内容,都要有相应的编制依据和理论成果作支撑。切记:预案内容若没有依据和理论成果作支撑,那就不要去编写,宁缺毋滥。比如,突发事件总体应急预案中,要编写"预案体系"这个内容,那就必须要有应急预案的类别和专项应急预案的数量,这些类别和数量是怎么来的,我们不能凭空编造,这就需要《应急预案体系建设规划执行评估报告》中的结论作支撑,我们在对应急预案体系建设情况进行评估时,自然就知道了那些应急预案有用,那些应急预案无用,需要那些类别的应急预案,需要多少个专项应急预案,心里一目了然,把这些需要的专项应急预案罗列出来,自然就构成了应急预案体系。否则,形成的应急预案体系,就是凭空想象,空中楼阁;再如,若不进行应急能力评估和资源调查分析,怎么知道应对的能力有多大,能用的应急资源有多少。若这些都不清楚,那何来的应急响应分级?依此类推,只有这样,才能保证应急预案编写内容的真实性和可操作性。

应急预案制定按照"框架结构编写、预案文本集成、广泛征求意见、桌面推演研究、专家评审论证、修改补充完善、会议研究审定、审核发布实施"的程序组织实施。党委政府应急预案编制工作流程,如图 3 - 2 所示;单位及基层组织应急预案编制工作流程,如图 3 - 3 所示;生产经营单位生产安全事故应急预案编制工作流程,如图 3 - 4 所示。

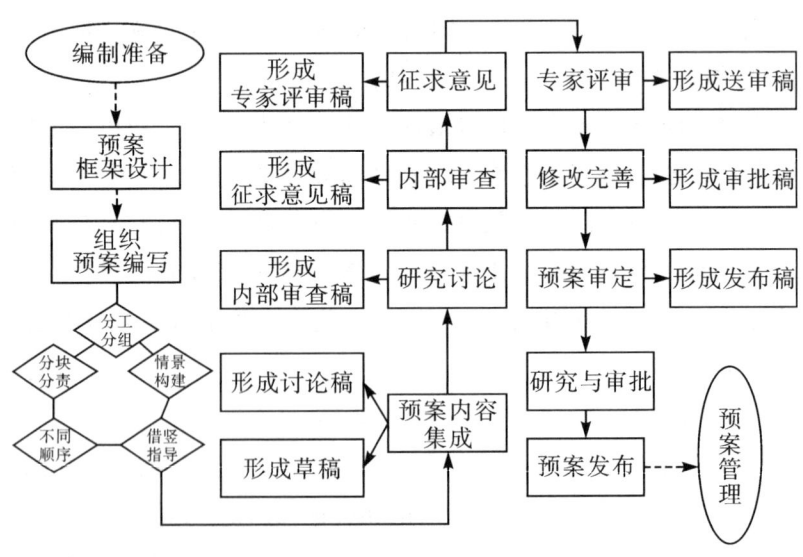

图 3 - 2 党委政府应急预案编制工作流程

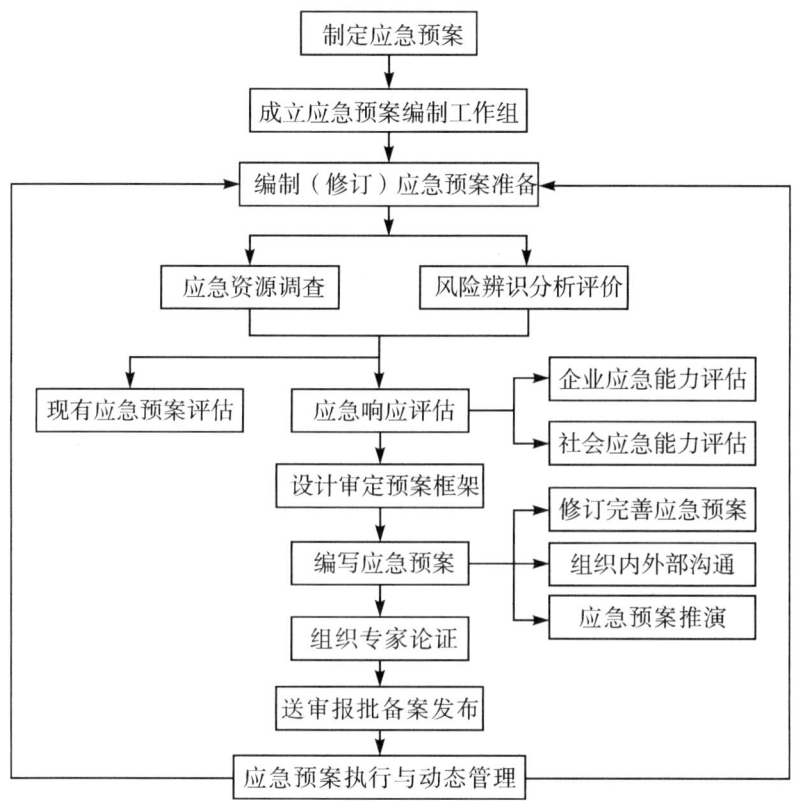

图3-3 单位及基层组织应急预案编制工作流程

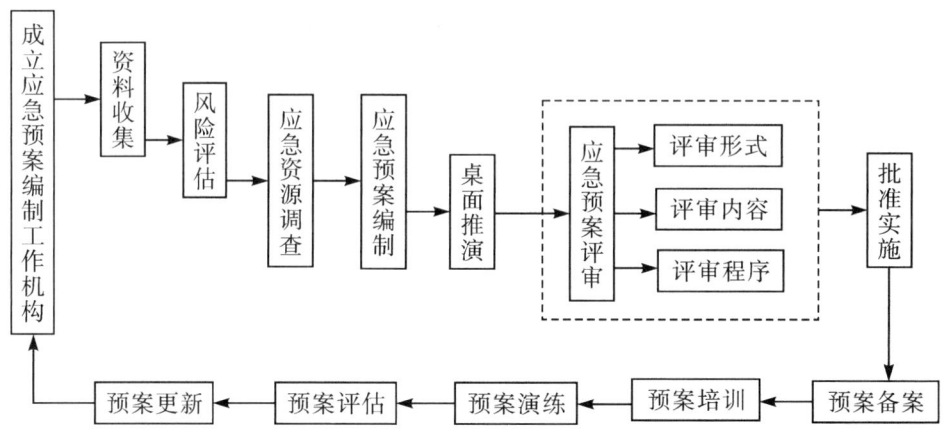

图3-4 生产经营单位生产安全事故应急预案编制工作流程

应急预案编写方法。编写应急预案有不同的路径,如基于预案情景编写、基于预案功能编写(也称功能性应急预案)、基于行动能力编写等路径,不同的路径适合于不同的应急预案类型,也适用于不同的预案制定者。应急预案编写时,应将收集整理的有关资料成果,进行认真研究分析汇总,为应急预案编写提供依据,应急预案编写是一个科学严谨"闭环"的管理流程,应急预案编写过程,如图3-5所示;应急预案编写的过程,又如同企业加工产品的过程,预案与企业产品加工过程关系,如图3-6所示;综合性应急预案编写,如图3-7所示;协调性应急预案编写,如图3-8所示;专业性应急预案编写,如图3-9所示。

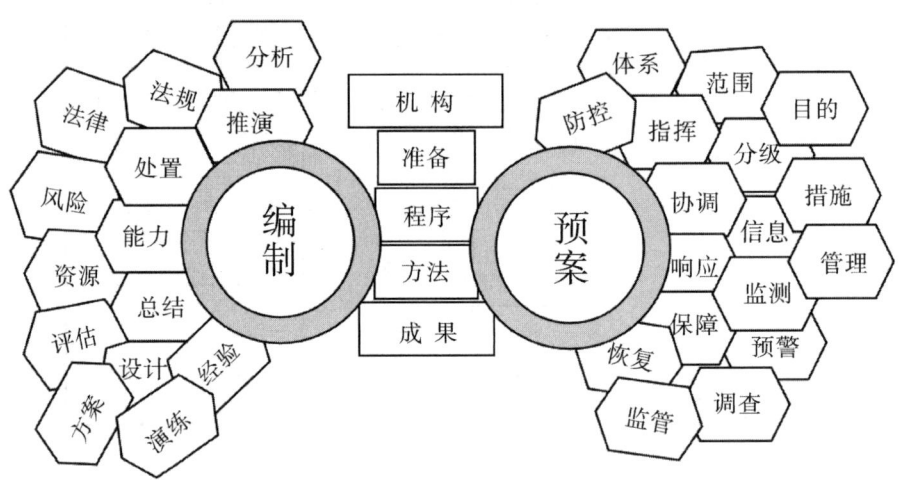

图3-5 应急预案编写过程

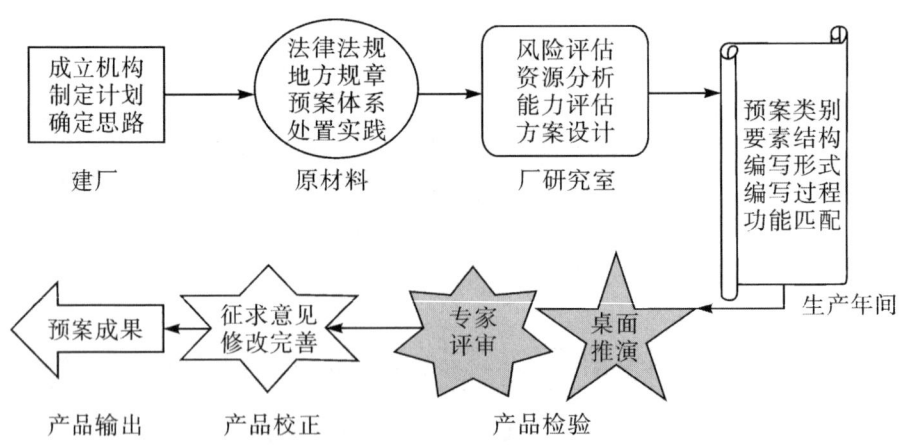

图3-6 预案与企业产品加工过程关系

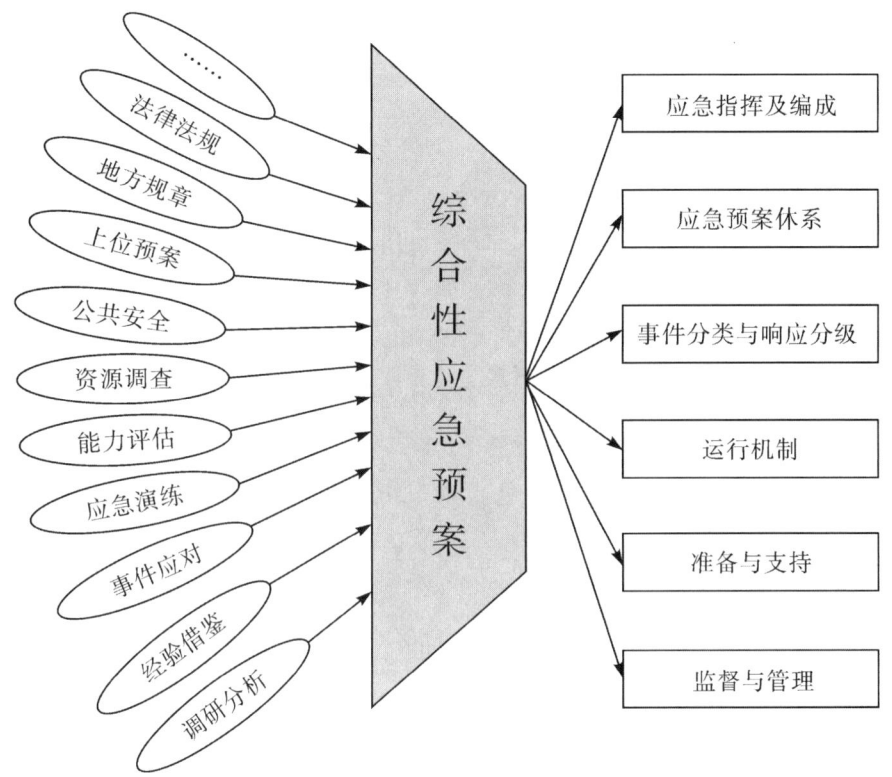

图3-7 综合性应急预案编写

(一)集体研究讨论编写法

在资料收集成果汇总运用阶段、应急预案框架结构及要素设计阶段、重点内容展开编写阶段、应急预案文本集成阶段、应急预案桌面推演阶段、组织专家论证前期,预案编制机构内部都应召开集体讨论会,对应急预案框架、指挥机构、预案体系、运行机制、响应启动等要素进行集体研究讨论,广泛听取大家意见,对大家发表的意见进行集中整理汇总后,形成集体讨论结果,按照集体讨论结果展开应急预案的编写工作。会议研究讨论前,应急预案编制组应提前准备好需要研究的议题和方案,确定参会人员、时间、地点和相关专家,会议介绍时,应重点说明议题和方案形成过程及依据、优劣势因素分析、意见建议等,参会人员经过研究讨论,形成预案编写结论要点。若专题会议研究不能确定的问题,需要形成专题会议纪要,请求上级给予指导和确定。应急预案专题会议研究讨

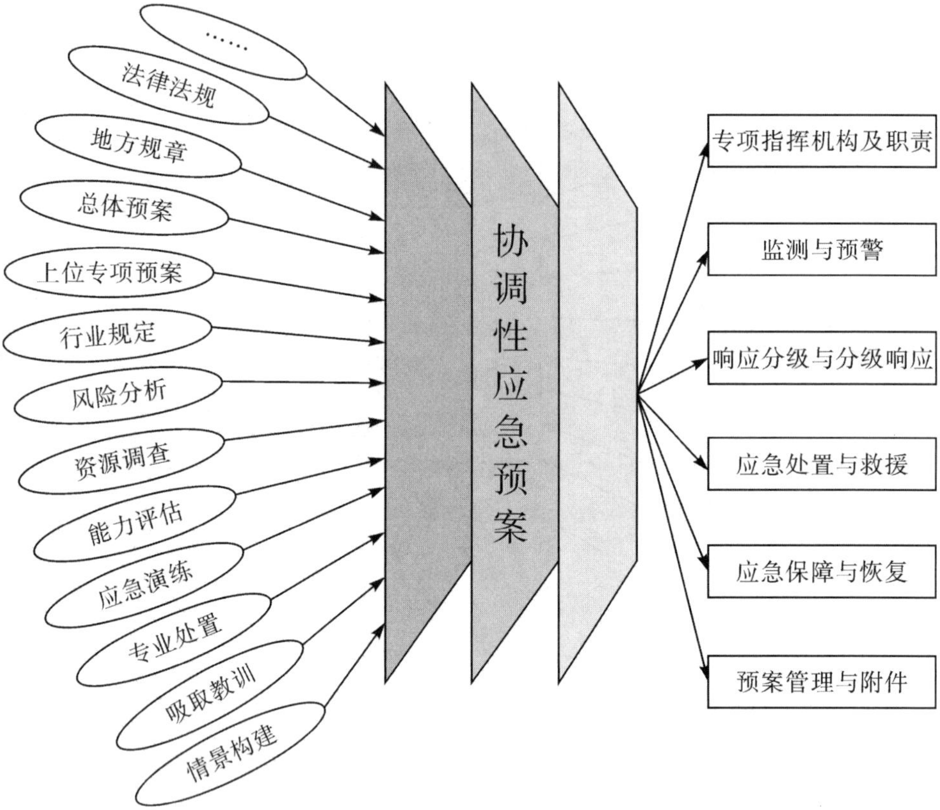

图3-8 协调性应急预案编写

论的主要内容,包括预案体系的构成(确定设立多少个专项应急预案,需要增加或减少应急预案的理由等)、事件分类响应分级(分几个层级响应)、指挥体系构成(指挥方式与层次)、协调联动等内容。会议形式包括应急预案编制专题会、研讨会、(厅)局长办公会、党委政府专题会议等形式,会议研究讨论结果,通常以会议纪要形式体现。

(二)功能模块程序编写法

模板法和比照法是应急预案编写常用的方法之一,这两种方法一般都有标准的框架结构和格式,容易束缚应急预案编制者的手脚。功能模块程序编写法是按照应急预案编写准备和应急预案独有特性而设置的编写方法,可采取分工分组编写、分块分责编写、不同顺序编写、借鉴指导编写和情景构建编写等方法

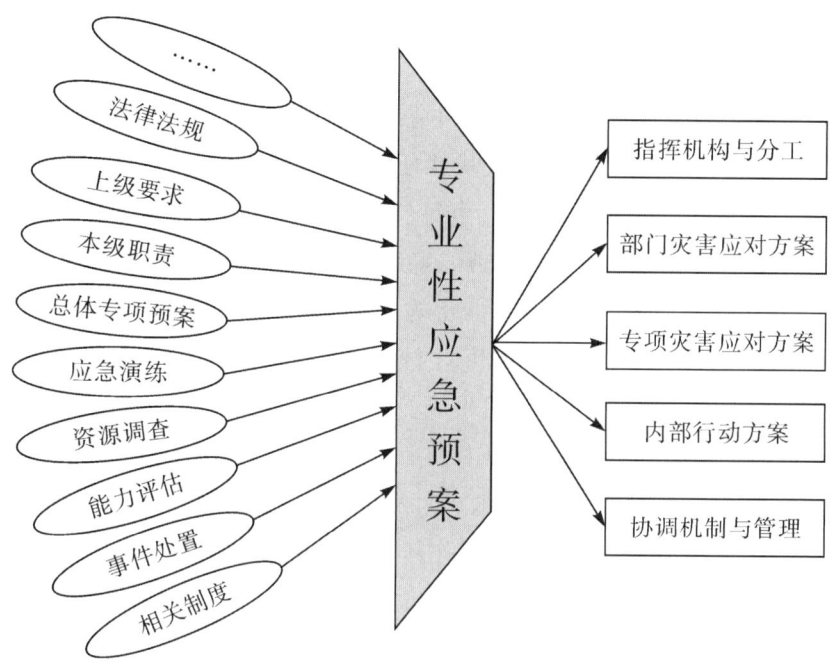

图3-9 专业性应急预案编写

进行,也可按照应急预案框架结构单元设置、应急响应级别划分、应急响应程序要求等形式组织编写。应急预案编写采取何种方法,没有统一的规定,可根据地方实际工作情况和应急预案编制组的传统经验而定。

1. 分工分组编写法

就是将应急预案框架结构和要素进行科学区分,划分成若干个任务清单,由应急预案编写各组按照分配到的任务清单组织编写的方法。这种编写方法可以最大限度地减少应急预案编写的工作量,缩短应急预案编写的时间,提升应急预案编写效率。各编写工作组成员在受领任务清单后,根据应急预案编写工作的要求,对任务清单的内容进行认真分析,在充分理解领会应急预案编制目的和定位之后,着手组织应急预案的编写工作。各工作组负责人是本组应急预案编制的总审核人,所编制的内容应符合应急预案设计的总体要求。例如,分组编写可以将应急预案的主要要素和一般要素区分为不同的小组,各小组按照清单任务进行编写。分工分组编写方法一般适用于能够正确领会理解应急预案框架结构和要素设计的要义,应急预案编制工作机构比较健全,参与编制

工作人员较多,编写人员相对集中或综合性较强的应急预案编写工作。

2. 分块分责编写法

就是将应急预案框架结构分成不同层级的单元或者块状任务清单,由应急预案编写组人员按照层级、单元或块状任务清单组织编写的方法。编写时,预案编写组将任务区分到每位成员,由每位成员依据自己所受领的任务进行编写。任务清单有两种分法,一是按照应急预案块状结构顺序来区分,例如,按总则、应急组织体系与职责、预防与准备等应急预案要素的顺序分块负责编写。二是按照应急预案不同单元共同职责内容来区分,把相同内容任务区分到一个编制人员身上。例如,把应急预案中成员单位在组织指挥体系中职责、应急工作机构中职责和应急保障中职责明确到一个具体编写人员,做到职责清晰、任务明确。其优点是参与应急预案编写的人员,各自熟悉所在区域或者所在单位担负的任务及部门职能,能把应急工作任务写清、把处置措施写实、把响应行动写透;缺点是编写人员来源于不同的单位,对应急预案编写工作认识水平高低不一,对应急预案的领悟程度也有所不同,易造成应急预案编写质量宽严不一。这种编写方法通常适用于特定类型应急预案的编写工作。

3. 不同顺序编写法

应急预案编写可以采取"由前往后编""由后向前编"和"中间开花编"等不同的方式,组织应急预案的编写工作。由前往后编是一种常见的编写方法,通常是在借鉴参考其他应急预案的基础上,按照总则、组织指挥体系及职责、预防与预警、应急响应等应急预案设计要素的顺序组织编写的一种方法;由后向前编是一种富有挑战性的编写方法,是由应急预案的应急处置环节开始编写,把应急处置过程中,可能会遇到的各类问题都罗列出来,从应急处置开始,倒推应急准备工作需要什么监测、需要什么预警、需要什么措施,就在应急准备中进行规范,需要什么样的组织指挥机构,就在应急组织指挥体系中进行明确,需要怎么分级响应,就应急响应中进行区分;中间开花编是以应急响应中基本响应为核心,向预案的前后(前为组织指挥体系、监测预警,后为应急处置、应急保障)、响应的上下(上为先期响应,下为扩大响应)而展开的一种编写方法,一切为了基本响应行动所需的基本准备和基本资源来组织编写,是一种以基本响应为中心,突出了属地突发事件应对工作主体责任的编写方法,这种编写方法,重点突出、责任清晰,比较适合属地突发事件应对工作的需要。

4. 借鉴指导编写法

是依据应急预案编制的有关规定,吸收国内外突发事件应对工作的成功经验和做法,借鉴突发事件应对与处置的失败教训而采取的一种编写方法。借鉴指导编写法编写应急预案,可以取长补短、借力打力,达到事半功倍的效果。借鉴时,可以借鉴国家、地方突发事件应急预案编制框架、指南等应急预案编制规范性文件,也可借鉴行业(领域)应急预案编制导则等行业标准。借鉴指导编写法,可以使应急预案编写工作少走弯路。切记,借鉴指导编写法,绝不是照搬照抄,人云亦云。

5. 情景构建编写法

就是假定这个事件一定要发生,而且一定会发生,基于这种情况来设置出事件发生的具体情景及发展趋势,按照事件发展进程和需求,设置出应急行动单位及处置人员职责、应急响应程序和具体应对措施的一种编写方法。情景不同于传统的"典型案例",它不是一个具体事件的投影,而是无数个同类事件和预期风险的集合,是多种风险关联并存,随时可以转化、放大或缩小的情景,事件情景一定是这个地方和单位的主要威胁,哪怕是最少的事件情景,也具有最广泛的风险与任务代表性,对编写应急预案具有极强的针对性,也是未来应急预案编制工作发展的方向。突发事件情景原型结构与内容模拟图,如图3-10所示。

(三)文本系统集成编写法

应急预案编写组在应急预案编写过程中,相继形成了应急预案框架结构及要素设计稿、应急预案初稿、应急预案审核稿、应急预案征求意见稿、应急预案桌面推演稿、应急预案专家评审稿、应急预案修订稿、应急预案印发稿,即应急预案文本集成八稿(简称"案8稿")。应急预案发布稿印发前,对应急预案所进行的调整优化、补充完善,均属于应急预案文本集成的范畴。

应急预案框架结构,为应急预案搭起了"骨架",应急预案要素,为应急预案增设了"器官",应急预案内容,为应急预案丰富了"血肉"。应急预案是在系统集成优化过程中逐步完善的,应急预案的初稿为应急预案修订提供了原始文本,审核稿用于应急预案编制组织内部审查审核,评审稿为应急预案评审评估作好了准备,征求意见稿是期望通过不同的渠道,征求和收集大家意见,进一步修改完善应急预案,运用桌面推演稿对应急预案进行桌面推演和研究讨论,进一步完善应急预案。通过各种渠道的系统集成及反复修改完善,最终,形成了应急预案的审批发布稿。

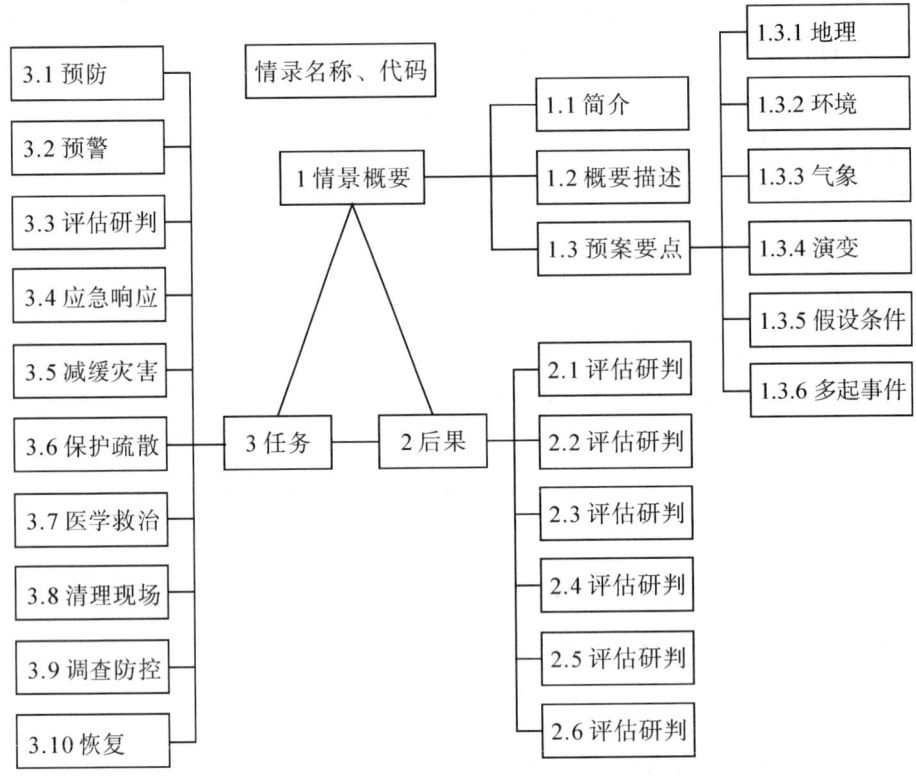

图 3-10　突发事件情景原型结构与内容模拟图

四、应急预案审定程序

应急预案审定,是对应急预案的合法性、科学性、规范性、有效性、适用性和可操作性进行严格审查把关的一个重要环节,通常包括内容及要素审定、专业及技术审定和程序及格式审定三部分。内容及要素审定一般采用内部审核、征求意见和桌面推演的形式进行,专业及技术审定采取专家评审会议的形式进行,程序及格式审定由地方或单位应急预案管理机构、公文印制机构、办公(厅)室及会议研究等方法进行。

（一）内容及要素审定

首先，是内部进行审核审查。应急预案初稿形成后，要经过编制组织内部的多次审核审查，进行反复打磨修改，才能进行应急预案的征求意见工作。应急预案的审核审查，也是一种编制组织内部的评审工作，审核审查涵盖了应急预案编写整个过程的评审。组织应急预案编写时，每完成一个阶段性工作、每进行到一个重要环节时，都要组织内部审查或内部评审，这样才可以防止应急预案在编写过程中偏离方向。内部审核审查由应急预案编制工作组组织，吸收应急预案主要成员单位和部门参加，必要时，可吸收相关应急管理专家参与应急预案审核审查工作。其次，是广泛征求意见。应急预案编制工作牵头部门或单位采取走访座谈、印发征求意见稿件、通过网络、媒体等形式，广泛开展应急预案征求意见活动。征求意见范围须根据应急预案的具体内容确定，涉及重要基础设施、重点危险源、城市生命线工程等单位时，还可通过召开听证会、咨询会、专题会等形式征求意见，对一些难以把握的问题，也可以向有关应急管理专家、行业协会和专业技术人员征求意见。再次，是组织桌面推演，优化预案要素及内容。依据应急预案响应行动要求，应急预案编写工作组相关人员（必要时，也可邀请有关应急管理专家和突发事件应急处置经验丰富的专业技术人员、相关部门代表参加）依据应急预案中的职责分工、指挥协作关系、应急响应程序和应急处置措施等相关要求，分配应急响应角色，各个角色按照模拟突发事件的真实活动，模拟执行应急预案各环节的行动，通过事件进程推演、讨论分析、研究推理，详细记录桌面推演的实际情况。对应急预案中的资源调配、力量使用、响应行动、处置措施等重要内容，响应角色人员可设置多种应对行动方案，通过不同方案的运用比较，反复检验应急预案的针对性和可操作性。将桌面推演的结论，再通过专题研究、仿真模拟、走访座谈等形式，予以确认，最终形成比较科学系统、便于操作执行的应急预案内容。

（二）专业及技术审定

是以应急预案专家评审会及社会专业机构评估的方法，对应急预案进行审查审定的一种组织形式。组织应急预案专业及技术审定是应急预案管理工作一个非常重要的审查步骤，也是应急预案修改完善过程中必不可少的一次重要的专家审查把关环节。审定可采用线上线下、内部外部等多种形式进行，主要

是对预案编制过程的规范性、框架结构要素的合理性、预案类别内容的合法性、应急响应功能的适用性、特殊风险管理的针对性、应急处置措施的操作性、体系机制制度的可行性、研究成果运用的关联性等方面进行审查审定。组织专业及技术审定，是用应急预案管理的角度来审视应急预案编制过程存在的问题，用专业应对的视角来检查应急响应程序，落实应急处置措施，用专家行家的视野来审查应急预案体系衔接和功能资源配置，检查应急预案附件对应急预案的支持支撑作用，确保应急预案功能完整、责任清晰、程序合法、衔接到位、措施可行、实用管用。应急预案审定过程中，应急管理专家及社会专业机构提出的问题及修改意见，作为应急预案编制和应急预案持续更新的相关文件进行保存归档。

（三）程序及格式审定

应急预案是党委政府部门和单位及基层组织应对各类事件的一种方案，也是一种公文。应急预案在专家评审结束，按照专家意见修改完善后，由地方或单位应急预案管理机构按照相关法律法规和应急预案管理有关制度规定，对应急预案编制相关程序及管理工作进行认真审查审核，提出应急预案审批办理相关意见，必要时，可再次组织专家进行集中审查，地方法制机关按照公文有关合法化审查程序，进行审核审查，确保应急预案的真实性、可行性和合法性；公文制印机关、党委政府及其部门办公（厅）室要对应急预案文本体例格式、文字表述和文本质量等要素进行审核与校正，形成应急预案会议审批稿或领导审签稿。

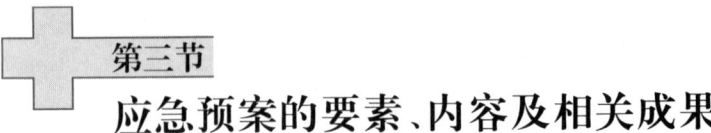

第三节 应急预案的要素、内容及相关成果

应急预案的类型不同、层级不同、执行主体不同，应急预案要素及所承载的内容也有所不同。无论是何种应急预案，其定位都是在发生突发事件后，如何

组织应对的问题,我们将这些问题要提前确定下来,形成应对工作方案。因此,应急预案的核心要素是围绕着事件发生后,如何组织指挥(应急组织指挥体系问题)、如何组织应对(应对工作运行机制问题)以及落实应对措施需要什么样的支持与支撑(应急资源和预案管理问题),才能满足突发事件应对工作需求这三大关键问题而展开。应急预案主要要素及其基本内容通常包括应急预案的定位、组织指挥体系构建、运行机制程序、资源调度保障和应急预案管理五个部分,应急预案的附则与附件,作为应急预案的准备与支持,附在应急预案文本之后。

一、应急预案主要要素及基本内容

(一)应急预案定位的选择与取舍

应急预案定位是应急预案的综述,体现在应急预案文本之首,是应急预案的第一个组成部分,通常以总则、前言、导语、导引、序、概论的形式体现,是应急预案个性化、特色化和应用化的具体反映。通过定位部分,我们可以清楚地看出应急预案的属性和类别,若应急预案定位不准,执行起来就会偏离方向,编制应急预案也就失去了意义。应急预案定位部分文字相对较少,但地位非常重要。应急预案定位主要包括应急预案编制与执行目的、编制依据、分级分类、适用范围、风险结论、工作原则、基本概况等内容。

应急预案编制与执行目的描述,应急预案编制与执行目的包含了"财产损失、人员伤亡、身心健康和社会稳定"四个主要元素。这四个主要元素在不同的应急预案中,会有选择性地进行描述。在突发事件总体应急预案或单位及基层组织总体应急预案中会,四个要素会全面体现出来,在自然灾害、事故灾难、公共卫生事件和社会安全事件类别的应急预案中,会以与事件类别相对应的某项元素体现出来。例如,公共卫生事件,其描述以保证人民群众"身心健康"为主要目的这个元素来体现。

应急预案编制依据一般用四个层次来描述,即国家法律法规体系、国家部门行政规章,地方规章制度及政策,应急预案体系,风险分析、应急资源调查结论及本区域突发事件应对工作实际。编制依据编写时,一定要按照法律地位的高低、规章制度的先后、管理级别与层次、预案体系关系的顺序,依次排序组织编写,不可颠倒顺序或无序编写。

应急预案适用范围,一般包括特定的"自然地理区域、突发事件级别、突发事件类型、预案执行对象"四个方面。必要时,还应说明应急预案的衔接与指导关系等内容。具体来讲,就是需要明确应急预案适用的范围到哪里,适用什么类型的事件,适用哪个级别的事件,适用于谁等问题。若明确适用于较大突发事件的应对工作,那么,在应急预案编制中,就不要再阐述特别重大、重大和一般突发事件的应急处置程序,只需明确规范较大级别突发事件应急处置程序即可。

根据地方单位的实际情况,突发事件总体应急预案或单位及基层组织总体应急预案在定位部分编写时,有时还会考虑指导思想、应急工作原则、预案体系、预案衔接、风险结论等内容,预案体系通常以附件的形式附在应急预案文本之后。专项应急预案和部门应急预案需要建立应急预案体系时,可根据突发事件应对工作的实际需要,有选择性地进行编写。

(二)组织指挥体系的设置与确定

应急组织指挥体系是突发事件应对工作的组织保障,通常由突发事件应对工作领导机构、指挥机构、指导机构、协调机构和现场机构构成。突发事件应对工作领导机构分为政治领导机构和行政领导机构;指挥机构是根据突发事件应对工作实际需要,而设置的突发事件总指挥部、基本指挥部、专项指挥部和联合指挥部;指导机构是突发事件应对工作领导机构或指挥机构向地方派出的专事督导工作机构或业务指导工作机构;协调机构是为了加强突发事件应急体系建设,持续做好突发事件应对工作而建立的协调议事机构。应对突发事件时,应急组织指挥体系承担着突发事件应对工作的重大决策和指挥协调职能,是应急预案四大核心制度之一。应急预案制定时,应着重明确应对不同类型级别的突发事件应选择什么样的组织指挥体系,建立什么样的指挥机构,采用什么样的指挥方式等的问题。应急预案中,应急组织指挥结构模式通常分为指挥机构、办事机构、工作机构、现场机构和专家咨询机构。突发事件总体应急预案或单位及基层组织总体应急预案指挥机构设置相对比较健全,为各类专项应急预案指挥机构设置提供了指导,专项应急预案指挥机构设置应符合专项事件应对工作特点,根据突发事件的类型、区域应对工作经验和能力,对应急指挥机构组成进行不断优化和调整,以实现科学指挥、精准应对的目标。

1. 应急组织指挥机构

在综合性应急预案中,应急组织指挥机构通常称为"应对工作领导小组",协调性应急预案中,称为"应急指挥部",专业性应急预案中,称为"指挥组",操作性应急预案中,称为"负责人"。应急组织指挥机构,是应急预案为突发事件应对与处置工作提前预设的组织机构,现行体制内已有的议事工作机构(如防汛抗旱指挥部),也可替代应急预案中的组织指挥机构。应急组织指挥机构负责突发事件应对工作重大问题的决策与指挥,协调调度应急资源,确保突发事件有效应对。

2. 办事机构

是应急组织指挥体系下各种指挥机构下设的办事机关,通常称办公室,如应对工作领导小组办公室、专项应急指挥部办公室。突发事件总体应急预案的办事机构一般为应急管理部门(有些地方设在本级应急委员会办公室,简称"应急办"),突发事件专项应急预案的办事机构设置在突发事件处置牵头部门。办事机构负责组织综合协调和相关服务保障等工作。

3. 应急工作机构

通常为党委政府相关部门,突发事件总体应急预案的应急工作机构是党委政府相关部门,突发事件专项应急预案应急工作机构是党委政府组织处置专项事件涉及的相关部门。

4. 专项指挥机构

是应急预案组织指挥机构的一种特殊形式,当需要对突发事件组织专项应对时,设立突发事件专项应急指挥部,具体负责专项突发事件的应对与处置工作。专项应急指挥部通常由综合协调、专业处置、医疗救治、宣传舆情、物资保障、安全稳定等应急工作小组构成。必要时,还可增设抢险救援、紧急疏散、警戒防控、交通管制、环境监测、信息保障、气象保障、通信保障、涉外协调、维稳封控、基层防控、监督检查等应急工作小组。应急预案中应急工作小组的具体选择和规范,应根据突发事件应对工作的实际需要,能以保障突发事件有序有效应对为目标。根据突发事件处置实际需求,专项应急指挥部可设立前(远)方指挥部或现场指挥部。

5. 现场指挥机构

现场指挥机构,就是现场指挥部,是应急指挥部通过授权或代理的方式,向

事发现场派出的现场指挥机构。国家及省级应急预案中,可设突发事件处置前(远)方指挥部,接受基本指挥部的指挥,市县级应急预案中,根据情况可设突发事件处置现场指挥部。现场指挥部重在组织现场救援和专业处置行动,一般可设专业处置组(抢险救援组)、医疗救治组、协调信息组、警戒防控组和物资保障组。

6. 专家咨询机构

为突发事件应对工作提供技术支撑和专业服务的机构,在应急组织指挥机构中,设置为专家咨询服务机构,在现场指挥机构中设置为现场专家组,在应急预案附件中设置为专家库。

(三)运行机制程序的规范与明确

运行机制是应急预案的核心要素,其程序通常包括预防与准备、监测与预警、处置与救援和恢复与重建四部分,涵盖了预防准备、风险防控、监测预警、信息报告、先期处置、分级响应、指挥协调、应急支援、后期处置、信息发布、舆论引导、应急结束、恢复重建等方面的内容。

建立突发事件风险调查和评估制度,对突发事件风险进行全面的分析与评估,找出可控风险与不可控风险,采取必要的防控措施。针对可能发生的突发事件,健全信息监测与报告制度,及时发布预警信息,积极组织开展预防预警行动,做到监测预警"早发现、早报告、早处置"。这里特别要强调的是,监测工作分为预防准备期的常态监测和突发事件应对期的非常态监测,常态监测主要是日常情况下的监测工作,非常态监测主要是突发事件应对期间的监测工作(应急预案制定时,预案编制者往往只重视规范常态下的监测行动,而忽视规范突发事件处置期间的监测预警行动)。监测要突出自然变量(洪涝、负荷、虫害)、气候变量(温度、降雨量、风力)、环境变量(裂缝与沉降、水位与流速、压力与冲速、面积与范围)、风险变量(浓度、燃点、毒性)等数值的变化,明确和规范相关行动措施。明确及确立风险感知立体化网络和监测预警体系平台建设,对公共安全、生产安全和自然灾害等风险进行全方位、立体化感知,加强对消防安全、交通安全、特种设备安全、人员密集性场所安全等公共场所设施和城市燃气、供水、排水、热力、桥梁、综合管廊等生产安全运行状况的监测,明确预警信息发布对象、内容、流程、渠道和预警行动等事项。特殊风险类的应急预案,还可对监测预警的空间定位、报警设备、警情推送、监测跟踪、预警分析、事故预测、风险研判、耦合分析、自动处理等内容进行设置和规范。应急预案还需对基层信息网格员队伍管理体制与机制建设予以明确,对突发事件信息报告的责任主体、程序方法、内容时限等要素做出相应的规定和要求。应急预案应明确突发事件先期处置的工作程序、方法和要求。应急预案对应急响应程序、应急响应分级、应急响应方法、应急响应行动、应急预案启动与执行等内容进行明确与规范。

应急预案应明确指挥与协调的内容、原则和要求。应急预案对获取现场信息、营救与搜救受灾被困人员、组织救治受伤人员、开展抢险救灾工作、抢修装备器材、恢复基础设施基本功能、启用地方财政预备金和储备的应急救援及救灾物资、受灾群众基本生活保障、防止次生衍生事件措施、维护现场治安秩序、关闭封锁和戒严等应急处置措施做出相应的规范和明确。应急预案应明确突发事件信息公开的责任单位,信息发布的范围、发布的内容、发布的形式、发布的时限等内容,并对信息公开工作提出具体要求。应急预案应明确应急结束的时机、条件、具体行动内容和解除应急状态的权限等。

(四)资源调度保障的支撑与支持

资源调度保障,是应急预案的支持与支撑、应急保障或保障措施等方面的具体体现,是突发事件快速有效处置的重要保障。资源与保障通常反映的是人力资源、财力支持、物资装备、科技支撑等方面的保障。针对不同层级、不同类别的应急预案,资源与保障所反映的具体内容也有所区别,有的资源与保障包括了基本生活、医疗卫生、交通运输、社会治安、网络通信、人员防护、公共设施、避难场所等内容,也有的资源与保障包括了科技支撑体系、应急产业、政策法规和涉外事项保障等内容。应急预案应具体明确资源调度保障的内容、责任、范围、方法、程序、原则和要求等。

(五)应急预案管理的要素与要求

应急预案管理,也称监督管理或预案管理。应急预案管理是应急预案体系衔接、应急预案启动与执行、应急预案更新与完善的重要保障。应急预案管理

是对应急预案的监督与管理,是应急预案管理机构的重要职责,是对辖区所属单位应急预案的管理,是对下位应急预案的管理。其内容主要包括应急预案体系、应急预案备案、应急预案衔接、应急预案宣传、应急预案培训、应急预案演练、应急预案评估与修订、应急预案检查与督查、应急预案更新与完善等内容。这里特别强调的是,在编写应急预案备案、应急预案演练、应急预案修订等内容时,往往应急预案编制者所规范的是本预案的备案、演练和修订的条件和措施,这是不对的,本预案的备案、演练和修订的条件是由上位预案进行规范和明确的,本预案只能对下位应急预案的管理工作进行规范,而不是规范本预案。

(六)附则及附件

附则及附件,是对应急预案文本的补充和支撑,是应急预案启动执行的重要支持文件。附则通常包括名词术语、缩写语与编码的定义说明(多用于专项应急预案)、应急预案的制定和解释部门、应急预案的实施或生效时间等。附件是依据应急预案执行需求,而提供的配套资料,如指挥流程图、响应程序图、突发事件分级标准、应急成员单位及其职责、应急通讯录、应急专家组、应急资源情况统计表、危险源与灾害点分布图(册)、标准化格式文本等。该部分内容既可以作为应急预案文本的附件,也可以单独装订成册(即操作手册),便于及时修订更新。若单独装订成册时,应急预案文本附件只编写具体附件名录。

二、应急预案相关配套成果

应急预案制定过程中,不同阶段或环节都会有相应的"成果""产品"输出,而这些"成果""产品",客观地反映了应急预案制定的真实过程。过程真实,结果才可信。

1. 应急预案制定准备阶段相关成果

(1)成立应急预案编制机构文件。

(2)应急预案编制工作计划。

(3)应急预案编制工作思路及方案。

(4)应急预案编制工作经费保障方案。

(5)区域公共安全理论研究报告。

(6)风险分析评估报告。

(7)应急资源调查报告。

(8)应急能力评估报告。

(9)应急预案编制工作调研报告。

(10)突发事件处置总结评估报告。

(11)应急预案演练总结评估报告。

(12)应急预案启动(执行)评估报告。

(13)应急预案体系建设规划执行评估报告。

(14)应急预案编制依据资料汇编。

(15)社会力量参与编制的招标文件及合同等。

2. 应急预案编写"案8稿"

(1)应急预案框架结构及要素设计稿。

(2)应急预案初稿。

(3)应急预案审核稿。

(4)应急预案桌面推演稿。

(5)应急预案征求意见稿。

(6)应急预案专家评审稿。

(7)应急预案修订稿。

(8)应急预案印发稿。

3. 应急预案审核审查阶段相关成果

(1)应急预案编制说明。

(2)预案征求意见刊用情况说明及预案修订内容对照表。

(3)应急预案专家评审意见或结论(评审会议纪要)。

(4)应急预案送审报告(请示)。

(5)应急预案会议研究审核批复(或法人代表签字)。

(6)应急预案征求意见记录、反馈和建议汇总。

(7)应急预案电子文档。

(8)应急预案简本。

(9)应急预案编制工作专题会议纪要、通知和补充材料。

（10）应急预案编制工作新闻宣传及总结报告。

（11）应急预案相关附件等。

应急预案制定是一个系统复杂的工程，需要有一个应急预案体系建设规划做指引，需要社会专业服务机构和应急专家团队两支队伍做支撑，需要把握应急预案框架结构设计、风险分析研判和专家评审论证三个重要环节，需要制订应急预案编制准备（研讨会）、编写（分析会）、审查（评审会）和总结（专题会）四个阶段（也称开好"四个会"）的工作计划，要重点掌握应急预案指挥体制、预案体系、运行机制、响应行动和保障支撑五个核心要素，要以风险分析、资源调查、应急能力、事件处置、应急演练和预案体系建设评估六个报告做支撑，要做好上下、内外、体系、内容、地地（地方与地方）、地企（地方与企业）和案案（预案与预案）之间七个方面的衔接，确保形成"案8稿"，注重落实计划方案、分析调研、框架设计、审核审查、征求意见、专家评审、专题研究、预案简本和工作总结等九个环节的责任，最终形成应急预案文本和依据资料汇编、风险分析报告、资源调查报告、应急能力评估报告、事件处置总结报告、应急演练评估报告、预案体系建设评估报告、预案简本、过程资料汇编、总结报告，共"1+10"项成果。应急预案制定过程成果图，如图3-11所示。

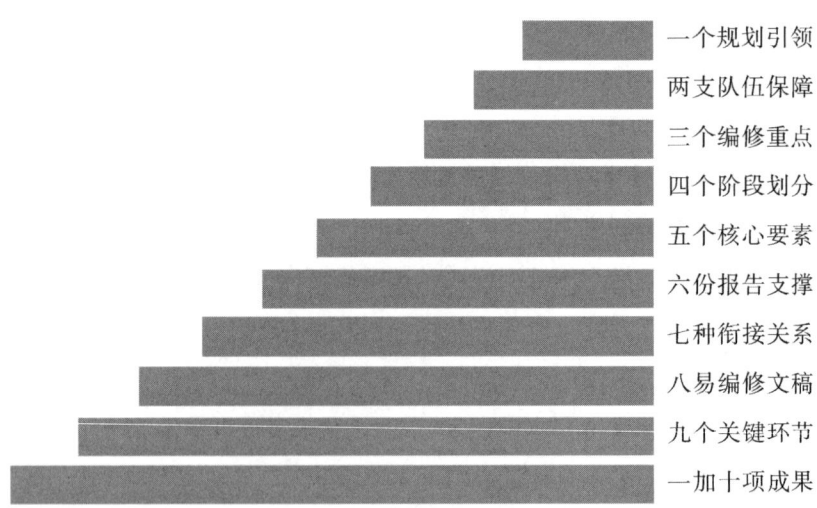

图3-11 应急预案制定过程成果图

第四节 应急预案管理

"预案管理是本,预案编制是末",由此可见加强应急预案管理工作的重要性。编制管理和执行管理是应急预案管理的两个重要方面,应急预案的管理,既是过程管理,也是程序管理,还是动态管理,贯穿于应急预案管理工作的全过程。近年来,我国应急预案体系建设"从无到有、从有到优",取得了长足的发展,初步形成了"横向到边、纵向到底、具体到位"的应急预案体系,应急预案管理工作也日趋规范。但仍存在着许多问题,有些地方对应急预案体系建设存在着"重视程度不够、思想认识不清、责任主体不明、体系建设不完整"的问题,有些单位对应急预案管理工作存在着"编制程序不规范、应急演练不经常、预案更新不及时、动态管理不落实"的问题,严重影响和制约了应急预案体系建设的健康发展。

应急预案管理工作是应急管理部门和应急预案编制单位的共同责任,各级各单位要落实各司其职、专人专管管理工作制度,管理人员应具备基本的应急预案管理知识,经过相关业务技能培训,熟悉应急预案管理相关法律、法规及规定。应急预案管理包括研究制定应急预案体系建设规划和应急预案管理工作制度,组织应急预案的编制、备案、修订、更新、评估、培训与演练,持续更新改进等内容。应急预案体系建设规划是一个地方和单位,全面、系统、长远的关于应急预案体系建设与发展的计划和安排,是对应急预案体系建设整体性、系统性、长远性的思考,应急预案体系建设规划的编制工作,应遵循"以人为本、依法依规"的原则,应急预案体系建设规划应客观、系统、全面地反映应急预案体系建设的现状、目标设想、基本任务、建设阶段、实现途径及保障措施等问题。应急预案管理以编号管理、数据管理、信息化管理为主要手段。坚持树立"用制度规范应急预案管理、用要素强化应急预案管理、用衔接保障应急预案管理、用活动督促应急预案管理、用督导推进应急预案管理"的管理工作思路,运用科学技术手段,落实应急预案动态管理,推进应急预案管理工作向规范化、科学化、智能化方向发展。应急预案管理程序,如图3-12所示。

一、应急预案备案

应急预案备案是应急预案制定部门(单位)按照应急预案管理制度要求,到达指定主管部门(单位)或应急预案管理部门(单位),将应急预案进行存档(备查)备份的活动,也是应急预案制定部门(单位)履行相关法律法规责任的必要程序。应急预案管理部门(单位)对备案的应急预案内容本身不具有审查职责,但是,可以按照应急预案管理相关制度规定,有权拒绝认为不符合备案条件的应急预案备案,责令其补充完善相关程序资料,进行修改完善后方可进行备案。

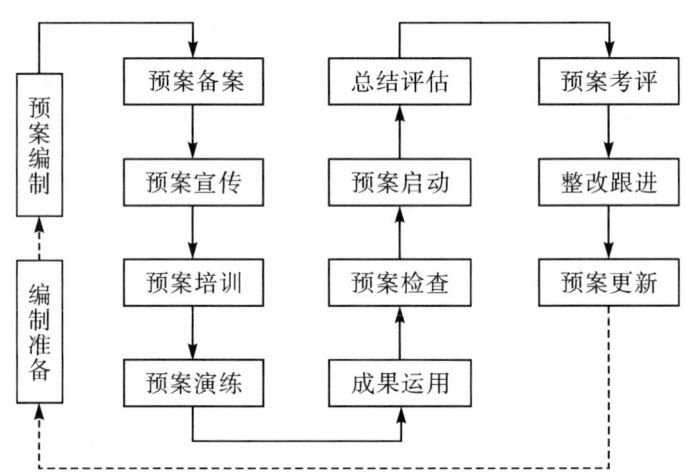

图3-12　应急预案管理程序

(一)应急预案备案范围

应急预案管理部门(单位)承担着地方应急预案备案的重要职责,行业主管部门、综合监管部门承担着行业(领域)应急预案备案的相关职责。应急预案备案机构分为备案机关和抄送机关。本级应急预案备案范围包括本级突发事件专项应急预案、资源保障应急预案、重要目标物保护应急预案、重大活动应急预案、部门应急预案、下级党委政府突发事件总体应急预案、本辖区所辖直管企事业单位总体应急预案或综合应急预案、驻辖区上级机关及驻地非隶属关系的大型集团公司综合应急预案、涉及需要与所在地方联合处置的联合应急预案。单位及基层组织应急预案备案范围包括单位及基层组织的总体应急预案、专项应急预案、联合应急预案、现场行动方案和应急处置卡。

应急预案所涉及重大风险等级、具体兵力部署和重要目标物保护等相关秘密的应急预案,按照涉密文件办理的程序组织备案。法律、行政法规对应急预案备案另有规定的,从其规定执行。

(二)应急预案备案时限

应急预案备案通常在应急预案印发颁布后,适时组织应急预案的备案工作。党委政府突发事件总体应急预案印发后,向上级应急管理部门备案最迟不得超过30天。本级专项应急预案印发后,向本级应急管理部门备案不得超过20天,抄送上级有关主管部门不得超过25天。本级党委政府部门应急预案印发后,向本级应急管理部门备案一般不得超过15天,抄送相关部门不得超过20天。联合应急预案印发后,向上级应急管理部门备案不得超过20天,抄送联动处置相关单位不得超过30天。应急资源保障应急预案、重要目标物保护应急预案、重大活动应急预案印发后,向本级应急管理部门备案必须在活动组织前7天内备案,抄送相关单位和所在地应急管理部门必须在活动前5天内备案。单位及基层组织总体应急预案签发后,向当地应急管理部门备案不得超过15天。地方党委政府及其部门应急预案启动后,在应急处置工作结束后45个工作日内,必须将突发事件应对处置情况调查总结报告,向本级应急管理部门和党委政府有关部门进行备案。上位应急预案对备案时限有明确规定的,按其规定执行。

(三)应急预案备案资料

应急预案备案时须提供以下基本资料。

(1)应急预案备案申请表。

(2)应急预案会议研究通过的决议或者批复。

(3)应急预案编制说明(预案修订内容对照表)。

(4)风险评估结论及应急资源调查清单。

(5)应急预案专家评审意见(专家评审会议纪要)。

(6)应急预案发布文本及电子文档。

(四)应急预案备案证明

应急预案备案结束时,应急预案备案(抄送)管理单位应向申请备案的单位出具应急预案备案证明。其内容通常包括应急预案名称、相关资料明细、备案时间、联系人及电话等。涉及保密内容时,从其规定。

二、应急预案检查、评估与修订

(一)应急预案检查

党委政府及其部门、单位及基层组织应将应急预案检查工作纳入年度应急管理工作计划,明确应急预案检查的方法、时间、内容、重点和标准,严格组织开展应急预案的检查工作。检查时,应重点关注应急预案修订与更新、宣传与教育、培训与演练、预案启动、预案备案、总结评估等环节工作开展情况,要求应急预案做到及时更新、动态监管、合法有效。

组织应急预案检查,应健全由应急管理部门、应急预案管理专家和社会专业服务机构三方共同参与的应急预案检查工作机制,制定应急预案检查工作方案,深入应急预案管理单位,对应急预案管理的内容,逐项逐条进行详细检查和记录,并给出检查结论和整改意见。检查的内容一般包括四个方面:

(1)应急预案体系建设情况。检查是否有应急预案体系建设规划,是否有年度应急预案修订、评估工作计划,是否对应急预案编修工作落实专项经费保障,是否有应急预案管理专项机构、专职人员及相关制度保障等。

(2)应急预案编修评估情况。按照应急预案管理规定,检查是否开展了应急预案的修订工作,应急预案编修程序是否健全,有没有成立相应的工作机构、有没有进行风险分析与应急能力评估,有没有组织专家评审,有没有征求意见等。

(3)应急预案日常管理情况。检查是否落实了应急预案备案和检查评估制度,有没有开展形式多样的应急预案宣传教育活动,有没有按照计划组织开展应急预案业务培训,是否按照年度计划完成了应急预案演练任务,有没有组织应急预案的更新和完善,以上情况需要有相关材料作支撑。

(4)应急预案启动执行情况。检查应急预案启动后,应急预案措施的落实情况,预案执行效果,突发事件处置结束后的总结评估报告等。

(二)应急预案评估

预案评估就是对应急预案要素内容的适用性进行系统分析,指出存在的不符合项,对不符合项提出相应的改进意见和建议的过程。组织突发事件应对、应急预案演练和仿真模拟推演,是评估应急预案最有效的手段。鉴于其实施成本相对较高,因此,我们通常可以采用理论评估和分析的方法来评估应急预案效果。应急预案印发后,应及时建立应急预案综合评估指标体系,对应急预案进行适时评估。应急演练结束、应急响应终止,均应开展应急预案评估活动。

应急预案评估,一般由应急预案编制单位在应急预案管理部门的指导协调下组织实施,也可委托第三方机构组织应急预案的评估。应急预案评估组通常由应急预案管理专家、具有丰富现场处置经验的工作人员和应急预案修编单位的负责同志参加。应急预案评估包括效果评估和内容评估两个方面。效果评估主要是通过应急预案演练和突发事件应对工作效果分析,检查应急预案的实用性和可操作性,是对应急预案执行效果的一个客观评价。内容评估是对应急预案相关内容与突发事件客观需求进行对比分析,检查应急预案内容的有效性和衔接性,以便及时更新和完善应急预案内容。

(三)应急预案修订

应急预案必须建立持续更新改进机制,依据突发事件应急处置、应急演练、案例分析、预案评估等情况,对应急预案进行研判分析,提出应急预案持续改进的意见和建议。应急预案的修订是赋予应急预案持续生命力的重要保证,不断更新和完善应急预案,进一步增强应急预案的有效性。

有下列情形之一的,应当及时修订完善应急预案。

(1)有关法律、行政法规、规章、标准、上位应急预案有关规定发生变化的。

(2)组织指挥机构及其职责发生重大调整的。

(3)面临的风险发生重大变化的。

(4)应急资源发生重大变化的。

(5)应急预案中的其他重要信息发生变化的。

(6)在突发事件应对工作和应急演练中发现预案缺陷和不足等问题,需要做出重大调整的。

(7)预案体系和预案规范需要调整的。

(8)经过检查评估,认为需要修订的。

(9)应急预案制定单位认为应当修订的其他情况,都应当对应急预案进行修订、更新和完善。

应急预案修订工作一般应遵循应急预案制定工作的程序,也可根据应急预案修订工作的实际情况,对修订程序进行简化。但涉及重要特殊风险、组织指挥体系、应对工作运行机制、关键支持支撑附件等重要内容的,应急预案修订工作应按照应急预案制定的基本程序组织修订。如果仅涉及其他信息或一般附件内容,如装备器材清单、应急队伍数量、联系方式、相关附件变更等,可根据实际情况,适当简化应急预案修订程序,仅对变更部分进行修订或替换。如人员信息、物资数量清单、有关格式化表格调整等内容发生变化,只需完善相关信息即可,通过简化程序修订的应急预案,应急预案的修订内容应以函告等形式,告知应急预案相关成员单位,并做好相关记录。

三、应急预案专家评审

应急预案的"编、管、评、用"环节中,"评"是一个非常重要的环节,也是应急预案"专业及技术审定"的一种主要形式,是由专家和专业技术人员集体完成的一项工作。应急预案评审是对应急预案内容的合法性评审、程序的规范性评审、要素的准确性评审、措施的可行性评审、体例的合规性评审和支撑附件的完整性评审。专家,即在学术或技艺等方面有专门研究或特长的人,所谓的应急管理专家,即在应急管理学术领域或在应急管理实践领域有专门研究或专业特长的人。应急预案评审涉及的主要专家必须是应急预案管理方面的专家,具有应急预案制定工作经验和体会,亲身参与过应急预案管理工作,这点非常重要,这样的专家对应急预案的制定与管理有着更清楚、更深刻、更专业的认识,评审时,才会提出真知灼见有针对性的意见和建议。然而,有些地方在邀请应急预案评审专家时,只看评审专家的数量,只看是不是专家库里的专家,不管是历史专家,还是外语专家,不管是企业专家,还是政府专家,既是邀请应急管理专家,也不清楚是不是预案管理方面的专家,懂不懂应急预案管理,这种不管评审专家类型和质量的预案评审,就会使应急预案评审工作丧失针对性。应急预案评审工作必须遵循合法性、完整性、针对性、科学性和衔接性的原则。

(一)专家评审组的组成

应急预案专家评审组通常由5~7人组成,由参加应急预案评审的专家推选一名成员担任评审组组长,专家评审组组长组织应急预案的评审工作。专家评审组成员一般由应急预案管理类专家、公共安全政策法规类专家、专项事件应对管理类专家、现场专业处置技术类专家、上级或行业主管部门专家等人员组成。

应急预案评审专家数量,可根据领导要求和工作实际情况进行调整和补充。综合性应急预案,如突发事件总体应急预案、单位及基层组织总体应急预案,这些综合性应急预案评审时,评审专家数量可适当增加,一般选择在7~11人,可邀请上级应急管理专家和本区域应急预案管理专家参与评审工作,上级应急预案管理部门应参与下级突发事件总体应急预案的评审工作,确保应急预案体系有效衔接;协调性应急预案,如突发事件专项应急预案,在邀请专家时,要突出专业性、技术性的特点,适当增加行业(领域)专业技术类评审专家数量;专业性应急预案,如部门应急预案,评审时,可适当减少评审专家数量,可邀请部门相关单位人员参加应急预案评审工作。应急预案评审5个工作日前,应通过电话、微信或电子邮件等形式,提前将应急预案评审稿及有关事项告知评审专家。切记:应急预案评审专家必须由应急预案制定单位发出邀请,切莫让第三方或社会机构去邀请,确保应急预案评审所邀请专家,能够真正地为应急预案制定单位所制定的应急预案评审工作服务,解决"拿谁钱,替谁说话"的问题。

(二)应急预案评审工作准备

评审专家在参加应急预案评审时,着重把握以下几点:从合法性上讲,看应急预案相关条款是否符合国家法律、法规及其有关规定要求;从制定机构上讲,看应急预案制定有无建立健全应急预案制定工作机构;从研究推演上讲,看有无对应急预案重点问题的专题研究和重点内容的桌面推演分析;从框架结构上讲,看有无应急预案框架结构和要素设计及编修工作思路;从编制过程上讲,看有无工作计划安排和过程资料佐证;从内容依据上讲,看有无政策法规依据支撑、相关评估报告与理论成果支持;从预案体系上讲,看预案责任线条是否清晰、专项预案种类设计是否科学合理、预案之间有无衔接要求;从体例格式上讲,看是否符合公文制印相关规范,有关要素是否齐全、各种支持附件是否配套完整等。即,应急预案专家评审"8讲8看"。

1. 应急预案评审资料准备

应急预案评审资料包括应急预案制定准备阶段相关成果资料、应急预案编写"案8稿"和应急预案审核审查阶段相关成果资料。评审会议应向每位专家提供一套应急预案文本和应急预案编制说明材料,其他材料不应少于一套。除以上评审基本资料外,还应考虑应急预案专家评审相关补充介绍材料。会议介绍可采用PPT播放、图表、照片、沙盘、流程图等多种形式。切记:组织应急预案专家评审时,不能只给专家应急预案文本,评审专家若只去看应急预案文本,就应急预案文本谈看法、谈意见,那样,就成了"修改文章",就成了"修改应急预案",而不是应急预案专家评审了。

2. 应急预案评审时机

应急预案评审时机通常在广泛征求意见,进行集中修改完善后进行。应急预案评审时间,一般确定在应急预案专家评审稿形成一周之后(一周时间主要用于评审工作的准备)进行。

3. 应急预案评审会议准备

组织应急预案评审前,应急预案编制单位应制定应急预案专家评审会议工作计划,明确参加应急预案专家评审会议领导和相关部门及有关代表,确定评审会议时间、地点,拟定会议议程,下发会议通知,做好会务保障及专家评审费用核定等工作。

(三)应急预案评审会议的组织

1. 评审会议的阶段区分

应急预案专家评审会议由三个阶段组成:

第一阶段,属于会前沟通阶段。应急预案制定单位和前来参加评审的有关专家进行会前交流沟通,制定单位就应急预案中需要"把脉"的问题,会前告知专家,确保评审专家在讨论发言时,有的放矢,发言更具有针对性,这个阶段通常由应急预案制定单位组织。

第二阶段,是组织应急预案专家评审阶段,也称现场评审阶段。这个阶段也分为两个步骤:第一步,是由应急预案制定单位的领导主持,主要介绍参加应急预案专家评审会议的各位专家及相关单位人员,简要介绍单位情况并致辞;第二步,是由专家评审组组长主持应急预案评审会议。

第三阶段,是评审资料汇总阶段。通常在专家组长通报应急预案评审结论后,应急预案制定单位对各位专家在评审会议上的发言进行记录、收集、汇总与整理,预案制定单位领导进行简短小结,并答谢各位评审专家。必要时,可形成应急预案专家评审专题会议纪要(纪实),同应急预案专家评审结论一同上报或备案。

2. 评审会议的组织程序

应急预案评审专家通常采取定性化、定量化以及定性化与定量化相结合的方法对应急预案进行审查。评审会议议程主要有以下几个方面:一是听取应急预案制定单位对应急预案制定工作情况的汇报;二是查阅应急预案制定过程相关资料;三是进行现场质询与沟通;四是专家发表个人意见;五是专家评审组组织讨论研究;六是形成评审结论及意见。必要时,应急预案专家评审会还可以增加答疑解惑环节,应急预案制定单位针对预案制定过程中存在的问题及疑惑,进行现场提问,专家给予解答指引。应急预案专家评审组在给出评审结论的同时,应将专家个人意见反馈给应急预案制定单位。未通过专家评审的应急预案,还应继续组织专家评审,再次组织应急预案评审时,评审专家成员原则不能变动,直至应急预案评审通过,结束应急预案评审活动。具有规范操作流程和具体实施行动的操作性应急预案、党委政府部门内设机构及单位应急预案,一般不需要组织专家评审。

3. 评审的主要内容

组织应急预案评审时,主要对以下九项内容进行逐项审查:①形式和用语的规范性;②附件要素的完整性;③法律法规依据的恰当与相符性;④情景设置的适当性;⑤响应主体和责任分工的正确性;⑥响应程序的合理性和完整性;⑦响应行动的具体性和可行性;⑧应急资源的落实与保障性;⑨应急预案的衔接与关联性。

专项应急预案或其他特殊应急预案有特定功能要求的,还应根据特殊风险管理的相关要求,考虑更多的审定审核内容。

4. 应急预案评审"三不讲"

在组织应急预案专家评审时,专家组组长应依据参与评审专家的特点、专业特长和应对经验,对应急预案评审内容进行商榷性分工,各位评审专家按照责任分工,把所负责的内容讲深、讲实、讲透、讲到位,并对其所发表的意见建议负责。专家评审预案时,力争做到"三不讲"。

(1)评审任务分工范围外的不讲(主要是防止同一个问题,不同的专家给出了不同的结论,让预案制定单位无法执行和操作)。这也利于节约评审会议时间,区分评审专家的主体责任,也符合"谁负责、谁评审、谁签字"的原则。

(2)与应急预案评审内容无关的不讲(防止在应急预案评审过程中,讲一些与应急预案无关的风险分析、资源调查、案例分析等内容,拖延评审会议时间)。

(3)不属于自身专业技术范畴内容的不讲(比如,在预案评审过程中,不讲应急预案文字修饰、字体大小以及错别字等内容),确保应急预案专业及技术审定的准确性和科学性。

四、应急预案的衔接与优化

(一)应急预案衔接

应急预案衔接,包括内部衔接和外部衔接两个方面。突发事件应对工作需要通过多个部门和单位、上下内外多个组织之间的协作来完成。因此,应急预案在衔接时,需遵循"上下衔接、左右关联、地企协同、无缝对接"的原则,有效开展应急预案的衔接工作。内部衔接是具有行政隶属关系应急预案体系之间的衔接,如党委政府及其部门各种应急预案之间的衔接问题,单位及基层组织各种应急预案之间的衔接问题。外部衔接是没有隶属行政关系的应急预案衔接,如地(地方政府)企(企事业单位)应急预案衔接、地(地方政府)地(地方政府)应急预案衔接、军(当地驻军)地(地方政府)应急预案衔接问题。应急预案衔接是应急预案管理工作重要内容,应纳入到党委政府和基层单位应急体系建设规划之中,统一组织,用规章制度规范约束应急预案的衔接工作。

党委政府及其部门应急预案衔接主要体现在以下几个方面:

(1)通过应急预案内容实现应急预案衔接。本级应急预案制定时,一方面,要了解上级对本级突发事件应对工作有什么要求,上位应急预案对本级明确了什么任务,本级应急预案怎么贯彻落实上位应急预案的应对工作思想。另一方面,本级应急预案要对下位应急预案应对工作和预案管理等方面提出要求,做到应急预案体系上下贯通,不留缝隙。

(2)通过制定机构实现应急预案衔接。应急预案制定时,会成立相应的应急预案制定工作机构,应急预案制定的过程,就是相关部门和单位了解应急预案框架结构构成、明确相关职责分工、研讨响应程序、规范行动措施的过程,通过相关方的研讨与沟通,达成应急预案内容编写共识,促使应急预案有效衔接。

(3)通过检查评估实现应急预案衔接。按照应急预案管理规定,组织相关部门和单位,定期开展应急预案检查与评估,通过检查评估,找出应急预案衔接方面存在的问题,及时修订和完善应急预案,实现应急预案有效衔接。

(4)通过应急演练实现应急预案衔接。针对应急演练中暴露出来的应急预案衔接问题,进行及时更新完善,确保应急预案有效衔接。

(5)通过征求意见实现应急预案衔接。在征求意见的过程中,部门及单位通过对应急预案的研究,了解到了应急预案赋予的应急任务,也查找出了应急预案衔接中存在的"空档和缝隙",并及时将有关情况反馈给应急预案制定单位,督促应急预案有效衔接。

单位及基层组织应急预案的衔接主要从以下三个方面予以规范:

(1)通过评审评估,实现应急预案的衔接。在组织应急预案评审评估活动中,大家结合事件应对工作实际,对应急预案优化完善,提出修改意见和建议,确保应急预案有效衔接。

(2)通过应急活动,实现应急预案的衔接。单位和基层组织通过开展经常性的应急演练、专题培训、示范观摩等活动,明确应急预案相关成员单位的职责和分工,实现应急预案有效衔接。

(3)通过座谈研讨,实现应急预案的衔接。通过组织召开座谈会、研讨会,让大家谈体会、说看法,相互交流、取长补短,对应急预案内容达成共识,促进应急预案有效衔接。

党委政府应急预案与单位及基层组织应急预案之间的衔接,主要从以下三个方面考虑:

（1）用规章制度来规范应急预案的衔接。党委政府要将单位及基层组织应急预案管理工作纳入到地方应急预案管理体系之中，对单位及基层组织应急预案衔接工作提出具体要求。

（2）要加大党委政府应急预案与单位及基层组织应急预案之间的互评力度，通过互相评审评估，相互了解彼此应急预案体系情况，促进应急预案有效衔接。

（3）通过联演联训、预案研讨、工作交流和意见征求等形式，实现应急预案的有效衔接。

应急预案与应急预案之间的衔接，主要体现在以下几个方面：

（1）平行级别应急预案之间的衔接问题。应急预案在制定时，应明确平行级别应急预案之间启动与执行的主次关系、先后关系、协作关系。

（2）上下级应急预案之间的衔接问题。上级应急预案对下级应急预案明确的任务和要求，下级应急预案应予以落实和执行，下级应急预案制定时，应遵循上级应急预案的原则和要求，不留盲区和死角。

（3）应急预案与处置方案之间的衔接。处置方案需对应急预案明确的职责、程序、流程、措施等内容进行优选与细化，制定具体操作方法，不可另行一套。

（二）应急预案优化

随着科学技术的不断发展与运用，为应急预案的优化提供了技术保障。应急预案的优化通常通过仿真模拟、实战演练和理论研究的方式进行，此外，还可以运用互联网技术、应急指挥平台和信息化等手段，促使应急预案文本集成化、模块化、数据化、智能化，将应急预案文本生成为便于操作的模块流程，为辅助决策、响应行动、资源调动提供强有力的保障。

应急预案优化，要牢固树立"系统思维、法治思维、科学思维、精准思维"的理念，运用集成化、模块化、数据化、智能化手段，形成便于操作的模块和流程，应急预案优化要符合本区域突发事件应对工作实际、符合应急指挥者的传统习惯、符合应急资源快速调动的特点，符合厉行节约的思想，提出具有前瞻性、科学性、系统性的应急预案优化方案。

应急预案优化，重点应突出专项应急预案、部门应急预案和联合应急预案，突出现场行动方案优化工作,突出应急预案中"应急指挥系统、响应启动程序、专业处置流程、资源调动方式"等内容,形成以属地责任为主体、以应急能力为基础,与事件级别、预警级别与响应级别相匹配,系统、完善、科学、有效的应急预案体系。

应急预案优化,应通过应急演练、仿真推演、研究讨论等多元化手段来实现。通过演练评估,实现应急预案要素动态优化;借鉴国内外突发事件处置成功经验,实现应急行动措施方法优化;组织开展预案理论研究,实现应急预案内容更新优化;建立一元化的应急管理组织体系,加强巨灾前方指挥与后方指挥中心相互协同运作,完成快捷平战转换,实现应急预案机制的科学优化。在优化进程中,增强应急预案结构设计的整体性、应急响应环节的协同性、应急处置措施的耦合性,进一步提升应急预案的质量。

应急预案优化,也应考虑极端环境下系统的可靠性,要摆脱现行体制的条块限制,采用合理分类模式,优化任务模块,精化行动措施,注重相互衔接,通过先进的技术与人的智慧完美结合,避免过于烦琐而失去了协同性和可操作性,确保常灾常用、大灾可控、巨灾能救的应急处置目标实现。

第五节 应急演练

应急演练是按一定程式所开展的突发事件应对模拟行为活动,应急预案是应急演练的主要内容之一。通常所讲应急演练就是应急预案演练,党委政府及其部门应急演练一般应以突发事件应急预案为基本依据,组织开展应急演练活动。每一次应急演练,可以根据应急演练规模大小、时间长短和年度任务相关要求,采取不同的演练形式,演练应急预案中的一个或多个应急内容;单位及基层组织应急演练可以根据本单位、本区域常发、易发事件的类型和危害,以疏散逃生、自救互救、先期处置等为主要内容,开展经常性的基本技能训练与演练活动。应急演练通常按照建立组织机构、设计演练方案、演练组织实施的程序进行。应急演练工作包括演练准备、演练方案设计、演练组织实施、演练评估总结和跟踪改进等内容。应急演练工作流程,如图3-13所示。

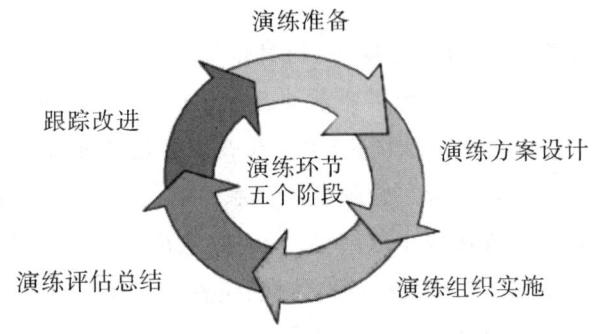

图3-13 应急演练工作流程

一、应急演练的原则及类型

应急演练是以应急预案所假定的突发事件为基本场景,通过模拟应对突发事件的活动,达到检验预案、完善准备、锻炼队伍、磨合机制和科普宣教的目的。

(一)应急演练的原则

(1)结合实际,合理定位的原则。
(2)着眼实战、讲求实效的原则。
(3)精心组织、确保安全的原则。
(4)统筹规划、厉行节约的原则。

(二)应急演练的类型

应急演练按照应急准备和应急预案等不同的对象,有不同的演练类型区分。当应急演练是针对应急预案的检验时,应急演练类型可以区分为以下形式。

(1)按组织形式划分,应急演练可分为桌面演练和实战演练。桌面演练是参演人员利用地图、沙盘、流程图、计算机模拟、视频会议系统等辅助手段,针对事先假定的演练情景,讨论和推演应急决策及现场处置的过程,以达到促进相关人员掌握应急预案中所规定的职责和程序,提高应急指挥决策和协同配合能力为目的的演练活动。桌面演练通常在室内进行;实战演练是参演人员利用应急处置涉及的设备和物资,针对事先设置的突发事件情景及其后续的发展情景,通过实际决策、行动和操作,完成真实应急响应的过程,达到检验和提高相关人员临场组织指挥、力量调动、应急处置技能和后勤保障等应急能力而开展的应急演练活动。实战演练要在特定场所完成。桌面演练是一个讨论及推演的演练活动,演练的形式重点是讨论和推演,是实战演练的基础和前提,是演练的第一阶段;实战演练是利用应急处置涉及的设备和物资所开展的真实应对活动,演练的形式重在按照应急预案响应程序逐步推进,是演练的最高阶段。

(2)按内容划分,应急演练可分为单项演练和综合演练。单项演练是涉及应急预案中特定应急响应功能或现场处置方案中一系列应急响应功能的演练活动。注重针对一个或少数几个参与单位(岗位)的特定环节和功能进行检验;综合演练是涉及应急预案中多项或全部应急响应功能的演练活动。注重对多个环节和功能进行检验,特别是对不同单位之间应急机制和联合应对能力的检验。

(3)按目的与作用划分,应急演练可分为检验性演练、示范性演练和研究性演练。检验性演练是为检验应急预案的可行性、应急准备的充分性、应急机制的协调性以及相关人员的应急处置能力而组织的演练;示范性演练是为向观摩人员展示应急能力或提供示范教学,严格按照应急预案规定开展的表演性演练;研究性演练是为研究和解决突发事件应急处置的重点、难点问题,试验新方案、新技术、新装备而组织的演练。

除上述几种应急演练类型外,应急演练还有多种分类方法,如阶段性演练、组合性演练、指挥部应急演练等。按照不同类型应急演练形式的相互组合,可以形成单项桌面演练、综合桌面演练、单项实战演练、综合实战演练、示范性单项演练、示范性综合演练、综合性实战演练等。当应急演练是针对应急准备的检验时,可以将应急演练区分为技能训练、比武竞赛、专项演练和协同演习,或者将以上方式穿插进行,形成演习中的技能考核和比武竞赛中的综合演练等。

二、应急演练的组织机构

应急演练的组织机构,常常采用应急预案明确的组织指挥机构,设置为应

急演练的组织机构,使其职能与应急预案所赋予的职责相匹配,也可以根据演练实际需要设定。应急演练通常设应急演练领导小组,主要负责应急演练活动全过程的组织领导,审批决定应急演练工作重大事项。应急演练领导小组下设策划部、保障部和评估组。根据应急演练活动实际需要,可设立现场指挥部。

(一) 策划部

策划部是应急演练领导小组的主要部门,主要负责应急演练策划、演练方案设计、演练组织协调、演练评估总结等工作。策划部设总策划、副总策划。策划部下设文案组、协调组、控制组和宣传组等。文案组主要负责制定应急演练计划、设计应急演练方案、编写应急演练方案文件、组织应急演练方案评审、收集应急演练资料、编写应急演练总结报告、组织应急演练文件归档与备案等工作;协调组主要负责参演单位之间的沟通与协调工作;控制组也称导调组,主要负责编制演练控制指南,应急演练实施过程中,向演练人员传送各类控制消息,有序引导应急演练活动按计划逐步进行;宣传组负责编制应急演练宣传方案,确定应急演练活动宣传主题和重点,整理应急演练有关信息、组织新闻发布活动,运用现代媒体和手段,不断营造应急演练氛围,做好应急演练活动的宣传报道工作。

(二) 保障部

保障部是应急演练领导小组的重要部门,主要负责调集应急演练所需物资装备,购置和制作应急演练模型道具,准备应急演练场地,搭建应急演练场景,维护应急演练现场秩序,保障人员生活,做好安全保卫,组织应急演练经费筹措与使用,制定安全保障方案等工作。

(三) 评估组

评估组是应急演练工作的评估机构,负责设计应急演练评估方案,明确应急演练评估标准与方法,按照评估标准和方法,对应急演练的准备、组织、实施及其安全事项进行全过程、全方位的评估,及时向应急演练领导小组、策划部和保障部提出意见、建议。应急演练活动执行环节结束时,评估组可组织现场评估;应急演练整体活动全部结束后,根据应急演练的组织与实施情况,进行系统评估,形成应急演练评估报告。

三、应急演练准备

应急演练准备,是为了保障应急演练活动有序开展,而进行的一系列活动安排。包括制定应急演练规划、建立应急演练工作机构、制订应急演练计划、设计应急演练方案、组织应急演练动员与培训、做好应急演练保障等工作。应急演练规划是各级党委政府和单位及基层组织依据有关法律法规及应急预案体系建设的要求,对一定时期内各类应急演练活动做出的总体安排和部署,是应急演练活动组织与实施的基本依据。应急演练规划包括五年应急演练规划和年度应急演练计划。应急演练规划通常由各级应急管理部门和单位及基层组织的综合部门组织制定,大家常讲的演练规划通常是指年度应急演练计划。各级各单位应急管理机构应依据应急预案体系建设规划,制订年度应急演练计划,并以"年度应急演练工作意见"或"年度应急演练工作通知"的形式印发各单位施行,其内容通常包括应急演练目的与原则、应急演练内容和牵头单位、应急演练形式和时限、应急演练保障和相关要求等。应急演练规划过程,如图3-14所示。

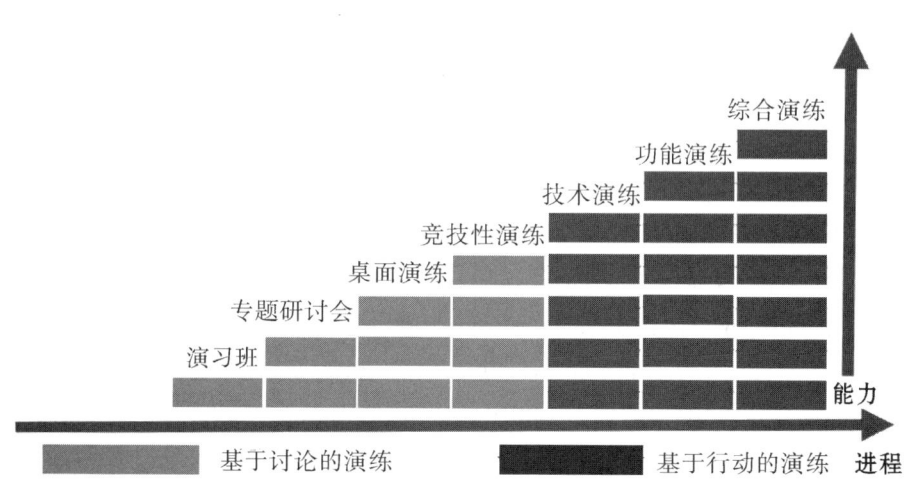

图3-14 应急演练规划过程

(一)制订应急演练计划

应急演练计划是针对应急演练活动所做出的专项工作计划和日程安排,主要解决应急演练需要达到什么目的的问题。内容通常包括应急演练的目的、范围、方式、时间、地点、日程安排、经费预算和保障措施等。应急演练计划制订需在应急演练需求分析的基础上完成,经应急演练领导小组批准,方可组织实施。没有应急演练计划的应急演练活动就不算是真正意义上的应急演练。

(二)设计应急演练方案

应急演练方案是对应急演练活动具体执行与实施过程的计划与安排,一般应说明"由谁?在什么条件下?完成什么任务?依据什么标准?取得什么效果?",也就是以"演什么场景、练什么内容、谁参加演、谁参加练"为导向,明确谁是"出题人",谁是"答卷人",重点解决应急演练要实现什么样目标的问题。不设计应急演练方案,如同"考生"考试没有"考卷"一样,没有应急演练方案的演练活动,就会使参演人员、装备、器材和资源处于无序状态,增大了应急演练的随意性,演练也就成了演戏。

设计应急演练方案,内容通常包括以下几个方面:

1. 确定应急演练目标

应急演练要依据应急预案建立相应的应急演练目标体系,设置应急演练总目标和若干个应急演练子目标。应急演练目标体系是应急演练所有子目标的集合,是构建应急演练评估指标体系的基本依据,应急演练目标应简明、具体、可量化,在应急演练方案内容中,均有相对应的事件和活动来实现。应急演练目标体系包括测试和评估现有应急预案、工作方案、实施方案和处置程序;揭示应急预案中应急响应程序的缺陷;检查开展应急工作所需的资源与各项准备;加强政府、部门、单位之间的协调和沟通;明确部门、机构及组织的角色和职能;就各自的角色和职能培训相关人员;提高应急指挥与参演人员的能力和水平;促使应急演练规划得到更多的认可和支持;检验应急物资、器材、装备、场地的保障能力,形成应急演练成果,进一步修订和完善应急预案。

2. 设计应急演练情景与实施步骤

演练情景要为应急演练活动提供初始条件,并通过一系列的情景事件发展变化,引导应急演练活动逐步展开,直至完成全部应急演练任务。设计演练情景,就是根据应急演练目标要求和突发事件发生与演变的规律,事先假设事件发生发展过程,为应急演练活动有序实施提供支撑和保障。

情景设计必须以应急预案为依据,从突发事件发生的时间、地点、状态特征、涉及范围、周边环境、可能引发的后果以及时间事件演变进程等方面进行表述。设计应急演练方案,其重点就是设计演练情景,演练演练,演的是情景,而练的是行动,莫要本末倒置。应急演练目标一旦确定之后,演练情景设计就要围绕着应急演练的目标而展开,为实现应急演练目标来设计相关情景要素。演练情景设计可采用文字表述,也可采用网络图、框架列表、图表等形式进行描述。

场景概述是对每一处应急演练场景的概要说明。从突发事件类别、发生时间地点、发展速度、强度与危险性、受影响范围、人员物资分布、造成损失、后续发展预测、气象及其他环境条件等方面进行描述。

场景清单是在该场景概述框架下,对每一个应急演练子目标,所设计的具体场景情况的描述。一个应急演练子目标需要一个或多个应急演练内容来实现时,每个应急演练内容都需要有一个或若干个相应的场景清单予以支撑。所以,一个应急演练子目标就会出现若干个突发事件场景,把这些场景概述名称用序号标注排列出来,就是场景清单。

3. 制定应急演练评估标准与方法

应急演练评估标准与方法,就是应急演练的"标准答案",是依据应急演练事前设定的目标,对应急演练活动进行检查和评估的工作安排,是通过观察、体验和记录应急演练活动,比较应急演练实际效果与目标之间的差异,总结应急演练成效和不足的过程。应急演练评估由专业技术人员在全面分析应急演练记录及相关资料的基础上,对比参演人员表现与应急演练目标要求,对应急演练活动及其组织过程做出的客观评价。

4. 编写应急演练方案文件

应急演练方案文件是应急演练组织与实施的详细工作文书。应急演练的类别和规模不同,应急演练方案文件也可以编为一个或多个文件。编为多个文件时,可包括《演练人员手册》《演练控制指南》《演练评估指南》《演练宣传方

案》《演练保障方案》《安全保障应急预案》《演练脚本》等,经认真评估审查后,将这些文件提供给应急演练活动的导调、控制、模拟、评估、参演及保障等相关人员使用。对综合性、实战性较强的应急演练活动,还应制订《应急演练现场规则》。

(三)应急演练方案评审

对综合性较强、风险较大的应急演练活动,要对设计的应急演练方案组织专家评审,确保应急演练方案科学可行,应急演练工作顺利进行。一般性应急演练方案的评审,由应急演练领导机构的评估组组织实施;综合性较强、风险较大、重要时机、重大专项应急演练方案,应由应急预案管理专家及具有丰富应急演练经验的人员参与评审。应急演练方案评审,可参照应急预案制定专家评审的程序和方法执行。

(四)应急演练动员与培训

应急演练活动开始前,有计划、有组织地开展应急演练动员与培训活动,以确保所有参演人员掌握应急演练规则、演练情景和各自在演练中的任务,所有演练人员都要经过应急基本知识、演练基本常识、演练现场规则等方面的培训。对策划、导调人员要进行信息流的掌控、信息的推送、重大演练环节的把握、演练节奏的调整与控制、演练启动与终止的决策等方面的培训;对控制人员要进行岗位职责、演练过程控制、装备器材的操作和情况显示的方法等方面的培训;对评估人员要进行岗位职责、评估方法、工具使用、系统操作等方面的培训;对参演人员要进行应急预案、操作技能、个体防护及装备器材使用等方面的培训。

(五)应急演练保障

应急演练保障,内容通常包括人员、经费、场地、物资器材、专用通信和安全防护等保障。

1. 人员保障

人员保障,通常包括应急演练领导小组、应急演练总指挥、总策划,文案人员、控制人员、评估人员、保障人员、参演人员、模拟人员、解说人员等,组织示范观摩性应急演练时,还有观摩人员及其他人员的保障。

2. 经费保障

按照年度应急演练计划和专项应急演练计划工作安排,拨付应急演练专用经费,并对经费使用情况进行监督检查,确保应急演练经费专款专用、节约高效。

3. 场地保障

依据应急演练的类型,选择合适的应急演练场地。桌面演练一般可选择视频会议室或应急指挥(应急保障)中心等场所;实战演练应选择与突发事件实际情况相似的地形、环境和场所,并根据需要设置导调组、指挥部、集结点、投送点、接待站、供应站、救护站、停车场、卫生间等设施。应急演练场地应有足够的空间,良好的交通、生活、卫生和安全条件,尽量避免干扰公众的正常生产生活。

4. 物资器材保障

根据应急演练需求,准备必要的应急演练材料、物资器材,制作模型器具;应急预案及应急演练方案文本、演示文档、图表、地图、情景素材的录制等信息资料;抢险救援、特种装备、办公器材、录音摄像设备、信息显示等物资器材;固定电话、移动电话、对讲机、海事电话、传真机、计算机、无线局域网、视频通信等通信器材;模拟情景及装备设施等器材。

5. 专用通信保障

在应急指挥机构、总策划、控制人员、参演人员、模拟人员、评估人员之间,建立顺畅的应急演练专用信息传递通道,确保在应急演练活动启动与执行过程中,通信指挥、信息控制、演练保障等信息的准确、快速、及时传递。

6. 安全保障

大型或高风险应急演练活动,要按规定制定专项的安全保障应急预案,为应急演练人员配备个体防护装备、购买商业保险。对可能影响公众生活、易于引起公众误解和恐慌的应急演练活动,应提前向社会发布公告。应急演练出现意外情况时,应立即终止应急演练活动。

四、应急演练的组织与实施

应急演练的组织与实施,可划分为应急演练准备(启动)、应急演练实施和应急演练评估与总结三个阶段。应急演练流程图,如图3-15所示。

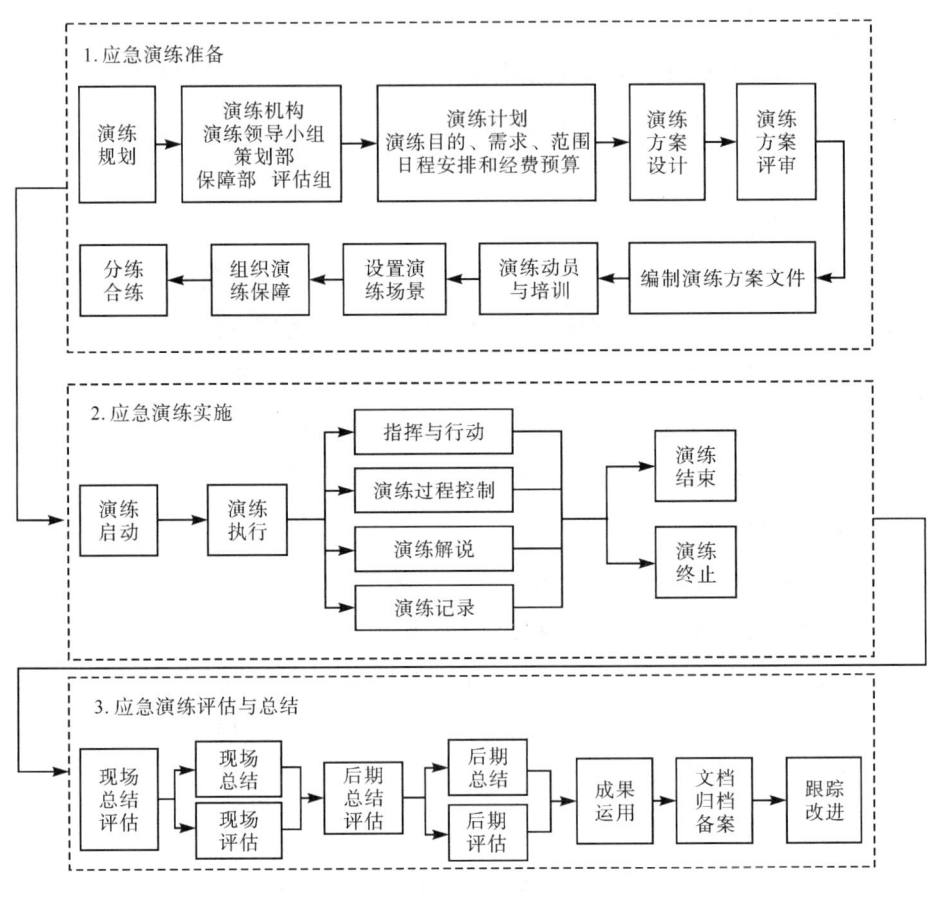

图3-15 应急演练流程图

(一)应急演练启动

应急演练活动开始前,通常要举行简短的仪式。应急演练活动主持人(解说人员)简要介绍应急演练的背景、目的和意义,应急演练功能区域划分,参演单位和装备,应急演练的主要内容,应急演练要达到的预期目标,以及参加应急演练的有关领导、嘉宾、专家和观摩人员等。应急演练总指挥宣布应急演练活动开始,并启动应急演练活动。重大应急演练活动、示范观摩性应急演练活动,通常在启动仪式环节中,还可以安排领导讲话和致辞等。

（二）应急演练执行

应急演练执行，是按照应急演练方案设计的情景、场景清单和实施步骤，逐步展开的应急指挥与响应行动、演练过程与控制、演练解说、演练记录、演练宣传报道、演练结束等一系列活动。应急演练总指挥（演练总策划、副总策划）负责应急演练活动执行全过程的指挥与协调，开展对模拟突发事件进行应急响应与处置行动。组织应急响应行动演练时，重点对接警与信息报送、指挥与调度、预警与信息公开、应急通信、公共关系、事态监测与评估、警戒与治安、疏散与安置、搜寻与搜救、医疗救护、生活救助、工程抢险、紧急运输、应急资源调配等关键环节应急响应功能进行检验。

应急演练过程控制。桌面演练的过程控制，可以是参演的领导，也可以由总策划（副总策划）控制演练进程。实战演练的过程控制，一般由消息传递来控制演练的进程，总策划（副总策划）发出控制信息，控制人员向参演人员和模拟人员传递控制消息，参演人员或模拟人员接到控制信息后，按照发生真实事件时应急预案规定的应急处置程序，采取相应的应急处置行动和措施。

演练解说。解说员既是应急演练活动气氛的渲染人员，也是应急演练控制人员，重要时机、重要环节或者情景无法显示时，解说人员会以现场解说的方式控制演练进程。解说内容包括应急演练背景及意义、应急演练形式与目标、应急演练重点与亮点、控制进程讲解、装备器材介绍、技能操作展示、案例剖析、环境渲染等。

演练记录。应急演练记录，包括应急演练准备阶段情况、应急演练实际开始与结束时间、演练过程控制情况、参演人员表现、意外情况及应急处置等内容，尤其要详细记录可能出现的人员"伤亡（如进入危险场所而无安全防护，在规定时间内不能完成疏散等）"及"财产损失"等情况。图片和音像记录可安排专业技术人员进行拍摄记录，尽可能全方位地反映应急演练活动真实情况。

（三）应急演练结束与终止

应急演练按照应急演练方案设计情景和场景完成了所有的演练内容后，由总策划（副总策划）发出演练结束信号，应急演练总指挥宣布演练结束。当应急演练活动实施过程中，发生了真实突发事件，需要组织应急处置或出现特殊意

外情况,短时间内不能妥善处理,需要退出应急演练活动时,经应急演练领导小组决定,由应急演练总指挥按照事先规定的程序和指令,终止应急演练活动。

五、应急演练评估与总结

应急演练评估与总结是一次完整应急演练活动中的一个重要环节,要做好系统的、全面的、全过程的评估与总结工作。应急演练活动结束后,要对应急演练工作进行认真地分析和研究,注重发现应急预案本身问题、应急预案执行过程中的问题和应急演练存在的问题,总结经验教训,评估应急演练目标实现效果,提出应急演练成果运用的意见和建议,为突发事件应对工作创造方法、积累经验。

(一)演练评估与总结

应急演练评估工作,分内部评估和外部评估两种形式。内部评估由应急演练评估组组织,外部评估由上级或本级应急管理机构、应急演练组织单位和有关专家共同组成评估组,对应急演练情况进行专题评估。应急演练评估也可邀请社会专业机构进行专项评估。内部评估主要从定量上分析,外部评估主要从定性上分析。内部评估主要是对应急演练执行过程的评估,具有较强的针对性。外部评估主要是对应急演练组织与实施全过程的评估,具有客观性、系统性和全面性。应急演练评估的意义在于发现应急体系建设是否完善,制度、标准是否健全、管理体系与运行机制运转是否顺畅;应急预案在应急状态下的执行情况是否有效和适用;应急人员与指挥人员熟悉应急预案和掌握处置措施的程度如何;应急工作相关部门、单位和人员是否能熟悉各自应急工作职责,是否能够有效协调联动和密切配合;应急资金、应急物资、应急装备及应急器材等应急准备情况是否充分,是否适用和可靠等。

应急演练总结工作,分阶段性总结和综合性总结两种形式。应急演练每完成一个阶段或几个阶段的工作后,可作阶段性总结,应急演练总指挥(总策划、副总策划或专家)作应急演练阶段性评价,尤其是在应急演练启动与执行环节结束后,所进行的现场讲评,就是应急演练阶段性总结的一个具体表现形式,应急演练活动全部结束后,进入综合性总结环节。综合性总结是对应急演练工作全面、科学、系统的总结,是书面上报应急演练工作情况的一种公文。综合性总结内容包括应急演练的目的、应急演练活动举办时间和地点、参演单位和人员等基本情况、应急演练方案设计目标实现情况,应急演练好的做法及取得的成果,暴露出来的问题与原因,改进工作意见建议等。

（二）演练成果与运用

应急演练活动过程中形成的机制与资料,是应急演练工作的重要成果。应急演练效能分析报告、综合性总结报告、专题评估报告是应急演练的主要成果。对应急演练中形成的共识、好的经验做法,在修订应急预案时,予以采纳和完善,对应急演练中暴露出来的问题进行研究分析,形成改进措施和制度,建立改进任务清单,按照改进时限要求,对改进情况进行监督检查问效。

应急演练文件成果体现在以下几个方面。

（1）应急演练准备阶段成果:①应急演练工作规划;②应急演练年度计划;③成立应急演练工作机构文件;④应急演练工作计划安排及经费筹措报告;⑤应急演练方案设计;⑥应急演练方案专家评审意见;⑦《演练人员手册》;⑧《演练评估指南》;⑨《演练控制指南》;⑩《演练宣传方案》。

（2）应急演练执行阶段成果:①应急演练活动启动议程;②应急演练活动功能区域介绍;③应急演练活动领导讲话;④应急演练解说方案;⑤《演练脚本》;⑥《演练保障方案》;⑦《应急演练现场规则》;⑧《安全保障应急预案》;⑨演练结束与终止条件措施;⑩演练活动记录。

（3）应急演练评估总结阶段成果:①应急演练现场总结（讲评）报告;②应急演练导调文件文书及素材;③应急演练效能分析及评估报告;④应急演练总结报告及通报;⑤应急演练专题会议纪要;⑥应急演练的通知、照片、图片、音频、视频、抖音、海报、展板、邀请函、网络信息、工作简报等资料;⑦应急预案修改完善的意见建议;⑧应急演练资料汇总汇编等。

应急演练活动结束后,应急演练组织单位应当按照应急预案管理工作有关规定和要求,对应急演练活动的相关信息、资料进行搜集汇总,设章分节、列出目录,统一汇编装订,进行编号归档,做好应急演练资料备案管理工作。

第四章
手术：应急行动

人出生时会被爱，死亡时也会被爱，但别人会爱你多少，取决于你活着的时候付出的爱有多大。古人云：天下之事，虑之贵详，行之贵力。应急之行动，皆为个体之奉献、仁者爱心之付出。灾难面前，吾辈应急之人，以灾为令，闻令而动；面对灾害，应快速实施最科学、最及时、最有效、最精准、最经济的"外科手术"应对行动，及时化解"患者所遇风险"，切除"患者所存祸根"，修复"患者不良肌体"。

手术,是医生用医疗器械对患者身体进行的切除、缝合等治疗活动,以刀、剪、针等器械在人体局部进行的操作,来维持患者的健康,是外科的主要治疗方法,俗称"开刀",如去除病变组织、修复损伤、移植器官、改善机体的功能和形态等,人们给了长期从事外科手术的优秀医生一个称号,即"一把刀"。手术是一种破坏组织完整性(切开),或使其完整性受到破坏的组织复原(缝合)的操作过程。突发事件应对工作也是如此,若突发事件在预防与预警行动阶段不能进行有效控制时,就必须采取非常态措施,实施"外科手术"应急行动,确保人民群众生命财产安全和社会稳定。

第一节 应急行动概论

应急行动是事件应对的"斗法场",应急准备工作的"起锚地"。应急行动是突发事件事前预防行动、事发响应行动、事中处置行动和事后恢复行动的统称,包括党委政府及其社会组织在突发事件应对过程中所采取的一系列预防性、强制性、限制性、处置性和恢复性措施。应急行动应树立"以人为本、减少危害"的理念,坚持"统一领导、分级负责、分类指导、属地为主"的突发事件应对工作原则,紧盯应急准备"六实"(预案定实、演练做实、队伍建实、物资备实、措施落实、责任夯实)工作重点,努力实现"通信系统智能化、情报信息快捷化、应急行动规范化、辅助决策科学化、预案管理数字化、指挥调度扁平化、支援保障模块化、力量使用专业化"的建设目标,持续提升突发事件应急行动综合能力。

一、应急处置与救援

应急处置行动与应急救援行动,是突发事件应对工作的重要行动,是一种打破现行行政体制束缚情况下的非常态应急行为,由事前应急预案预先设定的相关指挥机构组织指挥行动。应急处置与救援行动的要义在于切断灾害链、运行指挥链、建立救援链、完善区块链。"灾害链"是灾害之间的连锁反应,切断灾害链一般可以采用空间上的分割、时间上的分割、整体与局部的分割和基于条件的分割四种切割方法进行;"指挥链"是界定指挥权责,实施科学指挥、高效指挥,提升指挥效能的链条;"救援链"是组织实施快速救援、协同救援的有效链条;"区块链"就是运用大数据、物联网和人工智能等技术,在应急物资技术保障、紧缺物资配送调度等方面,构成的应急物资技术保供链条。以切断灾害链为例,森林火灾是采取防止火灾蔓延的阻断行动,还是组织火灾扑救的灭火行动,这是火灾链;疫情应对只是控制传染源,还是阻断传播途径,这是传播链;水患治理是疏，还是堵，这是水患链；舆情应对是删"病毒"，还是建"防火墙"，这是舆情链，只有把这些问题搞清楚了，在突发事件发生后，各响应成员单位（机构）才会按照先期处置、情报支持、应急响应、应急处置、指挥协调和应急结束等相关响应程序，有序开展突发事件应对工作行动。突发事件应急行动流程，如图4-1所示。

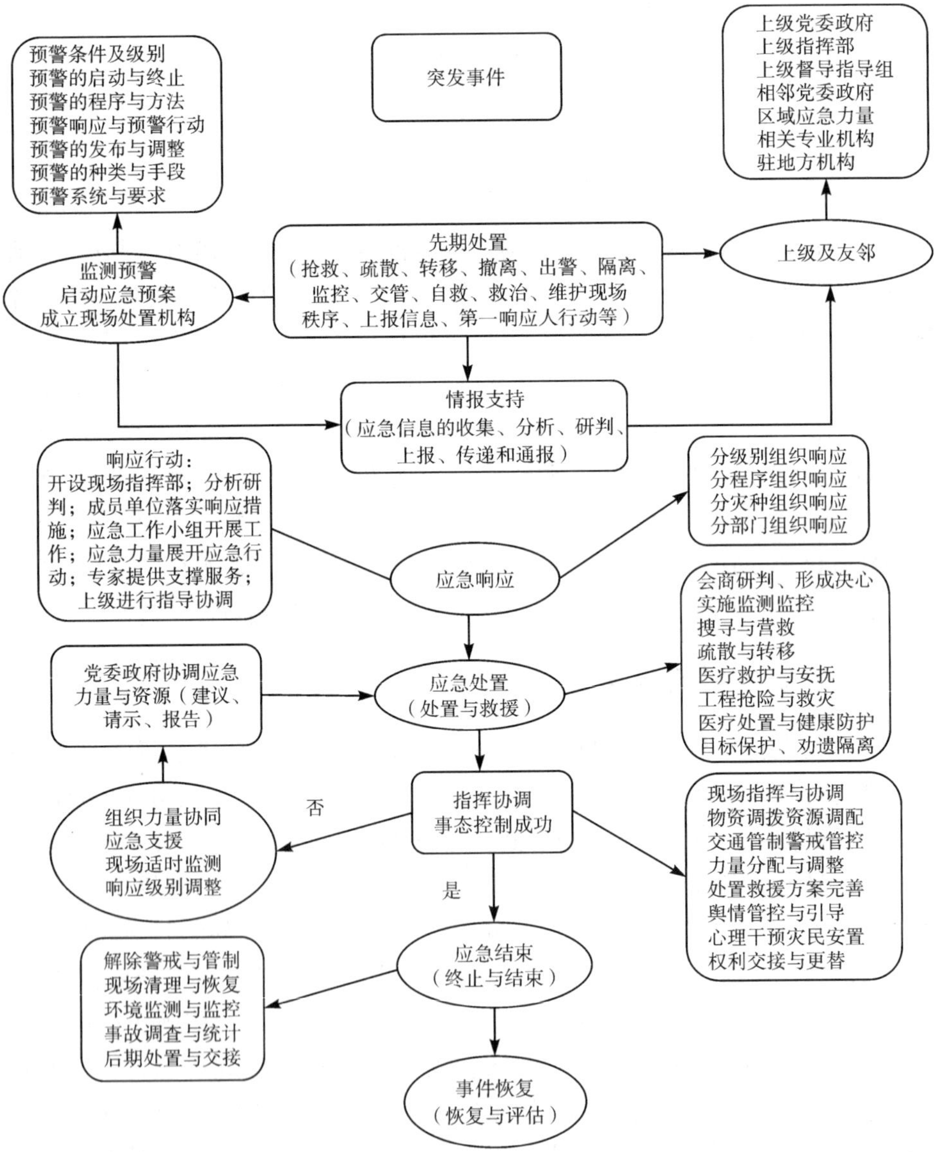

图4-1 突发事件应急行动流程

在突发事件应对期间,组织应急处置与应急救援行动面临着诸多新的特点。突发事件往往是在一个复杂多变环境下发生的,灾害发生地往往是自然条件较为恶劣,常常面临着高山峡谷、高原高寒、海上水下等陌生环境以及气候突变等不确定自然环境因素,面临着风险隐患多,组织实施难的特点;灾害现场工作千头万绪,急难险重任务相互交替,工作节奏快、行动要求高,责任压力大,面临着复杂情况多,履行职责难的特点;事件应对过程往往涉及多个部门、多个组织、多个领域,参与处置与救援队伍多,调配资源多,协调事项多,政府、军队、企业、社会等方面指挥协同关系复杂,面临着参与力量多,指挥协调难的特点;灾害现场往往是应急救援工作的"暴风眼",每项工作都关乎着人的生命,灾害现场存在着各种风险,指挥决策压力巨大,稍有不慎就可能形成被动局面,面临着内外压力多,应急决策难的特点;事件发生后,人人都是摄像机,人人都是麦克风,个个都是通信员,网络、媒体、舆情信息管控难度增大,面临着社会关注多,秩序管控难的特点等。这些特点必将催生我们在灾害应对过程中,要学会依法应对、科学应对、精准应对和有效应对的思路方法,准确把握突发事件应对工作的真正要义。

(一)应急处置

应急处置,是应急管理速度和专业在突发事件应对工作中的具体体现,是组织在突发事件应对过程中,为降低或减轻突发事件带来的危害与损失,而采取的一系列干预或介入措施,应急处置属于应急管理的中间环节,属于应急响应的范畴。人们经常将应急响应与应急处置相提并论,但两者有着明显的特征和区别,从范围上看,应急处置是在事件应对过程中采取措施的反应,而应急响应是从事件应对准备到结束全周期所采取措施的反应;从内容上看,应急响应既包含了应急处置,还有监测预警、恢复重建等其他内容;从组织主体上看,应急响应的主体包括了政府、专业力量、社会力量、公众等,而应急处置的主体就是各级人民政府(处置权的执掌者)。应急处置应遵循以人为本、生命至上的原则;统一指挥、协同联动的原则;政府主导、社会参与的原则;依靠科技、专业处置的原则;分级负责、分类指导的原则;属地为主、先期处置的原则。建立和完善突发事件应急处置工作机制,可以使突发事件预防、预警、保障等工作有章可循。应急处置不只是简简单单的现场处置,它还包括了风险辨识与规避、信息

报告与传递、装备器材的使用、协作与合作等内容,因此,需要提前建立相应的预防预警机制和相关保障制度;有利于达成突发事件响应目标快速实现。应急处置过程中最重要的一个环节,就是应急力量的构成及角色分配,在应急行动过程中,如何组织信息控制与管理,如何开展专业处置行动,如何组织非常态条件下的应急保障工作,应急处置工作机制可以事先做好这方面的准备与沟通;有利于避免和防止突发事件扩大或蔓延升级。通过专业人员和技术方案来实施处置行动,是应急处置的基本要求,运用专业队伍和专业技术,可以提供最快捷、最精准的处置措施,选择最佳处置行动路线,防止事态失控和事件升级;有利于开展善后处置与恢复重建工作。科学、精准的处置行动,既可以降低或减少突发事件带来的危害和损失,又可以优化突发事件现场管理的环境,减少应急资源的浪费和对灾害现场的破坏,以最小的代价,争取最优结果,为突发事件后期处置和恢复重建奠定良好的基础。

先期处置,是在突发事件即将发生或刚刚发生后初期,有关地方、单位对事件性质、规模等只能做出初步判断或还不能做出准确判定的情况下,对事件进行的早期应急控制或处理,并随时报告事态进展情况,最大限度地避免和控制事件恶化或升级的一系列决策与行动。先期处置的主要任务,包括立即启动应急预案、成立现场处置指挥机构、抢救遇险人员、维护现场秩序、疏导交通、疏散群众、救治伤员、排除险情、控制事态发展、上报信息并协调有关方面工作等。突发事件先期处置,是应急管理"战时"工作的首要环节,及时、快速有效的先期处置,可以最大限度争取时间,力求达到以尽可能少的应急资源投入,实现最有效地控制事态扩大或升级,并减少损失的目标。

(二) 应急救援

救援,是指拯救、救助和援助,是一种解救行动。救援包括自救、互救、他救和搜救四种类型,不同类型的救援,主体和客体有所差异,自救主体与客体是自救者本身;互救主体与客体互为客体和主体;他救主体是施救者,客体是被救者;搜救主体是救援者,客体是未知者(可能是自然人,也可能是重要物品);四种应急救援类型的介质存在类似点,包括救援主体通过发出施救信号(手势、声音等),以及利用救援装备、设备(生命探测仪)、器材等方式对被救者展开的救援活动。应急救援,则是利用专业的应急救援装备、器材及设施,对涉险人员进行搜救、医救和救助的过程,是针对突发、具有破坏力的紧急事件采取预防、预备、响应和恢复的活动与计划。严格意义上讲,应急救援是一种"他"救与"搜"救活动,是具有专业应急救援技能的队伍(人员),利用专业技术设备展开的搜救、搜寻、急救、医治和灾害救助活动。通常,灾区群众所开展的自救与互救活动,不属于应急救援范畴。

广义上的应急救援,是针对突发事件应对行动,为了最大限度地降低或减轻突发事件对人民群众生命财产安全造成的危害和影响,防止事态进一步扩大,而采取的预防、预备、响应和恢复活动与计划等措施,包含了事前预防、事发预警、事中处置和事后恢复的应急救援行动。通常,人们所理解的应急救援,则是狭义上的应急救援,即立即组织搜寻营救失踪、被困、受伤、受害人员,并组织撤离,或采取其他措施保护受到危害的其他人员,仅仅指对受害人员实施救援的这一过程。

组织实施应急救援工作,应重点把握以下几个方面:

(1)精确把握应急救援时机。灾害发生往往具有瞬时性,后果具有危害性,且造成的损失会随着时间的推移不断扩大。因此,选择应急救援的最佳时机就尤为重要,应急救援的时机可以从信息、灾害控制与救援时限三个方面来考虑,精准把握好应急救援的"黄金期"和最佳"窗口期"。如 72 小时内,被救人员的存活率相对较高,随着时间的流逝,被救人员存活率将随即递减,这个时限就是应急救援的"黄金期"。

(2)合理调用应急救援力量。现场指挥员要对应急救援队伍的属性、功能、经验等因素进行全面评估,把最合适的力量放在最恰当的位置上,以最小的代价实现最优的救援目标。

(3)全面掌握施救对象与空间信息。应急救援时,要对突发事件危害程度、波及范围、受灾体(救援对象)、救援措施等因素进行全面分析,不同突发事件或受灾体不同,应采取加固、防护、支撑、切割、焊接等不同的应急救援策略与措施,确保被救人员生命财产安全。

(4)注重关注应急救援物资保障与配送。应急救援物资是应急救援的必需品,是保障救援人员与被救人员生活需求与个人安全的基本要求,必备的应急物资是救援工作顺利进行的重要保障。

(三)指挥与决策

指挥,是对所属资源和力量进行发令调度、控制协调的活动,是一种主观指导活动,也是一种定下和实现行动决心的活动,还是一种把应急队伍潜在的战斗力转化为现实战斗力的管理活动。应急指挥是在突发事件发生时,指挥员根据突发事件的实际情况,迅速指挥调度一切可以救灾的资源(队伍、物资、资金),进行针对性抢险救援工作的过程,特别反映在"应急处置与应急救援"期间的指挥活动。指挥系统是应急指挥的内核,现场指挥系统是应急指挥的中枢神经,联动和协调是应急指挥的关键环节。指挥,涉及指挥链和控制链概念,指挥链即是指挥系统,由指挥者和下属组成,并赋予一定的权利,主体是下达命令者,客体是命令执行者,共同体是自然人或人机系统。控制链是对事物起因、发展及结果进程的把握,通过信息或相关程序,把控事件进程,主体是控制者、客体是下属,也可能是系统、数据、信息流和运行载体。指挥与控制既有区别,也有联系,是应急指挥的统一体。

应急指挥,主要是在突发事件应对活动中,上级领导及其机关对所属资源和力量进行的特殊组织管理活动。可以看出,应急指挥是行政权限,是领导对具体行动任务的分配,是应急指挥者借助应急通信指挥系统所提供的信息,确定应急处置方案、下达应急行动命令、组织应急资源保障,进行灾害现场管理等活动。应急指挥的主体是隶属不同行政管理层面的指挥人员,应急指挥的客体是不同层面指挥主体下的应急响应人员,应急指挥的介质往往是应急指挥系统和相关指挥文书。应急救援指挥是指挥人员及其指挥机关为达成应急救援行动目的,按照规定的权限和程序,对应急救援力量所进行的一系列组织领导活动。应急指挥发展与研究的方向是应急指挥组织体制标准化、应急指挥法律法规保障规范化和应急指挥运行机制程式化建设。

决策,是为了实现特定的目标,根据客观可能性,在占有一定信息和经验的基础上,借助一定的作业工具和方法,对影响目标实现的诸多因素进行全面分析,在预判可能出现结果的基础上,做出行动的决定。应急决策,是在突发事件发生时,决策者在时间紧急、资源有限和事件不确定性的情况下,为了尽可能地减少人员伤亡和财产损失,而确定应采取哪些应对突发事件的方案和措施的过程。科学决策,是决策者为了实现某种特定的目标,运用科学的理论和方法,系统地分析主客观条件,做出正确决策的过程。应急决策面对的是突发事件,依据的是已经获得的资源和情报,需要采取特殊程序,迅速做出应急行动决定,而科学的应急决策是在有限的时间、资源、力量、环境等条件约束下,完成应对突发事件的科学部署和具体指导措施,是非常规的决策活动。而要快速有效的实施应急决策,就需要在面对突发事件环境时,保持沉着冷静、敢于担当,随机应变、及时调整应急救援计划和方案。应急决策者应清楚认识到突发事件情况下,决策面临的局限性,不可盲目追求应急决策的绝对理性,寻求实现百分之百的正确决策,应急决策者应该把决策建立在客观理性的基础上,利用"最优化"替代"绝对化"。

决策指挥,是应急指挥者在对突发事件特定的原因、性质、时空特征、发展态势、影响后果等进行快速评估的基础上,采用科学合理、及时有效的应急控制模式,对应急管理过程中的各种力量、各种活动进行时间上、空间上的安排与调整的活动。从层级上讲,应急决策指挥包括战略决策、战役指挥和战术行动三个层级;从内容上讲,应急决策指挥包括应急决策和应急指挥两个部分。毛泽东在《直罗战役同目前的形势与任务》一文中曾特别强调,"抓住战略的枢纽部署战役,抓住战役的枢纽部署战斗",这就告诉我们,指挥决策的关键是抓重心、抓枢纽,掌握了重心和枢纽,就掌握了全局和整体,真正高明的指挥员,最大的本事就是从纷繁复杂的万物万象中,发现重心在哪里,枢纽在何处。

二、事件类别与应急响应

（一）突发事件类别

为了便于做好突发事件应对与管理工作,我们将突发事件按照其成因、危害、影响等因素进行了区分。当按照成因进行区分时,可分为自然性突发事件和社会性突发事件;按照危害程度进行区分时,可分为轻度危害事件、中度危害事件和重度危害事件;按照可预测性进行区分时,可分为可预测性突发事件和不可预测性突发事件;按照可防可控的要求进行区分时,分为可防可控的突发事件和不可防不可控的突发事件;按照事件影响范围及涉及区域进行区分时,可分为区域性或流域性突发事件、地方性或国际性突发事件。一般来讲,我们对突发事件是按照其发生过程、性质和机理进行划分的,通常分为自然灾害、事故灾难、公共卫生事件和社会安全事件四个类别,对航天太空、云技术、新业态等空间领域突发事件,我们可以将其称为新生态类突发事件。

自然灾害类突发事件通常包括水旱灾害、气象灾害、地震灾害、地质灾害、海洋灾害、生物灾害和森林草原火灾等;事故灾难类突发事件通常包括工矿商贸等企业的各类安全事故、交通运输事故、公共设施和设备事故、环境污染和生态破坏事件等;公共卫生类突发事件通常包括传染病疫情、群体性不明原因疾病、食品安全和职业危害、动物疫情以及其他严重影响公众健康和生命安全的事件;社会安全类突发事件通常包括恐怖袭击事件、金融事件、经济安全事件和涉外突发事件等。

(二)突发事件级别

突发事件级别的确定,一般遵循"既要有效控制事态,又要应急措施适当"的基本原则,具体按照突发事件危害与影响程度进行级别划分。为了明确突发事件应对工作的相关责任,建立快速高效的突发事件应对工作机制,我国建立了"统一领导、综合协调、分类管理、分级负责、属地管理为主"的应急管理体制,突发事件应对工作实施分级负责制。为此,国家对突发事件的级别也进行了明确的规定,通常将突发事件划分为等级事件和非等级事件两大类别。

等级突发事件的划分。突发事件应对的相关法律规定:突发事件是指突然发生,造成或者可能造成严重社会危害,需要采取应急处置措施予以应对的自然灾害、事故灾难、公共卫生事件和社会安全事件。按照社会危害程度、影响范围等因素,自然灾害、事故灾难、公共卫生事件分为特别重大、重大、较大和一般四级。法律、行政法规或者国务院另有规定的,从其规定。

相关法律、行政法规明确规定了突发事件发生后,发生地县级人民政府应当立即采取措施控制事态发展,组织开展应急救援和处置工作,并立即向上一级人民政府报告,这就是说各级人民政府是突发事件应对工作的责任主体。等级突发事件由各级人民政府负责处置。特别重大突发事件由党中央、国务院组织应对;重大突发事件由省级人民政府组织应对;较大突发事件由市级人民政府组织应对;一般突发事件由县级人民政府组织应对。非等级事件由单位及基层组织进行处置。

突发事件应对法还对等级突发事件的应对措施做出了相应规定。按照突发事件分级标准要求,自然灾害、事故灾难或者公共卫生事件发生后,履行统一领导职责的人民政府可以采取下列一项或者多项应急处置措施:

(1)组织营救和救治受害人员,疏散、撤离并妥善安置受到威胁的人员以及采取其他救助措施。

(2)迅速控制危险源,标明危险区域,封锁危险场所,划定警戒区,实行交通管制以及其他控制措施。

(3)立即抢修被损坏的交通、通信、供水、排水、供电、供气、供热等公共设施,向受到危害的人员提供避难场所和生活必需品,实施医疗救护和卫生防疫以及其他保障措施。

(4)禁止或者限制使用有关设备、设施,关闭或者限制使用有关场所,中止人员密集的活动或者可能导致危害扩大的生产经营活动以及采取其他保护措施。

(5)启用本级人民政府设置的财政预备费和储备的应急救援物资,必要时调用其他急需物资、设备、设施、工具。

(6)组织公民参加应急救援和处置工作,要求具有特定专长的人员提供服务。

(7)保障食品、饮用水、燃料等基本生活必需品的供应。

(8)依法从严惩处囤积居奇、哄抬物价、制假售假等扰乱市场秩序的行为,稳定市场价格,维护市场秩序。

(9)依法从严惩处哄抢财物、干扰破坏应急处置工作等扰乱社会秩序的行为,维护社会治安。

(10)采取防止发生次生、衍生事件的必要措施。

社会安全事件发生后,组织处置工作的人民政府应当立即组织有关部门并由公安机关针对事件的性质和特点,依照有关法律、行政法规和国家其他有关规定,采取下列一项或者多项应急处置措施:

(1)强制隔离使用器械相互对抗或者以暴力行为参与冲突的当事人,妥善解决现场纠纷和争端,控制事态发展。

(2)对特定区域内的建筑物、交通工具、设备、设施以及燃料、燃气、电力、水的供应进行控制。

(3)封锁有关场所、道路,查验现场人员的身份证件,限制有关公共场所内的活动。

（4）加强对易受冲击的核心机关和单位的警卫，在国家机关、军事机关、国家通讯社、广播电台、电视台、外国驻华使领馆等单位附近设置临时警戒线。

（5）法律、行政法规和国务院规定的其他必要措施。

（6）严重危害社会治安秩序的事件发生时，公安机关应当立即依法出动警力，根据现场情况依法采取相应的强制性措施，尽快使社会秩序恢复正常。

（三）突发事件周期率

突发事件应对过程，既是在实践中检验应急管理工作质量与效能的过程，也是应急工作全周期管理的过程。应急管理工作就是围绕着突发事件应对工作而展开的一项预防（Precaution）、响应（Response）、处置（Handling）和恢复（Recovery）的活动。"全周期管理"又称"全生命周期管理"，这是西方工业化社会转型时期提出的一种先进的管理方式与理念，其理论基础包括了控制论、系统论、协同论、信息科学等。所谓全周期管理，是指在一定的环境或条件下，管理主体为了达到一定的目的，运用一定的管理职能和手段，对管理客体不断进行决策、计划、组织、领导和控制的过程，包括了管理的主体、客体、目的、方法、环境五大要素。全周期应急管理的内涵反映的是系统治理、全程治理、常态治理和源头治理。

（1）全周期应急管理在结构上、设计上，体现的是全主体协同治理。应急管理工作建立了"党委领导""政府主导""社会协同"和"公众参与"四大体系，明确了主体负责与相互协作的关系。

（2）在情景构建上，体现的是全场景前瞻透视。运用宏观和微观两个维度，采用科技化手段，数字赋能与信息赋能相叠加，解决了"看得见""看得远"和"看得全"的问题。

（3）在内容把握上，体现全要素统筹协调。应急管理工作立足于平时，着眼于实战，建立平战转换机制，增强了应急管理系统的稳定性与韧性，统筹"发展"和"安全"两个方面，确保经济社会稳定发展。

（4）在过程控制上，全流程闭环管理。建立了从源头到末端的全流程、全要素治理链条，培育全周期应急管理意识，未雨绸缪，防患未然。

突发事件的发生，都有一个从事件孕育到发展的过程，依据突发事件发生发展肌理规律,我们把突发事件发展过程分为突发事件潜伏孕育期(事前)、发酵暴发期(事发)、扩散蔓延期(事中)和减缓恢复期(事后)四个阶段。

(1)潜伏孕育期是一个因监管疏漏导致安全隐患在特定情境下兑现为突发事故,加之应急准备短缺,情景式应急预案设计和连锁反应式演练不到位,应急联动机制薄弱且磨合不足的时期。这个时期,重在加强风险隐患的排查治理,防止风险失控,全力做好预防与应急准备工作,突出解决"疏漏短缺"的问题,确保应急资源与应对工作任务需求相匹配。

(2)发酵暴发期是在风险治理过程中,在一定触发因素的相互作用下,因风险隐患治理失控而引发突发事件的时期。这个时期,强调的是要及时快速做出预警与应急响应行动,突出解决"惊慌无助"的问题,确保第一时间发出预警,及时、科学、有序开展应急响应行动。

(3)扩散蔓延期是监测预警响应存在超预期的迟滞,第一反应人机制失灵,应急响应梯次处置未能对接,"灾害断链"和"救援成链"未能实现,跨区域联合应急机制配合生疏,危机决策的科学性、超前性、周全性欠缺,未对显而易见的关联反应提前部署布控的时期。这个时期的核心任务是快速展开应急处置与救援行动,加大应急响应工作力度,突出解决"迟滞低效"的问题,确保突发事件处置与救援工作指挥高效、行动统一、科学有序、形成合力。

(4)减缓恢复期是指灾后逆转回归常态较缓慢,社会秩序尤其是舆情方面出现混乱,灾后补漏洞、强弱项、优系统等亡羊补牢工作均浮于表面,同类事故的根源杜绝力度不足,修复民众信任相关工作低效的时期。这个时期要着重做好事态的分析评估工作,及时清理事件现场,安排好恢复与重建工作,突出解决"逆转缓慢"的问题,确保突发事件应对结束后,生产生活秩序的及时恢复,通过恢复与重建,重新建立与恢复预防与应急准备工作的新秩序。

(四)应急响应与疏散撤离

应急响应,是组织为了消除和控制突发事件造成的危害和影响,在突发事件事前、事发、事中、事后过程中,所采取的预防预警、应急处置、资源调动、安全防护、事态恢复等措施及其开展的相关活动,包括应对突发事件所做的控制事态、避免或减少次生衍生灾害的发生、保障人民群众生命及财产安全等一系列行动措施。响应组织内部各成员单位和行动人员,在接到应急响应命令后,依据相关计划方案预案,有序组织开展各项应急活动,响应的主体是组织内部相关成员单位和不同岗位的应急行动人员,响应的客体是突发事件现场环境、受灾体和需要采取措施应对的事件,响应介质是响应主体通过使用应急资源(装备、器材和工具)对响应客体采取的干预媒介。应急响应通常包括第一响应人响应、按照预案响应(分级响应、分程序响应、分灾种响应等)、前置响应、触发响应、智能响应、专业响应、联动响应等内容。

疏散,是应急响应过程中,将生命安全受到事件威胁的响应人员及周边公众转移至安全区域的行为。撤离,是应急响应过程中,现场作业、救援、应急等人员,因生命安全受到严重威胁而撤出灾害现场的行为。疏散与撤离都是为了保证人民群众生命财产安全不受突发事件威胁和影响,而采取的积极行动措施。

(五)响应分级与分级响应

1. 响应分级

应急响应分级,应按照"既要有效控制事态、又要具备相应资源、又有相应应对能力,还要应对措施适当"的原则,进行响应级别的划分。响应分级,是为了明确本级组织(本级党委政府或单位及基层组织)在突发事件应急响应环节中的应对责任,在组织内部实现资源调动、应急指挥、信息管理、协作合作,开展应急响应行动所划定的响应层级,是在一个事件级别下(如较大级别突发事件条件下),对应急资源与力量需求的区分。

响应分级,是应急响应组织内部的分级,也就是各级人民政府或单位及基层组织应对突发事件的内部分级。应急响应分级通常应根据现有应急资源部署情况、可接受和补充的应急资源情况、区域内常发易发突发事件情况、应急准备情况(应急基础设施建设、应急队伍、应急预案、应急演练等)和突发事件应急处置能力情况来确定。具体讲,就是由地方党委政府或单位及基层组织,在对相关资源和能力进行综合分析评估基础上,确定本级本单位应急响应的级别。若仅以应急资源部署情况来划定响应级别,可划分为5个层级,响应级别由高至低依次为1级、2级、3级、4级、5级。其中,1级为最高级别。应急响应分级,具体如何界定,如何分级,应根据应急响应组织内部的实际情况而定。一般来讲,国务院和省级人民政府通常采用四级应急响应分级制,市级人民政府通常采用三级应急响应分级制,县级人民政府可以采取灵活的应急响应分级方式。单位及基层组织可以采取二级应急响应分级制。

2. 分级响应

分级响应,是通过应急响应组织内部已经划定的响应层级,明确应急响应组织内部各响应机构、成员单位,在不同响应层级上的应对工作关系和应对工作责任。应急响应的分级,利于快速、有序、高效地处置各类突发事件。

当以应急资源部署形式进行分级响应时,各个层级应急资源响应内容如下:

1级响应。党委政府和基层单位等组织,在突发事件发生时,调动组织内部所有应急资源,及时使用得到的所有应急资源援助,根据已有的双边协议或相关国际协议,协调相关应急资源参与突发事件应对工作。

2级响应。突发事件可以由受影响地方的党委政府和单位及基层组织,调动区域内相关应急资源,同时,可调动在受影响的地理区域内,具有互助关系的组织部署的应急资源来处理。例如,辖区内非隶属关系各种应急救援队伍,辖区内非行政管辖单位应急资源力量,需要属地党委政府和单位及基层组织按照相关协议来协调。

3级响应。突发事件可以由受影响地方党委政府和单位及基层组织,以及与其组织具有互助支持的组织部署的应急资源来参与应急响应行动。

4级响应。突发事件可以由仅受影响的地方党委政府和单位及基层组织部署的资源来组织应急响应行动。

5级响应。突发事件可以由属地党委政府和单位及基层组织应急准备阶段已部署的应急资源组织应急响应行动。

按照应急资源部署划分应急响应级别,如表4-1所示。

切记:响应分级与突发事件分级不是一一对应的关系。有些地方和单位在制定应急预案或应急计划时,往往将突发事件分级与应急响应级别一一对应,即:特别重大突发事件——Ⅰ级应急响应、重大突发事件——Ⅱ级应急响应、较大突发事件——Ⅲ级应急响应、一般突发事件——Ⅳ级应急响应,这种一一对应关系是错误的,是概念与内容的严重混淆。

表4-1 按照应急资源部署划分应急响应级别

响应级别	资源运用	级别层级	指挥级别	应急响应主体	功能措施
1级	包括管理组织收到的所有应急响应援助,需要由政府根据已有的双边协议或相关的国际协议来协调	战略	管辖区内和跨管辖区的战略层面的指挥,可能需要更高战略层级的支持甚至干预	党委政府	①对事件处置重大事项做出决策;②建立联合指挥机构;③协调军队等应急力量;④派遣工作指导组
2级	事件可以由受影响的组织,以及在受影响的地理区域内具有互助关系的组织部署的资源来处理。这种情况可能需要当地政府的协调帮助		管辖区内和跨管辖区的战略层面的指挥,可能需要更高战略层级的监督	专项指挥机构	①成立应急指挥机构;②组织会商研判;③修订完善处置技术方案;④提出力量增援建议;⑤开设现场指挥部
3级	事件可以由受影响的组织,以及与其具有互助支持的组织部署的资源来处理	战役	管辖区内的指挥与协调	部门及应急工作机构	①组织先期处置;②赶赴现场指导处置;③及时传递应急信息;④组织现场协同
4级	事件可以由仅受影响的组织部署的资源来处理	战术	战术层面的指挥与协调	基层政府及社会组织	①开展基本响应;②参与处置和保障;③上报应急信息
5级	事件可以由应急准备阶段已部署的资源来处理		任务的监控和支持,可能需要战术层面的协调	基层单位和组织	①第一响应人行动;②分级组织响应;③做好个人防护保障

(六)分程序响应与分灾种响应

除分级响应外,应急响应还有分程序响应、分灾种响应和部门响应等多种方式。分程序响应,就是在应急响应过程中,不同的应急响应阶段所采取的不同应急响应形式,通常分为先期响应、基本响应和扩大响应。先期响应主要体现的是第一响应人或应急准备阶段已经部署的应急资源和力量,所开展的应急响应行动;基本响应主要体现的是党委政府和单位及基层组织利用组织内部现有的应急资源力量,所开展的应急响应行动;扩大响应是组织相邻、相近或得到加强补充的应急资源力量,所开展的应急响应行动。分程序响应适用于一般突发事件或非等级事件的应急响应行动,适用于基层党委政府或单位及基层组织的事件应对工作。

分灾种响应,是针对多个灾种在某一类型应急预案或同一灾害事件中,需要组织采取同时或分别应对时,而采用的响应方式。在制定应急预案或应对工作方案时,经常会遇到某一突发事件涉及多个灾种的应急响应行动,但这些灾种又同属于同一灾害类型的突发事件,需要用一个应急预案或应对工作方案来统管,对此类突发事件的应对,就需要建立分灾种响应工作机制。例如,地震灾害发生,必然会造成道路桥梁坍塌、火灾、爆炸、滑坡、泥石流、危险化学品泄漏等多个事件的发生;制定气象灾害应急预案或应对工作方案时,也会存在台风、暴雨、暴雪、寒潮、陆地大风、海上大风、沙尘暴、低温、高温、干旱、雷电、雷雨大风、冰雹、霜冻、大雾、霾、道路结冰等不同类别灾害的应对工作;海洋灾害应对也要考虑赤潮、风暴潮、海浪、海冰等对救援行动的影响。对以上同类事件不同灾种所采取的应对策略,就是分灾种响应。若把响应行动责任与任务、响应行动措施与要求,明确到组织内部的不同部门,由这些部门开展响应行动,这就是部门响应。分灾种响应与部门响应适用于地方党委政府及其部门突发事件应对工作。

三、应急行动程序

应急响应行动,即应急行动。是在发生突发事件时,组织按照预先制定的应急行动计划或方案,为了及时、有序组织搜寻搜救、疏散撤离、灾情控制、事态减缓等工作,而展开的一系列应急活动。根据突发事件灾害类型、任务特性、响应层级、作用主体、阶段特点等因素,对应急行动进行不同的区分。按照灾害类型可以划分为抗震救灾应急行动、抗洪抢险应急行动、疫情防控应急行动、恐怖袭击应急行动等;按照任务特性可以划分为专业处置行动、应急救援行动和资

源保障行动等;按照响应程序可以划分为先期响应行动、基本响应行动和扩大响应行动;按照作用主体可以划分为第一响应人应急行动、单位及基层组织应急行动、党委政府及其部门应急行动;按照突发事件应对阶段特征可以划分为准备性应急行动、执行性应急行动和恢复性应急行动。

不同形式的应急行动都有各自的特点与优势,如在作用主体形式下的应急行动中,第一响应人应急行动,注重的是苗头性事件的处置,主要解决"早发现、早报告、早预警"的问题,为突发事件处置赢得先机;单位及基层组织应急行动,关注的是非等级事件的处置,突出先期处置,主要采取自救互救的方式,实现事件"处早、处小、处了"(早处置、小的时候处置、及时处置了),把事件消灭在萌芽状态;党委政府及其部门应急行动,强调的是等级突发事件的处置,依据不同突发事件类别、不同指挥机构形式、不同运行机制、不同响应级别,按照分类指导、分级负责、相互配合、联合行动的要求,开展应急响应行动。又如在阶段特征形式下的应急行动中,准备性应急行动是突发事件应对工作的基础,是为达成执行性应急行动目标而进行的一系列准备工作,包括应急预案、响应计划、风险防控、危险源监测、事件预警、力量建设、物资储备、资源调配等方面的工作,突出基础性、针对性和全面性;执行性应急行动是实现应急响应目标的关键,是具体的、直接的、规范的应急行动,通常包括信息、处置、救援、协同、响应、结束等内容;恢复性应急行动是对应对工作的总结与评估,是突发事件应对工作再准备的出发点,包括调查评估、善后处置、修订预案、完善机制、制定规划、政策扶持等问题,突出前瞻性、政策性和预防性。应急行动程序包括了预防准备、监测预警、情报信息、应急响应、指挥协调、处置救援、恢复重建等内容。

应急响应计划。是组织实施响应工作的具体安排,是突发事件应对工作的基本遵循。应急响应计划应明确突发事件危害影响的轻重缓急、对生命财产安全的威胁、对环境造成的影响程度以及造成极高损害的可能性,事件发展及其演变的复杂性、紧迫性等,把握突出性、关键性和前瞻性问题,依据突发事件应急预案和应对工作实际需求制定。应急响应计划应贯彻上级应急行动意图,重点明确应急行动阶段划分、应急指挥方式、协同联动相关规定,规范灾害现场管理、资源与信息保障、安全防护、通信联络等问题,对监督检查、激励惩戒、计划方案更新等工作提出具体要求。

监测与预警。监测,简单地说就是监管预测,是突发事件发生前或发生后,利用各种仪器、设备与人员(人、机、技)等手段,对管控的风险及其先兆进行持续不断地监视与测量,收集相关数据与信息,分析评估突发事件发生的可能性、危害程度的严重性及可能造成严重后果的过程。监测是一个实时、动态的监视与测量,监测结果应及时告知有关部门,以便及时发布预警信息。监测按照形式分为专业机构监测和社会组织监测;按照手段分为系统平台监测、卫星雷达监测和装备器材监测(烈度、深度、浓度、密度、温度、气味、压力等各种数据);按照过程分为常态监测和突发事件处置行动监测,常态监测结果,应向上级单位或行业主管部门报送,需要向社会公开监测结果时,依照有关规定执行。突发事件处置期间监测结果,应第一时间向各级指挥机构报送,当监测对象危及应急人员生命安全时,在向指挥机构报告的同时,立即通报各响应成员单位,也可立即发出预警信号。响应终止或结束期间监测结果,需向属地党委政府或具有善后处置指挥权限的部门(机构)通报监测结果。

预警,简单地说就是预先警告,是根据监测分析结果,在突发事件可能发生或者到来之前,消息获知者或具有预警职能的单位,将风险结论信息及时告知潜在受影响者和相关单位,使其提前做好相应的避险和应对工作行动准备。预警的主体是提前获得突发事件可能来临的组织或个人,预警的客体是潜在的受影响者,包括灾民、应急管理机构、媒体、救援人员、志愿者等组织和个人。预警分为事前预防预警和突发事件应对过程中危害程度的预警两个方面,预警要明确预警目标、预警方式、预警内容、预警时效、预警范围和应急任务等要素,具有预警职能的机构和个人,对获得的监测信息进行分析研判,对可能发生的突发事件或者已经发生还未涉及本区域的突发事件,应按照有关规定和程序,及时发生预警信息。2020年暴发的新冠肺炎疫情风险预警情况,就充分显示出了预警工作的重要性。新冠肺炎疫情风险预警与应急任务,如表4-2所示。预警信息发布权限、预警程序、预警级别按照国家有关规定执行;预警内容、预警条件、预警渠道、预警手段、预警形式、预警行动由各级党委政府或单位及基层组织予以明确。

表4-2 新冠肺炎疫情风险预警与应急任务

预警目标	预警方式	应急部门职能	应急工作任务
果断阻止疫情暴发	"组合式"权威预警	在融媒体环境下,形成专业权威和行政权威的组合式预警,及时发布权威预警信息	新闻发布及时,官方发布专业

续表

预警目标	预警方式	应急部门职能	应急工作任务
快速遏制疫情蔓延	"传递式"精细预警	结合流行病学调查,针对高危场所启动精准预警,及时传递预警信息	措施干预精准,传递通道畅通
坚决防止低效失误	"闭环式"内外预警	采用闭环预警,明确防控策略,规范防控行为,落实各环节责任,惩治违法违规行为,救助弱势群体	应对主体构成闭环回路,应对责任分工明确,关注薄弱环节
全面提升应对效能	"触发式"动态预警	统筹疫情防控需求,采取基础预警、系统预警和技术预警相结合的方式,运用会商研判和辅助决策功能,实现发现即预警	跨区域跨行业联动应急,防控决策科学,切断"传播链",健全"应急链"
促进强化本质安全	"常态式"超前预警	依据疫情发展规律,固化宣传教育形式方法,改良工作作风,强化制度建设,提升本质安全	开展广泛的宣传教育活动,预防措施人性化、制度化,推进本质安全自觉化

监测是预警的基础,预警是监测的目的,两者在环节上紧密相连,监测要先于预警,启动预警程序,必须建立在对突发事件进行科学分析与判断的基础之上,得出突发事件可能发生或者已经发生即将到来的结论,而要得出这种结论,就需要通过事前实时监测,及时发现危险征兆,对风险进行科学评估,为预警提供相应的决策依据。监测工作的最终目的是将突发事件的威胁程度及时告知周围人群,使其提前做出应急反应,采取逃生避险等措施。

信息传递,是在突发事件应对过程中,将通过各种渠道搜集、收集获得的相关突发事件信息,经过核实、分析研判、加工汇总,报告上级机构,通报相关单位,传达下级部门的过程。信息传递是突发事件运行机制的重要环节,也是应急行动工作的重要内容,缺乏突发事件应急信息,应急行动就成了"瞎子"。信息传递应明确传递原则、信息类别、信息内容、信息格式、信息主体等内容,规范信息传递途径、传递方法、传递方式、传递手段和传递程序,对信息获得、传递时限、信息发布、信息共享、信息支持系统、信息员队伍建设等方面提出具体要求。

应急响应。应急响应过程包括了先期响应、基本响应、扩大响应和响应结束四个阶段。应急响应的不同阶段所体现的内容也有所不同。先期响应,重点在做好情况分析研判,定下行动决心;基本响应,强调应急行动主体责任,防止事态扩大;扩大响应,关注重点目标、重要环节、主要部位的应急突击行动,遏制事态进一步发展;响应结束,注重明确现场恢复与监测工作,防止次生、衍生事件发生。地方党委政府应急响应过程,通常包括部门单位的先期响应(小响应)、指挥(专业)机构的基本响应(大响应)和支援增援力量及专业处置救援机构的扩大响应(专项响应)三个层次。地方党委政府及其部门应急响应行动流程,如图4-2所示。

恢复重建,既是结束,亦是开始,是在应急处置与应急救援结束后,管理主体为恢复正常的生产、生活秩序和经济社会运行状态所采取措施的过程。恢复重建关系到受灾害影响人民群众的切身利益和受灾害影响地区的长远发展,是一项复杂性、持续性和艰巨性的系统工程。应急响应终止或结束后,地方党委政府应当适时组织开展灾后恢复重建工作,尽快恢复受灾区域的生产、生活、工作和社会秩序,妥善解决突发事件处置过程中出现的各种问题,及时对受灾人员进行心理安抚疏导,积极做好受灾群众的灾后救助和疫情防控工作,科学规划和制定好灾后恢复重建工作计划,在重建选址、对口帮扶、政策支持、项目支撑、财政补贴等方面给予倾斜和支持。恢复重建工作主要包括善后处置(措施落实、征用补偿、保险理赔、社会救助、心理干预等)、调查评估(灾情统计、利弊分析、经验教训、存在问题、责任追究等)和恢复重建(明确恢复重建原则、制定恢复重建计划、组织恢复重建实施、跟踪恢复重建效果、建立长效预防机制)等内容。

四、情报支持

情报,简单地说就是情况报告,是通过一定的手段和途径,将搜集整理、分析研判、汇总生成的信息进行传递、告知和发布的过程。在突发事件应对过程中,情报,为事件态势的评估提供了依据,有助于有效管理应急响应活动,有助于感知事态、组织资源和开展应急指挥工作,有助于完成应急响应目标任务,是党委政府、媒体与公众之间应对突发事件的重要基础。因突发事件类别不同、资源性质不同、调度方式不同、区域环境不同,诸多信息在响应过程中还处于涉密阶段,需要采取专用的途径和方法进行传递,我们将这类信息统称情报。作为情报,为实现主体某种特定目的,有意识地对有关的事实、数据、信息、知识等要素进行分析加工,形成信息"产品"。情报处理应遵循承担责任(Shoulder the

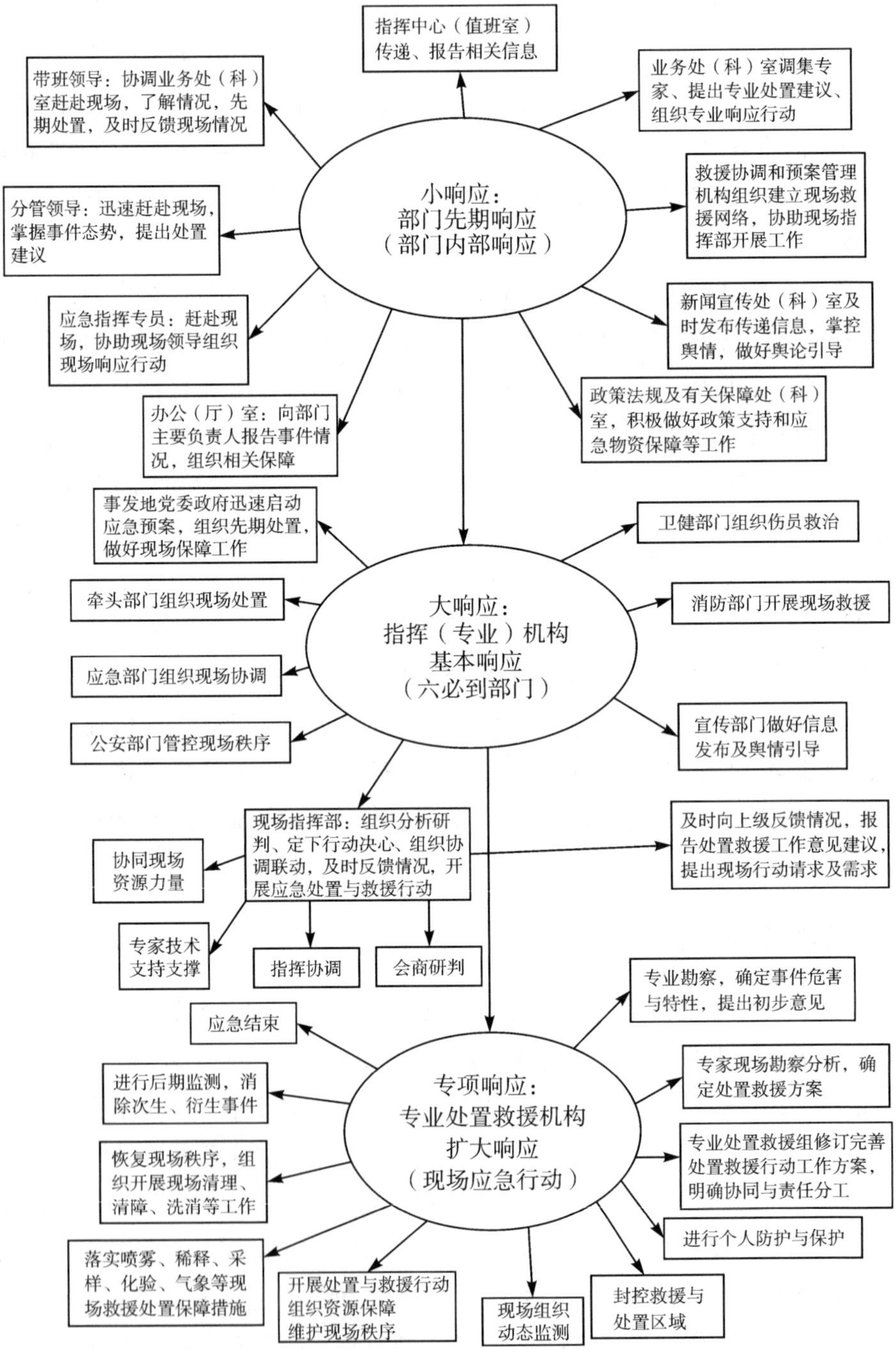

图 4-2 地方党委政府及其部门应急响应行动流程

matter)、真诚沟通(Sincerity)、速度第一(Speed)、系统运行(System)、权威证实(Standard)的"5S"原则,坚持"以我为主提供情况(Tell You Own Tale)、尽快提供情况(Tell It Fast)、提供全部情况(Tell It All)"的3T原则。情报信息包括收集到的信息、突发事件动态生成的信息或与地点有关的静态信息(建筑物、基础设施、人口等)和发布的信息等。情报信息形成过程,如图4-3所示。

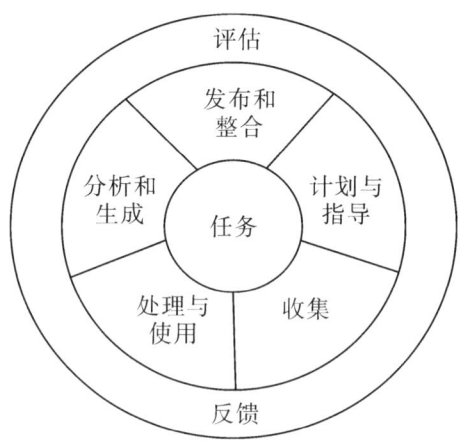

图4-3 情报信息形成过程

(一)情报收集与处理

情报收集,是与获取情报信息有关的活动(如确定情报资源的具体来源、安排和控制要求等)。情报收集工作包括确定情报信息资源的获取途径、获取信息、记录获取信息(建立包括信息来源和时间的日志)。其核心在于情报信息来源的制度化,重点在于情报信息收集手段的技术化,要点在于情报信息收集要素的标准化。

1.情报类别与收集途径

在响应过程中,突发事件动态生成的信息或与地点有关的静态信息和发布信息,通常易于掌握,所以情报收集的重点应是常态下的情报信息。如涉及突发事件比较敏感或敏感地区、敏感时间、舆论关注的焦点信息,涉及重要目标(重要目标保护物、重大活动场地、军队设施、城市生命线工程设施等)、特殊人群(高级领导干部、院士、社会名流、驻华大使、外籍友人、知名专家学者以及弱势群体等)的信息,这些信息都应规范类别,便于开展收集工作。做好情报信息收集工作,一是要进一步增强专业机构情报信息收集能力,充分发挥专业情报信息网络的优势,加强与气象、地震、地质、水文、交通、检测机构、预警平台和指挥中心等专业机构的联系,建立情报收集沟通机制;二是要加强情报信息平台建设,加大对预警预报系统、重大危险源监控系统、情报支持系统、信息传递系统以及道路交通监控系统、"天网工程""智慧城市""海绵城市""数字城市"等与情报信息收集相关的系统建设,建立与110、119、120、122等指挥服务保障平台的联系,不断拓展情报收集渠道;三是要建立健全社会参与的情报收集系统网络,不断加强对基层网格安全员、灾情信息员、风险监测员、气象信息员、企业监管员等专兼职信息员的专业技能培训,动员社会公众及时提供突发事件信息。

2. 情报分析与生成

情报信息的分析与生成,是一个通过分析、评估、整合和解读所有经过处理过的可用信息,生成情报信息的过程。情报信息内容应满足指挥人员的优先选择或突发事件处置的实际需求,包括对情报信息的修改、确定优先级别和信息类别、信息校对、汇编与合成、风险识别与风险分析、评估的可能结果、研判发展趋势、情报编制建议及其他相关信息处理资料。对情报信息可信度和可靠性进行级别评定,以确定情报信息的质量。情报信息可信度评级,如表4-3所示,情报来源可靠性评级,如表4-4所示。

表4-3 情报信息可信度评级

级别	描述
1	经其他来源确认——与最初消息来源不同的渠道确认该信息可用
2	很可能为真——经其他来源确认信息的基本内容。航空影像通常属于此类
3	可能为真——对所报告信息的调查不能提供进一步的信息,但是信息与之前的行动或背景信息一致
4	存疑——信息中的一项与之前报告和验证的信息趋于矛盾
5	不可信——信息中的一项明显与之前报告和验证的信息存在矛盾
6	无法判断可信度——新信息无法与其他来源的信息进行对比。此级别只用于1至5级均不适用的情况

表4-4 情报来源可靠性评级

级别	描述
A	完全可靠——经测试的可靠来源,可以放心使用。这类信息来源通常极少
B	通常可靠——过去成功使用过的来源,但是在特定情况下仍然存有疑问。用于已知可靠性的信息来源方,例如联合国机构、军事影像和一些主要的非政府组织
C	基本可靠——过去偶尔使用且具有一定可靠性的信息来源。用于部分新闻来源和非政府组织
D	通常不可靠——过去使用过但证明经常不可靠的信息来源。用于部分新闻来源和非政府组织
E	不可靠——过去使用过但证明不值得信赖的信息来源
F	无法判断可靠性——过去未使用过的信息来源

3. 情报信息计划和指导

制定情报信息计划,有序开展情报信息管理工作,通常包括确定应急响应任务的目标并提供指导,说明有效制定决策的关键问题,提出情报信息收集的方法和结果要求,规定情报信息储存、使用、访问权限和限制(数据库设计、数据格式和沟通方式等),确定应急响应各参与方的情报信息要求,确定情报信息需求的时间限制,确定情报信息传播的要求和协议(技术和非技术类),规定处理情报信息人员、情报信息处理设备及其操作管理等内容。

4. 情报信息处理与使用

在处理和使用情报过程中,应将所收集的情报信息转化为适当的格式,以供应急响应各个层级决策制定者及其他对情报信息有需求的用户使用。其过程包括将情报信息转换为便于有效传播的格式,对情报信息进行初次评估(评估信息来源的有效性和可靠性),消除无用不相关或不正确的情报信息,确定发布等级(包括分类等级),评估情报信息可信度,分析与生成情报信息。

5. 情报信息共享

组织突发事件应对时,情报信息共享是协同合作与指挥协调的基础,响应成员单位之间应建立在各方互信的基础上,按照相关法律、行政法规要求开展情报信息共享工作,这是跨组织和跨区域应急响应的重要保障。只有对跨组织的情报信息进行统一整合,才能获得最及时、最准确的情报信息。组织应针对突发事件和所涉及组织的情况,对所有需要共享的情报信息,建立合适的共享方式。组织应考虑以下方面来评估情报信息共享需求:情报信息共享环境(包括建立信息共享环境、流程图和态势评估)、形成合力(各个组织的人员不仅应从本组织角度,而且也应从跨组织的角度看待事态)、为解决组织间的显著差异做出调整(参与应急响应的不同组织,可能存在原则和流程等方面的差异,应从最高指挥层级开始,做好为解决这些差异而调整的准备,以实现跨组织的情报信息共享)、情报信息处理计划(在计划早期应确定可能与其组织共享的情报信息,以及相应的情报信息共享方式)、应急响应增援行动(满足应急响应增援行动的情报信息共享需求)、语言或符号(建立通用的信息共享语言、标识或应急标绘符号)等。

6. 情报信息制作与发布要求

情报信息质量对应急响应能否成功,以及指挥人员能否及时做出正确科学决策至关重要。

从情报信息的质量上讲,高质量的情报信息应具备以下特征:

(1)预先估计性。预先估计性是指挥人员在制定计划和决策等方面的情报信息需求,要求预先识别和全面理解当前和后续可能的应急指挥目标,并考虑相关的环境因素。

(2)及时性。应及时满足指挥人员情报信息需求,以支持其对事态的预先估计,避免因情报信息不足而无法及时采取最有效的应对措施。

(3)准确性。情报信息应真实准确,如实反映突发事件实际情况,依据情报信息评估事件可能态势。

(4)有用性。情报信息应满足指挥人员的具体要求,并以便于其理解的形式表达,为此,情报信息制作方必须理解情报信息的使用环境。

(5)全面性。情报信息应尽可能全面地满足指挥人员的需求,此外,还应反映一些需求外的情况。

(6)相关性。情报信息应与正在执行的计划和行动相关,为指挥人员实现应急响应目标提供支持,应能帮助指挥人员掌握当前态势,但又不是对当前任务不重要的信息。

(7)公正性。情报信息应是公正和不存偏见的信息。

(8)可用性。情报信息应可供指挥人员随时调用,可用性不仅包括了及时性和使用性的要求,也包括了合理的安全等级、互操作性和关联性要求。

从情报信息的管理要求上讲,精准的情报信息应具备以下特征:

(1)易读性。情报信息有助于全面了解、认识当前情况和所面临的挑战,以确保响应目标、策略、计划的可行性,以及应急响应行动的顺利执行。

(2)时效性。情报信息应与应急响应行动和计划同步,以及时满足相关信息需求,支持相关的应急决策,应在制定和执行应急方案之前较为充裕的时间内,完成情报信息的计划、收集、处理、分析、制作、传播和应用,以便对应急决策提供综合支持。

(3)客观性。公正要求忠于事实,在说明和解读事实时,保持客观,在情报信息的获取、制作和使用时,不应以某方立场、理想的结果、预想的事态、预设的目标为基本出发点。

(4)协同性。通过协调与合作,实现基于共同利益的应急响应目标。这种模式对于确保信息的有效性、减少情报信息收集和制作过程中的重复和冗余至关重要。

(5)顺序性。在制定规划时,需要确定收集和分析情报信息的优先次序,以确定最重要的任务,调用可用资源,提出风险应对要求,并有效管理风险。

(6)前瞻性。情报信息提供了对可能发展趋势的预测。当预测所基于的情报信息存在不足或不确定性时,应确保指挥人员了解这一情况。

(7)灵活性。对所有突发事件类型,提前进行情报信息的准备和组织,以实现情报信息的灵活性。这需要较强的认知能力和预见性。为适应变化的形势、需求、优先次序和机遇,信息的结构、相关方法、数据库和制作,必须具有充分的灵活性。

(8)专业性。情报信息存在本质不足(例如:无法已知所有事情,情报信息分析容易受到虚假信息的影响,信息解读形式不尽相同)。避免这些问题并提高信息的准确度的最佳途径,是向其他分析人员和专家,尤其是外部组织的专家进行咨询,征求他们的相关意见。

(9)融合性。融合是基于一定准则,从所有可用来源收集和检查信息,以尽可能完整评估事态的过程。

(二)信息报告

信息报告包括信息报告的原则、责任主体、程序、形式、渠道、方法、内容、时限和要求等。通过快速、及时、准确报告信息,为应急响应行动提供保障。

信息报告工作应明确以下原则:

(1)逐级报告与越级报告相结合的原则。逐级报告是按照特别重大、重大、较大和一般突发事件的级别顺序和行政管理的层级顺序,由低向高逐级报告突发事件信息。当辖区内发生超出本级应对处置能力的突发事件时,可以越级报告突发事件信息。

(2)"三同时"原则。发生突发事件后,突发事件信息应在报告本级领导的同时报告上级领导,报告属地政府的同时报告属地党委,报告本级政府的同时报告上级业务主管部门。

(3)边处置边报告原则。在突发事件应对过程中,按照"边处置、边会商、边审签、边报告"的原则,做到突发事件信息"应报尽报、早报快报、实报准报",确保突发事件信息"早发现、早报告、早预警、早处置"。

(4)"三敏感"原则。突发事件本身比较敏感或发生在敏感地区、敏感时间,或可能演化成重大、特别重大的突发事件信息要立即上报。

(5)规范性制度原则。根据应急预案规定或突发事件应对工作实际需要,信息报告适时建立"月报告、周报告、日报告、时报告和零报告"制度。区域性、长期性、恢复性的事件信息可以采取月报告和周报告制度;临时性、紧迫性突发事件信息可以落实日报告和时报告制度。例如,每日18时前报告事件进展情况,每4小时报告事件进展情况,特别紧急的突发事件信息可采取每小时报告一次事件进展情况,这种信息报告方式通常适用于突发事件处置与救援关键时期,适用于特别重大和重大突发事件的应对处置;为了持续监测监控事态进展,也可以采取"零报告"制度,即"有事报事、无事报平安"的信息报告方式。

信息报告的责任主体与程序。获得突发事件信息的公民、法人或者其他组织,应当立即向所在地人民政府、有关主管部门或者指定的专业机构报告突发事件信息。从管理的主体角度看,突发事件信息报告主体并非广义上的公众和组织,而是有明确的界限,地方各级人民政府应当按照国家有关规定向上级人民政府报送突发事件信息,专业机构、监测网点和信息报告员应当及时向所在地人民政府及其有关主管部门报告突发事件信息。这就意味着,突发事件所在地的人民政府是信息上报的责任主体,专业机构、监测网点和信息报告员是所在地人民政府及有关部门的重要信息来源。为了进一步规范信息报告主体责任,国务院办公厅专门印发文件,"根据分类管理、分级负责、条块结合、属地管理为主的应急管理体制,突发事件发生地人民政府是信息报告的责任主体",这样,就进一步明确了信息报告的主体责任问题。突发事件信息报告主体责任制的建立,为突发事件信息收集的多渠道、责任化提供了保障机制。一方面,分类管理原则和属地管理原则为突发事件信息上报提供了双渠道、双保险,使信息报告主客体之间形成一定的竞争关系,确保突发事件信息报告渠道畅通;另一方面,信息报告主体责任制明确了信息报告的主渠道是地方人民政府,而非有关行政主管部门,行政主管部门渠道上报的应急信息在一定程度上是对地方人民政府报告信息的补充和核证。因此,公安110指挥中心、消防119指挥中心、120急救中心等机构上报的信息均为辅助性信息,地方人民政府上报的信息才是主体责任信息。

在程序上,突发事件信息报告分为"初报、续报、核报和终报"四个环节。按照"初报事态、续报进程、核报实情、终报结果"的基本要求,及时、持续、翔实地报告突发事件信息。突发事件信息的初报也就是首报,首报要快,要以报事为主,尽快报告突发事件发生的基本情况;续报要详,要以报情为主,将突发事件应急处置与救援的基本情况、发展趋势研判结论、应急行动进展情况和需要得到的支持支援情况及时报告;核报要准,要以报实为主,重点核查报告受灾人员失踪伤亡、重大危险源及险情、资源调动及需要特别关注的事项,报告内容要精准翔实,能量化的要量化,不可用似是而非的信息;终报要全,要以报果为主,将突发事件处置与救援、调查评估、经验教训、改进建议及措施等结论情况进行汇总后,综合上报。

信息传递渠道、形式和方法。灵活选择信息传递方式和传递渠道,是增强信息时效性和信息报送质量的重要保障。信息传递可根据信息功能用途、事件紧急程度、响应成员单位关系,选择不同的传递形式方法。预防预警性信息,可以采取应急信息传递平台、预警信息发布平台、应急资源保障平台和应急服务平台进行传递与发布,如气象服务平台、环境监测平台、新闻发布平台和互联网传递发布的预防性信息;重大危险源监控、重要目标物保护、重大活动和重要应急行动等敏感保密性信息,可以采用书面报告、公文、机要文件、传真、电话等形式,通过专用网络、机要通信、指挥平台等渠道进行传递,例如,应急响应行动计划可以通过专用机要通道传递,下达应急行动命令,可以通过专用保密电话的方式传递等;会商会议性信息,可以通过音频、视频、数据、视频会议系统、电子邮件等形式进行传递;预告告知性信息,可以通过联席会议、会商会议、指挥部会议、联络员会议和情况通报(内部通报、部门通报、军地通报、地企通报、区域通报、涉外通报)等形式进行传递;危险提示性信息,可以通过简易方式方法传递避险撤离等应急信息,如采用一面旗帜、一只鼓、一面锣、一个口哨、一把手电、一只喇叭、一只铃铛、应急广播、鸣炮、鸣笛等形式传递应急信息。无论采用有线、无线、网络、简易何种传递方式,都应实现组织末梢应急信息反应灵敏,结点应急信息分析准确,为突发事件应对工作提供快捷高效的信息保障。

信息报告的内容和时限要求。突发事件信息报告内容要简明、准确、规范。因突发事件类型不同,处置需求不同,信息报告的内容也有所不同,突发事件信息报告一般应明确突发事件发生的时间、地点、事件起因和危害、基本过程、影响范围、事件发展趋势、处置与救援情况、已造成的后果、当前采取的措施、拟采取的行动、下一步工作建议以及信息来源等内容。在报告阶段性信息时,对已经报送过的信息,后续报告内容可以简化,重点报告需要了解和关注的应急信息。信息报告的时限,关系到突发事件应急处置的效果,能否及时快速报告突发事件信息,既是考验政府的应急管理能力,也是衡量政府的公共管理责任,因此,对突发事件信息报告工作必须提出时限要求。国家对特别重大、重大突发事件信息报告工作进行了明确规定,较大和一般突发事件信息报告工作由地方党委政府予以明确。不同类型突发事件信息报告时限有着不同的要求,由相应的应急预案予以明确。一般来讲,突发事件发生后,应立即进行报告,突发事件信息电话报告时间不得超过30分钟,书面报告不得超过1小时,需要进一步核实的突发事件信息报告时间不得超过2小时,落实"日报告"和"零报告"制度时,通常应选择在每日9时、12时、18时规定的某个时段,报告突发事件信息。

(三)信息发布与整合

突发事件信息发布是指突发事件发生后,各级党委政府或有关部门为了保障社会公众的知情权、参与权和监督权,为突发事件处置与救援营造一个和谐的舆论环境,按照有关法定程序,依法主动向社会或组织公开发布突发事件信息行为的过程。突发事件往往与公共危机只有一线之隔,突发事件演变成为公共危机的诸多因素中,信息发布往往是其中一个重要环节,因此,做好突发事件信息发布工作,创造良好的舆论氛围,对突发事件应对工作具有十分重要的意义。

突发事件信息发布工作具有舆论环境复杂、时间要求紧迫、信息压力巨大等特性。突发事件发生后,社会舆论环境会发生显著变化,媒体和公众关注度高、采访密度强、信息传播速度快,若处置不当,极易产生谣言;突发事件打破了正常的生产和生活秩序,媒体和社会公众对信息的需求更加迫切和敏感,人们迫切想知道到底发生了什么事、应该听谁的、应该怎么办,在这种信息极度不平衡、不对称的情况下,要求党委政府迅速及时不间断地发布突发事件信息,只有党委政府占领了信息发布的主阵地,敢于发声,才能保证突发事件信息传递从无序混乱转为掌控有度,才能确保社会秩序的安全稳定;突发事件信息发布面临着信息需求量大和可提供信息量小的突出矛盾,与灾害相关的、完整的、全面的信息很难在极短时间内获得,如人员失踪伤亡情况、财产损失情况、资源调动情况、灾民救助情况等,这些情况都不是马上就能搞清楚的,有些情况还需要研判和评估,面对媒体和公众对信息的海量需求,党委政府可提供的信息量是非常有限的,媒体和公众的信息需求,会对党委政府造成无形压力。

突发事件信息发布应遵循"及时、准确、统一"的原则,利用多元化的信息发布渠道,发布"权威、翔实、高效"的突发事件信息。突发事件信息发布工作,通常可以采取以下方式进行:一是通过各级新闻发言人发布信息;二是通过发表政府公报、声明、新闻通稿的形式发布信息;三是通过政府网站、信息平台、预警系统等渠道发布信息;四是组织召开通气会、新闻发布会发布信息;五是通过手机短信、微信平台发布信息;六是通过信息公告栏、电子信息屏,公开发布信息;七是通过有线广播、应急广播、宣传车或组织人员通知发布信息;八是通过网络媒体、平面媒体、纸质媒体发布信息;九是利用电话、传真和电子邮件答复记者或公众问询发布信息;十是采取组织专家访谈、接受记者邀请对话、约请媒体记者采访、利用公众号、抖音等形式发布信息。

突发事件新闻发布会,是党委政府在突发事件处置与救援过程中,最常用、最有效的一种信息发布形式,新闻发布会既可以发布突发事件信息,又可以架起与媒体、记者乃至公众之间的桥梁,不断加强与他们之间的互信沟通,及时答疑解惑,还可以因势利导,做好舆论引导工作。突发事件新闻发布会是在突发事件发生后,由党委政府或相关部门机构邀请媒体参加,并就突发事件的有关情况,通过媒体对公众进行传播的一种信息传递活动。突发事件新闻发布会的组织通常包括确定发布主题、明确发布人、准备发布材料、确定发布口径、做好报道安排和会务保障等方面的工作,新闻发布会通常由政府新闻办公室组织,也可以根据突发事件指挥机构的授权,由相关部门或机构组织召开。

每次新闻发布会都要设定明确的主题,与主题无关的内容,发言人都可以通过委婉的方式拒绝作答,一次新闻发布会的核心主题最多不要超过5个,信息越多,媒体在报道时选取不重要信息的可能性就越大;各级党委政府、社会团体任命或指定的专职(兼职)新闻发布人员就是新闻发言人,新闻发言人的职责就是在突发事件发生后,根据党委政府或突发事件应急指挥机构的安排,以新闻发布会的形式,集中回答或约见个别记者,发布与突发事件处置与救援有关的信息,并代表党委政府或部门回答记者的提问;组织新闻发布,要准备新闻通稿、背景材料、发言提纲、开场白等,发给记者的主要是新闻通稿和背景材料;准备答问口径是突发事件新闻工作方案的一个重要环节,突发事件发生后,保持口径一致是党委政府新闻发布工作中,重中之重的一项工作,准备口径的目的不是为了应对媒体,准备口径也并不意味着新闻发言人没有自由,而是通过准备口径,新闻发言人能够把问题讲得更清楚、更充分、更真实;根据新闻发布会内容和希望达到的目的,合理确定新闻发布会记者参加范围,与组织有密切联系的新闻机构和记者不能遗漏,有的发布会可能以境外记者为主,有的则可能以国内媒体为主,必要时,可以组织网络达人,以线上的方式参加新闻发布会,拓展新闻发布渠道。需要重点通知的参会对象,在通知下发后,再通过电话或电子邮件的方式予以确认;新闻发布会召开之前,需做好场地选择、证件制作、主席台和记者席设置、发布区的搭建,发布会背景、签到册、桌牌、灯光、音响、空调、摄像、话筒、翻译等相关会务安排与保障工作。必要时,还可提供音频、视频资料和相关物件等,并做好备用预案,这点十分重要。新闻发言人是党委政府及其社会组织的新闻发言人员代表,一名优秀的新闻发言人应该具备坚定的政治信念、深厚的法规根基、稳定的心理素质、灵活的应急能力、全面的综合素质、敏锐的观察能力、高超的表达能力和良好的个人形象,用"个体"行为为"整体"代言。

信息发布与媒体应对时,应关注首因效应、碎片效应、围观效应、看客效应、放大效应、口水效应、翻转效应和踢猫效应,做到"两会(会说话、会听话)、两有

(有渠道、有反馈)和两防(防误传、防谣言)"。突发事件新闻处置应坚持"制定并启动新闻处置应急预案,始终把人的健康和生命放在第一位,统一口径,快速行动、积极主动发布信息,真诚、坦率、透明不隐瞒不欺骗并学会示弱,让第三方专家说话,听取危机专家意见或者聘请专业公关公司应对,开展舆情监测及时掌握媒体舆论情况和重建公众信任修复组织机构形象"的基本原则。舆情管控应遵循"抢占先机、把握节奏,准确研判、定性定位,细化诉求、分层处置,公开透明、遏制谣言,舆情隔离、防止交感,重视达人、借助他方,涉及敏感、技巧处理,实不得已、可冷处理"的基本原则。组织新闻发言时,应灵活采用告知性(简洁阐述事件,时间控制在1小时以内)、表态性(表明党委政府的态度立场,时间不能超过半小时)、正规性(也就是正式发言,详细介绍情况,时间控制在2小时以内)、追加性(由个别人员进行补充发言或作补充说明)和评论性(主要用于事件辟谣或有关问题的更正与更新)等阶梯式、滚动式方式进行。信息发布与媒体协作可采取不同的形式进行。突发事件新闻发布会,是以正式、高端的形式,发布突发事件信息;记者见面会,是以友好、亲和的形式,发布突发事件信息;媒体通气会,是以专业沟通、相互试探的形式,发布突发事件信息;工作午餐会,是以细化主题、公关推动的形式,发布突发事件信息;记者联谊会,是以轻松维系、能量传递的形式,发布突发事件信息。

在信息发布与整合过程中,应基于信息的类别,将突发事件信息发布给决策者和其他必要的相关方。发布可以通过多种方式实现,具体取决于用户需要,突发事件信息的意义和紧急程度,以及可用的发布途径,应当包括以下活动:一是制定发布协议,记录发布内容并根据具体要求(技术或非技术类)进行发布,发布的信息应能被用户接受;二是将发布的信息整合进用户应急处置过程记录和流程图中;三是对信息进行评估与反馈,在评估和反馈期间,组织应在各个层级对应急信息进行评估,根据评估及由此获得的反馈,采取纠正措施以完善应急信息内容,确保发布的应急信息为整合后最真实、最有效、最权威的信息。

第二节 应急指挥与协调

从系统动力学的观点分析,突发事件的诱发、发展和演变是一个"能量"转换的动力过程,应急指挥的核心就是应用反馈机制,合理协调应急力量和资源,把握时机,尽早切断事件正效应链,采取常规与非常规措施,如紧急状态下的媒体导向和公共关系处理等,强化控制力度,防止事件向危机方向转化,对已发生的突发事件,将其破坏力和影响范围都控制在最低级别,所以说,应急指挥的核心是控制。1949年10月,我国成立了"中央防疫委员会",1950年,成立了"中央救灾委员会"和"中央防汛总指挥部",后更名为"国家减灾委员会和国家防汛抗旱总指挥部",相继又成立了"国家森林草原防灭火指挥部"等指挥机构。在长期的突发事件应对实践中,我国积累了丰富的应对工作经验,一旦发生突发事件,军、警、民各种应急救援力量迅速挺进灾区,救援行动紧紧抓住"第一时间",积极展开应对工作行动,逐步形成了属地为主,友邻支援、上级支持的应对工作机制。应急指挥也显得更加从容自信,协调与合作也更加干练娴熟,事件应对能力水平逐步提升。应急指挥机构及其人员初步具备了高超的领导力、组织力、协调力、动员力、感召力和科技力,识图用图和图上作业能力、复杂情况下信息分析研判能力、指挥决策与现场协调能力,复杂环境适应能力也正在逐步提升。

一、应急组织指挥机构

应急组织指挥机构是党政机关及其组织在突发事件应对过程中,具体行使紧急权力的机构,是领导、协调、指导和组织开展突发事件处置与救援活动相关组织的统称。其机构设置应符合实权化、综合化和常态化的原则,具备调动应急资源和力量、应急决策权力和执行决策的能力;具有相对独立性和权威性,超越现行部门相关职能,处于突发事件应对的核心地位;采用应急预案设置和现行体制设置、采取常设指挥机构和临时指挥机构两种方式,应对常发、易发和多发突发事件,如已经建立的防汛抗旱指挥部、森林(草原)防灭火指挥部等。应急组织指挥机构分为战略层级、战役层级和战术层级应急指挥机构三个层级。战略层级应急指挥机构负责组织对特别重大突发事件的应急指挥与协调工作,指导其他突发事件的应对工作,由国家按照应急响应需求组织实施,是战略性应急指挥行动,重在制定应急政策、提出应急策略和方针、明确应急行动方向,确定应急工作目标。国家应建立国家应急指挥总部,在华北、东北、华中、东南、西南、西北等区域设立区域性应急救援中心或国家应急指挥分部,统筹全国应急力量体系和应急能力建设;战役层级应急指挥机构是负责组织开展对较大以上突发事件的应急指挥与协调工作,由市级以上政府按照应急响应需求组织实施,是战役性应急指挥行动,重在组织突发事件应急指挥、控制、协调与合作,省、市应建立本级常态化应急指挥部;战术层级应急指挥机构是负责组织开展对一般突发事件的应急指挥与协调工作,由县级政府及其上级部门按照应急响应需求组织实施,是战术性应急指挥行动,也是操作层级的应急指挥行动,重在做好突发事件现场控制与协调,消除风险隐患,解决超出基层政府及其组织处置能力的突发事件应对工作。

(一)应急组织指挥机构及其形式

突发事件应急组织指挥机构及其形式,通常包括突发事件应对工作领导机构、突发事件应急指挥机构、突发事件指导处置机构和突发事件协调协作机制四个方面。

突发事件应对工作领导机构是突发事件应对工作的领导机关,分为政治领导机关和行政领导机构两种形式。政治领导机关是突发事件应对工作的绝对领导机构,突发事件应对工作的实践告诉我们,只有坚持党对突发事件应对工作的绝对领导,中国人民才能取得与突发事件斗争的最终胜利,这是我国社会主义制度的根本特色,也是应急管理体制优势所在。因此,党委(党组)是突发事件应对工作的政治领导机关,各级党的组织要加强对突发事件应对工作的研究,在应对突发事件时,及时做出政治决断,对重大应急行动问题做出科学决

策,政治领导机关的领导是党委(党组)书记。

行政领导机构是落实党委(党组)意图,具体组织实施突发事件应对工作的机构。政府及其部门应当在各自职责范围内,指导、协助下级人民政府及其部门做好突发事件的应对工作,政府领导和部门领导是本级政府及其部门突发事件应对工作的行政领导。县及县以上各级人民政府应设立由本级人民政府主要负责人、分管负责人、相关部门负责人、驻地中国人民解放军和中国人民武装警察部队有关负责人组成的突发事件应对工作机构,统一领导、协调本级人民政府及其部门和下级人民政府开展突发事件应对工作,是本级突发事件应对工作的行政领导机构。

突发事件应急指挥机构,包括突发事件总指挥部、突发事件基本指挥部、突发事件专项指挥部、突发事件联合指挥部、前方指挥部和现场指挥部等指挥机构。突发事件应急指挥机构,是为了保障公共安全和组织开展突发事件应对工作的指挥机关,在上级党委政府的指导下,在本级党委政府的领导下,具体组织实施突发事件的应对工作。突发事件总指挥部,是对自然灾害、事故灾难、公共卫生事件和社会安全事件进行统筹指挥与管理的指挥机构,协助本级党委(党组)指挥突发事件的应对工作。国家及省级政府建立突发事件总指挥部;突发事件基本指挥部,是为应对某一类或某几类(自然灾害、事故灾难、公共卫生事件和社会安全事件)灾害而设立的指挥机构,这种指挥机构便于建立长效指挥机制,适用于城市突发事件的应对工作;突发事件专项指挥部,是为应对某一类或某几种灾害类型的特定突发事件而设立的专项应急指挥机构,通常在突发事件专项应急预案中予以明确和规范,如抗震救灾指挥部等;突发事件联合指挥部,是为应对区域性、流域性和巨型灾害而设立的突发事件应急指挥机构,通常由上级党委政府根据实际需要组建或在联合应急预案中予以明确和规范;前方指挥部及现场指挥部,是突发事件现场处置与救援的指挥机构,国家和省级政府可设立前方指挥部,便于协调和指挥,市级或县级政府通常设立现场指挥部。

突发事件指导处置机构,是为了及时快速地处置各类突发事件,由突发事件总指挥部(上级领导)或基本指挥部等指挥机关向事发地派出的督促指导属地突发事件应急处置的工作机构。通常包括突发事件应对专项督导检查组、突发事件应对业务指导组、突发事件应对专业处置组以及专家组。通过督导检查、业务指导、专业处置和专家服务支撑等方式,协助地方指挥机构,开展突发事件的应对工作。

突发事件协调协作机制,包括突发事件协作合作机制、联席会议、专项议事机构、各种专业委员会等议事协作机制。突发事件协调协作机制是一种非建制、非隶属关系的突发事件应对工作机制,如地方设立的突发事件应急委员会、专业议事委员会、军地联席会议、联防联控机制等。这些议事协调协作工作机制,虽然名称不叫突发事件应急指挥部,但在突发事件应对时,实际上履行着突发事件应急指挥部的职能。

以新冠肺炎疫情应对工作为例,我们可以看出应急组织指挥机构的设置情况。新冠肺炎疫情在湖北武汉暴发后,党中央立即成立了"新型冠状病毒感染的肺炎疫情应对工作领导小组",这就是突发事件应对工作的政治领导机关,党中央提出了"疫情就是命令,防控就是责任"的应急行动总要求,为新冠肺炎疫情应对工作指明了方向;国务院建立了"新型冠状病毒感染的肺炎疫情联防联控机制",20多个中央政府部门是联防联控机制成员单位,这个联防联控机制,既是国家新冠肺炎疫情处置应急总指挥部,也是国务院新冠肺炎疫情应对专项指挥部,同时,还是一个协调协作机制,全面组织、协调、指导全国各地的疫情应对工作;国务院根据全国各地新冠肺炎疫情应对工作实际情况,及时派出疫情防控督导组、专家指导组深入上海、吉林、武汉等疫区,对新冠肺炎疫情应对工作进行现场督导和指导,这就是突发事件指导处置机构;地方各级党委政府建立了新冠肺炎疫情应对工作应急指挥部,具体负责本地区的新冠肺炎疫情应对工作,这就是地方突发事件应对工作机构。但从国家应急指挥的层面上看,地方的新冠肺炎疫情应对工作应急指挥部,就是国家新冠肺炎疫情应对工作的现场指挥机构。

(二)应急指挥部的构成及职能

根据有关法律法规、突发事件应急预案和突发事件应对工作实际需要,确立的突发事件应急指挥部,应明确其基本构成和应对工作职责。突发事件应急指挥部基本要素构成,通常包括"指挥长、应急指挥部党的组织、应急指挥部办公室和应急工作组",采取"1+1+6+N"的应急指挥编组模式运行。突发事件应急指挥部可设指挥长、副指挥长或总指挥、副总指挥,分别由政府主要负责人、分管负责人或相关部门负责人担任。

应急指挥部"1+1+6+N"应急指挥编组运行模式,即1个突发事件应急指挥部党的组织,1个突发事件应急指挥部办公室,6个突发事件应对基本工作组和N个突发事件应对备用工作组。重特大突发事件发生后,应对工作往往都需要经过一个比较长的时期,或突发事件应对情况十分特殊时,都应在突发事件应急指挥部内部建立党的组织。突发事件应对工作党组织负责人,通常由地方(单位)党委(党组)的负责人担任或负有应对工作责任的党委(党组)委派,必要时,也可由应急指挥部选举产生。参与应急指挥部工作的纪律检查委员会、国家监察委员会、组织部门、响应行动部门、相关应急队伍负责人为党组织的成员,主要负责突发事件应对过程中思想发动、宣传引导、响应措施执行的跟踪督导检查、问题反馈、违法违纪问题处理等工作。突发事件应对工作临时党委(党组)或党支部的建立,由本级党委(党组)决定。

突发事件应急指挥部办公室,由突发事件处置牵头部门负责,根据突发事件处置实际需要,一般吸收应急、公安、消防、卫健、宣传等部门有关人员参加,协助应急指挥部开展综合协调、抢险救援、灾民救助、舆情引导和资源管理等工作。及时做好信息汇总、会议组织、决策咨询等工作,充分发挥协调服务保障作用。

突发事件应对6个基本工作组,包括专业处置组、应急救援组、医疗救治组、宣传舆情组、安全稳定组和专家指导组,突发事件应急预案中已经明确的,从其规定。

(1)专业处置组通常由突发事件处置牵头部门组织,吸收与专业处置行动任务相关的部门和单位参与,主要负责抢险、排险、涉爆、传染病疫情等专业技术方面的应急处置工作。

(2)应急救援组通常由国家综合性消防救援部门牵头组织,属地政府相关部门和单位以及应急救援队伍的负责人参与,主要负责失踪、失联、被困人员的搜寻、营救,伤病员转运等应急救援工作。

(3)医疗救治组由卫生健康部门牵头,属地政府相关部门、各种医疗救治机构和社会组织的负责人参与,主要负责伤病员现场救治、院前急救、医疗救治、疫情防控和组织心理疏导及健康服务等工作。

(4)宣传舆情组由宣传部门牵头,公安、网信、信息管理等部门参与,充分利用互联网、新媒体、新闻发布中心、情况通报会等平台,做好突发事件信息发布和舆情管控工作。

（5）安全稳定组根据实际需要确定牵头部门，若是以维护交通秩序和社会稳定为主要目的的，则由公安机关（公安交通管理部门）牵头，若是以交通保障为主要目的的，则由交通运输管理部门牵头，若是以市场生活保供为主要目的的，可以由市场监管部门牵头，具体由哪个部门牵头，应根据突发事件应对工作实际需要确定。公安、交通、市场、信访等部门参与安全稳定组的工作，共同维护突发事件现场秩序，做好突发事件应对期间的社会安全稳定工作。

（6）专家指导组分为公共安全专家指导组和专业技术处置专家指导组。公共安全专家指导组，通常由应急管理部门牵头组织，专业技术处置专家组由行业主管部门牵头组织。专家指导组一般由法律法规、公共安全、医疗救治、专业处置、应急救援、风险评估和媒体应对等专家构成，协助应急指挥机构辅助决策，参与现场专业技术处置与应急救援工作。

突发事件应对 N 个备用工作组。突发事件应对备用工作组是突发事件应对基本编组模式的重要补充和支撑，也是多渠道、多手段达成应急响应目标实现的重要途径。具体来讲，若按照突发事件应对工作管理与协调的需求，可以编为军队工作、国际援助、综合协调、涉外协调、交通管制、信息保障、物资保障、维稳封控、监督检查等工作小组；若按照突发事件处置与救援的需求，可以编为灾害救援、救灾救助、紧急疏散、心理疏导、健康服务、疫情防控、基层防控、人力资源、灾民安置、生活救助等工作小组；若按照突发事件应对安全与保障的需求，可以编为执法检查、警戒防控、安全防护、政策法规、环境监测、数据监测、监测评估、市场监管、气象保障、交通保障、通信保障、电力保障、生活保障等工作小组。通过以上这些灵活的应急编组方式，为突发事件应对工作提供最快捷、最有序、最给力的保障。

应急指挥部工作方式通常表现为以下几种形式：一是参加上级应急指挥部工作会议，受领突发事件应对工作任务，计划安排本级突发事件应对工作；二是组织召开本级应急指挥部工作会、联席会、视频会、情况通报会，通过线上、线下两种形式，组织协调突发事件应对工作；三是向下级指挥机构或突发事件现场派出督查督导组、业务指导组和专业处置组，协助事发地开展突发事件应对工作；四是采取会商研判的方法，定下处置决心；五是通过命令、指示、通知、预警等各种文件往来，下达命令，传递信息，确保突发事件应对指令传达到位。

(三)应急指挥部的基本任务

应急指挥部是突发事件应对工作的中枢核心,是应急信息、应急计划、应急命令的制订执行机构,是突发事件应急指挥的组织与协调机关。其基本任务通常包括以下几个方面:

(1)制定和更新突发事件响应目标。指挥机构建立后,要立即组织会商研判,召开指挥部工作会议,依据研判结论和上级领导要求,迅速确定应急处置与救援总目标及分目标,并将行动目标赋予相关参与救援的部门和单位,若处置救援环境发生变化,实现目标条件改变时,应及时重新制定和更新突发事件应急响应目标,并赋予各响应成员单位,确保及时、准确、迅速、有序地完成响应目标任务。

(2)确定参与突发事件应急响应角色、责任和相互关系。应急响应目标确定后,应急指挥部应及时召开会议,对救援行动目标进行责任区分和角色分配,明确配合与协调关系,确定协同原则,指定负责人,明确保障关系,确保响应目标的实现。

(3)确定突发事件应急响应的规划、限制条件和计划。一旦响应目标确定后,应急指挥部办公室(综合协调组)应召集相关单位及负责人,依据突发事件现场资源种类和应急力量的实际情况,确定突发事件响应基本条件和限制条件,并向相关应急力量分配响应目标和应急工作计划,在将应急工作计划上报指挥长的同时,通报相关单位。

(4)制定应急指挥方案,下达响应任务和指令。及时确定应急指挥的方式、原则和协同事项,明确协同任务,下达响应任务命令后,各响应单位快速展开响应行动,组织开展应急处置与应急救援行动。

(5)反馈和评估应急指挥方案实施情况。按照应急指挥方案,组织开展突发事件应对工作,将应急指挥方案执行效果,及时向应急指挥部进行反馈,对反馈情况组织评估,及时调整或者修订应急指挥方案偏差。

(6)确保行动措施符合相关法律法规要求和职责规定。依据科学应对、依法应对的要求,检查各响应成员单位履职尽责情况。

(7)记录关键决策和决策依据。应急指挥部保障人员应根据指挥长的命令,查验和记录各应急工作机构和应急力量响应任务执行情况,为应急指挥部科学决策和修正决策提供依据。

（8）做好应急资源管理工作。应急指挥部在组织处置与救援时,需要调动大量的应急资源和力量,为了防止资源浪费或过度使用,确保资源和力量的准确性和科学性,应急指挥部需要加强对现场资源力量在应急状态下的管理工作,及时调拨、发放、统计相关应急资源,确保把最优的资源使用在最关键的环节。

（9）做好信息发布与管理工作。突发事件现场信息瞬息万变,每获得一个最新信息,都要及时分析研判,定下决心,付诸行动,对难以决策的信息要及时上报,争取上级的最大支持,对定下决心的信息要及时通报各相关单位,必要时,通报受突发事件影响的区域,对反馈的信息,要尽快形成决心,迅速下达到各响应单位,经突发事件领导机关或上级应急指挥部授权同意,可临时发布突发事件处置与救援信息。

若突发事件应急响应涉及多个组织或同一组织的不同部门时,应急指挥部各成员单位、各参与方应进一步统一思想,就应急响应整体行动目标达成共识,允许基层单位按照应急指挥部应急指挥方案和行动计划,制定相应的应急行动策略,应急指挥部和上级应给予帮助、协调和支持,应急行动策略权限及资源,要与应急任务目标相匹配,积极引导社会团体参与突发事件响应措施的制定和实施工作。

二、应急指挥

应急指挥,是在突发事件应急响应行动中,应急指挥员及其指挥机关为实现应急响应目标,达成应急行动目的,按照规定的权限和程序,对突发事件应对工作所开展的一系列组织领导活动。应急指挥活动,既是一种**应急指挥机关的主观指导活动**,也是应急指挥员定下和实现应急处置决心的组织活动,是把各种应急资源力量潜在的战斗力转化为现实战斗力的活动。因此,要不断强化指挥机关机构设置、响应机制、处置程序、力量运用、追责问效等方面的规范化管理,促进突发事件指挥反应程序、响应运行流程（物资、调度、信息共享、通讯联络、术语代码）、救援装备设备（储备、管理、调拨、分发）、应急机构人员（指挥人员、救援人员、专家人员等）、应急指挥信息（灾情地图、灾情统计、工作列表、计划命令）等应急指挥标准化建设,努力实现应急指挥进程控制、资源调动、任务

匹配、程序优化、智能指挥的流程化目标。

(一)应急指挥体系

应急指挥体系,是由指挥机构、指挥人员及其设备器材,按照应急指挥关系构成的一个有机整体,是突发事件应对工作机构履行应急指挥职能且保持相对稳定的组织形式。应急指挥体系有不同的分类方式,按照管理层级来划分,通常分为国家应急指挥体系、地方应急指挥体系和基层应急指挥体系;按照力量构成来划分,通常分为综合力量应急指挥体系、专业力量应急指挥体系和社会力量应急指挥体系;按照指挥层级来划分,可分为初级应急指挥体系、中级应急指挥体系和高级应急指挥体系;按照功能形式来划分,可分为单一型应急指挥体系、复合型应急指挥体系和多功能型应急指挥体系等。建立什么样的应急指挥体系,要根据突发事件应对工作的实际需要和应急决策者的决心来决定。突发事件应急指挥体系应确立应急指挥体系的目标,在应急准备、应急响应、业务连续和事态恢复中,对所有应急资源提供有效的管理和支持,使组织能够独立或与其他参与方一起,实施有效的突发事件响应措施,以最大限度减少人员伤亡和财产损失。为实现突发事件应急响应目标,组织应建立符合相关法律、法规、应急预案和应急响应标准的应急指挥体系。应急指挥体系涵盖了应急指挥机构、应急指挥流程、应急指挥必需资源等方面的内容。应急指挥体系在应对不同类型的突发事件和不同类型的组织中具有可扩展性,应急指挥的组织、人员、角色、职责可根据突发事件的规模和影响而有所不同,能够灵活的适应突发事件的变化,呈现出灵活的指挥方式、切合实际的指挥流程及协调合作的指挥关系。

应急指挥体系在突发事件应对过程中,应充分考虑人的因素,以确保不会因为人员因素而导致任务失败。在执行应急响应任务时,应考虑风土人情、民族习惯、专业特长和文化特点,并满足受影响群体的合理需求。在指挥体系构成时,应考虑指挥机构相关人员因素,并采取合理的行动。例如,任务清单、工作量分配、健康与安全、人员值班轮班、与当地语境的适应程度、人机系统(如应急平台)界面设计与互动等。在应急预案或处置技术方案设计应急指挥机构、指挥过程和应急装备(尤其是跨组织或跨区域使用)时,应考虑用户差异,如能力水平、文化背景、语言技能和操作协议等问题。所有参与突发事件应急响应行动人员,应能够理解其在整个执行结构中的位置和作用,并通过培训和演练,能够使用所掌握的应急资源。在设计人机界面时,应首先考虑应急指挥与工作人员的能力、特征、局限性、技能和任务。当电子系统和(或)机械系统属于应急指挥架构的一部分时,除非另有限制,否则,操作人员应在人机系统中享有最高控制权限。系统和组织应采取合适的措施,处理好人员承受的精神、情绪和心理压力。在应急指挥体系运行时,关键角色和责任,应做到与事件规模相匹配,还应涉及以下工作:①人事、行政和财务管理;②突发事件现场环境勘察和预测;③应急指挥过程记录;④交通运输和后勤保障;⑤新闻报道与信息发布;⑥通信联络和信息传输;⑦信息联络(如在突发事件响应组织和非政府组织间);⑧预测与预警;⑨安全与防护(如现场人员的健康与安全)等。

加强应急指挥标准化建设,统一规范、科学精准的指挥术语标准化建设,由"串行线式"转向"并行矩阵"的指挥流程标准化建设,采用文字书写、电子模板、表格注记、态势标绘、图上作业等方式的指挥作业标准化建设,运用数据存储、数据计算、数据分析的指挥数据标准化建设,促进大数据、人工智能、云计算、物联网赋能应急指挥的指挥手段标准化建设,不断提升应急指挥的质量。应急指挥体系应建立合适的应急指挥场所(如应急指挥中心),并提供相应设施和应急装备,确保在应急指挥过程中,可用且满足需要。在建立应急指挥体系的同时,组织应尽快确定以下事项,以在组织内部及与相关方达成一致:一是对任务目标的共识;二是通用应急流程图;三是与指挥体系外部组织的关系;四是应急指挥人员的层级关系及权限。

(二)应急指挥关系与指挥方式

在应对突发事件时,参与突发事件应急行动的军地各种指挥机构、上下各级指挥机构、增援支援及友邻各类指挥机构之间所建立的各种联络关系,统称为应急指挥关系。各类指挥机构分别掌控着相对独立的应急资源和力量,具有特定的职能定位、装备器材优势和专业技术特点,若不明确各参与方指挥机构之间的指挥关系,就难以形成合力,就会影响到突发事件应对措施有效执行。应急指挥工作应坚持集中统一、科学决策,把握重点、靠前指挥,掌控动态、及时调整,着眼全局、持续发力的原则。

应急指挥关系,包括隶属关系、配属关系、支援关系和协同关系四种形式。

（1）隶属关系，是一种建制内的工作关系，具有管理层级划分和行政指挥职能。如军队或地方管理的所属应急力量，服从于军队和地方现行行政体制，这种指挥关系形成于平时，是军地内部固有的上下级关系，在遂行突发事件应急响应行动任务时，地方应急力量由地方指挥机构直接指挥，军队应急力量由军队直接指挥，两者没有直接指挥的权利。

（2）配属关系，是为了满足突发事件应急响应行动任务需求，组织将应急力量配属给另一组织所构成的指挥关系。这种指挥关系是临时性的，不具备隶属性，构成这种指挥关系是在执行应急响应任务的某个时期或某个环节，当这个时期或这个环节消失后，自动解除配属关系。例如，组织抢险救援时，将医疗救治力量配属给消防或者专业救援队伍，构成了配属关系，抢险救援任务结束，医疗救治分队自动归建。

（3）支援关系，是在突发事件应急响应行动中，以某一参与方的应急指挥机构为主体，其他参与方给予支援配合时，构成的应急指挥关系。这种指挥关系随机性很强，既可能发生在军地共同应对突发事件时，也可能发生在地方之间（周边友邻应急力量及上级专业应急救援力量参与）。

（4）协同关系，是指没有任何隶属关系的各种应急力量在共同的应急指挥机构统一指挥下，为达成共同的应急响应目标，而形成的相互协作关系。一般情况下，相互协同的各种应急力量，接受同一应急指挥机构的统一指挥，采取相互协作合作、协同联动的形式，共同完成某一项应急响应行动任务。

应急指挥方式，是组织实施突发事件应急响应行动指挥方法和形式的统称。应急指挥方式的本质是指挥员在组织应急指挥时，如何分配和使用指挥权的问题。应急指挥包括联合指挥、集中指挥、分散指挥、按级指挥和越级指挥等多种应急指挥方式。

联合指挥，是军队、地方以及其他组织，以联合形式组成的应急指挥机构（也称联合指挥部，即"联指"），采用"集体决策、集中指挥、统一调度、联合实施"的应急指挥方法，组织实施应急响应行动。通常建立以事发地党委政府、当地驻军、民兵预备役和区域外应急力量为主体的联合指挥机构，各种应急力量在"联指"的统一领导下，有序开展应急处置与救援行动，这种指挥方式多用于巨灾的应对工作。

集中指挥，亦称统一指挥，是应急指挥员及其指挥机关对所属应急资源和力量,采用"集中控制、统一使用"的应急指挥方法,组织实施应急响应行动。通常在已经明确了隶属关系、配属及支援力量受命于现行应急指挥机构的情况下,或集中遂行突发事件应急响应行动任务时所采用,是应急指挥的基本方式之一。

分散指挥,是在各响应成员单位能够正确领会上级指挥员决心意图的情况下,由各级指挥员采取"独立自主"的应急指挥方法,开展相应的应急响应行动。参与应急响应的成员单位指挥员,依据上级的决心意图,分散开展应急行动,独立遂行突发事件应急响应行动任务。这种指挥方式,必须是下级能够准确理解上级指挥员的意图,以上级的命令、任务、指示、要求为准则,具有较强的协调能力,或在缺乏可靠的通信联络手段时采用。通常适用于灾害现场应急指挥或多区域、多流域、多触点同时暴发突发事件的应急指挥,也是应急指挥的基本方式之一。

集中指挥与分散指挥的不同点在于以下几个方面。一是方法不同。集中指挥规定统一的方法,分散指挥不规定指挥方法。二是任务下达方式不同。集中指挥任务是集中统一下达,可以根据任务执行情况进行及时修正和调整,分散指挥任务是一次性接受任务,接受任务后,不再接受上级指挥机构的任务控制。三是手段不同。集中指挥采取统一协调、规定行动手段,分散指挥不需要规定行动手段,只需要明确行动目的即可。四是表现方式不同。集中指挥通常显示的是指挥部的指挥行动,而分散指挥则表现出来的是在指挥部的领导下,各响应成员单位指挥员的指挥行动。指挥方式的互补性,构成了完整的应急指挥体系。

按级指挥,是按照应急指挥的层级关系和应急指挥权限,逐级开展应急指挥行动的一种应急指挥方式。

越级指挥,是按照应急指挥层级关系,对超越下一级或数级开展应急指挥行动的一种应急指挥方式。通常在突发事件情况紧急,或对遂行特定特殊任务的应急力量而采取的一种应急指挥方式。

除以上几种应急指挥方式外,还可根据突发事件的类型、特征、重要目标、保密要求,或者应急预案中预先设定的应急指挥方式,遂行应急指挥行动任务,如专项指挥、前沿指挥、空中指挥、机动指挥、远程指挥等。

专项指挥,是依据突发事件应急预案专项指挥机构职能要求,由突发事件专项指挥部对专业技术处置环节实施独立指挥,这种指挥方式是针对特定的事件类型,具有动用力量小、目标变化快、专业技术要求高等特点,而开展的专项应急指挥行动,多用于专项指挥机构。

前沿指挥,也称前方指挥(现场指挥)。前沿指挥,是在指挥位置有多种选择的情况下,选择更加贴近于突发事件现场前沿位置,而采取的一种指挥方式。其实质是通过指挥位置的前移,达成便于观察和掌握事态发展,易于控制应急资源和力量的目的。

机动指挥,也称移动指挥。通常是在突发事件情况紧急、应急队伍执行特殊任务,或应急指挥机构在运动之中,不便实施逐级指挥时,所采用的一种指挥方式。实施机动指挥,可减少不必要的指挥层次,缩短指挥时间,提高指挥效率,如应急队伍开进中指挥、兵力投送中指挥、空中指挥、动中通指挥等。

指挥方式的选择,要综合考虑突发事件应对工作的各种因素,权衡利弊,注重实效,不仅要注意指挥方式的形式,更要关注指挥方式的内容,还要明确应急指挥工作岗位。把适应应急任务需求作为选择指挥方式的出发点,把提高应急指挥效能作为选择指挥方式的着眼点,把掌握应急能力和素质作为选择指挥方式的落脚点。应急指挥员要切记:无论应对何种突发事件、采取哪种指挥方式、应急指挥员是什么级别与职务,都要依据应急预案和应急响应行动方案,实施定岗定位指挥,脱离了指挥岗位的指挥,都是违反指挥纪律的指挥,都是瞎指挥。任何指挥方式都有自己特定的指挥岗位,例如,突发事件指导处置机构的指挥指导岗位就在事发地区,现场应急指挥员的指挥岗位就在灾害现场指挥部,应急总指挥的指挥岗位就在本级应急指挥中心等。各级应急指挥员在运用应急指挥方式时,一定要在责权分配与使用上下功夫,使责权分配与使用能同应急响应行动任务、应急资源保障、现场实际情况相适应,促使各类应急指挥方式优势互补、相辅相成,最大限度地发挥应急指挥方式效能。

(三)应急指挥流程

指挥流程,也称指挥程序,是构成应急指挥活动的诸多事项及其实施的顺序和步骤,是应急指挥员及其指挥机关为圆满完成突发事件应对工作任务,以获取、传递、处理和利用指挥信息为核心,所开展应急指挥活动的顺序与步骤,是应急指挥在信息化条件下的表现形式。指挥流程从形式上看,表现为各环节工作在时间上的反映,是按照"时间轴"协调运行的,从本质上看,是反映了应急指挥活动的内在规律、指挥任务及其工作内容之间的"逻辑轴"关系。

应急指挥流程的"时间轴",可分为突发事件先期准备、组织实施和应急结束三个指挥阶段,表现在指挥程序上,即为预先准备、指挥实施和支援协调。先期准备阶段的指挥行动是做好突发事件应对工作的前提,其主要工作包括通报突发事件情况、及时传达应急工作任务、广泛搜集情报信息、正确判断事态进展、初步定下处置决心、下达预先号令、完善应急准备、制定应急行动方案、组织开展应急行动、先期协调、果断定下行动决心、下达应急行动命令等。组织实施阶段的指挥行动是做好突发事件应对工作的关键,其主要工作包括组织应急资源力量集结,组织应急队伍开进,突发事件现场任务分配,应急指挥行动(迅速查明情况、灾害现场封控、实施交通管制、现场风险评估、灾情险情排除、搜救被困人员、抢救受伤人员、应急资源保障、应急力量分配、现场指挥协调)等。若应对恐怖袭击事件时,还应考虑采取区域封控、制止劫夺、多层堵阻、多路捕歼、解救人质、排爆除险等措施。应急结束阶段的指挥行动,重点是做好事态恢复和现场监测工作,其主要工作包括保护灾害现场,清理救援场地,恢复现场秩序,做好人员伤亡及财产损失的登记统计工作,清点登记救援装备器材损耗及应急物资消耗情况,将相关应急资源进行移交,组织对灾害现场持续监控监测,防止次生、衍生事件发生,组织应急队伍有序撤离现场,现场应急指挥机构关闭与撤离,做好应对总结与评估工作等。

应急指挥流程的"逻辑轴",分为资源调动与行动效能评估,重点是突发事件的处置与救援,表现在指挥内容上,包括理解突发事件应对工作任务,判断事态情况,定下行动决心,制定应急行动计划,指挥与控制等内容。

1. 理解任务

应急指挥员及其指挥机关要结合国家治理体系和治理能力现代化建设的要求,结合应急管理相关法律、法规和制度,结合当地民情、社情和周边环境,结合突发事件发展趋势,深刻领会党委政府和上级指挥机关关于突发事件应对工作重要指示、批示精神,准确领会上级意图,全面理解可能担负的突发事件应对工作任务。对突发事件应对相关资源和响应行动应急力量进行评估,通过认真细致的研判分析,把上级应对突发事件的意图、指示精神转化成为突发事件应对工作的具体行动方案,形成条理化、菜单化、清晰化、具体化的应对工作措施,确保应急行动目的与目标要明确,力量与任务相匹配,风险与条件相适应,资源与保障相配套,方案与行动相吻合。

2. 判断情况

判断情况就是应急指挥员及其指挥机关,针对遂行应急响应行动任务可能涉及的有关情况,进行认真的分析与研究,为应急决策提供依据的一种活动。判断情况是在获取大量应急信息的基础上,采取去粗取精,寻求与应急行动相关联的关键信息,通过去伪存真,找到真实、可靠、可用的信息,将这些信息进行关联分析,透过信息的表象,查看信息的本质,由此及彼折射出与应急响应行动关联的重点信息,把这些信息进行反复核查,研究讨论,梳理汇总,形成情况判断结论,为应急指挥员定下应急行动决心,拟制应急行动方案,计划提供保障。

3. 定下决心

应急行动决心是突发事件应对工作的核心问题,应急指挥员及其指挥机关依据上级意图、本级党委政府关于突发事件应对工作重大问题的决定和应急行动基本要求,综合各方面意见建议,周密权衡应急行动方案效益、代价和风险,充分利用辅助决策系统、专家支撑系统、桌面推演等手段,对应急行动方案按照"细中在细、优中在优"的原则,不断进行优化和完善,快速、果断地定下应急行动决心。应急行动决心的形成,应贯穿于应急行动筹划全过程,应急行动决心,可以根据事态的发展和变化,进行及时修订和完善。

4. 制定计划

应急指挥机关按照应急指挥员的要求,依据应急行动决心,认真制定应急行动工作计划。应急行动工作计划,是对突发事件应对工作进行的设计和安排,重在明确各应急行动阶段的任务,确定各阶段应急行动情况设想、应急行动目标、主要任务、持续时间,确定各种指挥与控制关系等。应急响应成员单位也可按照应急行动工作计划要求,结合行业实际和专业特点,对计划中某些特定应急行动和支援保障行动做出具体设计和安排。包括应急力量编成与部署计划、救援队伍开进与集结计划、通信保障计划、信息保障计划、交通保障计划、物资保障计划、指挥协同计划等。

5. 指挥控制

应急指挥员和指挥机关在突发事件应对过程中,紧紧围绕突发事件应对的各项目标,始终保持对参与响应所有应急资源和力量的有序指挥,及时纠正应急行动中出现的偏差,有效改善应急行动行为失调、失控和混乱等状态。指挥与控制,可以通过下达应急行动命令,督促应急响应客体按照应急行动主体的命令开展各项应急响应活动;及时掌握应急行动状态,诱导应急行动不能偏离方向,持续控制应急行动过程;针对应急行动中已经、即将或可能出现的各种情况,做出提醒、告示或调整的决定,并安排部署新的应急行动措施,全面控制应急行动过程。

三、合作与协调

(一)建立合作机制

为了达成有效的应急响应行动,在应急准备过程中,组织需制定必要的协同合作协议或协调工作预案,以支持政府组织、非政府组织,以及与国际政府组织与非政府组织之间的合作。上述合作应建立在风险辨识、后果分析和现有资源能力评估的基础上,形成具有社会价值、推动应急事业发展、可持续稳定型的合作协议。

引导政府组织和非政府组织开展多方面的交流合作,包括:①参与突发事件应急救援的政府有关部门;②共同提供应急资源的不同层级政府与民间组织(如与广播电台之间的广播预案信息的协议、与非政府组织的一般协议);③合作提供应急响应支持的政府与企业(如食品、避难所、医疗健康、交通、通信等方面);④在法律规定的情况下,救灾后恢复开展一定规模合作的政府与企业(如递送药品、疫苗、应急供电、饮用水分配);⑤为确保应急响应相关产品的持续生产和交付,开展合作的企业。

建立多方参与、多方合作应急工作机制。加强政府部门之间、政府与非政府组织之间的合作,建立组织之间的综合评估机制,评估与其他组织、人员和有关各方合作开展应急响应准备工作的必要性和可靠性,在充分评估的基础上,确立物资保障、力量补充、设施征用、技术支撑等相关合作协议,将合作方有关应急指挥、通信网络、应急专家等,纳入合作方应急指挥体系之中,定期开展应急准备检查、联演联训、能力评估、方案更新和合作协议修订等工作,有针对性地组织专业技能培训、合作交流研讨、项目工程研发、响应能力提升等方面的工作。

(二)组织应急协调

突发事件往往诱因复杂、情况多变、发展迅速,而且其时间和空间分布范围难以精准把握,几乎每次重大突发事件的应急响应活动都涉及多个部门、多个单位,甚至还可能出现跨区域跨领域的复杂情况。从这个意义上讲,每一次应急响应活动都是一个复杂开放的巨大系统,要使这个系统能够快速高效运转的关键就是要及时做好应急协调,强化应急协调,增强应急行动的一致性。组织协调工作必须是在必要性评估的基础上进行,协调方应在组织或非组织内部与相关方建立必要的协调机制,并作为应急准备与应急行动的一部分,形成突发事件应对协调关系。上述协调关系应建立在风险辨识、后果分析和应急能力评估的基础上,通过协调关系,以实现科学、人道、公平、公正的应急救援。在日常工作中,通过组织与相关各方建立积极的工作关系,不断增强沟通和交流,增长见识和友谊,逐步形成比较健全完善的工作机制,以实现共享信息资源、优化应急方案、传递应急指令、配合应急行动等。

明确指挥协调任务,快速有序协调。组织应在所有操作层级上,确保和优先实现有效的、可持续的指挥协调活动。应急指挥机构应认真评估指挥协调任务及其适用性,通常包括建立应急指挥机构;确定应急决策流程;实施信息共享和事态评估策略;确定信息报告与传递流程;分解和下达应急响应任务;制定和实施应急保障计划;设置不同组织间的边界(地理边界和责任边界);实施特定资源管理;确保互联互通(如语音、视频、数据等);确定关键需求;确保协调过程的连续性(考虑人员的流动率)。在规定和设计组织结构、体系和设备(尤其是跨组织或跨区域使用)时,应充分考虑人员能力水平、文化背景、操作习惯和语言等差异。

规范指挥协调过程。在应急指挥过程中,组织应制定可持续的应急指挥计划,以协调应急指挥过程。应急指挥过程应包括以下活动:突发事件现场勘察;信息收集、处理和必要的共享;态势评估和预测;制定应急方案(应急方案应尽可能明确和透明,如有必要,应在组织内部,以及其他参与的组织和公众之间,就制定应急方案进行沟通);下达应急方案;执行应急方案;反馈与跟踪。应急指挥过程应不局限于指挥长的决策,而且也包括了应急指挥部中承担指挥责任的各级各类人员的决策。在指挥协调时,为达到应急响应相关各方之间的最佳协调效果,应在应急响应合作协议框架范围内,建立一套多层级的应急指挥协调过程。组织相关各方在评估合理性和可行性的基础上,应使可能受到应急行动方案影响的组织,参与制定应急决策和方案。在多层级的应急指挥结构下,将加强关联性作为协调和合作的原则之一,无论是单一指挥层级还是多层级应急指挥协调,都需要与组织外的合作方进行必要的协调。单一层级、有限协调需求下,应急指挥和控制过程,如图4-4所示;多层级应急指挥和控制过程,如图4-5所示。

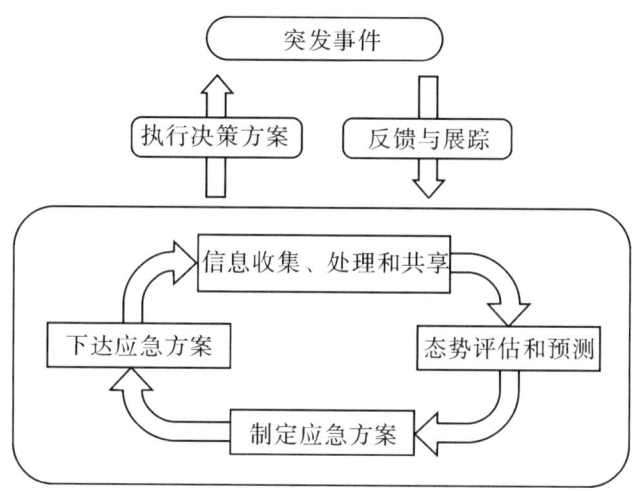

图4-4 单一层级、有限协调需求下,应急指挥和控制过程

先期协调。多层级应急指挥和协调过程,首先应确保现场先期协调。现场先期协调人,应结合自身的应急协调能力和经验,组织先期协调工作,协同进行信息收集、处理和共享,协同开展态势评估和预测,协同制定应急方案。协调时,需要与组织外的相关合作方加强沟通与联系,确保合作事项的落实。若现场先期协调人未到达现场时,由事发地党委政府指定相关部门开展先期协调工作,主要对辖区内相关应急资源和力量进行协调。到达现场的协调机构(政府救援协调机构,如应急管理部门),在先期协调的基础上,及时了解有关协调事项,接替现场控制与协调工作,突出响应单位、专业救援、物资器材、专家队伍等方面的协调工作。若上级协调人到达现场后,及时向上级协调人进行工作交接。

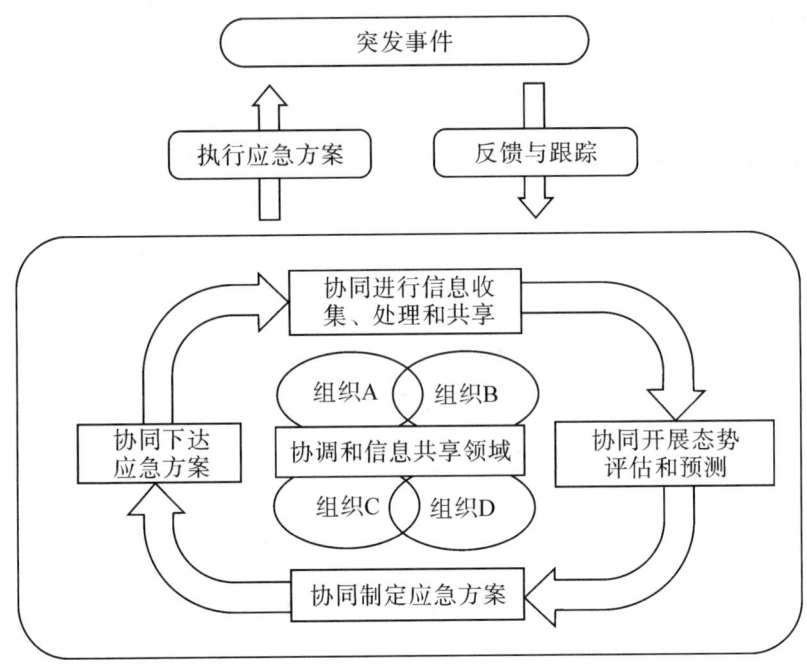

图4-5 多层级应急指挥和控制过程

内部协调,是组织内部的协调,也是组织内部的联动,也称"小响应"。组织内部协调由应急预案明确的部门或单位组织发起,并在组织内部明确相应的应急协调联络员,建立应急协调联络员工作机制,加强对信息的分析研判和沟通。当发生突发事件时,按照应急预案响应要求,首先由应急协调联络员快速协调单位内部相关应急资源和力量,其次是协调单位组织协调组织内部相关应急资源和力量,参与突发事件应对工作。

外部联动,是组织与响应相关方之间的联动,也称"大响应"。外部联动,应根据突发事件应对工作实际需求,采取灵活多样的应急联动方式。例如,将铁路运输、公路运输、水上运输、航空运输、城市轨道交通运输等交通运输行业的资源进行整合,建立大交通应急联动机制(俗称"铁公机"联动,即铁路、公路与机场之间的联动);将气象、环境、地震、地质、水文等行业的资源进行整合,建立监测预警联动机制;将纸质媒体、平面媒体、网络媒体、应急广播等传媒行业的资源进行整合,建立舆情引导联动机制;将慈善机构、民间救援力量、社会团体等基层组织的资源进行整合,建立联防联控联动机制;将生产企业、仓储码头、危险化学品经营等资源进行整合,建立风险分级管控机制;将供气、供水、供电、供暖、供热、通信等资源进行整合,建立城市生命线保供联动机制等。将这些行之有效的做法或机制,以应急预案、管理制度或联席会议的形式予以明确,为突发事件应对工作提供机制保障。

注重组织相关方的协调关系。一是处理好中央与地方的关系。突发事件应对工作应坚持"分级应对、属地为主"的原则,当突发事件发展趋势与事件级别达到国家响应层级时,国家开设前方指挥部或派遣专业指导组参与事发地突发事件的应对工作,当突发事件发展趋势与事件级别未达到国家响应层级时,国家根据地方的需要和请求,进行响应支援,灾区地方党委政府充分履行属地职能,做好突发事件应对工作。二是处理好前方与后方的关系。前方(现场指挥部)是决策执行者、辅助支撑者,落实的是现场指挥官制度,后方(基本指挥部或总指挥部)是决策制定机构、高级指挥者,前方指挥机构主要负责突发事件现场处置与救援工作,接受后方指挥部的领导,重大事项的决策,须经过后方指挥部的同意,现场处置与救援之外的工作,通常由后方指挥部组织指挥和协调。三是处理好综合与专业的关系。突发事件综合协调工作,一般由参与响应的应急管理部门及机构负责,突发事件专项协调工作,由突发事件处置牵头部门组织协调。四是处理好专职与兼职的关系。国家综合性消防救援队是突发事件应对工作的主要力量,是应急救援的专业力量,是指挥与协调的骨干力量,由应急管理部门统一组织指挥与协调。各类专业技术保障应急队伍是突发事件应对力量体系的重要补充,是指挥与协调的辅助力量,由相关行业主管部门组织指挥与协调。应急管理专家咨询服务团队为突发事件应对工作提供技术支撑。

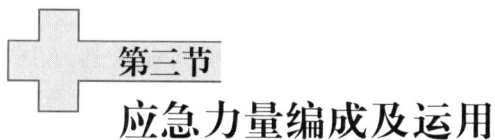

第三节 应急力量编成及运用

应急力量是遂行应急行动任务的重要保障,应急队伍是应急力量的重要构

成部分。我国已经初步构建起了以国家综合性消防救援队伍为主力、以专业应急救援队伍为协同、以军队应急队伍为突击、以社会应急队伍为辅助的中国特色应急救援队伍力量体系。

一、应急力量的基本组成

应急力量是参与突发事件应对工作各类力量组织的统称。统筹应急力量就是了解掌握应急救援需求、提出应急力量使用建议、高效组织力量投送、及时组织应急行动展开、加强灾情信息传递等内容。应急力量通常由自然人、社会组织、企事业单位、专业机构、救援队伍、武装力量(中国人民解放军现役部队、中国人民武装警察部队、民兵预备役组织)和国外救援组织等组成。

(一)应急力量编成原则

应急力量编成及在突发事件应对中,应遵循以下原则:

属地性原则。地方党委政府应根据辖区灾害类型特点、突发事件应对工作需求和应急救援工作实际,有重点、有计划地抓好常发、易发、多发灾害应对应急力量建设,彻底解决力量建设"没有枪、没有炮,只有一把冲锋号"的问题。突发事件应对时,应急力量统一接受应急指挥机构指挥。

(1)专业性原则。应急力量构成应具备明显的专业特点、专业优势和建设方向。应急队伍应有明显的功能定位,参与应急行动时,避免盲目救援、过渡救援和超出范围能力救援。鼓励发展"一专多能"的应急救援队伍。

(2)协同性原则。应急力量在应急指挥机构的统一领导下,协同开展应急响应行动。力量之间没有主次之分,是协同协作的关系。应急力量应突出自身特色和专业优势,加强与国家综合性消防救援队、专业应急队伍之间的相互协作,开展差异化应急响应行动。

(3)安全性原则。应急力量应牢固树立"生命至上、人民至上、注重防护、安全第一"的救援理念,确立"第一注重个人自身安全、第二注重队员安全、第三注重周边群众安全、第四注重遇险受困人员安全"的救援思想,按照"应保尽保"的原则,落实意外伤害和第三者责任等保险保障。

(4)公益性原则。应急力量编成以公益和履行社会责任为宗旨,以降低或减轻突发事件造成的危害与损失为目标,不以盈利为组织和(或)个人目的。应本着弘扬忠诚、履职奉献、友爱互助、进步拼搏的团队精神,积极参加防灾减灾救灾活动。

(二)应急力量的类别、组成与级别划分

应急力量包括第一响应人和应急队伍,应急力量的主要表现形式是应急队伍。应急队伍的类别有多种分类方法,可按照应急队伍的区域范围、特征性质、人员规模、队伍功能、调动方式、空间位置、作用效果、专业特点、职能责任等情况进行区分。当按照区域范围划分时,可分为国际救援力量、国内救援力量和地方救援力量;按照特征性质划分时,可分为武装力量、国家救援队伍和社会救援组织;按照人员规模划分时,可分为应急救援总队、应急救援大队和应急救援分队;按照队伍功能划分时,可分为应急处置队伍、应急救援队伍和应急保障队伍;按照调动方式划分时,可分为基本应急力量、机动应急力量和支援应急力量;按照空间位置划分时,可分为空中应急救援力量、水(地)面应急救援力量和水(地)下应急救援力量;按照作用效果划分时,可分"尖刀"应急救援力量、"拳头"应急救援力量和"雷霆"应急救援力量;按照专业特点划分时,可分为专业技术力量、专家支撑力量和服务保障力量等。我国应急力量的分类,通常是按照职能责任和管理层级双重形式进行划分,区分为国家综合性消防救援队、专业应急队伍、武装力量和社会应急力量。

1. 第一响应人

第一响应人是联合国灾害救援组织最早提出的一个概念,是指在突发事件发生后,在第一时间、第一现场,进行现场处置或具有快速组织、指挥协调和专业处置能力,能够指挥现场民众徒手或利用简易工具开展自救互救的人员。人的心脏呼吸停止3分钟,人的脑细胞就出现不可逆的死亡,抢救过来也会丧失自我生活能力,5分钟以上救活的机会就相当渺茫。当灾害发生的初期,专业应急力量往往不能迅速赶赴事发现场,超过80%的获救者是通过自救与互救的方式获救的。人是与灾害抗争的重要因素,人是历史的创造者、见证者,突发事件应对工作也要做到人人参与、全民合作,打好事件应对"人民战争"。我们的政府是人民政府,我们的警察是人民警察,我们的公安是人民公安,我们的医院是人民医院,我们的银行是人民银行,我们的铁路是人民铁路,我们的军队是人民子弟兵,所以,我们的应急也是人民应急,大家要牢固树立"人人要准备、个个会

应急"的理念,有条件的地方和单位应建立微型应急救援(保障)站点,落实"基层吹哨、部门报到"的第一响应人机制,基层应急响应人员力争做到"一分钟响应、三分钟到达、五分钟开展施救"的应急救援目标,社区应急救援实现"十分钟到达,十五分钟内开展施救",打造"15分钟应急救援圈",确保第一响应人在灾害现场起到"救民于水火,助民于危难,给弱者以力量"的作用。第一响应人应掌握普通灾害救助基本应急技能,具有安全意识和风险隐患排查能力,能够在灾害发生后的第一时间、第一现场利用身边现有资源,就近开展自救与互救行动,具备灾害预警期的"叫醒"技能和事件应对过程中的"叫应"本领,通过培训与演练,不断提升通用应急能力,最大限度地保障人民群众生命安全和减少财产损失。

2. 应急力量主要组成

从管理层级上看,我国应急力量由国家应急力量体系、地方应急力量体系和社会应急救援体系构成。国家应急力量体系通常由国家综合性消防救援队、国家专业应急救援队伍、国际救援组织和武装力量组成。国家综合性消防救援队是突发事件应对的主要力量构成,是应急救援的主力军,在县以县以上行政区分别设立了国家综合性消防救援中队、大队、支队和总队,组建了门类相对齐全的专业应急队伍,是我国应急救援体系中重要的"拳头"力量。

地方应急力量体系通常包括在地方设立的国家综合性消防救援队以及地方组建的专业应急队伍、大型企业(组织)组建的应急队伍等。地方党委政府在统筹应急力量建设时,应按照"应建则建、固强补弱、从兼到专、从有到优"的建设思路,重点加强专业应急队伍的建设,突出抓好应急处置队伍、应急救援队伍和应急保障队伍的建设。

社会应急救援体系通常由企事业单位应急队伍、社会组织(团体)应急救援队伍、应急服务保障队伍和志愿者队伍组成。单位及基层组织应急力量相关方,可依照参与应急救援环境、灾害类型、服务类别等属性特征,设置相应的应急队伍类别。

3. 应急力量编组形式

根据突发事件应对工作进程和突发事件发展趋势,通常将应急力量编为先期响应、基本响应和支援保障三种编组形式。

(1)先期响应应急力量,就是组织第一响应人和社会组织及基层单位的应急力量,参与事件的应对工作。突发事件发生后,这些力量首先展开先期应急响应行动。先期响应应急力量编成通常包括第一响应人(吹哨人、摇铃人、点灯人、报警人)、基层应急人员(网格管理员、灾情信息员、安全检查员、保安员、卫生员、协警员、义务消防员等)、基层单位(卫生院所、派出所、防疫所、安检所等)、社会志愿者和基层组织、社会救援力量、企事业单位应急救援队伍等。

(2)基本响应应急力量,是地方党委政府在突发事件应对过程中,可以直接指挥调度的辖区应急力量。基本响应应急力量编成通常包括组织指挥与协调力量、抢险救援力量、专业处置力量、医疗救治力量、警戒防护力量、技术服务力量和物资保障力量等。

(3)支援保障应急力量,是对配属、加强或支援的应急力量进行的功能编组,集中主要力量用于主要方向(位置),实施重点突破、集中保障,以最快、最好、最有效的方法,达成应急救援目标的实现。支援保障应急力量编成通常包括区域内非隶属关系的应急力量(以合作协议形式得到的应急力量)、配属或加强并由地方实施指挥的应急力量、跨区域远程机动支援的应急力量等。

4. 社会应急救援力量的级别划分

国家综合性消防救援队、专业应急队伍、武装力量队伍的级别,由国家现行规定或行业标准进行规范。社会应急救援力量级别,按照队伍规模、管理能力、关键岗位配置、持续作业时间、关键技术能力、自我保障及医疗处置能力等要素,设置为3个级别,采用阿拉伯数字表示为:1级、2级、3级。1级要求最高,2级、3级依次降低。级别较高的社会应急救援力量,在当地应急管理部门的指导下,有序参与灾害事故的抢险救援行动,级别较低或未达到相应级别的应急救援力量,应当根据自身能力,参与辅助性的救援行动和应急志愿服务活动。社会应急救援力量应更多地参与普及防灾减灾救灾知识、开展社区安全宣传和培训、群众活动保障等工作。

二、应急力量的运用

(一)应急力量的综合管理

国内各种应急力量必须遵守中华人民共和国法律、法规,拥护中国共产党的领导,遵循属地管理原则,须在各级应急管理部门组织备案。应急队伍一般应具有与队伍特征相一致的队伍名称,有明显的队旗、队徽等标识;应急队伍应具有相应的组织机构和专业资质;应急队伍具有独立的队员管理、行动规范、救援协同、信息管理、财务管理、安全管理、装备管理、预案管理、培训管理、现场管理等工作制度和机制;具有对被救人员开展止血、包扎、固定、搬运和心肺复苏等院前急救基本能力,具有与救援能力、队伍规模相匹配的人员、装备投放能力以及交通保障、通信保障、生活保障等自我保障能力;与属地应急管理部门和突发事件现场指挥机构建立通信联络机制,设有联络人。各级应急管理部门负责本区域应急力量的统筹与协调工作,各行业主管部门负责本行业、本系统专业应急力量的建设与管理工作,单位及基层组织负责第一响应人的建设与管理工作,志愿者队伍管理按照有关规定执行。

(二)应急力量主要任务

应急力量建设,坚持与时俱进,强化政治担当和责任使命,培养对党忠诚、纪律严明、赴汤蹈火、竭诚为民的优良作风,养成服从命令、听从指挥和有令必行、有禁必止的职业素养,提高应急队伍通用技术和专业水平,不断提升应急队伍的快速反应、应急机动、专业救援和综合保障能力。

1. 应急队伍共性任务

制定和完善各类突发事件应急预案和现场协同救援预案;制定协同计划和明确指挥联络方式;开展与国家综合性消防救援队的联训、联演活动,遂行提升应急救援任务的能力;及时更新、补充应急物资、装备和器材;参与防灾减灾救灾科普宣传活动;加强应急救援通信指挥系统信息化建设;组织现场协同和参与现场救援会商活动,增强完成应急救援任务的能力;参与现场指挥部工作;做好力量支援、物资保障、个人防护和现场管理工作;做好自我评估、自愿测评、复测复查工作,确保应急救援队伍的能力和水平。

2. 应急队伍的特定要求

不同的应急队伍有着不同的灾害处置与救援特性。国家综合性消防救援队在组织火灾扑救的基础上,要不断承担起综合性应急救援任务,积极组织协同相关应急救援力量,帮助指导其他应急力量,科学有序开展应急救援行动。武装力量要按照党中央的要求,积极做好扩大响应时的兵力投送、抢险救灾和特种装备器材保障工作。社会应急力量应配合地方党委政府,做好辅助性配合行动和相关保障工作。

（1）专业处置队伍，要结合自身特点和专业优势，在保证人员安全的前提下，依据工作岗位与责任分工，开展现场专业处置工作。例如，针对自然灾害、事故灾难和突发公共卫生事件成立的抗震救灾、抗洪抢险、恐怖袭击、堵漏排爆、病毒检测等专业处置队伍，应具备相应的设备操作、应急照明、应急通信、流量控制、危险品处理、消毒清理、个人防护、危害控制等方面的技术和能力。

（2）专业救援队伍，根据现场实际情况，及时修订完善应急救援方案，参与或配合灾害的应急救援工作。例如，针对山岳、水域、河流成立的山地搜救、海上搜救、潜水救援、医疗急救、倒塌物搜救、矿山抢险救援、森林搜救等专业救援队伍，应具备搜索能力、营救能力、救护能力、通信保障能力、装备操作能力和个人防护能力等。

（3）专业保障队伍，在复杂环境条件下，挖掘装备器材的最大潜力，为现场处置与救援工作提供专业技术支持和服务。例如，针对网络系统、通信联络、指挥决策、现场管理成立的网络保障、信息保障、应急指挥平台保障、空中保障、无人机保障、气象监测保障、无线电通信保障、环境监测保障、应急照明保障、交通运输保障、现场安全保障以及政策法规保障等专业保障队伍，应具备熟练掌握装备器材的操作能力、故障排除能力、维护保养能力、持续保障能力和政策制度保障能力。

（4）应急专家队伍，参与突发事件的会商研判和专业处置工作，为应急指挥决策提供咨询服务与专业技术支撑。同时，还应充分发挥专家的专业技术优长和资源优势，为应急管理体系建设和应急管理事业的长远发展，提供全方位、全系统、全周期的咨询保障服务。

（三）应急力量的调用

应急力量在党委政府及其部门的领导下，服从于突发事件应急指挥机构的指挥与调度。先期响应应急力量由事发地基层组织和单位调用；基本响应应急力量由属地党委政府或突发事件现场指挥机构调用，地方应急管理部门负责应急力量的综合协调工作，行业主管部门可以调用本行业、本系统的应急力量；支援保障应急力量由地方党委政府或突发事件联合指挥机构统一调动，当配属或

加强给其他应急指挥机构时,由其应急指挥机构统一组织调用。应急力量调用命令,通常以公文、传真或应急指挥平台网络等方式转达,情况紧急时,可以采用电话方式进行调用,但要采取边调动、边补办相关手续的原则执行。应急队伍集结机动时,按照接受命令、明确任务,装备检查、清点物资,快速集结、战前动员,下达命令、明确路线,有序出发、收集情况,沟通信息、调整战术,到达现场、核查情况,风险评估、展开行动的基本要求展开响应行动。

1. 应急力量输送

应急力量输送通常采用空中输送、水上输送、铁路输送和摩托化开进的方式,机动至突发事件发生地。空中输送、水上输送和铁路输送方式通常由党中央、国务院统一调度使用,省、自治区、直辖市根据突发事件应对工作实际情况,也可以申请使用以上输送方式。

摩托化开进,是应急力量输送常用的一种方式。应急队伍在接到命令前往灾区时,应立即与当地交通运输管理部门取得联系,取得交通运输快捷通行证明,在当地应急管理部门的协调下,办理好相关手续。摩托化开进前,应派出先遣组,侦察了解相关情况,沿途道路设置明显标志,为梯队开进标明行进方向。开进途中,始终保持与前方指挥部的简易通信联络,及时获取最新情况。开进梯队要有明显的应急行动标志(如队旗、标语),应急队伍成员根据实际需要,着安全防护服装(如戴安全帽、着救生服、防化服、防静电服、防疫服等),对应急救援装备器材进行固定保护,行进车辆要装安全绳、保险带,车辆行进应保持安全距离和安全行驶速度。应急指挥员在开进途中,要对获得的情报信息进行不断分析预判,适时调整分配应急力量,有序进入应急行动区域。

徒步开进,是应急力量机动最常用、最简便的方式。因突发事件易引起道路中断、交通设施损毁等环境条件变化,应急队伍需要采取以徒步行进的方式,向突发事件发生地进行机动。应急队伍徒步行进前,要在车辆装备临时集结点开设临时联络站,留少数人员驻守联络站,等到交通条件允许通行时,再将重型装备器材和物资送往事发现场。其他人员根据现场处置与救援任务需要,检查整理个人装备、装具和器材,携带不少于一日份干粮,采取徒步行进的方式,立即前往事发地,参与现场处置与救援行动。

2. 应急力量的配置与展开

应急力量到达突发事件现场后,立即受领任务,迅速组织人员查明现场情况（如派出侦察组），其余人员按照现场指挥部划定的工作区域，搭建帐篷，搭设监测、通信、医疗等操作与救护平台，设置临时休息室、供电站、简易厕所等。按照统一指挥、集中使用，科学编组、相互配合，灵活调配、分散展开的原则，展开应急响应行动。

（1）统一指挥、集中使用，不断加强应急响应行动的连续性。根据突发事件应急响应行动要求，在现场指挥部的统一指挥下，将功能相似、装备器材相同、素质能力相近的应急队伍，进行合理编组，编成第一梯队、第二梯队，或者组成应急行动预备队，通过集中调度，连续投入作战的方式，为现场应急处置与救援行动，提供持续的突击力量。这种配置方式，保持了应急队伍的基本建制和指挥体系，利于快速部署、快速展开、快速行动。应急力量集中使用时，要紧盯突发事件处置的关键部位、核心环节、重要目标，采取轮换作业、交替作业、持续作业的方式，最终达成响应目标的实现。

（2）科学编组、相互配合，不断增强应急响应行动的针对性。在突发事件处置时，采取以应急行动任务为牵引，打破应急力量现行建制，按照应急行动任务的需求，重新进行编组，编为单元化、模块化的应急工作小组，或者完成队组转换（将应急队伍转换成为应急工作小组）。打破建制编组时，可将现场医疗救护队、伤员转运队、志愿者服务队等组织，进行重新组合，编为若干个急救工作小组，每个小组配备救护车、驾驶员、担架员、医生、护士等，这样，就组成了多方向、多单元、多批次的现场急救工作小组，这种灵活机动的编组方式，能有效整合现场应急资源，极大满足灾害现场人员救治的迫切需求。现场应急力量的班组化，就是应急力量单元模块化的一种最好体现形式。单元模块化应急力量编组通常由管理、保障和救援三要素构成：①管理要素一般包括正副指挥员、媒体联络员、信息员、计划协调员等；②保障要素一般包括保障组长、生活保障、运输保障、物资保障、通信保障、安全保障、监测、医疗、防护等；③救援要素一般包括破拆、切割、爆破、搜寻、营救、搬运、医疗、心理咨询等。根据突发事件处置工作需要，现场指挥部还可以将通信、气象、照明、供电、环境监测、物资保障等力量进行班组化编组，形成通信保障班、环境监测组，气象服务队、物资供应站等单元模块化应急工作机构。单元模块化应急力量体系可以独立编组，也可以采取混合编组，具体情况视灾害现场实际情况而定。

（3）灵活调配、分散展开，不断提升应急响应行动的有效性。应急力量在组织调用时,应做到"人尽其才、物尽其用",发挥其最大效能。突发事件应对时,当专业应急力量投入过多或灾害范围增大时,现场指挥部有权改变应急力量的用途。也就是说,如果需要组织受灾群众疏散转移时,可以将应急救援队伍配属给基层组织,去做群众疏散转移工作,也可以将其调整为警戒管控力量,负责现场秩序维护工作。当灾害范围增大时,需要多个功能相同的应急队伍同时组织处置时,现场指挥部可以将应急力量进行分散部署,为其划定突发事件处置责任区域,采取分散展开的方式,完成划定区域内突发事件响应行动任务。

3. 基本力量的运用

基本响应应急力量是党委政府直接管理的最基本的应急响应力量,也是易发、常发、多发突发事件处置经验最为丰富、属地情况最为熟悉、隶属关系最为明确的应急力量,可由地方党委政府及其应急指挥机构组织调动和使用。基本响应应急力量运用方式,有定点使用和伴随使用两种方式。定点使用,是根据突发事件的特征、性质和危害,将应急力量投送到突发事件处置的关键环节上,确保突发事件的快速处置。例如,交通事故遇难者家属的安抚赔偿和善后处理行动,地方党委政府可以采取分户包抓的形式,一个部门负责一个遇难者家庭,有多少遇难者,就有多少部门去做工作。对伤亡人员的医疗救治、心理疏导、政策法规、经济补偿等问题,由事故处置专班(保险、财政、卫健、法律等)进行定点专项保障。这样,既保证了应急资源的公平合理使用,也杜绝了资源过度浪费,最终妥善解决相关问题。伴随使用,是突发事件应对工作需要一个较长的周期,而采取的一种使用方法。如遇有洪涝、地震等灾害,地方领导就会下沉到基层,采取分镇街包干的形式,开展突发事件的应对工作。领导干部下沉至基层村委会、社区、灾民安置点、灾害处置现场等位置,相关的应急资源和力量就伴随到那里。

4. 基层力量的使用

基层力量是先期响应应急力量,是基层最广泛的力量,也是我们可以直接依靠的力量。要充分发挥基层党组织的战斗堡垒作用和共产党员的先锋模范作用,把基层广大群众干部动员起来,把基层的网格管理员、灾情信息员、社区保安员等基层队伍组织起来,把党委政府下沉到基层的党员干部和志愿者联合起来,这也是我国应急管理工作的特色和优势。应对突发事件,我们要依靠群众、团结群众、动员群众,充分利用现代科技手段和网络优势,以社区、农村等基层组织为单元,建立和完善基层信息网络服务群,形成"平时服务、急时应急"的应对工作机制。运用工作微信群、APP等信息化手段,落实"六个到位"(引领到位、动员到位、排查到位、监测到位、暖心到位、宣传到位);组织开展辖区企业、商家店铺、居民小区的风险隐患排查,甄别危险源、目标人群、涉险区域、外来风险等情况;协助基层应急人员按照应急指挥机构的命令和预警信息,锁定风险目标源;积极开展科普知识宣传活动,做好信息传递、心理安抚、情绪疏导、危机干预、健康咨询、资源对接、隐患排查等工作,以"打早、打小、打了"的基本要求,将突发事件消灭在萌芽状态。

第四节 应急行动的组织实施

现场指挥部是组织灾害现场应急行动的关键机构,应构建科学完整系统的现场应急指挥体系。加强突发事件现场指挥制度整体设计,统一规范现场指挥架构,加强现场指挥官指挥行动制度设计,完善现场指挥管理链条功能,加强现场应急通信保障制度设计,建立突发事件应对事后恢复评估机制,促使应急指挥人员从应急知识生成应急技能、从应急技能转化为应急能力、从应急能力培养成应急习惯、从应急习惯形成应急素质,不断提升突发事件应急指挥效能。应急行动的组织与实施,是其内因与外因及其相互关系的综合反应,包括了指挥权的交接,现场指挥部的开设、运行、转移、恢复、升级、融合、关闭和撤离等工作。现场指挥部在上级指导或授权下,开展突发事件先期处置、情况跟踪反馈、组织会商研判、指挥协调、力量调度、专业处置和应急救援等工作。现场指挥部应急行动工作流程,如图4-6所示。

一、现场应急行动工作原则

突发事件现场往往情况复杂多变,指挥人员应掌握常态应急之法,具备随机应变之力。建立与灾害现场多渠道的沟通机制,及时掌握灾情信息,建立上下贯通、左右衔接的应急联动工作机制,科学、高效地统筹各种应急资源和力量,加强专业知识与技能的储备,做到指挥娴熟、处置灵活、救援安全。面对灾害,敢为人先、勇于负重、逆行而上、勇挑重担,以过硬的作风完成各项应急任务。

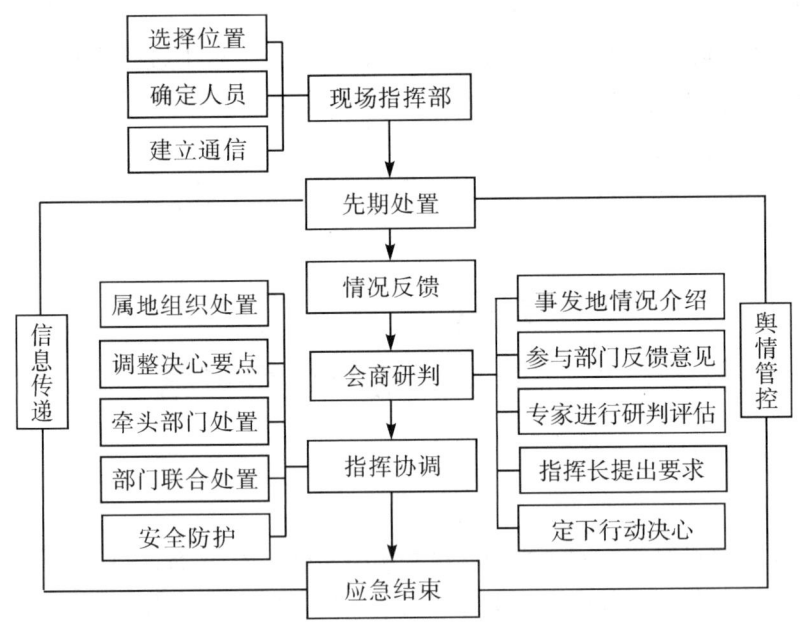

图4-6 现场指挥部应急行动工作流程

(1)坚持救人为先,谨防事态扩大的原则。在保障施救人员安全的前提下,快速搜救受伤被困人员,迅速控制灾害事故现场,防止事态扩大。

(2)坚持统一领导,绝对服从指挥的原则。现场救援工作参与部门多、专业队伍多、任务时间紧,因此,各响应单位和部门必须绝对服从现场指挥部的统一领导,现场指挥部应掌控事态、果断指挥。当遇有重大决策问题时,应及时请示报告,取得上级的帮助和支持。

(3)坚持救援信息优先、协同联合应对的原则。现场对受伤被困人员信息给予优先保障,应急指挥部协同组织开展灾害现场自救互救、失踪人员搜寻搜救、受伤人员医疗救治等工作。现场应急救援队伍各司其职、加强协同、密切配合,确保应急救援工作高效运转。

（4）坚持生态环境保护,减少灾害污染的原则。在处置与救援过程中,加强对生态环境的保护工作,有效控制事态范围,减轻灾害现场挥发物、腐蚀物、残留物等有害物对人员、大气、土壤、水体的污染。

（5）坚持救援与保护并重的原则。救援时,既要快速有序的施救涉险受伤被困人员,也要考虑妥善保护事发现场及相关证据。任何人不得以救援为借口,故意破坏灾害现场及毁灭相关证据,为事后恢复与事件调查工作提供保障。

二、现场应急行动程序内容

（一）开设现场指挥部

现场指挥部是具体负责灾害现场应急处置与救援的工作机构,通常由突发事件应对工作牵头部门或应急管理部门根据突发事件应对工作的实际需要而设立。现场指挥部可以是移动式,也可以是固定式,无论是移动式还是固定式,都应具备临时指挥、队伍集结、物资接收分发、新闻发布、直升机起降等功能区域和必要的应急指挥通信设施及相关器材装备,以满足现场应急指挥的基本需求。现场指挥部一般应建立综合协调、抢险救援（专业处置）、医疗救治、安全保障、新闻宣传、专家支撑等若干个应急工作小组,必要时,可以成立临时党组织（如临时党支部）。一些国家在突发事件处置时,实行了现场指挥官制度,探索总结出了相对标准化的突发事件现场指挥模式,如美国突发事件现场指挥部（ICS）,如图4-7所示。

1. 现场指挥部位置选择

事发地党委政府和上级突发事件处置牵头部门,在灾害现场附近选择适当位置,组织开设现场指挥部。现场指挥部应满足基本的道路通行保障,具有一定的区域空间,便于搭建简易帐篷或临时设施,具有基本指挥办公环境,位置距离可以目视灾害现场,具有明显标志物或鲜明特征,具有安全性和可靠性。

2. 现场指挥部人员编成

按照应急预案和突发事件应对工作相关要求,现场指挥部由应急指挥员、应急指挥专员、部门现场负责人,通信、信息、网络、生活保障工作人员,应急队伍负责人和事发地基层单位负责人等人员构成。现场指挥部指挥长到位后,迅速明确现场指挥部基本构成,现场指挥部办公室（综合协调组）迅速建立现场指挥部人员通信录。

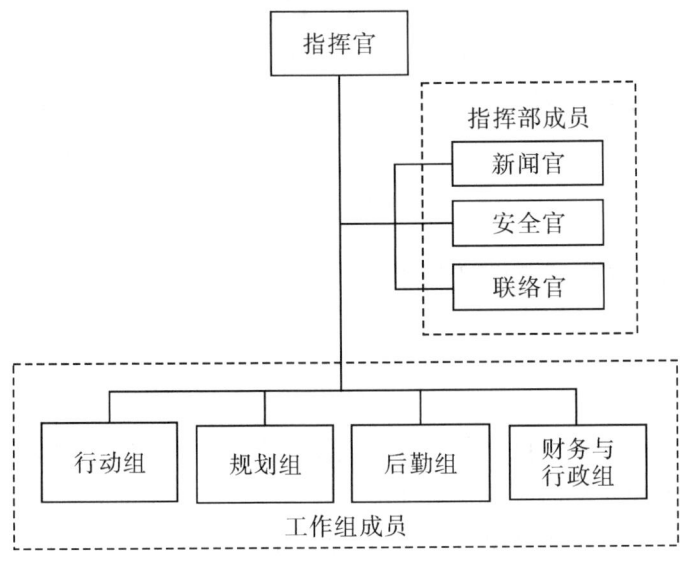

图4-7 美国突发事件现场指挥部(ICS)

3. 现场指挥部功能设置

现场指挥部通常由决策指挥功能区、信息保障功能区和处置救援功能区三部分构成。决策指挥功能区通常设有简易会议桌、地图、沙盘、网络图、态势图、视频会议室、图像显示屏等要素,专家技术支撑组在决策指挥功能区开展工作;信息保障功能区主要包括情报信息传递所需要的网络、音视频系统、相关媒体人员以及现场指挥部所必需的应急保障物资等;处置救援功能区主要有应急指挥与协调网络、应急救援行动态势图、应急力量使用分布图、事态研判室、现场管理与指挥调度席、值班与记录席、简易休息室等。应急值班人员要做好各自的应急预案,补充完善突发事件应对专用手提工作包(工作包中应包括突发事件相关应急预案、相关事件应对处置导则规范、应急通信录、专家联络表、地图、会议记录本、签到册、签字笔、应急电话、手提电脑、录音笔、照相机、应急手电、充电宝、应急哨、办公纸张等,满足指挥部工作会议和指挥协调工作需求),做好指挥部值班值守工作准备。

4. 现场指挥部通信网络

搭建现场指挥部局域通信网络、专用通信网络、无线通信网络,做好网络通信保障工作。开通应急指挥简易平台和移动平台,明确简易通信联络信号及极端情况下通信联络方式,充分利用集群网、专用网、对讲、手机、海事卫星电话等通信工具,建立健全现场指挥通信运行保障机制,落实相关安全保障措施。

5.现场指挥部工作任务

现场指挥部承担着"指挥与协调、应急值班与信息报送、系统运行与维护、人员安全与防护、基本生活保障"等工作。在上级(或上级指导组)的领导下,主要担负着以下应急工作任务:一是有效整合到达现场的各种应急资源和力量,统筹灾害现场应急处置与救援行动,突出人员搜救、事态控制、危害消除等工作;二是组织有关专家和技术力量,加强对灾害现场实地勘察和风险评估工作,为上级决策提供第一手资料;三是研究制定灾害现场应急处置与救援工作技术方案和现场应急行动规则,并组织实施;四是协调现场指挥协作关系,提出应急力量使用建议,明确灾害现场应急处置与救援任务分工、协同合作、支援保障等问题;五是加强灾害现场的交通管理、现场安全管理和现场信息管理,防止次生、衍生事件的发生。为了减轻突发事件现场指挥部工作压力,舆情应对、社会动员、后期处置等工作,原则上不列入现场指挥部工作任务范畴。

(二)先期处置行动

先期处置行动分为两个阶段。现场指挥部未开设之前,由事发地组织开展先期处置行动;现场指挥部开设后,由现场指挥部组织开展先期处置行动。

突发事件发生后,事发地党委政府根据事态危害与影响,适时启动应急预案,迅速确定应急响应级别,立即组织事发地单位及基层组织,按照单位及基层组织应急预案的相关要求,采取紧急避险、自救互救、控制事态等措施,开展先期应急响应行动。

1.第一响应人应急行动

突发事件发生后,第一响应人通过叫醒、呼叫、哨声、锣声、喇叭、手电、广播、叫应等方式,立即发出灾情警报,将事件简要信息通过各种渠道按规定向外传递,如拨打110、119、120、122、12345等特殊电话的方式,向属地党委政府及其部门报告事件情况;迅速采取疏散、撤离、遣返、封控、告知等措施,组织开展自救互救和解救危险区域被困人员;及时疏导和安抚受灾害影响的群众,使其远离危险区域;将情况设法通报可能受灾害影响的其他单位和组织。

2.单位及基层组织应急行动

单位及基层组织按照相关应急预案要求,立即组织疏散、撤离受灾害威胁的群众,管控隔离危险区域,组织指导单位及基层组织开展自救互救工作,及时向上级报告灾情信息,引导前来处置与救援的各种应急力量,配合地方党委政府及其部门开展突发事件的先期处置工作。

3. 属地党委政府及其部门应急行动

事发地党委政府及其部门,在接到突发事件信息后,适时启动应急预案,立即派出先遣工作组,迅速赶赴灾害现场,及时了解灾害现场情况、查明事态、反馈信息。采取先期应急响应措施,组织基层单位将受灾害威胁的群众转移至安全区域,指导基层组织开展自救互救工作,加强现场秩序管控工作,并对下一步突发事件应对工作提出意见和建议。

4. 先期处置工作机构应急行动

到达现场的先期处置工作机构,按照突发事件应对工作要求,迅速组织灾害现场的先期处置工作。若经分析研判,事态有发展扩大趋势,现场作业、救援、应急等人员生命安全受到严重威胁时,应迅速组织现场作业、救援、应急等人员,快速撤离危险区域,迅速退出灾害现场,并立即向上级报告情况。

5. 现场指挥部应急行动

到达灾害现场的应急指挥部迅速组织开展先期处置行动。①与事发地党委政府共同开设现场指挥部,快速建立通信网络;②认真听取基层单位的情况介绍,重点说明灾害现场情况,特别是灾害现场存在的隐形风险源和危险点、被困受伤人员以及先期处置措施情况;③对灾情进行初步研判,立即通知相关响应单位赶赴事发现场;④迅速确定、划定处置救援核心区、警戒隔离区、现场管控区等突发事件相关工作区域,明确现场管理相关规定,并向社会予以通报;⑤组织先期达到现场的应急资源和力量,区分工作任务,明确行动分工和协同事项;⑥制订和下达现场应急行动计划,组织开展先期应急响应行动。

(三)现场情况反馈

现场指挥部开设完成后,立即了解灾害发生的具体情况,灾害现场可能存在的风险与隐形,当前响应措施取得的成效等,为下一步响应行动科学决策奠定基础。现场情况反馈主要通过事发地情况介绍、属地党委政府及其部门响应情况汇报,先期到达灾害现场参与响应行动负责人的情况说明等形式进行。通常反馈以下情况:

(1)事件的特性、特征、危害、数量、影响。

(2)灾害区域存在的隐形风险点,应急处置与救援区域的重大危险源以及需要特别关注的建筑设施、交通设施、生活设施、工程设施和相关物品等。

(3)事件造成的遇险人员特性、伤亡数量、失踪失联、被困位置等。

(4)组织先期响应采取的措施与取得的成效等。

(5)现场周边居民、建筑、地形环境、河流水系、电源火源、危险化学品等。

(6)事件发展方向与趋势,可能导致的后果及对周围区域可能造成的影响和危害程度。

(7)应急救援设备、物资、器材、队伍等应急力量到位情况,可能得到的支援和补充。

(8)装备、器材的适用情况,灾害现场装备、设备、设施耗损情况等。

(9)应急资源与应急力量负责人,应急专家情况,处置与救援的意见和建议等。

(四)组织会商研判

组织会商研判是现场指挥部工作的基本程序,也是实现集体决策、科学决策、精准决策的重要环节。会商研判分为现场指挥部应急工作机构之间的会商研判、与应急响应成员单位之间的会商研判和与应急专家之间的会商研判。会商研判可采取线上和线下等形式进行,组织会商研判的程序和内容通常包括:

(1)事发地党委政府介绍事件发生简要概况,事发单位及基层组织给予补充。

(2)行业主管部门从专业的角度,重点汇报应急处置与救援情况,对应急响应行动工作提出专业的意见、建议。

(3)应急专家对事件发展态势和影响做出评估,并提出专业(技术)处置方案要点和现场操作程序建议,专业(技术)处置方案可提供一套,也可提供多套,分别说明不同处置方案的优劣点,以供指挥部决策,操作手册应在专业(技术)处置方案的基础上,进行优化和调整,不再另行制定。

(4)应急管理部门提出应急处置与救援以及突发事件现场管理的共性要求,并就指挥与协调问题提出意见建议。

(5)现场指挥长在听取了大家的意见建议后,经过认真研究讨论,定下应急行动决心,并将应急行动决心向上级报告。应急行动决心通常以指挥部专题会议纪要的形式体现。指挥员在确定应急行动决心时,应依据上级意图、本级党委政府突发事件应对工作重大问题方针,充分权衡应急行动利弊因素,果断定下应急行动决心。应急行动决心要素包括应急行动的企图、主要行动方向和目标,基本行动任务分工与方法,力量部署,完成应急准备时限等。必要时,还应明确指挥长代理人、指挥权替补顺序和交接方式等。

(五)确定应急行动方案

应急行动方案是应急处置方案与应急救援方案的通称。是应急指挥机构按照应急预案的要求,结合突发事件实际情况,制定的突发事件应对工作计划和安排,是在应急专家及专业技术人员的支持下,通过协商研究,形成的应急处置或应急救援工作具体意见。由应急指挥机构中突发事件应对工作牵头部门的现场负责人组织制定。制定应急行动方案,应充分考虑现场处置救援人员安全,同现场相关专家及技术人员反复沟通推演,确保应急处置与应急救援方案中的处置性措施、控制性措施、预防性措施、救助性措施、保障性措施和稳定性措施科学合理,程序性、防护性、动员性措施切实可行。若对突发公共卫生事件和社会安全事件应对时,还可以设置强制隔离措施、保护控制措施、目标保卫措施等。对影响公众身心健康事件应对时,还可以根据实际情况,设置灵活多样的措施。例如,对重污染天气应对时,还可设置强制限制性措施、健康提示性措施、自我防护性措施、区域管控性措施等,其目的就是要确保应急处置与应急救援方案的安全性和可操作性。应急处置与应急救援方案,还应考虑极端情况下防护应对措施,如处置过程中,因断电、断水、断气而导致通信联络、设备用水、焊接用气等出现问题;地震灾害、洪涝灾害中,导致道路中断、房屋淹没、设备器材无法抵达灾害现场的紧急应对措施等。

应急行动方案主要内容,按照应急响应行动的级别、条件、时限等要求进行设计。一般包括:①指挥部和指挥人员、地点、联系方式;②针对某种情景采取的措施和行动,目的和要求;③每个行动的执行人;④所需资源及获取方式;⑤防护与协同问题;⑥其他特殊要求。

(六)指挥调度与协调

指挥调度,是在相应的应急响应层级上,以确保优先实现最有效的、最可持续的应急指挥而进行的活动。其内容包括明确现场应急工作机构,优化应急决策与策略,实施特定资源管理,确定关键性应急需求,确保指挥与调度的连续性。现场指挥部负责灾害现场的总体指挥与协调工作,根据灾害应对工作的实际需要,有选择性地设立现场应急工作小组,各应急工作小组组长由现场指挥部指挥长指定。若应急预案对其机构已经进行了规范,则按照应急预案明确的机构执行。事发地党委政府要充分履行突发事件应对工作主体责任,及时启动相关应急预案,组织开展受灾群众的紧急疏散撤离、伤亡人员身份查验、受灾群众生活保障等工作。突发事件应对牵头部门督促协调响应行动成员单位开展应急处置行动、组织应急救援行动、协调应急资源保障等工作,积极做好现场处置救援联络协调工作。应急管理部门协助现场指挥长,做好突发事件应对综合协调工作。

现场行动"六必到"。组织现场协调调度时,党委政府六个部门一般需要到达事发现场,参与突发事件的现场应急行动,称之为现场行动"六必到"部门,即突发事件应对牵头部门、应急管理部门、消防救援部门、公安交管部门、医疗救治部门和宣传部门。

(1)突发事件应对牵头部门,主要负责启动预案,组织专业处置。组织调集行业领域专家和专业队伍,了解事件事态关键因素,组织开展抢险救援和专业处置工作。

(2)应急管理部门,主要负责现场综合协调工作。统筹调动相关应急资源和力量,协调现场应急力量参与突发事件处置与救援工作,协助做好现场指挥、管理和保障工作。

(3)消防救援部门,主要负责现场搜寻营救与专业处置工作。组织实施综合性救援抢险工作。

(4)公安交管部门,主要负责秩序维护和安全保卫工作。第一时间组织引导到达现场的应急力量,做好人员疏散、周边交通管控、车辆疏导、现场侦查、现场管控、秩序维护等工作。

(5)医疗救治部门,主要负责伤病人员的救治和心理干预工作。组织调度急救、疾控等医疗救治力量,对伤病人员实施现场急救与医疗救治,核实伤亡人员数量,开展心理疏导和援助工作。

(6)宣传部门,主要负责信息发布和舆情引导工作。"六必到"部门,是党

委政府应对突发事件的重要部门,需建立长效应急联动工作机制。

组织协同协调。现场指挥部根据处置救援工作进展情况,及时提出外部力量投入使用及加大资源保障的请求与建议,在上级的指导下,组织开展军(队)地(方)、地(方)地(方)、地(方)企(业)之间的协同协作,加强与空中、地下、水面、陆地等各种应急力量之间的联动,通过多维度、多空间的协调联动,快速实现应急响应目标。除组织现场处置与救援方面的协调外,现场指挥部还应考虑警戒与控制(人员警戒、事态控制等)、监测与预警(浓度、强度、燃点、风向、风速、降雨量等)、疏散与安置(人员引导、疏散路线、撤离区域、安置地点等)、救治与转移等方面的协同协调问题。

(七)应急区域与安全防护

为了规范突发事件灾害现场管理,增强现场处置救援工作的安全性,现场应急指挥部应明确划定突发事件应对现场应急区域。突发事件应对现场应急区域划分,要以突发事件应对工作为核心,以突发事件发生地点为中心,采取由内至外的方式进行划分。将突发事件灾害现场依次划分为核心处置、安全警戒和外围管控三个应急区域。

(1)核心处置区,是组织抢险救援和专业技术处置的区域。由消防救援部门或突发事件应对牵头部门组织划定,并设置警戒线。公安机关应当禁止除抢险救援及专业技术处置人员以外其他人员进入该区域。

(2)安全警戒区,是组织处置与救援相关部门(单位)应急人员的工作区域。现场指挥部在对突发事件的危害程度、影响范围及发展趋势进行综合分析评估后,确定灾害现场安全警戒区域范围,由突发事件应对牵头部门会同公安机关、应急管理部门、属地政府组织划定,并设置警示标志,划定警戒线,设专人负责警戒。公安机关应当对进入该区域的人员核验身份,除参与灾害应对工作人员和车辆外,禁止与灾害应对无关人员和车辆进入,前方指挥部(现场指挥部)一般设置在安全警戒区。

(3)外围管控区,是参与突发事件现场应急行动响应成员单位工作区域。由公安机关交通管理部门划定和管理,并规划好集结区域、应急通行路线,设置合理出入口,除参与应急响应及应急保障的单位和相关人员外,严禁无关人员进入。外围管控区划定后,及时将应急通行路线规划通告突发事件应对牵头部门和现场指挥部。新闻发布中心、物资保障中心设置在外围管控区。现场指挥部应根据事态发展或灾害动态监测情况,适时调整或重新规划相关区域,设定新的控制、警戒、隔离距离等,以满足突发事件应对工作的现实需求。

除此之外,应急指挥机构还可以根据突发事件的特定类型、危害程度及影响,对突发事件应急响应行动区域进行个性化的划分。例如,在新冠肺炎疫情应对期间,将疫情防控区域划分为封控区、隔离区、管控区、防范区、流调区、监测区等;在事故灾难类突发事件应对中,将突发事件应对现场划分为处置区、监测区和管制区等。有时,会对已经划定的灾害现场应急区域,进行特定的管制和细化,如抢险救援车辆专用通道、紧急疏散专用通道、生活保障绿色通道、应急物资保障区、应急队伍集结区、环境气象监测区、人员疏散避险区、灾民安置区、直升机起降点、物资空投区、放射污染区等。

现场人员防护。现场处置救援人员应根据灾害特性,穿戴安全防护用品和使用专业装备器材,在落实安全防护措施(如工艺控制、险情控制、断气、断水、断电等操作,防范次生及衍生事件发生)的情况下,方可参加现场应急响应行动;救援人员应携带救生器材进入现场,在对遇险受困人员采取安全防护措施后,才可将其转移到安全区;现场安全监测人员,控制、记录进入现场抢险救援人员的数量;封控区域、管控区域人员,未经许可不得擅自离开划定区域,其他人员应撤离至安全区域;对救出的遇险受困受伤人员,在经过现场急救和登记后,移交给专业的医疗卫生应急工作机构处置。

公众安全防护。公众在接到疏散撤离命令(信号)后,应按照规定的路线和方向,有序组织疏散撤离。疏散时,应按照疏散指示标识,或选择安全的疏散路线,避免穿越危险区域、横穿公路。疏散人员应轻装简行、就地取材(如毛巾、湿布、口罩、鞋子、木条),采取简易有效的防护措施,保护好自身安全。未经应急人员同意或专人保护,不得私自返回受灾区域。

(八)组织监测监控

气候、水文、道路等自然环境的变化,灾害现场危险品、设施、建筑物等部位存在的潜在威胁,传染病病原体、携带者、食物链等管控环节,谣言、传言、舆情等失真信息,都会对突发事件处置与救援工作带来严重影响。因此,应加强对天气、地质、水文、水库、河流、堤坝、地震余震等自然因子的实时监测,为突发事

件应对工作提供保障;应加强对大气、水体、污染地段、事故特性以及其他环境因子的实时监测,防止次生、衍生灾害的发生,为应急决策方案优化提供服务;应加强对铁路、民航、海运、公路、货运场站、物流场所、海关等行业环节动植物疫情的查验检疫监测工作,做好出入境口岸管控工作;加强对发热门诊、重点人群、重点环境场所、物品及药品的筛查监测工作,对传染病源携带者、疑似病例、密切接触者,采取隔离、留验、观察等措施,交于卫生健康、疫情防控机构处置;强化食品安全监测力度,防止有毒、有害食材流入公众饮食消费环节;加强对网络舆情和社会舆情的实时监测,防止出现谎言、传言、谣言等负面信息,影响突发事件应急处置与救援工作。监测监控工作要充分运用专业化、特色化和差异化技术手段,不断增强风险防控和预防预警工作的针对性及有效性。新冠肺炎疫情应对期间,采取的"十二项监测"措施,为预防工作提供了借鉴。

"十二项监测"措施。①交通运输场站监测,突出"一场三站两码头"(飞机场、汽车站、火车站、高铁站、水运码头、陆运码头);②交通物流监测(地铁、公交、出租、网约车、客货车、物流园区);③医疗机构监测(发热门诊、核酸检测、集中筛查);④公共场所监测(公园、景区、宾馆、剧院、体育场馆、健身场所、酒吧、洗浴中心、KTV、网吧等);⑤餐饮行业监测(酒店、餐馆、饭店、食堂);⑥学校监测(幼儿园、学校、培训机构);⑦特殊人群集中场所监测(养老院、儿童福利机构、流浪乞讨人员、救助站、监狱、戒毒所);⑧便民核酸检测点监测;⑨药品销售监测(医院药房、百姓药房、零售药店出售的退热药、止咳药、抗病毒药、抗生素等"四类药品");⑩冷链食品监测(加工、运输、储存、销售);⑪环境抽样检测(集中隔离场所、商场超市、农贸市场、批发市场、冷链仓储库房);⑫党政机关主动报告监测(党政机关企事业单位人员发热症状报备、外出报备、外来人员报备、自我健康监测报备)等。

人员监测工作,落实"绿码、黄码、红码"三色动态监测管理制度,开展多方位、多角度监测监控工作。

(九)组织专业应对

专业应对行动,是专业技术人员或专业处置机构,按照现场确定的应急处置技术方案,而组织开展的应对工作行动。通常由专业技术处置组或专业应急处置队伍组织实施。

专业应对1:"火灾爆炸事故现场"指挥调度

扑灭现场明火。坚持先控制、后扑灭的原则,根据火灾大小,采用冷却、堵截、突破、夹攻、合击、分割、围歼、破拆、封堵、排烟等方法,进行控制与灭火。

根据火灾事故特性,选用正确的灭火剂。禁止用水、泡沫等含水灭火剂扑救遇湿易燃物品、自燃物品火灾;禁止用直流水冲击扑灭粉末状、易沸溅危险化学品火灾;禁止用砂土盖压扑灭爆炸品火灾;宜使用低压水流或雾状水扑灭腐蚀品火灾,避免腐蚀品溅出;禁止对液态轻烃强行灭火。

事发单位生产部门,注意监控装备工艺变化情况,做好应急状态下,生产方案的调整和相关装备的生产平衡,优先保证应急救援所需的水、电、汽、交通运输车辆和工程机械。

根据现场情况和应急预案要求,及时决定有关设备装置、单元或系统紧急停车,避免事故扩大等。

及时报告和反馈处置情况,提出增援、补充和疏散等扩大响应相关建议。

专业应对2:"突发传染病疫情应急处置"程序

(1)响应启动(应急指挥机构建立、应对工作专班运行、资源调动、会商研判、明确分工)。

(2)疫情信息报告(疫情信息传递、初筛患者信息报告、病例信息报告、工作进展情况报告等)。

(3)第一响应人响应(实行扫码、亮码、看码、测温、设点盘查和专项巡查等措施)。

(4)先期处置行动(查询密切接触者、核酸检测、初筛、转运、收集、风险点位快速判定和管控、场所管控、人员安抚、后勤保障、部门协同等)。

(5)专业处置行动,流调溯源与风险评估(携带者溯源、接触者分析、流行病学调查与溯源、风险人群判定、中高风险地区划定等)。

(6)基本响应行动,风险区域和社会面管控(风险区域等级确定、风险区域分类、隔离区、监测区、防范区、封控区以及社会面管控和外来风险管控等)。

(7)风险人群管控(风险人群排查、分类管理、就地管控、集中隔离、居家隔离、外溢风险人员协查等)。

(8)应急监测(大规模核酸筛查、发热门诊哨点监测、重点人群监测、重点场所环境监测、物品监测、药品监测等)。

(9)应急保障(居民生活、防控物资、公共服务、交通运输、网络信息、科学技术、社会安全等)。

(10)专家支撑(专家会诊、远程协助等)。

(11)医疗救治和健康服务(患者救治、风险人群医疗服务保障、医疗机构感染控制、患者愈后健康管理、心理健康服务等)。

(12)扩大响应行动,联防联控与力量支援(联防联控机制、视频专题会议、线上线下联动、外地外籍援助、军队增援、方舱医院等)。

(13)后期处置(治疗、清洗、杀菌、消毒处理、医学评估等)。

(14)信息发布和宣传引导(疫情信息发布、健康教育、舆情应对、宣传引导等)。

(15)善后工作(事态恢复、事件调查、安抚理赔、总结评估、责任追究等)。

三、现场应急行动结束

当突发事件应急响应目标基本达成后,次生、衍生灾害风险得到基本消除,受灾群众基本实现了"有饭吃、有衣穿、有干净水喝、有临时住所、有病能医治"的目标。现场指挥部宣布结束或终止应急响应行动,应急响应行动随即结束,转入到过渡期。应急响应行动结束,主要包括解除应急响应状态、清理灾害现场、撤离应急资源力量、进行现场观测监测、恢复正常社会秩序、组织事件调查与总结评估等内容。

(一)解除现场应急响应状态

现场指挥部组织召开现场指挥部工作会议,对突发事件应对工作情况进行分析与评估,提出解除应急响应状态的意见,经上级同意后,下达解除应急响应状态指令。命令下达后,现场指挥部负责组织现场应急力量撤离,组织灾害现场的清理,统计应急响应行动过程中,应急物资消耗损失情况,做好剩余应急物资的交接工作,明确现场指挥部关闭撤离工作方案,并组织实施。

(二)现场清理与应急力量撤离

依照现场指挥部关闭撤离工作方案,事发地党委政府接替现场指挥部的指挥协调工作,继续组织灾害现场的清理工作。恢复灾害现场道路交通和有关设施,清理灾害现场障碍物、临时搭建物和损坏的设备设施;对在应急处置与救援行动中,受损的装备器材进行现场抢修;清理现场残留的有毒有害、易燃易爆物质;对现场泄漏的有毒有害液体、固体统一收集处理;对洗消污水组织集中净化处理,严禁直接外排。

突发事件应对工作结束后,遵照应急队伍撤离命令,参与突发事件应急处置与救援的各类应急队伍,组织清点人数,查验车辆和装备器材,做好应急物资消耗核查统计,对应急资源使用情况进行登记和移交,按照现场指挥部关闭撤离工作方案要求,采取由外到内、先轻后重、先急后缓的次序,有序组织应急队伍和响应人员的撤离工作。属地党委政府积极做好撤离现场的应急力量的集结、输送和归建等相关保障工作。

(三)现场监测监控与事态恢复

对在突发事件应对过程中,产生的易燃易爆及有毒有害物质,组织全方位、全时域重点监测;对灾害现场的空气、水体、土壤等污染情况,组织动态监测;落实监测监控工作责任,建立监测监控工作机制,采取多元化监测手段,逐步消除灾害现场遗留的有毒有害物质和各种风险。

做好事态恢复与总结评估工作。进入突发事件善后处置阶段后,要及时恢复正常的生产生活秩序,认真做好突发事件的调查总结与评估工作。善后处置,包括了应急资源消耗的统计与补充、保险与理赔、事件调查与总结评估、奖励与表彰、责任与追究等内容。负有突发事件调查职能的部门或属地党委政府指定相关机构,组织开展事件的调查与评估工作,形成调查评估专项报告,提出事态恢复、补偿和理赔、责任追究等建议;依据突发事件应对相关法律法规及应急预案有关要求,对突发事件应对工作进行全面系统总结,形成专题报告,提出奖励表彰的意见建议。

第五章
临床：案例剖析

　　方法策略体系，是量化能力建设的科学尺度；复盘归零反思，是提升应对水平的现实需求。古人云：工欲善其事，必先利其器；不积跬步，无以至千里，不积小流，无以成江海。身为应急人，向后无退路，我们的身后，就是无数人民群众的生命和财产安全。灾难应对，既是一面镜子，也是一本教科书，在血的教训"哭声"中，要不断进行反思和自省，要以"首战用我、用我必胜"的信心勇气，锻造应急"利刃"，练就应急"剑法"，达成"召之能来，来之能战，战之能胜"之目标，这是我们应急人的神圣职责与使命。

临床,是医护人员直接接触病人,依据检查结果分析,对病人的病因情况进行实际观察和验证,担负着收治病人和疾病治疗的任务。临床包括直接参与临床工作的医生和护士,为病人进行诊断、治疗、护理、科研和提供相关服务。突发事件的发生就像人生病一样,重特大突发事件的应对与研究,在临床上,就像对"危重症患者进行治疗"一样,也需要进行"临床观察与研究",寻求其应对规律,为后续类似事件的应对工作提供遵循和借鉴。本章通过对"7·20"河南郑州特大暴雨灾害等4起重特大突发事件的"临床研究",剖析探索事件应对的内在规律与策略,为突发事件的应对和应急管理工作健康发展提供指导。

【自然灾害】
从责任主体、综合监管到抢险救援
——"7·20"河南郑州特大暴雨灾害应对反思

我国是世界上自然灾害最为严重的国家之一,灾害种类多、分布地域广、发生频率高、造成损失重,这是一个基本国情。在全球气候变化的大背景下,我国自然灾害风险将进一步加剧,极端天气趋强趋重趋频已成为常态,不到半个世纪,河南地区就发生了两场极为罕见的特大暴雨。1975年8月5日至7日,河南驻马店地区板桥水库林庄最大6小时降雨量达到了830毫米,超过了当时世界最高纪录(美国宾州密士港)的782毫米,暴雨造成板桥、石板滩等4座大中型水库、58座小型水库垮坝。2021年7月20日,郑州特大暴雨又造成了重大人员伤亡和财产损失。在对这次灾害事件应对过程,进行全面复盘分析时,我们发现,这次灾害的灾前预防、事发预警、抢险救援和灾后恢复整个链条中,暴露出了责任缺失、监管失察、救援失力等问题。我们通过对这些问题的梳理研究与思考,以寻求灾害预防与救援之法,破解灾害防御能力不足、城市安全基础不牢等问题,切实保障人民群众生命财产安全,让人民群众的获得感、幸福感、安全感更加充实、更有保障、更可持续,让城市变得更加美丽、更加安全。

一、事件回放

雨情。2021年7月17日至23日,河南省遭遇历史罕见特大暴雨。降雨过程17日至18日,主要发生在豫北(焦作、新乡、鹤壁、安阳),19日至20日,暴雨中心南移至郑州,发生长历时特大暴雨,21日至22日,暴雨中心再次北移,23日,逐渐减弱结束。过程累计面雨量鹤壁最大589毫米、郑州次之534毫米、新乡第三512毫米。过程点雨量鹤壁科创中心气象站最大1122.6毫米、郑州新密市白寨气象站次之993.1毫米。小时最强点雨量郑州最大,发生在20日16时至17时(郑州国家气象站201.9毫米),鹤壁、新乡晚一天左右,分别发生在21日14时至15时(120.5毫米)和20至21时(114.7毫米)。17日8时至23日8时,郑州市累计降雨400毫米以上面积达5590平方公里,600毫米以上面积达2068平方公里。其中,二七区、中原区、金水区累计雨量接近700毫米,巩义、荥阳、新密市超过600毫米,郑东新区、登封市接近500毫米。这轮降雨折合水量近40亿立方米,为郑州市有气象观测记录以来范围最广、强度最强的特大暴雨过程。最强降雨时段为19日下午至21日凌晨,20日郑州国家气象站出现最大日降雨量624.1毫米,接近郑州平均年降雨量(640.8毫米),为建站以来最大值(189.4毫米,1978年7月2日)的3.4倍。其中,20日午后强降雨从西部山丘区移动到中心城区,强度剧烈发展,15时至18时小时雨强猛增,16时至17时出现201.9毫米的极端小时雨强,突破我国大陆气象观测记录历史极值(198.5毫米,1975年8月5日河南林庄)。

这次特大暴雨是在西太平洋副热带高压异常偏北、夏季风偏强等气候背景下,同期形成的2个台风汇聚输送海上水汽,与河南上空对流系统叠加,遇伏牛山、太行山地形抬升形成的一次极为罕见特大暴雨过程,对河南全省造成严重冲击。主要有以下特点:一是持续时间长,二是累积雨量大,三是强降水范围广,四是强降水时段集中,五是具有极端性。强降雨由郑州市自西向东移动加强,河流洪水汇集叠加,加之郑州地形西南高、东北低,属丘陵山区向平原过渡地带,造成了外洪内涝并发。

汛情。"7·20"河南郑州特大暴雨强度和范围突破历史纪录,引发河南省中北部地区严重汛情,城镇街道洼地积涝严重,河流水库洪水短时猛涨,主要河流洪水大幅度超历史值,堤防水库险情多发重发,全市城乡大面积受淹,城区降雨远超排涝能力,居民小区公共设施受淹严重,山丘区洪水峰高流急涨势迅猛,造成大量人员伤亡诸多外因素的叠加,造成特别重大自然灾害。12条主要河流发生超警戒水位以上洪水,全省启用8处蓄滞洪区,共产主义渠和卫河新乡、鹤壁段多处发生决口,新乡卫辉市城区受淹长达7天。

郑州市贾鲁河、双洎河、颍河等3条主要河流均出现超保证水位大洪水,过程洪量均超过历史实测最大值。其中贾鲁河中牟水文站7月21日洪峰水位

79.40米,超历史最高洪峰水位(1960年11月4日)1.71米,洪峰流量608立方米/秒,为历史最大洪峰流量(2019年8月2日)的2.5倍,全市124条大小河流共发生险情418处,143座水库中有常庄、郭家咀等84座出现不同程度险情,威胁下游郑州市区以及京广铁路干线、南水北调工程等重大基础设施安全。

灾情。全省因灾死亡失踪398人,其中郑州市380人,新乡市10人,平顶山市、驻马店市、洛阳市各2人,鹤壁市、漯河市各1人。郑州市因灾死亡失踪人数占全省的95.5%。河南全省共有150个县(市、区)、1663个乡镇、1478.6万人受灾。倒塌房屋30616户、89001间,农作物受灾面积1635.6万亩,成灾面积872.3万亩,绝收面积380.2万亩,直接经济损失1200.6亿元,其中郑州409亿元,占全省34.1%。

郑州主城区20日午后普遍严重积水,路面最大水深近2.6米,导致全市超过一半(2067个)的小区地下空间和重要公共设施受淹,多个区域断电断水断网,道路交通断行。主城区因灾死亡失踪129人(占郑州市33.9%),水淹溺亡为主因,分散在居民小区、地下室、街道、地铁、桥涵、隧道等多处,时间基本集中在20日午后到傍晚。

郑州西部山丘区巩义、荥阳、新密、登封4市山洪沟、中小河流发生特大洪水,涨势极为迅猛,因河流沟道淤堵萎缩,许多房屋桥梁道路等临河跨沟建设,导致阻水壅水加剧水位抬升,路桥阻水溃决洪峰叠加破坏力极大。荥阳市崔庙镇王宗店村山洪沟15分钟涨水2.4米,下游6公里处的崔庙村海沟寨水位涨幅11.2米。山丘区4市有44个乡镇、144个村因灾死亡失踪251人(占郑州市66.1%),其中直接因山洪、中小河流洪水冲淹死亡失踪156人,时间高度集中在20日13时到15时。

性质。"7·20"河南郑州特大暴雨灾害是一场因极端暴雨导致严重城市内涝、河流洪水、山洪滑坡等多灾并发,造成重大人员伤亡和财产损失的特别重大自然灾害;郑州市委市政府及有关区县(市)、部门和单位风险意识不强,对这场特大灾害认识准备不足、防范组织不力、应急处置不当,存在失职渎职行为。总体是"天灾",具体有"人祸",特别是发生了地铁、隧道等本不应该发生的伤亡事件。郑州市及有关区县(市)党委、政府主要负责人对此负有领导责任,其他有关负责人和相关部门单位有关负责人负有领导责任或直接责任。

二、应对之策略

特大暴雨灾害发生后,党中央、国务院高度重视,立即做出重要指示,要求始终把保障人民群众生命财产安全放在第一位,抓细抓实各项防汛救灾措施,并派出解放军和武警部队迅速投入抢险救灾工作之中,为防汛救灾工作注入了强大动力、提供了坚强保障。受党中央、国务院委派,国务委员、国家防总总指挥王勇到河南检查指导防汛救灾和受灾群众安置等工作。国家防总、国家减灾委立即启动应急响应,派出工作组指导当地开展防汛救灾工作。国家有关部委、解放军和武警部队、消防救援队伍、民兵、预备役部队、中央企业以及社会救援力量、志愿者和广大干部群众全力以赴投入抗洪抢险救灾之中。河南省委省政府和地方各级党委政府认真贯彻落实党中央、国务院决策部署,深入开展防汛救灾工作,灾区群众得到妥善安置,灾后重建工作有序展开。郑州市委市政府立即行动,及时组织处置了常庄水库、郭家咀水库等重大险情,积极开展灾后救助和恢复重建工作。

应急管理部主要负责同志和分管部领导立即赶到应急指挥中心,视频连线河南省政府主要负责同志,调度了解有关情况,要求及时转移危险区群众,确保群众生命安全。应急管理部派出由国家防总秘书长、应急管理部副部长兼水利部副部长周学文带队的工作组赶赴现场,指导当地开展防汛抢险救灾工作。

地方政府进行防汛部署,启动防汛应急响应。在这轮强降雨到来之前,气象部门提前做出了天气预报。7月15日至16日,国务院领导同志带队到河南郑州等地检查指导防汛工作,对防范强降雨、防控重大风险、全力确保安全度汛提出明确要求。河南省委省政府于7月13日、7月16日,召开了全省防汛工作视频会议,进行了专门的部署,做出明确指示和要求,组织了实地检查督导。郑州市委市政府在7月13日、16日全省防汛工作视频会议后,又接着召开了会议,进行了部署。郑州市5月15日进入防汛期,市防指7月14日印发了《2021年市委市政府领导防汛抗旱责任分工及工作职责的通知》,明确市委市政府领导同志包保各区县(市),并要求各区县(市)也要明确包保责任。7月20日16时起,按照《河南省水利厅水旱灾害防御应急预案》有关规定,河南省水利厅决定将水旱灾害防御Ⅳ级应急响应提升为Ⅲ级应急响应。7月19日16时、20日8时30分,郑州市接连召开全市防汛救灾紧急调度会议,7月20日11时,应急响应由Ⅳ级提升至Ⅱ级,16时01分,气象部门发布了第5次红色预警,郑州市于16时30分,启动Ⅰ级应急响应。登封市启动应急响应最早,7月19日20时00分,启动Ⅳ级应急响应,23时30分,根据调度研判情况,决定直接提升至Ⅰ级应急响应。荥阳市7月21日4时00分,启动Ⅰ级应急响应。7月20日6时,郑州市气象部门发布了第2次暴雨红色预警,8时许,市政府主要负责人签发了市防指紧急通知。7月20日22时,召开县区(市)抢险救灾紧急视频调度会议,市领导奔赴中州大道南水北调干渠、贾鲁河、常庄水库、郭家咀水库等重点区域、关键部位,深入区县(市)抢险救灾一线,现场指挥调度抢险救灾工作。7月22日13时,经郑州市政府领导同意,郑州市防指决定将防汛Ⅰ级应急响应降至Ⅲ级,7月23日,经和气象部门会商并经市政府领导同意,市防指决定自7月23日0时起,将防汛Ⅲ级应急响应降至Ⅳ级。

迅速展开抢险救援工作。地方政府及其部门积极开展了洪涝灾害的抢险救援工作,河南省消防救援总队共参与处置抗洪抢险救援408起,郑州市消防救援支队出动消防车548辆次,舟艇25艘次,指战员2710人次,营救被困人员849人,疏散转移群众1500余人。外部抢险救援力量的不断投入,加大了抢险救援工作的进程,中部战区解放军指战员及武警官兵和其他消防救援队伍有计划有组织的参与抢险救援工作。7月21日,应急管理部启动消防救援队伍跨区域增援预案,连夜调派河北、山西、江苏、安徽、江西、山东、湖北7省消防救援水上救援专业队伍1800名指战员、250艘舟艇、7套"龙吸水"大功率排涝车、11套远程供水系统、1.85万余件(套)抗洪抢险救援装备,紧急驰援河南防汛抢险救灾工作。7月21日凌晨5时30分,按照应急管理部消防救援局调度命令,邯郸市消防救援支队18部车、103人冒雨驰援郑州。

险情的处置。7月21日,由国家防总秘书长、应急管理部副部长兼水利部副部长周学文带队的工作组抵达河南郑州,现场指导郭家咀水库和常庄水库险情处置。在郭家咀水库抢险现场,工作组指出要抓紧实施水库应急除险,充分发挥中国安能专业抢险人员的作用,尽快开挖泄流槽降低水库水位,保障郑州市城区和南水北调中线工程安全。同时,要设置观察哨,在确保抢险人员安全的前提下科学排险,避免发生人员伤亡。要加强全省水库风险隐患排查,特别是没有溢洪道的水库,要立即采取整改措施。针对常庄水库主坝背水坡疑似管涌险情,工作组要求组织权威专家科学会诊,查明出险原因,加强巡查防守,发

现险情,要立即处置。

交通秩序与基站服务抢修。郑州地铁1号线行车调整为:西流湖站—河南大学新区站小交路运行,河南工业大学站—市民中心站暂停运营服务;地铁2号线行车调整为:关虎屯站—新郑机场站小交路运行,贾河站—东风路站暂停运营服务。因强降雨导致水位过高,为防止纯电公交车出现高压电伤乘客,郑州纯电公交车于7月20日14点30停止运营。经紧急抢修,66个受影响的机房站点已陆续恢复正常,7月27日12时,郑州市全域(含郊县)基站通信服务全部恢复。

三、防灾减灾救灾机制下灾害应对工作的思考

城市,是生命体、有机体,我们要敬畏城市、善待城市。探索在自然环境条件下现代城市治理模式,是新形势下应急管理使命的必然要求,做好防灾减灾救灾工作是保障城市有效有序运行的重要工作。防灾减灾救灾工作事关人民群众生命财产安全和经济社会的发展,是经济社会发展和城乡建设规划的重要内容,构建公共安全人防、物防、技防网络体系,实现人员素质、设施保障、技术应用的整体协调,彻底堵塞"安全漏洞",坚决打破"安全孤岛",不断提高灾害高风险区域和学校、医院、居民住房、重要基础设施的设防水平,切实改变城市高风险、农村不设防的社会管理现状。"7·20"河南郑州特大暴雨灾害事件再一次敲响了现代城市管理的警钟,通过对"7·20"河南郑州特大暴雨灾害事件的反思,我们应该清楚认识到,在防灾减灾救灾工作上,要坚持以防为主、防抗救相结合,坚持常态减灾和非常态救灾相统一,努力实现从注重灾后救助向注重灾前预防转变,从应对单一灾种向综合减灾转变,从减少灾害损失向减轻灾害风险转变,全面提升全社会抵御灾害风险的能力。

(一)主官主管主责应认清,有责担责尽责是己任,不当"当一天和尚撞一天钟"的干部,不做"说了当做了,做了当做好了"的事

"认识失位""责任失真""底线失色"是导致这次灾害应对工作出现"不知道""认不清"和"想不到"等问题的根本原因。领导干部一定要树立"守土有责、守土担责、守土尽责"的理念,一定要做到"主官负全责、主管负主责",妥善地处理好"权"和"责"的辩证关系,切实担负起"促一方发展、保一方平安"的政

治责任。我们常说,思想是行动的先导,认识是行动的指南,只有认识统一了,目标才会更明确,行动才会有动力,前进才会有方向。领导干部是群众的引路人和"灯塔",遇有灾害,群众会看领导的,要想让群众有忧患意识,领导干部首先需要有防范与化解风险的政治担当,做到认识不缺位、责任不落空、红线不褪色,要"在其位,谋其政","为官一任,振兴一方",这是对领导干部的基本要求。《墨子·七患》云:"仓无备粟,不可以待凶饥,库无备兵,虽有义不能征无义,城郭不备全,不可以自守,心无备虑,不可以应卒。"底线就是事物发生质变的临界点,底线思维就是从最坏处着想,努力做好应对突发事件的各项准备。美国著名文艺评论家罗赛尔·洛威尔说:"灾难就像刀子,握住刀柄就可以为我们服务,拿住刀刃会割破手。"掌握应对灾害的技巧和方法,就能握住刀柄为我们所用,就可以化危为机,出奇制胜,否则,就会被刀刃割破手,伤害到自己。领导干部面对危机,一定要有底线思维意识,要有非凡的洞察力、科学的决策力和果断的指挥力。在灾难最危险时刻,一定要克服优柔寡断、患得患失的想法,要不怕丢了"安全帽",敢关"安全阀",把灾害的损失降低或减少到最低程度。

然而,在灾害来临时,郑州市部分领导干部风险忧患意识淡漠、缺乏底线思维意识,对灾害风险认识不清、应对方法不足、反应行动迟缓,出现了突发事件应对本领恐慌、判断失误、指挥失效,缺乏领导干部应有的勇气和担当,给人民群众生命财产安全造成了严重损失。在灾害应对时,郑州市委市政府负责人特别是主要负责人主观上认为北方的雨不会大、风险主要在黄河和水库,对郑州遭遇特大暴雨造成严重内涝和山洪"没想到"。这种麻痹思想和经验主义在北方城市不少领导干部身上也同样存在,一些领导干部在北方常年干旱的环境下工作,失去了对重大洪涝灾害的警惕性,对全球气候变暖背景下极端气象灾害的多发性、危害性认识不足,严重缺乏风险意识和底线思维,没有把历史和他人的教训当作自己的教训,对北京"7·21"、邢台"7·19"等北方城市暴雨导致严重伤亡的教训没有深刻汲取,对城镇化发展进程中的安全风险,缺乏调查研究,不知道我是谁、为了谁,也不知道风险在哪里、底线是什么,以致灾难来临时不知所措。中央明确要求各级党委政府要全面落实防汛救灾的主体责任,加强领导,守土尽责,加强统筹协调,形成省市间、部门间、军地间、上下游、左右岸通力协作的防汛救灾格局。但在这场特大暴雨灾害应对中,郑州市委市政府对整个防汛救灾工作统一领导不力,没有组织深入地会商研判,没有采取果断措施并督查落实,责任没有真正上肩。市委主要负责人没有把党委对防汛救灾工作的政治领导、思想领导、组织领导落到实处,没有充分发挥党的领导的政治优势和总揽全局、协调各方的作用。一些领导干部领导能力不足、全局意识不强,对工作往往满足于批示了、开会了、到场了,满足于一般化部署、原则性要求,形式主义、官僚主义问题严重。防汛工作名义上有指挥部,但没有领导坐镇指挥,制度和预案上也没有明确领导之间的具体分工,领导干部不知道关键时刻自己的职责是什么、岗位在哪里、如何发挥领导作用,认为到了一线就是尽职了,就没有责任了,出了事都往点上跑、打乱仗,结果抓了点丢掉面,捡了芝麻丢了西瓜。有的领导到了现场也不能发挥作用,解决不了问题,还失去了对全局工作的统一领导。领导干部在发展理念上也存在着偏差,城市防汛是做千年一遇的防,还是作百年一遇的防,认识不清,城市建设"重面子、轻里子"。郑州市作为新兴特大城市,发展速度很快,但考虑防灾减灾不足,防范治理措施不到位。雨水管道2400余公里,与建成区面积相当的城市相比相差超过一半,计划投资534.8亿元的海绵城市建设项目,已投资的196.3亿元中,实际与海绵城市相关的仅占32%,用于景观、绿化等占近56%,甚至在全国调集力量支援郑州抢险救灾的关键时刻,他们还在"修花坛"。排水明沟等基础设施"十三五"期间改造达标率仅20%,有的排水泵站位于低处,极易受淹失效。地铁、隧道、立交桥等防涝排涝能力不足,地铁区间疏散平台主要考虑防火防烟,而未考虑防涝,水库溢洪道堵塞、城区积水点等安全隐患长期没有排除,医院、供水、通信等公共设施的备用电源多位于地下,一进水就失去了备灾作用。每年雨季"城中看海"屡屡上演,这也反映了领导干部政绩观有偏差,在完整、准确、全面理解贯彻新发展理念,统筹城市发展和安全上存在着极大差距,没有把安全工作落实到城市管理和城市发展各个环节、各个领域。

(二)监管既要监督也要管理,既要看"问题墙",又要听"回音壁"。迟报瞒报谎报是"高压线",虚招昏招软招是废招,真招实招硬招是好招

做好监督管理工作,就是要做到对上负责、对已履责、对下尽责,牢固树立综合监管"四转变"(从治标为主向标本兼治、重在治本转变,从事中处置为主向事前预防转变,从行政手段为主向依法治理转变,从传统监管向综合监管转变)

理念,建立常态化的综合监管机制,从源头上防止灾害事件的发生。对上负责就是要严格按照法律法规的规定,不变相、不走样、不打折扣的贯彻落实相关规定和要求。郑州市本应按照突发事件应对法和自然灾害救助条例、防汛条例等有关规定,如实报告灾害损失和人员伤亡情况,这也是对上负责的一种具体表现。然而,郑州市刻意阻碍上报因灾死亡失踪人员信息,对因灾死亡失踪人数统计上报态度消极,不仅没有主动部署排查,要求及时上报,反而违规要求先核实人员身份等情况再上报,以多种借口阻碍信息报送工作,对已经掌握的信息隐瞒不报。郑州市连续4天未通过报灾系统上报因灾死亡失踪人数,截至7月29日仅上报97人,直到中央领导同志多次要求,省委省政府办公厅7月29日、8月1日先后两次发出紧急通知后才统计上报,7月30日上报322人、8月1日上报339人。7月25日至29日,郑州市县两级共瞒报116人,8月18日至19日,中央领导同志考察河南期间,郑州市已掌握新增因灾死亡12人,但仍不如实报告,8月20日调查组进驻后,因灾死亡失踪人数比8月2日公布数增加41人,其中23人属于瞒报。

对已来讲,尽职履责是各级政府及其部门应尽的基本职责,是党和人民对公职人员的基本要求,综合监管也是履职尽责的基本表现形式,无条件执行灾害防范措施是各级政府及部门的政治责任,若地方政府及其部门能按照"物尽其用、人尽其才、各尽其责"的原则去开展工作,也许灾害风险就会发生转移或消除,突发事件也许就不会发生。然而,在机构改革后,地方有些部门存在着权责界定不清、工作相互推诿、制度形同虚设等问题,综合监管的职能成了摆设,最终导致小灾变成了大害。郑州市在这次洪涝灾害应对中,部门之间的权责不清、责任不落实、监管不到位的问题,就充分说明了这一点。郑州市应急管理局(市防汛抗旱指挥部办公室),未认真履行防汛职责,对连续5次暴雨红色预警重视不够、研判不足,常庄水库发生重大险情后,未按规定及时报请市防指启动防汛Ⅰ级应急响应,灾情报送工作混乱,存在迟报瞒报等问题;郑州市水利局(市河湖及水利工程防汛抗旱办公室),未按规定编制《郑州市水旱灾害防御预案》,启动Ⅳ级、Ⅲ级应急响应滞后,未按规定组织会商研判,对南四环桥施工单位违法违规建设、郭家咀水库溢洪道被侵占堵塞等问题监管不到位、履职不力;郑州市城市管理局(市城市防汛办公室),未按规定向公众发布预警信息和启动市城防指应急响应,未按规定及时向市防办报告城市内涝监测预警结果及防范应对情况,金水河漫溢等险情未预警;郑州市交通运输局对地铁集团有限公司运营安全隐患检查排查不细不实,督促指导不力,违反交通运输部《城市轨道交通运营安全风险分级管控和隐患排查治理管理办法》规定,接到地铁5号线险情信息后,未按照《郑州市2021年城市防汛工作方案》规定向城市防汛办公室报告;郑州市城乡建设局在郭家咀水库漫坝事件上,未履行工程建设不得影响大坝安全的法律责任,未督促施工单位落实保证溢洪道畅通措施;郑州市公安局未按照职责和预案规定,在京广快速路北隧道安排警力定岗定人指挥、疏导交通,从15时38分北隧道路面堵车,至17时30分北隧道被淹没,一直没有发现险情并疏导交通,对电动自行车违规进入隧道,未有效实施监管,郑州市公安局交通警察支队,没有通过视频监控系统发现京广快速路北隧道路面堵车并指导第三大队疏导;郑东新区发展改革和统计工作办公室,作为郑东新区暴雨洪涝灾情统计专班牵头单位,存在迟报瞒报等问题。

对下来讲,各职能部门或单位,要落实定期、不定期、不打招呼、一插到底和谁检查、谁签字、谁负责的督导检查制度,切实消除风险隐患。突发事件是突发的,也是渐进的,"夫风生于地,起于青萍之末。侵淫溪谷,盛怒于土囊之口。"潜在的风险演化为现实的突发事件,都有一个动态发展过程,这个动态过程中,就需要组织检查、监督和综合管理,检查到位、落实到位、管理到位,就有可能减少或减轻灾害带来的伤亡和损失。然而郑州市相关部门对地铁集团有限公司存在的工程建设项目管理违规采用白图施工,严重违反《建设工程质量管理条例》,却给予工程施工质量验收合格的结论;地铁运营未编制集团层面防汛专项应急预案;中铁第四勘察设计院集团有限公司,作为地铁5号线设计总体总包单位,对地铁5号线建筑物防洪防涝评价报告审查不严,评价报告给出了"百年一遇暴雨强度下内涝水深0.24米"的结论,导致防洪涝设计基准明显偏低;河南五建建设集团有限公司在南四环桥建设施工过程中,未履行工程施工不得影响大坝安全的法律责任,施工期间造成郭家咀水库溢洪道堵塞,未采取临时措施保障溢洪道功能;登封电厂集团铝合金有限公司对洪水进入电解槽高温熔融铝液遇水爆炸的现实危险,未及时向蒋庄村委会和村民发出危险预警信息,致使部分村民错过转移时机。以上问题若在职能部门或单位的日常监管检查中予以解决,就不会发生重大亡人事故。然而,这些风险隐患已经上了"问题墙","回音壁"上也出现了基层群众的呼声,但由于监管体制机制不完善,安全监管执法不到位,老问题复燃、新问题萌发、小问题坐大,猫不抓老鼠,综合监管出现了"肠梗阻",最终导致灾害造成了更大的人员伤亡和财产损失。

(三)主体责任要上肩、社会责任要入心,安全和发展是一体之两翼、驱动之双轮,缺一不可

安全是发展的保障,发展是安全的目的。企事业单位要牢固树立安全发展理念,弘扬生命至上、安全第一的思想,要建立和完善安全生产责任制,落实各层级的安全生产主体责任,实行党政同责、一岗双责,坚决遏制重特大安全事故的发生,不断提升防灾减灾救灾能力,这不仅是企业的主体责任,更是企业的社会责任、政治责任。企业的发展既要盯着利益,更要盯着安全,严格落实安全生产市场准入制度,把安全生产工作贯穿于城乡建设规划和生产经营的全过程,全面排查风险,深化事故隐患治理,严防风险演变、隐患升级,导致生产安全事故的发生。我们通过对这次灾害事件的分析发现,郑州地铁集团有限公司在规划设计环节,五龙口停车场施工图设计方案存在将运用库东移30米、轨顶面标高下降1.973米重大设计变更未上报审批;工程违规采用白图施工,白图与蓝图对围墙基础要求存在明显差异;行车调度沟通协调不力,致使列车迫停、乘客被困;应急信息报送不规范不及时,疏散中断了56分钟后,才上报集团公司;五龙口停车场存在着重大防汛安全隐患;中铁第四勘察设计院集团有限公司对地铁5号线建筑物防洪防涝评价报告审查不严,造成评价报告中内涝水深0.24米的结论设计基准明显偏低;中国电力建设股份有限公司没有及时和监理公司、设计单位沟通,导致围墙基础埋深不符合设计要求;新疆昆仑工程咨询管理集团有限公司(原新疆昆仑工程监理有限公司),未认真履行监理责任,未在施工前参加图纸会审;郑州市工程质量监督站,受郑州市城乡建设局委托实施工程质量监督检查,未发现地铁5号线五龙口停车场围墙施工存在问题和缺陷,并出具了工程质量验收合格的监督意见;河南五建建设集团有限公司建设郑州市南四环路跨张李垌沟(郭家咀水库溢洪道)桥时,在溢洪道内修建施工便道、进行弃土弃渣,导致溢洪道被侵占堵塞,无法正常泄洪;王宗店村村居和村道建设侵占行洪通道。

以上行为都是"主体责任没上肩、社会责任没入心"的问题,最终导致7月20日,地铁5号线04502次列车行驶至海滩寺站至沙口路站上行区间时遭遇涝

水灌入、失电迫停,经疏散救援,953 人安全撤出、14 人死亡;郑州京广快速路北隧道发生淹水倒灌,6 人死亡、247 辆汽车被淹(其中隧道内 18 辆、引坡段 87 辆、隧道出口道路上 142 辆);郭家咀水库发生漫坝,及时转移受威胁群众 9.8 万人,造成重大经济损失和社会影响;王宗店村山洪洪水汇集、路基壅水溃决后,高位洪水短距离快速涌流至王宗店村,村委会所处位置断面洪峰流量 768 立方米/秒,洪水涨幅 7.15 米,洪水造成王宗店村死亡失踪 23 人,是郑州市山丘区 4 个市死亡失踪人数最多的村庄;7 月 20 日登封电厂发生爆炸,致 5 人死亡。"7·20"河南郑州特大暴雨灾害事件警示我们,若企事业单位的责任心不强,只注重自身利益,让主体责任下肩、社会责任走心,必将导致生产安全事故和违法事件发生,给经济社会发展带来严重危害。

(四)组织不间断地监测预警和会商,准确把握灾情信息,及时触发应急响应,建立和完善应对工作机制,实施精准救援行动

《汉书·伍被传》云:"聪者听于无声,明者见于无形。"灾害防治工作要在获得大量监测数据的基础上,经过认真研究分析和综合评估,准确地判断灾害发展趋势,及时发出预警警示,为突发事件应对工作赢得最佳时机,这是突发事件应对工作的前提条件。《中华人民共和国突发事件应对法》第三章专门就突发事件监测与预警做出了规定,明确了监测网络、预警级别、预警警报发布、预警响应措施等制度。各级各部门应强化监测预警网络系统和专业技术队伍建设,不断提高动态监测和实时预警能力。

在这次灾害应对中,郑州市气象部门密切监视天气变化,从 19 日 21 时 59 分至 20 日 16 时 01 分,连续 5 次发出了暴雨红色预警,电视台在天气预报中也进行了播报,郑州三大电信运营商 19 日全网推送一次,除部分降雨区域预报不够精准外,基本上为党委政府及其有关部门的防汛救灾和社会公众避险自救提供了高频次、递进式的气象服务保障。然而,应急、水利、交通、城管等部门没有落实重点区域风险隐患监测与预警制度,也没有组织或参与综合会商研判,对灾情危害和发展趋势"不知道、不了解",从而导致重点区域和位置发生了严重的人员伤亡事件。20 日 6 时,气象部门发布第 2 次红色预警的关键时刻,郑州市市委、市政府负责人仍没有进行灾情会商研判,也没有引起足够重视,行动不果断、措施不得力。8 时许,市政府主要负责人虽然签发了市防指紧急通知,但

没有按照红色预警要求,果断采取停止集会、停课、停业等措施,只提出"全市在建工程一律暂停室外作业、教育部门暂停校外培训机构",仅建议"全市不涉及城市运行的机关、企(事)业单位今日采取弹性上班方式或错峰上下班"。媒体网站发布上述信息时,人们早已正常上班了,学生也上学了。人命关天的时候,不经分析会商研判,仅靠拍脑袋做出这样决策,错失避免大量人员伤亡的大好时机。相比之下,登封市是郑州市所有区县(市)中启动应急响应最早的,也是山丘区4个市中因灾死亡失踪人数最少的地方。19日20时00分,登封市启动Ⅳ级应急响应,23时30分,根据调度分析和综合研判,决定直接将响应级别提升至Ⅰ级应急响应,比郑州市早了17个小时,这样就占得了先机,赢得了灾害应对工作的主动权。荥阳市启动应急响应最晚(21日4时00分,启动Ⅰ级应急响应),因灾死亡失踪人数也是最多的。把人民群众的安全利益放在最突出位置,想为人民所想,急为人民所急,这是领导干部应具备的基本素质。然而,7月16日,郑州市防指印发防汛工作通知,要求"当收到气象部门发布的红色预警信号后,指挥长要亲自坐镇指挥",但19日晚红色预警发布后,各区县(市)指挥长除登封市外均未坐镇指挥。河南省委7月13日宣布进入"战时状态",直到20日8时30分,郑州市在召开防汛紧急调度视频会时,才提出全面动员各方面力量,全力做好防大汛、抢大险、救大灾工作。20日当天,许多群众正常出行,机关企事业单位常态运转,人员密集场所、城市隧道、地铁、城市地下空间以及山丘区临河临坡村居等区域,没有提前采取有效的避险防范措施,全市因灾造成死亡失踪人数达380人,死亡失踪人数中,大多数是分散性的,遇难时多处于正常活动状态。郑州市委市政府在指挥上缺乏全局统筹,对市领导在前方后方、点上和面上的指挥,没有具体统一安排,关键时刻,无市领导坐镇指挥中心指挥、掌控全局。7月20日10时30分,常庄水库出现重大险情后,市委、市政府主要负责人和3位副市级领导都赶赴现场,当日,市领导多在点上奔波,有的撞在一起、有的困在路上。市委、市政府主要负责人因灾导致通信不畅、信息不灵,不了解全市整体受灾情况,对地铁5号线、京广快速路隧道、山丘区山洪灾害等重大险情灾情,均未及时掌握,从而失去了应对灾害的主动权。

组织应急救援,要打破现行条条框框的束缚,迅速启动应急预案,完善协同联动机制,采取一切有利于救灾行动措施。郑州市设置了防汛抗旱指挥部、城市防汛指挥部、气象灾害防御指挥部、突发地质灾害应急指挥部等4个指挥机构,办公室分别设在应急局、城管局、气象局、资源规划局。防汛抗旱指挥部下又设了防办、河湖水利防办、城防办、黄河防办4个办公室,分别设在应急局、水利局、城管局、黄河河务局,这种条块分割、机构重叠、职能交叉、工作重复的机构设置,造成了大家都想管,都没有管到位的现象,这也不符合"一类事项原则上由一个部门统筹,一件事情原则上由一个部门负责"的机构改革要求。特别是把灾害性天气预报与灾害预警工作混淆,预警发布部门分割,防灾避灾减灾救灾职能部门分割,预警与响应联动机制不健全,谁响应、如何响应不明确,应急预案实用性不强,多以出现严重后果为启动条件,响应启动偏晚,难以形成合力。郑州市在连续发出5次红色预警的情况下,才启动Ⅰ级响应,实际灾难已经发生。郑州市机构改革还人为设置了两年过渡期,这种扭曲的体制机构设计,导致防汛抗旱指挥部没有实际的指挥系统、指挥机制和指挥能力,关键时刻不能发挥应有作用。基层单位应急响应预案生疏,没有正确处理好灾害与生产的关系,从而失去了灾害救援的最佳时机。20日15时09分,在五龙口停车场多处临时围挡倒塌,16时00分,地铁5号线多处进水的情况下,郑州地铁集团有限公司没有领导在线网控制中心(OCC)和现场一线指挥,直到18时04分,才发布线网停运指令,此时列车已失电迫停,事发整个过程都没有启动应急响应,18时37分,乘客疏散被迫中断,直到19时48分,地铁运营分公司才向郑州地铁集团有限公司值班室报告,400多名乘客已被困车厢1个多小时。多次气象"暴雨红色预警"也阻止不了地铁的运营,甚至当事故发生之后,运营者直接回应媒体称,地铁集团也没有权力决定地铁停运,以致延误了救援时机。郑州市城市隧道综合管理养护中心按照预案规定,道路积水超过40厘米时,应关闭隧道,郑州市城市隧道综合管理养护中心为保障隧道通行,在封闭个别匝道口的情况下,未实施全线封闭,直到16时16分才强制封闭,此时大量涝水涌入隧道,车辆已经被困,车内人员陆续弃车逃生,17时30分,隧道淹没。山丘区山洪灾害防御与抢险,应利用梯田、谷坊、林草等水土保持工程和地埂、地堰、垄沟等田间工程,大量拦蓄雨水,力争洪水缓下山,清水少出川,上游多蓄水,下游保安全。当遇洪水,应尽量利用上游水库拦洪削峰,有条件的地方要大量引洪淤灌,增水肥田、分散水势、调蓄洪水,减少洪水对下游的危害。当水量大、河道水位超过预定标准时,则提闸分洪,牺牲局部保全局。然而,这些行之有效的制度和措施,平时没有得到很好贯彻落实,灾害发生后,造成了重大人员伤亡。这就是调查报告中所讲的,总体是"天灾",具体有"人祸"。古人云,"经一蹶者长一智,今日之失,未必不为后日之得。"教训往往比经验更重要,我们通过对灾害应对工作的全面研究与剖析,查找应对过程存在的问题与不足,为健全和完善灾害应对工作机制提供依据。

(五)从"举国救灾"到"全民防灾",从"全民准备"到"应对风险社会",不断提升全社会风险防范意识

俗话说:"隐患胜于明火、防范胜于救灾、责任重于泰山。"源头防范是最经济、最有效、最安全的防灾减灾救灾工作方法,也是最重要、最根本、最基础的应急管理工作内容。关口前移、重心下沉就是从"举国救灾"模式向"全民防灾"模式的转变,就是"从不惜一切代价地抢险救援"向"千方百计地做好预防准备"观念转变的最好体现。恩格斯曾经说过,"没有哪一次巨大的历史灾难,不是以历史的进步为补偿的"。"一个聪明的民族,从灾难和错误中学到的东西会比平时多得多"。中华民族历经灾难磨炼,具备了应对重特大突发事件可以举全国之力、上下齐心、共克时艰的制度优势。"7·20"河南郑州特大暴雨灾害应对实践告诉我们,"全民防灾、全民准备"的风险防范意识,还在某些地方没有形成,"全民准备"的防灾减灾救灾道路还很漫长,"应对风险社会"需要做的工作还很多。郑州市在洪涝灾害应对过程中,媒体宣传警示作用发挥不到位,因顾虑怕引起社会恐慌,信息发布频次不高,信息量不足,导致公众对灾情信息知之甚少。灾害预警信息传播不及时、不充分,警示效果不强,有的甚至淡化或误导群众对灾害的警觉。因灾死亡失踪人员遇难前,多数仍在正常活动,而未采取避险措施,甚至有部分人员是在成功转移后擅自返回而遇难的。灾情信息的不对称性,导致公众不知道哪儿有险,向哪撤离,如何去防。公众自救互救能力不足,主要依靠外部救援力量来实施抢险救援工作。这也反映出社会公众对这场特大暴雨的危害缺乏基本认知,安全意识、风险意识、忧患意识薄弱,防灾避灾和自救互救能力不强。灾害应对的现实告诉我们,加强防灾减灾和应急准备工作是全民素质教育的重要内容,全社会应广泛开展防灾减灾救灾知识宣传培训活动,积极培育特色应急文化,充分借鉴日本、德国等灾害频发国家应急处置的成功经验,推动防灾减灾救灾工作"进企业、进农村、进社区、进学校、进家庭"活动。在基层广泛开展形式多样、内容丰富的应急演练活动,充分利用防灾减灾

救灾教育基地、科普体验场馆等场所,组织开展防灾减灾救灾宣传教育活动,通过深入浅出的典型案例解读和灾害事件血的教训,不断增强公众抵御风险和自我防范意识。鼓励社会力量参与安全文化培育工作,制作喜闻乐见的防灾减灾科普产品,推动防灾减灾和安全教育从基础做起,增强公众自身对灾害的适应性和警惕性,不断提升广大群众防灾避险和自救互救能力。

【事故灾难】
从资源协调、力量统筹到现场指挥
——"8·12"天津港爆炸事故处置反思

爆炸现场的处置与救援,往往是在一个复杂多变环境条件下进行的。爆炸现场情况复杂、力量资源部署有限,面临诱发风险因素增多、响应要求节奏加快、险重任务交替变化、指挥决策压力极大,涉及应对单位多、现场组织协同难,面对随时可能出现的意外情况,指挥人员来不得半点闪失,稍有不慎就可能引发次生、衍生事件,给人民群众生命财产安全造成更大的损失,对经济社会的稳定运行带来更加严重的影响。所以,做好突发事件现场指挥与协调工作,是突发事件应对工作的一个十分重要的环节。在对天津港爆炸事故进行剖析分析后,可以得到一些反思与启迪。

一、事件回放

2015年8月12日22时51分46秒,位于天津市滨海新区吉运二道95号的瑞海公司危险品仓库运抵区最先起火,23时34分06秒发生第一次爆炸,23时34分37秒发生第二次更剧烈的爆炸。事故现场形成6处大火点及数十个小火点,8月14日16时40分,现场明火被扑灭。

事故现场按受损程度,分为事故中心区、爆炸冲击波波及区。事故中心区,为此次事故中受损最为严重的区域。该区域东至跃进路、西至海滨高速、南至顺安仓储有限公司、北至吉运三道,面积约为54万平方米。两次爆炸分别形成一个直径15米、深1.1米的月牙形小爆坑和一个直径97米、深2.7米的圆形大爆坑。以大爆坑为爆炸中心,150米范围内的建筑被摧毁,东侧的瑞海公司综合楼和南侧的中联建通公司办公楼只剩下钢筋混凝土框架;堆场内大量普通集装箱和罐式集装箱被掀翻、解体、炸飞,形成由南至北的3座巨大堆垛,一个罐式集装箱被抛进中联建通公司办公楼4层房间内,多个集装箱被抛到该建筑楼顶;参与救援的消防车、警车和位于爆炸中心南侧的吉运一道和北侧吉运三道附近的顺安仓储有限公司、安邦国际贸易有限公司储存的7641辆商品汽车和现场灭火的30辆消防车在事故中全部损毁,邻近中心区的贵龙实业、新东物流、港湾物流等公司的4787辆汽车受损。爆炸冲击波波及区,分为严重受损区、中度受损区。严重受损区,是指建筑结构、外墙、吊顶受损的区域。受损建筑部分主体承重构件(柱、梁、楼板)的钢筋外露,失去承重能力,不再满足安全使用条件。中度受损区,是指建筑幕墙及门、窗受损的区域。受损建筑局部幕墙及部分门、窗变形、破裂。爆炸冲击波波及区以外的部分建筑,虽没有受到爆炸冲击波直接作用,但由于爆炸产生地面震动,造成建筑物接近地面部位的门、窗玻璃受损。

事故造成165人遇难(参与救援处置的公安现役消防人员24人、天津港消防人员75人、公安民警11人,事故企业、周边企业员工和周边居民55人),8人失踪(天津港消防人员5人,周边企业员工、天津港消防人员家属3人),798人受伤住院治疗,304幢建筑物,12428辆商品汽车、7533个集装箱受损。截至2015年12月10日,已核定直接经济损失68.66亿元人民币。

事故造成至少有129种化学物质发生爆炸燃烧或泄漏扩散,其中,氢氧化钠、硝酸钾、硝酸铵、氰化钠、金属镁和硫化钠这6种物质的重量占到总重量的50%。同时,爆炸还引燃了周边建筑物以及大量汽车、焦炭等普通货物。本次事故残留的化学品与产生的二次污染物逾百种,对局部区域的大气环境、水环境和土壤环境造成了不同程度的污染。

调查组最终认定事故直接原因是:瑞海公司危险品仓库运抵区南侧集装箱内的硝化棉由于湿润剂散失出现局部干燥,在高温(天气)等因素的作用下加速分解放热,积热自燃,引起相邻集装箱内的硝化棉和其他危险化学品长时间大

面积燃烧,导致堆放于运抵区的硝酸铵等危险化学品发生爆炸,是一起特别重大生产安全责任事故。

二、应对之策略

事故发生后,天津市委市政府立即组织展开了应急处置与救援工作。

(一)快速组织先期处置,做好爆炸前灭火救援

8月12日22时52分,天津市公安局110指挥中心接到瑞海公司火灾报警,立即转警给天津港公安局消防支队。与此同时,天津市公安消防总队119指挥中心也接到群众报警。接警后,天津港公安局消防支队立即调派与瑞海公司仅一路之隔的消防四大队紧急赶赴现场,天津市公安消防总队也快速调派开发区公安消防支队三大街中队赶赴增援。22时56分,天津港公安局消防四大队首先到场,指挥员侦查发现瑞海公司运抵区南侧一垛集装箱火势猛烈,且通道被集装箱堵塞,消防车无法靠近灭火。指挥员向瑞海公司现场工作人员询问具体起火物质,但现场工作人员均不知情。随后,组织现场吊车清理被集装箱占用的消防通道,以便消防车靠近灭火,但未果。在这种情况下,为阻止火势蔓延,消防员利用水枪、车载炮冷却保护毗邻集装箱堆垛。后因现场火势猛烈、辐射热太高,指挥员命令所有消防车和人员立即撤出运抵区,在外围利用车载炮射水控制火势蔓延。根据现场情况,指挥员又向天津港公安局消防支队请求增援,天津港公安局消防支队立即调派五大队、一大队赶赴现场。与此同时,天津市公安消防总队119指挥中心根据报警量激增的情况,立即增派开发区公安消防支队全勤指挥部及其所属特勤队、八大街中队,保税区公安消防支队天保大道中队,滨海新区公安消防支队响螺湾中队、新北路中队前往增援。其间,连续3次向天津港公安局消防支队119指挥中心询问灾情,并告知力量增援情况。至此,天津港公安局消防支队和天津市公安消防总队共向现场调派了3个大队、6个中队、36辆消防车、200人参与灭火救援。23时08分,天津市开发区公安消防支队八大街中队到场,指挥员立即开展火情侦查,并组织在瑞海公司东门外侧建立供水线路,利用车载炮对集装箱进行泡沫覆盖保护。23时13分许,天津市开发区公安消防支队特勤中队、三大街中队等增援力量陆续到场,分别在跃进路、吉运二道建立供水线路,在运抵区外围利用车载炮对集装箱堆垛进

行射水冷却和泡沫覆盖保护。同时，组织疏散瑞海公司和相邻企业在场工作人员以及附近群众100余人。

(二)统筹各种力量，展开现场救援行动

这次事故涉及危险化学品种类多、数量大，现场散落大量氰化钠和多种易燃易爆危险化学品，不确定危险因素众多，加之现场道路全部阻断，有毒有害气体造成巨大威胁，救援处置工作面临巨大挑战。从调查报告来看，现场应急行动紧紧围绕着搜救失踪人员、伤员救治、现场清理、环境监测、善后处置和调查处理等工作而展开。一是先后召开十余次会议，研究部署现场应对处置工作，协调解决困难和问题；二是协调调集防化部队、医疗卫生、环境监测等专业救援力量，及时组织制定工作方案，明确各方职责，建立紧密高效的合作机制，完善协同高效的指挥系统；三是深入现场了解实际情况，及时调整优化救援处置方案，全力搜救、核查现场遇险失联人员，救治受伤人员，进行现场清理，监测现场及周边环境，防范次生事件发生；四是统筹善后安抚和舆论引导工作，协调有关方面配合地方政府做好3万余名受影响群众的安抚工作，积极做好社会舆论引导工作；五是组织开展事故调查，现场勘验、调查取证、科学试验等工作，尽快查明事故原因。

天津市委、市政府迅速成立事故救援处置总指挥部，确定了"确保安全、先易后难、分区推进、科学处置、注重实效"的工作原则，把全力搜救人员作为首要任务，以灭火、防爆、防化、防疫、防污染为重点，统筹组织协调解放军、武警、公安以及安监、卫生、环保、气象等相关部门力量，积极稳妥推进救援处置工作。参加现场救援处置的人员达到了1.6万多人。动用装备、车辆2000多台，其中解放军2207人，339台装备；武警部队2368人，181台装备；公安消防部队1728人，195部消防车；公安其他警种2307人；安全监管部门危险化学品处置专业人员243人；天津市和其他省区市防爆、防化、防疫、灭火、医疗、环保等方面专家938人，以及其他方面的救援力量和装备。公安部先后调集河北、北京、辽宁、山东、山西、江苏、湖北、上海8省市公安消防部队的化工抢险、核生化侦检等专业人员和特种设备参与救援处置行动。公安消防部队会同解放军(原北京军区卫戍区防化团、解放军舟桥部队、预备役力量)、武警部队等组成多个搜救小组，反复侦检、深入搜救，针对现场存放的各类危险化学品的不同理化性质，利用泡沫、干沙、干粉进行分类防控灭火。事故现场指挥部组织各方面力量，有力有序、科学有效推进现场清理工作。按照排查、检测、洗消、清运、登记、回炉等程序，科学慎重地清理危险化学品，逐箱甄别确定危险化学品种类和数量，做到一品一策、安全处置，并对进出中心现场的人员、车辆进行全面洗消；对事故中心区的污水，第一时间采取"前堵后封、中间处理"的措施，在事故中心区周围构筑1米高围埝，封堵4处排海口、3处地表水沟渠和12处雨污排水管道，把污水封闭在事故中心区内。同时，对事故中心区及周边大气、水、土壤、海洋环境实行24小时不间断监测，采取针对性防范处置措施，防止环境污染扩大。9月13日，现场处置清理任务全部完成，累计搜救出有生命迹象人员17人，搜寻出遇难者遗体157具，清运危险化学品1176吨、汽车7641辆、集装箱13834个、货物14000吨。

（三）调度各种资源，组织医疗救治和善后处理工作

国家卫健委和天津市政府组织医疗专家，抽调9000多名医务人员，全力做好伤员救治工作，努力提高抢救成功率，降低死亡率和致残率。由国家级、市级专家组成4个专家救治组和5个专家巡视组，逐一摸排伤员伤情，共同制定诊疗方案；将伤员从最初的45所医院集中到15所三级综合医院和三甲专科医院，实行个性化救治；组建两支重症医学护理应急队，精心护理危重症伤员；抽调59名专家组建7支队伍，对所有伤员进行筛查，跟进康复治疗；实施出院伤员与基层医疗机构无缝衔接，按辖区属地管理原则，由社区医疗机构免费提供基本医疗；实施心理危机干预与医疗救治无缝衔接，做好伤员、牺牲遇难人员家属、救援人员等人群心理干预工作；同步做好卫生防疫工作，加强居民安置点的疾病防控工作，安置点未发生传染病疫情。民政部将牺牲的消防员全部追认为烈士，按高标准进行抚恤；天津市政府在依法依规的前提下，给予遇难、失联人员家属和住院的伤残人员救助补偿；组织1025名机关干部和街道社区工作人员，组成205个服务工作组，对遇难、失联和重伤人员家属进行面对面接待安抚，倾听诉求，解决实际困难。

整体来看，爆炸现场处置工作中，没有发生重大的次生、衍生灾害，没有发生新的人员伤亡。在爆炸事故发生后，面对复杂的危险化学品事故现场，当地政府协调组织各方面力量科学施救、稳妥处置，全力做好人员搜救、伤员救治、

隐患排查、环境监测、现场清理、善后安抚等工作。但是,在事故救援与处置过程中,也存在不少问题。当地政府应对如此严重复杂的危险化学品火灾爆炸事故思想准备、工作准备、能力准备明显不足;事故发生后,在信息公开、舆论应对等方面不够及时有效,造成一些负面影响;消防力量对事故企业存储的危险化学品底数不清、情况不明,致使先期处置的一些措施针对性、有效性不强。

三、综合监管体制下应急救援工作的思考

危险化学品是人类生产生活和社会经济发展必不可少的原材料和添加剂,其生产、存贮、运输和使用过程,都会存在着一定的危险性,对危险化学品生产经营活动的监控,降低或减轻风险可能带来的危害,消除事故隐患,是做好危险化学品管理工作的重中之重。天津港爆炸事故是一次危险化学品爆炸事故,对应急管理工作来讲,也是一次突发事件现场处置与救援工作模式的"大爆炸"。只有经"浴火",方能再"重生",灾难事故现场的应急救援与处置,就是救人于水火,就是生命与时间的赛跑。如何做好新形势下风险管理与应急管理工作,探索更加科学可行、快捷高效的综合监管机制与现场应急救援模式,从天津港爆炸事故,可以得到一些启迪。

(一)是"埋雷"还是"排雷",管理链条各环节安全生产责任不能缺失

危险化学品本身就具有高风险的特性,危险化学品在生产经营过程中,一旦缺乏严格科学的管控手段,必将会埋下重大事故隐患。天津港爆炸事故调查组通过调取天津海关 H2010 通关管理系统数据等,查明事发当日瑞海公司危险品仓库运抵区储存的危险货物包括第 2、3、4、5、6、8 类及无危险性分类数据的物质共 72 种,对上述物质采用理化性质分析、实验验证、视频比对、现场物证分析等方法,逐类逐种进行了筛查,除第 4 类硝化棉外,均不会自燃或自热。实验表明,在硝化棉燃烧过程中伴有固体颗粒燃烧物飘落,同时产生大量气体,形成向上的热浮力。经与事故现场监控视频比对,事故最初的燃烧火焰特征与硝化棉的燃烧火焰特征相吻合,同时查明,事发当天运抵区内共有硝化棉及硝基漆片 32.97 吨。因此,认定最初着火物质为硝化棉。事发当天最高气温达 36℃,实验证实,在气温为 35℃时,集装箱内温度可达 65℃以上。以上因素耦合作用

引起硝化棉湿润剂散失,出现局部干燥,在高温环境作用下,加速分解反应,产生大量热量,由于集装箱散热条件差,致使热量不断积聚,硝化棉温度持续升高,达到自燃温度,发生自燃。面对危险化学品生产经营存在的风险隐患,企业本应严格落实相关管理制度,防止风险演变成为突发事件。但瑞海公司无视风险存在,生产经营过程中存在着无证违法经营、超负荷经营、违规存放危险品,违规开展拆箱、搬运、装卸作业,未批先建、边建边经营危险货物等严重管理问题,安全管理极其混乱,大量安全风险与隐患长期存在,瑞海公司给天津港爆炸事故埋下了第一颗"地雷"。

天津中滨海盛科技发展有限公司、天津水运安全评审中心、天津市化工设计院等中介及技术服务机构弄虚作假,违法违规进行安全审查、评价和验收;天津港(集团)有限公司本应统筹协调港区企业的危险货物安全管理工作,但在履行监督管理职责方面玩忽职守,个别部门和单位弄虚作假、违规审批,对港区危险品仓库监管缺失;滨海新区安全监管局、规划和国土资源管理局、市场和质量监督管理局、生态环境局、行政审批局等部门玩忽职守,在行政许可、项目竣工验收、日常监管、环境保护日常执法监管等方面严重缺失;属地政府为滨海新区,但滨海新区党委政府未认真贯彻落实国家安全生产、规划、交通等法规政策,未认真组织开展天津港港口危险化学品安全隐患排查治理工作,对滨海新区规划和国土资源管理局等所属部门违反市、区域规划行为失察失管,对城市规划执行、安全生产工作等方面存在的问题失察失管;地方政府为天津市政府,但天津市政府安全监管部门玩忽职守,未按规定对瑞海公司开展日常监督管理和执法检查,也未对安全评价机构进行日常监管,规划和国土资源管理部门玩忽职守,在行政许可中存在多处违法违规行为,市场和质量监督部门对瑞海公司日常监管缺失,天津市交通运输委员会(原天津市交通运输和港口管理局)滥用职权,违法违规实施行政许可和项目审批,日常监管严重缺失,海事部门培训考核不规范,玩忽职守,未按规定对危险货物集装箱现场开箱检查进行日常监管,公安部门未认真贯彻落实有关法律法规,未按规定开展消防监督指导检查;天津市委、天津市政府未全面贯彻落实有关法律法规,对有关部门和单位安全生产工作存在的问题失察失管;上级主管交通运输部未认真开展港口危险货物安全管理督促检查,对天津交通运输系统工作指导不到位,海关总署未认真组织落实海关监管场所规章制度,督促指导天津海关工作不到位。从生产经营单位到相关中介评审机构,从地方政府到国家行业主管部门,由于整个管理链条中监管职能的缺失,为天津港爆炸事故埋下了重重"地雷"。以上单位和政府部门,本应是安全生产的"排雷"者,却因玩忽职守,不履行安全生产监管责任,最终变成了"踩雷"者。所以说,企业要落实安全生产主体责任,各级各部门要切实履行安全生产综合监管责任,防止失察、失管、失责,再次引爆安全生产的"雷区"。

(二)由"瘦身"到"健全",建立与事件应对相匹配的应急指挥机构,在运行中不断优化完善

突发事件应急组织指挥机构,不是在事件应对的初期就很健全的,而是伴随着事件的发展和应急处置与救援过程,不断进行优化和完善的。天津港爆炸事故应对工作进程,正好反映出了突发事件应急指挥机构是一个由"瘦身"到"健全"的过程。依据突发事件应对工作进程,突发事件应对工作往往首先进行的是先期处置,其次是基本响应,再次是扩大响应。也就是说,突发事件发生后,首先是由基层组织和单位、属地政府和部门迅速启动应急响应程序,建立快速高效的现场指挥机构,依据现场已经部署的应急资源和力量,开展应急救援与处置行动;当增援力量到达事发现场,应急资源发生变化后,应进一步完善和优化应急指挥机构功能,成立专项应急指挥机构,组织专业处置与救援工作;当上级部门、解放军、武警部队和区域支援的专业力量到达现场,应急资源和力量再次发生变化后,应不断扩充补充和健全应急指挥机构,成立联合应急指挥机构,实施联合协同指挥。这也是突发事件应对工作应急指挥机构演变的一个基本过程。根据突发事件发展趋势和应对工作实际需求,突发事件应急指挥机构在事件应对过程中,进行不断优化和完善,是其功能作用与突发事件应对工作实际需要相匹配、与启动的应急预案相衔接、与现场应急资源和力量相适应。现场指挥部一般应具备指挥、通信与信息保障功能,通常以基层单位、属地政府及其部门组成;专项应急指挥部是专项应急预案设置的指挥机构,在应对同一类别的突发事件时,专项应急指挥部是建立在现场指挥部的基础上,经过对现场指挥部的补充和完善,执行专项应急预案赋予的功能任务;联合应急指挥部是最健全的应急指挥组织体系,是由各层级、各单位、各专业指挥机构联合构建的一个统一联合指挥体,是在专项应急指挥部不断优化完善调整的基础上逐步

形成的,通常设立指挥席、会商研判与情报共享室、力量协同本部、资源保障本部、对外联络本部、新闻发布中心等功能,吸收基层组织和单位、属地政府及其部门、上级组织和中国人民解放军等支援增援力量的负责人参加。应急指挥机构是一个系统化的概念,不只是指某个应急指挥部,他是各种现场指挥与处置机构的组合体。天津港爆炸事故指挥机构的优化过程,就是应急指挥机构的演变过程。天津港爆炸事故先期处置由天津港公安局消防支队开设现场指挥部,组织现场指挥与协调,继之,天津市委、市政府成立了事故救援处置总指挥部,最后,在事故救援处置总指挥部的基础上,不断完善指挥功能,实施集中联合指挥。指挥部下,分设了若干个工作组,还有若干个应急指挥部。如消防现场救援指挥部、武警现场指挥部和解放军应急指挥组(前方救援指挥部)等。这样,实施联合指挥,更利于统筹协调各方面的应急资源和力量,达到快速有效处置突发事件的目的。

从调查报告来看,天津市委、市政府成立了"事故救援处置总指挥部",确定"确保安全、先易后难、分区推进、科学处置、注重实效"的工作原则,救援处置指挥机构把全力搜救人员作为首要任务,开展了失踪人员搜救和灭火、防爆、防化、防疫、防污染等工作,统筹协调解放军、武警、公安以及安监、卫生、环保、气象等部门力量,稳步推进救援处置工作。8月12日晚,天津港爆炸事故发生后,公安部、市委、市政府、市公安局、公安消防局领导先后赶到现场,天津消防部队领导班子全体人员及全勤指挥部赶赴现场,成立现场救援指挥部,组织参战消防队员,组成多个搜救小组,合作开展事故处置和人员搜救工作。13日凌晨,事故救援处置总指挥部成立,设在区政府应急指挥中心,下设事故现场处置、伤员救治、保障维稳群众工作、信息发布和事故原因调查5个工作组。13日10时30分,原北京军区应急指挥组带国家级核生化救援队赶赴事故现场,12时50分,军区司令员赶赴现场组织指挥。从现场处置与救援行动的组织指挥过程中,我们可以清晰地看出,应急指挥机构是一个从"瘦身"向"健全"不断发展完善的过程。

(三)从"现有"到"增援",资源调动以任务需求为牵引,采取多元、模块化编组,持续为应对工作输送力量

事发地是突发事件先期处置的第一响应力量。事件发生后,当地政府迅速

调动已经部署的应急资源和力量,查明灾情、疏散群众、采取措施、救治伤员、控制事态,当事件态势发展超出自身的应对能力时,及时请求支援。支援增援的应急资源和力量到达现场后,在应急指挥机构的指挥下,采取分专业类别编组、分部门灾种响应、分批次投入力量、分时序不断输送等方式,有序投入应急处置与救援行动中去。

天津港爆炸事故应急救援行动,从力量编成和力量投送上看,突出了专业化编组、多元化编组和模块化编组方式,向救援现场持续不断地投送应急救援力量。

消防力量。8月12日22时34分左右,天津港公安局消防支队四大队出动20余名消防队员,22时40分,五大队、一大队陆续赶到现场,22时50分,天津市公安局消防部队调派开发区支队八大街中队、三大街中队和保税区支队天宝大道中队等5个中队及开发区支队全勤指挥部赶赴现场,23时40分,天津市公安局消防部队调派周边9个中队及总队全勤指挥部增援,13日凌晨5时,现场共有23个中队,6时50分,公安部消防局调派北京消防2架无人机,15日晚,相继调派辽宁、江苏消防组成的核生化侦检编队,北京消防核生化多功能侦检车,河北消防3个化工编队赶赴现场增援。

解放军及武警力量。12日23时40分,滨海新区军事部先遣小组赶赴现场,13日0时05分,滨海新区军事部和某预备役师的综合应急、防化救援、直升机、无人机等8支应急分队赶赴现场,3时许,北空某师200人的救援队伍奔赴现场,10时,以北京卫戍区防化团为依托的国家级核生化救援队出发赶赴现场,11时42分,武警部队一线救援官兵到达现场,展开救援行动。14日1时30分,天津警备区某舟桥团400余人赶赴现场,开辟救援通道。截至20日,军队和武警部队共出动4464人,车辆装备396台、各类器材2108件(套)。

医疗救治力量。天津港爆炸事故发生后,天津市卫健委立即启动了突发事件医疗卫生救援预案,从29所三级甲等医院中抽调110名专家组成专家组,13日凌晨3时,国家卫健委派出7名专家赶赴现场,原北京军区驻天津的医院,迅速抽组了两个医疗队78人,第一时间赶到爆炸现场,15日17时,又增派了6名感染康复专业的专家加入医疗救治工作中,19日16时,国家卫健委共选派了66名医疗专家,天津市共组织了155名医疗专家,累计抽调了4000多名精干的医疗力量,参与医疗救援工作。截至23日16时,国家卫健委累计从全国各地

和军队系统调派了包括16个专业在内的80多名医学专家,天津市也组织了180多名专家,在一线指导伤员救治工作。

其他方面的力量。截至23日16时,环保部门在事故现场周边共布设环境空气监测点位18个,水环境监测点位42个,地下水环境观测点位1个,海水监测点位6个,持续实施24小时不间断监测;截至8月15日17时,天津市报名参加义务献血志愿者已超过4000人,参与处置的危险化学品处置专业人员243人,天津市和其他省区市防爆、防化、防疫、灭火、医疗、环保等方面专家938人。

天津港爆炸事故,从处置与救援行动时间节点上看,应急响应经历了先期处置、响应升级和现场行动三个阶段的力量统筹。

先期处置:8月12日22时30分—13日00时00分

8月12日22时30分,火情发生,天津港公安局消防支队四大队消防员发现火情,立即奔向现场进行灭火救援。

22时40分,五大队和一大队的消防员,接到四大队求援电话陆续赶到现场。

22时52分,天津市公安局消防局119作战指挥中心接到群众报警,调派八大街中队等5个中队赶赴现场。

23时06分—16分,4个中队和开发区消防支队全勤指挥部陆续到达现场,开展火情侦查、控制火势。

23时20分,天津市公安局消防总队滨海消防支队将火情上报滨海新区政府应急指挥中心。

23时23分—33分,滨海新区政府应急指挥中心将情况报告相关领导,并通知了天津港,因火势越来越大,现场消防指挥员意识到情况危险,开始组织消防队员后撤。

23时34分06秒,现场发生爆炸。

23时34分37秒,现场发生更强烈的二次爆炸。

23时35分,滨海消防支队将起火现场发生爆炸的情况上报滨海新区政府应急指挥中心,指挥中心将情况报告相关领导,并通知有关部门赶赴现场。

23时40分,滨海新区军事部后勤部领导带领先遣小组赶赴事故现场。

响应升级:8月13日00时00分—13日12时00分

13日凌晨1时左右,在天津港大楼前广场中型应急指挥车上,召开第一次抢险救灾紧急会议。

1时30分,国务委员、公安部部长郭声琨,公安部副部长李伟率领的国务院工作组赶赴事发现场,指导救援处置工作。

5时许,郭声琨到达现场察看情况,到医院看望正在接受救治的受伤人员,国务院医疗救治组抵达天津后,前往泰达医院、泰达心血管病医院,交通运输部部长杨传堂主持召开紧急会议,成立交通运输部应急处置工作领导小组,会后率工作组赶赴现场。

10时,以北京卫戍区防化团为依托的国家级核生化救援队摩托化急行军赶赴现场。

10时20分,第一梯队先遣组23人,出动4台专业车辆,238件专业设备,出发赶赴现场。

10时40分,第二梯队后续救援力量194人,出发赶赴现场。

11时42分,武警部队一线救援官兵到达现场,展开救援行动。

15时40分,应急救援队伍抵达现场,展开救援。

现场行动:8月13日12时00分——20日

组织北京、河北等邻近省市的消防力量紧急驰援,防化部队和武警官兵跨区紧急出动,并抽调精干力量和先进救援装备,赶赴事故现场参与救援行动。

15日上午,事故现场危化品的种类及数量已初步查明,事故现场明火基本扑灭,军地展开联合搜救。

18日,部队进入联合指挥阶段,开始清理事故现场。

20日,事故现场清理工作仍在紧张进行。

(四)在"模糊"中寻求"清晰",做到精准发声,牢牢把握事件应对的话语权

科学应对突发事件,就是要在两个战场上同时作战,既要组织力量妥善做好突发事件应急处置与救援工作,又要开辟舆论引导和媒体应对的新战场,任何一个战场的失利,都将会带来更加严重的社会影响。舆论与媒体这个阵地,你不去占领,别人自然就会占领,往往突发事件发生时,我们得到的信息是模糊的、零散的、支离破碎的,很难全面、精准、详实地掌握事件发展状况,都需要有一个从"模糊"到逐渐"清晰"的过程,因此,我们应从获得的情报信息中认真分

析,精确研判,找到最真实、最有用的信息,抢占先机,及时发声,占领舆论引导的主阵地。要组织专业人士,采取专业技术和手段,及时发布事件信息,尤其是要加强新闻发言人队伍建设,不断提升新闻发言人信息表达技巧和能力。敌意来自误解,化解在于沟通,只要我们及时传递、不断传递、多渠道传递突发事件处置信息,充分利用新媒体、现场访谈、新闻发布会等途径,加强与媒体之间的沟通,让公众了解和掌握更多的突发事件应急处置与救援情况,以争取社会公众的理解和支持。天津港爆炸事故发生后,公众再一次把传媒行业推上了风口浪尖,天津港爆炸事故既考验了传统新闻媒体的反应速度,同时,也反映出了新媒体快速强大的传播能力。爆炸事故发生后,天津本地媒体因反应迟缓,受到了部分公众质疑,有网友指出,"事发后,天津电视台即派记者连夜赶往现场,从早上的时候就做好了直播准备,但一直未获得直播许可,在等通知的这段时间,天津卫视按部就班地播放节目"。对于纸质媒体来说,发布信息还需要走完一个留版、排版、审批、签发、印制的过程,就更无法快速及时地传播突发事件信息。爆炸事故发生后,新浪微博平台最先发声,网络视频的关注度大幅提升,从响应的时效来看,几大主流媒体微博中人民日报更新第一条相关微博的速度最快,于13日00:43采集网民消息发布【突发:#天津发生爆炸#腾起蘑菇云　河北多地有震感】,其次是央视新闻、新华视点。天津本地媒体天津日报反应速度较快,于13日00:09发布第一条权威消息。截至8月23日,天津市共组织召开了14场新闻发布会,前6场新闻发布会,信息发布清晰度不高,多次使用"这个情况不了解""不清楚"等不确定性描述,而且发布会直播至记者提问环节出现中断的情况,在一定程度上引发了公众的质疑,也为谣言的产生和传播提供了发酵空间,导致大量次生舆情事件的产生。在后面几场新闻发布会上,天津市逐渐关注公众的诉求,并安排负责现场指挥与处置的高级领导干部出席发布会,回答记者提问,信息发布清晰度逐步提升,公众的质疑和争议逐步平息。以上也反映出了在突发事件现场管理权责越高,掌握的信息越充分,作为实际发言人,更有利于提升信息发布的清晰度,增强公众的置信水平。

(五)从实践到理论,用理论指导实践,不断完善突发事件现场管理工作规范

突发事件现场管理包含了突发事件现场资源管理、组织计划管理、指挥协

调管理、情报决策管理及现场秩序管理等内容,是对突发事件应对时的计划、组织、指挥、协调和控制的全面管理,突发事件现场管理水平直接决定了事件应对的质量和效果。目前,我国现行的法律法规还没有对突发事件现场管理工作的原则、目标、任务、人员、训练、保障等方面做出详细规定,只能是在突发事件应对工作的实践中,进行不断摸索前进。大家坚持"在实践中学,从实践中来,再到实践中去"的工作学习方针,不断总结完善突发事件应对工作经验教训,为以后突发事件的应对工作提供借鉴和指导。天津港爆炸事故调查报告指出了"事故企业严重违法违规经营、有关地方政府安全发展意识不强、危险化学品事故应急处置能力不足"等八个方面的主要教训,并提出了"把安全生产工作摆在更加突出的位置、推动生产经营单位切实落实安全生产主体责任、集中开展危险化学品安全专项整治行动"等十个方面的事故防范措施和建议,这些问题、对策及建议,对我们做好突发事件的防范与应对工作,都具有十分重要的指导意义。

通过对天津港爆炸事故现场管理工作的反思,我们感到应从以下几个方面规范和健全突发事件现场管理工作制度。

(1)从突发事件应对现场管理的客观需求上讲,应建立和完善突发事件现场管理工作规范或制度。就突发事件现场决策权、执行权、监督权进行明确,对突发事件现场指挥与协调运行机制内容进行规范,对突发事件应急资源保障工作提出具体要求。

(2)建立应急状态下现场应急通信保障制度。主要解决各应急指挥机构与应急力量之间通信种类繁多、缺乏专业力量与装备器材保障,空、天、地通信保障存在壁障及临时通信向快速部署、综合保障向可靠服务等方面存在的问题,实现突发事件现场应急通信数字化、信息化、智能化、即时化、标准化和全域化。

(3)设立突发事件现场指挥官制度。在不断总结天津港爆炸事故处置经验教训的基础上,充分借鉴西方国家在突发事件现场处置方面的成功经验做法,形成具有中国特色的突发事件现场指挥制度体系,重点解决"多头指挥、谁官大谁指挥和会议指挥"的问题,形成"权责"清晰的现场应急指挥体制与机制。

(4)建立突发事件现场警戒制度。对突发事件处置与救援功能区域划分、处置与救援准入制度、管控与疏散、资源保障与防护等问题进行规范和明确,防止影响突发事件处置与救援的效率或引发次生衍生事件的发生。

(5)建立突发事件现场记录制度。对处置与救援行动中的决心、命令、计划

和行动,进行记录,对力量及资源运用情况进行登记,对装备器材物资消耗情况进行统计,对人员伤亡和财产损失情况进行详细记录,建立突发事件处置与救援数据台账,为应急资源的调整补充及灾后恢复评估工作提供基本依据。

(6)建立突发事件现场信息管理制度。按照"授权+限权"的原则,组织开展突发事件现场信息的采集、加工、生成和发布工作,建立行之有效的突发事件信息运行机制,及时发布真实、权威、有效的突发事件现场信息,为突发事件应对工作提供舆论支持和信息保障。

【公共卫生事件】
从阻击战、总体战到人民战争
——新冠肺炎疫情大流行应对工作反思

人类社会发展史,也是同各类灾害抗争的历史,是从被动承受、逃避灾害的低级阶段向主动防灾、综合防控的高级阶段发展的历史。只要我们能够正确认识灾害,采取科学、有效、合理的应对之策,就一定能够打赢灾害应对的人民战争。2019年12月,我国武汉市暴发了新型冠状病毒感染的肺炎疫情(简称"新冠肺炎疫情"),以飞沫、污染物品、气溶胶、粪便污染公共物品进行传播,多种动物(水貂、白尾鹿等)或已成为病毒的贮存宿主,疾病的流行病学和免疫学特征意味着,疫情将会席卷全球,并在一定的时期内与人类共存。

一、事件回放

2019年12月下旬,湖北省中西医结合医院呼吸与重症医学科主任张××,在接诊时,因连续发现有不明病毒引起的肺炎患者后,立即引起警觉,经和院方研究,并一起将此情况做了报告(新冠肺炎疫情信息上报的第一人),随即,新冠肺炎疫情开始在湖北省武汉市暴发蔓延。为了迅速遏制新冠肺炎疫情蔓延势头,2020年除夕之夜,经中央军委批准,中国人民解放军从陆军、海军、空军军医大学抽调组建3支医疗队共450人,分别从重庆、上海、西安乘坐军机出发,迅速支援湖北省武汉市新冠肺炎疫情应对工作。2020年1月23日,湖北省武汉市新冠肺炎疫情防控指挥部发布通告,宣布全市离汉通道暂时关闭,全城进入了封闭期。国家与武汉市共同采取防控措施,遏制疫情向外传播。2020年1月10日,我国成功分离出了新型冠状病毒(简称新冠病毒)毒种,并向全球分享了病毒基因信息。2020年1月20日,国家卫生健康委员会发布公告,新型冠状病毒感染的肺炎纳入法定传染病乙类管理,采取甲类传染病预防、控制措施。世界卫生组织也将本次发现的新冠病毒定名为COVID-19,1月30日,WHO宣布新型冠状病毒肺炎疫情为国际关注的突发公共卫生事件,这也是自2000年以来,世界卫生组织第5次宣布"国际关注的公共卫生紧急事件"(PHEIC)。新冠肺炎疫情在全球开始暴发蔓延,人类与新冠肺炎疫情斗争的序幕从此拉开。

新冠肺炎疫情是百年来全球发生的最为严重的传染病大流行,是新中国成立以来我国遭遇的传播速度最快、感染范围最广、防控难度最大的重大突发公共卫生事件。2020年1月25日,中共中央政治局常务委员会召开会议决定,党中央成立应对疫情工作领导小组,在中央政治局常务委员会的领导下开展工作,党中央向湖北等疫情严重的地区派出指导组,推动有关地方全面加强一线防控工作。湖北省参照2003年"非典"疫情应对中北京小汤山医院模式,于1月25日正式开工建设火神山、雷神山医院,2月3日及6日医院相继建设完工,并正式开始收治患者。2020年2月7日,国家确定了16个省市与湖北省武汉市以外16个地市建立了——对口支援关系,以一省包一市的方式,全力支持湖北省疫情防控和患者救治工作,按照"应收尽收、应检尽检"的原则,湖北省多地市建立了多个方舱医院。中央组织部从代中央管理的党费中,向31个省区市、中央有关部门(系统)划拨专项资金10800万元,用于支持各地区各有关部门(系统)开展新冠肺炎疫情防控工作。2020年9月8日,国务院召开全国抗击新冠肺炎疫情表彰大会,会议指出:我们党团结带领全国各族人民,进行了一场惊心动魄的抗疫大战,经受了一场艰苦卓绝的历史大考,付出了巨大努力,取得了抗击新冠肺炎疫情斗争重大战略成果,创造了人类同疾病斗争史上又一个英勇壮举。疫情防控的人民战争,总体战、阻击战首战告捷,武汉保卫战、湖北保卫战取得了重大胜利。2022年3月,吉林省、上海市相继检测出了大量新冠肺炎

病毒携带者,新冠肺炎疫情在两地局部暴发。2022年5月5日,中共中央政治局常务委员会召开会议,认真分析了当前新冠肺炎疫情防控形势,研究部署抓紧抓实疫情防控重点工作。会议指出:新冠肺炎疫情发生以来,我们坚持人民至上、生命至上,坚持外防输入、内防反弹,坚持动态清零,因时因势不断调整防控措施,疫情防控取得重大战略成果。2022年3月以来,经过全国上下勠力同心、并肩作战,我们经受了武汉保卫战以来最为严峻的防控考验,取得了阶段性成效。实践证明,我们的防控方针是由党的性质和宗旨决定的,我们的防控政策是经得起历史检验的,我们的防控措施是科学有效的,我们打赢了武汉保卫战,也一定能够打赢大上海保卫战。经过了两个多月的努力,吉林、上海大面积疫情传播的风险得到了有效控制。但境外输入引发的本土聚集性新冠肺炎疫情先后涉及多个省份,传播的毒株主要是德尔塔变异株,德尔塔变异株具有病毒载量高、传播速度快、体内复制快、传播能力强、转阴时间长等特点,德尔塔毒株变异成奥密克戎后,又从 Omicron BA.1 转变为 BA.2、BA.1.12.1、BA.4、BA.5,直到 BF.7,形成了境外与境内、境内区间与本地相互传播,重症与轻症、轻症与无症状感染者相互交织并存的复杂局面,给新冠肺炎疫情防控工作带来了新的挑战。为此,我们始终坚持基层社区防控的"防"和医院专业救治的"救"两个主阵地,坚持"外防输入、内防反弹"的疫情防控策略,坚持"动态清零"的总方针,坚持在疫情防控处置实践中学,在"科学、精准、细致"上下功夫,全面统筹推进疫情防控和经济社会和谐发展。

截至2022年7月5日24时,新冠肺炎全球确诊病例达到547901157例,死亡病例达到6339899例;根据美国约翰斯·霍普金斯大学(JHU)数据,截至美东时间当天17时20分(北京时间7月6日凌晨5时20分),美国累计新冠肺炎确诊病例达88001056例,累计死亡病例达1018258例;我国31个省(自治区、直辖市)和新疆生产建设兵团报告,累计确诊病例226176例,累计死亡病例5226例,累计治愈出院病例220226例,全国仍有高风险等级地区190个、中风险等级地区77个。全球疫情形势仍处于高位徘徊,病毒还在不断变异,疫情最终走向还存在很大的不确定性,疫情防控还远远没有到可以松口气、歇歇脚的时候,放松防控势必造成大规模人群感染,出现大量重症和病亡,经济社会发展和人民生命安全、身体健康将受到严重影响。因此,各地党委政府按照党中央确定的疫情防控方针政策,始终保持清醒头脑,毫不动摇坚持"动态清零"总方针,坚决同一切歪曲、怀疑、否定我国疫情防控政策的言行做斗争,不断铸牢疫情防控屏障。

2022年11月11日,国务院联防联控机制综合组发布了《关于进一步优化新冠肺炎疫情防控措施科学精准做好防控工作的通知》(简称"优化措施二十条"),2022年11月30日,广州市在全国率先优化疫情防控措施,不再组织全员核酸检测和查看健康码。12月7日,国务院联防联控机制综合组出台了《进一步优化落实新冠肺炎疫情防控的措施》(简称"新十条"),12月8日,国务院联防联控机制综合组印发了《关于印发新冠病毒抗原检测应用方案的通知》和《新冠病毒感染者居家治疗指南》,明确要求不再按行政区域开展全员核酸检测,铁路、机场、地铁等公共交通工具不再查验核酸检测阴性证明和健康码。12月13日零时,通信行程查验服务终止,通信行程卡程序正式下线。12月14日起,国家不再通报新冠肺炎感染人员数量,12月26日,国家卫生健康委发布2022年第7号公告,将新型冠状病毒肺炎更名为新型冠状病毒感染,经国务院批准,自2023年1月8日起,解除对新型冠状病毒感染采取的《中华人民共和国传染病防治法》规定的甲类传染病预防、控制措施(即,由"乙类甲管"调整为"乙类乙管"),新型冠状病毒不再纳入《中华人民共和国国境卫生检疫法》规定的检疫传染病管理。新冠肺炎疫情应对工作由综合预防控制阶段恢复到全民自我防护阶段。

二、应对之策略

新冠肺炎疫情暴发后,党中央国务院高度重视新冠肺炎疫情应对工作,立即成立了新冠肺炎疫情防控应对工作机构,坚持全面动员、全面部署、全民行动,坚持"外防输入、内防反弹"防控策略和"动态清零"总方针,采取最全面、最严格、最科学、最彻底的防控举措,结合国内外新冠病毒研究进展和我国本土疫情处置实践经验,不断调整优化防控措施,14亿中华儿女同舟共济,众志成城,同疫情展开了顽强的斗争,仅用1个多月的时间,就初步遏制了疫情蔓延势头,2个月左右时间,就将本土每日新增病例控制在个位数以内,3个月左右的时间,取得了武汉保卫战、湖北保卫战的决定性成果,疫情防控阻击战取得重大战略成果。

（一）加强党对疫情防控工作组织领导，疫情防控分阶段有序推进

中国新冠肺炎疫情防控过程的全景，全面彰显了中国共产党和中央政府领导中国人民与新冠肺炎疫情斗争的抗疫实践。新冠肺炎疫情暴发后，党中央立即成立了应对疫情工作领导小组，各级党委政府面对突如其来的新冠肺炎疫情，也迅速建立起了疫情应对的组织体系，主要领导第一时间走上疫情防控指挥岗位，亲临一线、亲自指挥，始终把人民利益和身心健康放在突出的位置，充分发挥我党的政治优势和组织优势，疫情防控展现出了强大的组织动员能力，克服了一个个"危机节点"，确保中央关于疫情防控管制举措自上而下有序落实，广大党员干部面对困难和风险，奔赴一线、不畏艰险、迎难而上、扛起责任，一个个普普通通群众、一群群党员干部、一面面党旗党徽在疫情防控阵地上飘扬，为疫情防控工作的"胜利"提供了坚强的组织保障。

我国疫情防控工作经历了"聚集性疫情紧急处置、重点时期疫情防控、科研攻关与疫苗接种、防控措施优化调整、防输入防反弹和动态清零以及缓冲恢复与常态化管理"等阶段。不同的阶段与时期，都有鲜明的特征与标志。

聚集性疫情紧急处置阶段，以湖北省武汉市新冠肺炎疫情应对为标志，强调的是在非常态情况下的紧急应对工作。根据新冠病毒的传播力和致病特点以及传播范围，经过湖北省综合研判，采取了在武汉和湖北省部分地区实施围堵策略措施。2020年1月23日，武汉市新冠肺炎疫情防控指挥部发布第1号通告，宣布武汉封城。继之，我国也在全国范围内实施了围堵策略等一系列非医学干预措施。面对新型传染病疫情，有各级党委政府指导下的多部门统筹协调、群众的积极响应以及2003年"非典"和2009年甲型流感大流行疫情应对工作的经验，我们具备了实施围堵策略的优势。经过3个多月的努力，取得了武汉保卫战的决定性胜利，也为世界新冠肺炎疫情应对赢得了时间、积累了经验。

重点时期疫情防控阶段，以自4月8日零时起，武汉解除封城，国内疫情防控得到有效控制，复工复产工作逐步展开为标志，疫情防控工作从紧急处置状态转为重点防控状态，这个阶段强调的是落实社会动态监测和属地化管理。武汉保卫战、湖北保卫战取得决定性成果后，我国境内疫情防控总体呈现出零星散发状态，疫情防控积极向好态势持续巩固，复工、复产、复学科学有序推进，社会秩序、生产生活逐步回归正常，疫情动态监测和疫情防控由属地政府组织。

科研攻关与疫苗接种时期,以新冠病毒疫苗研发到临床试验,然后在全国开始全面接种为标志,强调的是依靠医疗产品和免疫技术的应用,全面增强公众免疫力,延缓或防范新冠肺炎疫情传播。2020年1月24日,中国疾控中心成功分离中国首株新型冠状病毒毒种,3月16日20时18分,重组新冠疫苗获批,启动临床试验,4月13日,我国新冠病毒疫苗进入Ⅱ期临床试验;同日,一个由全球120多名科学家、医生、资助者和生产商组成的专家组发表公开宣言,承诺在世界卫生组织的协调下,共同努力加快新冠疫苗的研发工作。6月19日,中国首个新冠mRNA疫苗获批启动临床试验,10月8日,中国同全球疫苗免疫联盟签署协议,正式加入"新冠肺炎疫苗实施计划"。截至2021年2月25日,中国已经附条件上市的新冠疫苗已经达到4个,其中3个灭活疫苗,1个腺病毒载体疫苗。

防控措施优化调整阶段,以《公民防疫基本行为准则》(科普版)为标志,在对前期新冠肺炎疫情防控应对工作综合评估的基础上,对疫情防控的医疗资源、应急物资保障及社会安全稳定等要素需求进行完善与调整,对相关政策、制度和机制进行调整与优化,持续做好疫情防控的各项准备工作。

防输入防反弹阶段,以额济纳旗等边境口岸疫情输入为标志,强调的是做好全链条病毒变异及点线传播的防控工作。自2021年8月中旬以来,我国疫情一度波及20多个省份,随着额济纳、黑河、大连等边境口岸城市疫情得到快速有效处置,国务院联防联控机制研判,全国本轮疫情整体上进入扫尾时期,疫情防控要积极做好"外防输入、内防反弹",重点是针对德尔塔变异株相关特征来采取相应的管控措施。

动态清零阶段,以上海市、吉林省局部疫情暴发为标志,强调的是科学施策、精准防控、动态清零的策略。"动态清零"并不是全域静态管理,"动态清零"追求的目标之一,就是尽可能避免全域静态管理,针对奥密克戎变异株特点,一方面强化快速、果断、彻底地防控措施。另一方面强化精准、科学、有效的防控策略,最大限度地平衡好疫情防控和社会经济发展、正常生产生活之间的关系,力戒层层加码、"一刀切",既防不作为、慢作为,又防乱作为、瞎作为。2022年4月中旬以来,疫情整体呈持续波动下降态势,"五一"假期期间,全国疫情形势总体平稳,4月30日至5月5日,全国日均新增报告感染者近5800余例,较高峰期下降80%。上海市疫情在经过一段反复后,新增感染数持续下降,疫情防控形势持续趋稳,吉林省疫情处于扫尾阶段,隔离点和封控区以外的风险已经基本控制,北京市疫情通过区域核酸筛查和密接排查管控,扩散风险已有所降低,江西省南昌市疫情已得到有效控制,疫情防控工作总体进入到"科学精准、动态清零"阶段。

缓冲恢复与常态化管理阶段,以12月26日,国家卫生健康委发布2022年第7号公告,将新型冠状病毒肺炎更名为新型冠状病毒感染为标志,11月30日,广州市在全国率先优化疫情防控措施,其他省市相继对疫情防控措施进行了优化,疫情防控工作进入到了常态化管理时期。

(二)加强监测预警,持续做好应急准备,不断提升疫情防控效能

发现敌人比消灭敌人更重要。加强疫情的监测和预警,提升预警系统的灵敏性,是做好疫情防控工作的重要前提。我国不断推进疫情防控监测预警系统建设,研制开发了流量监测、健康监测、行程监测等监测预警平台和程序,加强对主要时期、重点环节、闭环人员的监测,建立健全了疫情防控监测预警制度。省会城市和千万级以上人口城市,建立了步行15分钟左右的核酸采样圈和1小时应急圈;非常时期,居民每周可完成一次核酸检测,有条件的还可以增加检测频次;部分城市还建立了抗原监测与核酸诊断监测相结合的监测模式。扩大对重点人员监测覆盖面,对境外人员和货物直接接触人员、集中隔离场所工作人员、定点医疗机构和发热门诊医务人员、快递人员每天开展一次检测,学校教职员工和学生每天抽检20%,不断提升托幼机构、养老机构、监所等有关机构的检测比例。充分发挥抗原方便快捷优势,提升早发现、早预警的能力。加强公共监测实验室、城市监测基地、第三方监测机构的建设,不断提升核酸检测能力。完善全国8个区域核酸检测协同支援机制,提升区域调集资源应急反应能力,统筹测算并匹配相应的采样、检测力量,确保在24小时内完成人员核酸检测。不断加强对铁路、民航、海运、公路、货运场站、物流场所、海关等行业环节动植物疫情查验检疫工作,采取专业化、特色化和差异化的监测监控手段,不断增强监测预警的针对性。

宁可备而不用,不可用而无备。应急准备从政策法规、组织体系、制度保障、应急预案、基础设施、队伍建设、技术支撑、理论研究等方面全面做好准备。我国在新冠肺炎疫情防控期间,采取了提前准备和边应急、边准备的方式,不断

推进各项应急准备工作逐步落实。按照平急转换原则,积极做好准备与储备工作,国务院联防联控机制提出了方舱医院储备标准,要求每万人口 40~60 间,建立储备清单和梯次调用机制,保障房周转调用机制,地级以上城市指定定点医院,老龄化程度高的城市适当增加 ICU 床位数量,医院需提前制定救治力量组织方案,保障疫情发生后,能及时快速启动,完善应对大规模疫情医务、采样、保供等人员调配机制,各省建立不少于 1000 人的流调专业队伍,储备不少于 500 人的跨区域支援队伍,乡镇、街道建立了基层干部、社区工作者、医务人员、民警、志愿者等五位一体的基层疫情防控队伍。组织开展医药研发、新装备器材运用、技术革新等方面的研究工作,出台相关激励政策,为疫情应对工作提供坚强保障。

（三）坚持边处置边学习,不断调整优化疫情防控策略措施

从武汉封城,到上海、吉林两地疫情局部暴发,我国在新冠肺炎疫情应对过程中,采取了边处置、边学习、边总结、边完善的应对工作思路,不断优化和完善疫情应对各项策略与措施。逐步建立健全了疫情防控中央协调（国务院联防联控机制）、集中治疗与封闭管理、疫苗研发与物资保障、全民参与与社会动员、科技支撑和国际合作等工作机制。组织相关科研单位开展了新冠疫苗研发和临床试验,及时向国内外接种和发放新冠疫苗,不断增强公众对传染性疾病的免疫力。疫情防控工作始终坚持以人民群众生命安全和身体健康为出发点,坚持从实践中来,到实践中去的基本方针。国务院联防联控机制在总结推广北京冬奥会防控经验的基础上,升级了核酸+抗原的检测手段,提出各地隔离病房和方舱医院建设标准,健全感染者分类收治工作机制等,2022 年 4 月 11 日至 5 月 8 日,先后在大连、苏州、宁波、厦门、青岛、广州和成都等 7 个城市开展了疫情防控措施优化试点工作研究,总结了天津、山东、广东、吉林、上海等地暴发局部疫情的防控处置工作经验和教训,不断优化疫情防控操作程序和处置措施。针对聚集性疫情多由境外输入引起的实际,关键是闭环,外防输入一刻也不能放松,坚持人、物、环境同防,加强对进口冷链食品和高风险国家非冷链物品的防范,行业部门落实主管责任,压实酒店、商超、农贸批发市场、老城区、城中村、养老院和福利院等重点单位的防控责任。完善出院和隔离时间标准,检测的 CT 值高于 35 可以出院,隔离时间由 14 天调整为 7+7（7 天集中隔离、7 天居家健康

监测),重新明确封控区降级标准(由14天调整为7天,7天后又降为管控区,再3天零新增降为防范区)。加强核酸检测结果互认,健康码、行程码一码通行。国务院联防联控机制印发了针对重点场所重点单位重点人群新冠肺炎疫情防控65类防护指南和55个技术方案,指导各行各业按照"三环节两因素"(控制传染源、切断传播途径、保护易感人群,社会因素、环境因素)开展疫情防控工作,国家卫生健康委疾控局组织相关专家多次研究论证,对防护指南和技术方案进行了科普化编辑,形成了《公民防疫行为准则》(科普版)。2022年6月27日,国务院联防联控机制结合我国疫情防控和应急处置经验,在对《新型冠状病毒肺炎防控方案》第八版研究分析的基础上,结合传染病防控三原则,制定了《新型冠状病毒肺炎防控方案》第九版,并印发各地,指导全国的新冠肺炎疫情防控工作,这也是具有鲜明中国特色的疫情防控方案。新型冠状病毒肺炎防控方案修订进程,如图5-1所示。

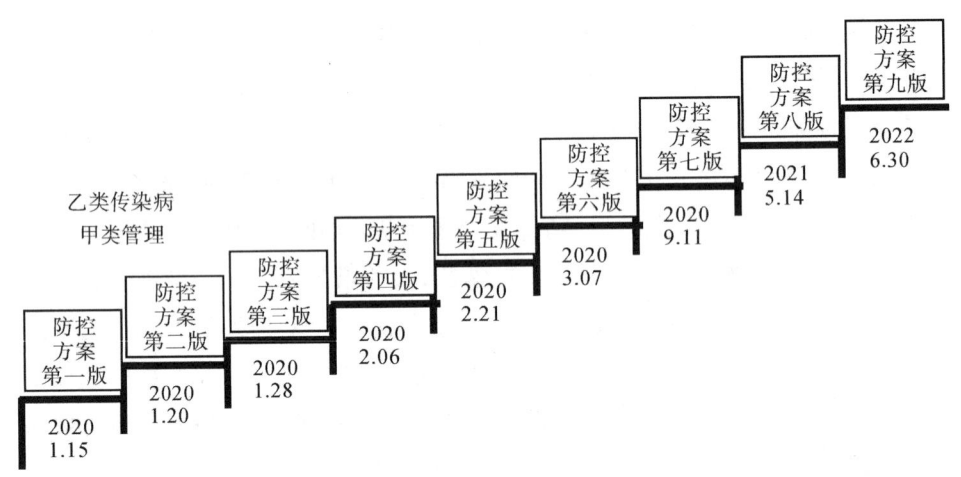

图5-1 新型冠状病毒肺炎防控方案修订进程

(四)从阻击战到总体战,紧紧依靠人民,打赢疫情防控人民战争

人民是历史的创造者,人民,只有人民,只有依靠人民、团结人民,才能有效地应对新冠肺炎疫情重大挑战。在疫情防控过程中,我们充分尊重民意、汇集民智、凝聚民心、聚集民力,不断凝聚疫情防控人民力量,在人民群众中,广泛采取更加精准管用的疫情防控措施,积极引导社会力量有序参与疫情防控工作。武汉封城是阻击战,常态化防控是持久战,人民群众参与疫情防控是总体战、是

人民战争。疫情防控工作由"非常态化"转变为"常态化",其战法也由"围点溯源、重点出击、分割包围、封控围堵"转化为"坚守阵地、多路迎击、群众参与、各个击破"。在这个时期,对于人民群众来讲,自我应对,比他人组织来应对,人民群众就更显得有成就感。人是致灾的主要因子(疫情传播),但人也是抗灾的重要因素,发挥人的主观能动性对疫情防控工作具有十分重要的意义。这次疫情防控过程中,既彰显了"天眼、天网"的工程技术优势,又展现出了救死扶伤医院救治和基层社区群众防控两个主阵地的作用。建立群防群管工作机制,实行基层街区网格化管理,坚持关口前移,源头把控,开展拉网式筛查甄别,对确诊患者应收尽收,对疑似患者应检尽检,对密切接触者应隔尽隔,落实"四早"要求,让人民群众来管好每一个风险环节,决不留下任何死角和空白。各级党政机关依靠人民群众,充分发挥人民群众的聪明才智,在基层社区开展了逐人排查筛查、逐户上门登记,逐家发放防疫手册,做到基层疫情防控不漏一户、不漏一人。从社区到农村,从机场到车站,拉开了一张"防输入、防扩散、防输出"的人民群众疫情防控大网,确保疫情防控"打早、打小、打了"目标的实现。坚持共同的理想信念、价值理念和道德观念,促进公众在思想上、精神上紧紧围绕在一起,团结好、利用好丁香医生、果壳网等民间知识科普平台公益力量,统筹网上网下、国际国内、大事小事,做好强信心、暖人心、聚民心的舆论引导工作,主动回应社会关切,引导广大群众增强责任意识,自我防护意识,自觉承担起疫情防控的社会责任和义务,落实好个人、家庭等日常防控措施,筑牢群防群管的人民防线。

2020 年 1 月 28 日,世界卫生总干事谭德塞表示:在新冠肺炎疫情防控上,中方采取的措施不仅是在保护中国人民,也是在保护世界人民,我们对此表示诚挚感谢。中方行动速度之快、规模之大,世所罕见,展现出中国速度、中国规模、中国效率,我们对此表示高度赞赏,这是中国制度的优势,有关经验值得其他国家借鉴。

三、应急管理视角下突发公共卫生事件应对的思考

从世界各国应对新冠肺炎疫情和我国不同时期不同阶段新冠肺炎疫情应对工作实践来看,从应急管理体系的视角分析,有诸多经验教训值得总结和反思。

(一)"复盘"与"归零",应急管理须在实践与反思中前行

应急管理工作要发展,就必须汲取突发事件的沉痛教训,就必须进行认真的反思与总结。任何一件突发事件,都应在应对工作结束或一个阶段性任务完成后,对事件应对情况进行"归零"和"复盘",为后续事件应对工作提供借鉴和指导,这是检验事件应对和应急管理水平的最好办法。面对湖北疫情失控、武汉封城、疫苗研发与接种、防控措施调整、防输入防反弹和动态清零等疫情应对重要环节,曾经出现了信息失真、检测造假、方法简单、手段粗暴、溯源不及时等问题,个别单位的疫情应对工作还出现了反复与迷茫,有些地方还出现了事态的失控和病毒扩散蔓延。疫情防控工作,在经过一个阶段之后,我们坐下来,进行了认真总结和反思,那些经验值得借鉴,那些教训值得吸取,那些方法背离了科学防控、依法防控的要求,通过进行总结与反思,为优化和调整新冠肺炎疫情防控措施提供了指导。疫情应对期间,大多数国家都放松或解除了疫情防控管控措施。至2022年4月26日,全球共有105个国家和地区,对完成新冠肺炎疫苗接种的外国旅行者,入境不再强制要求提供入境前新冠检测阴性证明,76个国家和地区仍然要求提供入境新冠检测阴性证明,但入境后无需隔离,11个国家和地区需提供入境前新冠检测阴性证明,并在入境后接受隔离,13个国家和地区限制外国公民非必要旅行入境,许多国家也部分或完全取消了新冠疫情防控措施,不再对社交距离、口罩、公共场所出示通行证、活动规模等进行限制。所以,做好疫情防控的"复盘"与"归零"工作十分重要,也十分必要。

(二)"清零"与"共存",应对模式的艰难选择,适合自己的才是对的

应对模式的选择也是执政目的的具体体现,是为民执政?还是出于对政党利益的考虑。我国面对新冠肺炎疫情采取的是"清零"模式,既是倡导者,也是执行者。然而,国际社会在应对新冠肺炎疫情时,面临着"一病两治"模式的艰难选择。全球新冠肺炎疫情应对姿态和策略存在着五种模式(应对策略、主要国家及地区、公共卫生措施),具体表现在以下几个方面。①阻绝:以朝鲜、一些太平洋岛国为代表,阻止病毒传入;②消除:以中国、新西兰等国家为代表,全力阻断病毒传播;③压制:以欧洲、北美等国家为代表,控制流行强度;④缓解:以

瑞士（至少早期时）为代表,降低疫情高峰;⑤基本无策略:一些低收入国家,听天由命。消除就是"清零"模式,共存就是"停摆"、就是"躺平",其结果就是民众遭罪。以美国为例,美国拥有全世界最先进的医疗设备和技术,但美国政府不思治理之策,不谋抗疫之举,而是把精力放在政治操弄上,用在甩锅泼脏水上,从而成为全球新冠肺炎确诊和死亡人数最多的国家。事实再一次证明,选择与病毒共存,就是选择健康与魔鬼共舞,就是放任病毒吞噬民众健康,这必将会导致国民对政府的信任破产。英国是最早提出"群体免疫"概念的国家之一,在冷酷的现实面前,英国的无辜民众成了政府的"小白鼠",群体免疫带来的后果是全民遭殃。

（三）"防控"与"外溢",两个战场协同作战,防止"双峰"事件发生

疫情防控,对抗的不只是新冠病毒,更重要的是增强国人的抗体,这也是治理体系和治理能力现代化建设的必然要求,国人有了抗体,不论是病毒还是风险,我们都可以经受得住历史的考验。新冠肺炎疫情应对时期,我国采取了严防境外输入（严格管控出入境人员数量,严格管理航空入境人员,管控陆路、水路、口岸人员入境,入境货物通道闭环管理、口岸人员健康监护、入境货物核酸检测、消毒处理）,阻断本土传播（保持监测预警的敏感性,发现本地传播病例,迅速启动应急响应机制,开展病毒溯源和大规模核酸检测筛查,基于传播风险区域人员防控,个人防护和环境消毒等）和动态清零的严格管控措施。然而,病毒的外溢效应比疫情防控更为复杂,演化成为意识形态领域的斗争。面对新冠肺炎疫情,所有国家都在同一条船上,理应同舟共济、共同应对。但实际上,我国在组织疫情应对时,西方国家不是在想方设法做好疫情防控工作,而是通过各种手段来抹黑中国,面对国际舆论、国内传言,我们既顶住了外界压力,还对友好国家和地区施以援手,有效防止了"双峰"事件的发生。

（四）"情报"与"决策"两者兼备,打好事件应对组合拳

信息不实,将会造成情报失真,情报失真,将会造成预警失效,预警失效,必会造成决策失误。湖北疫情暴发后,第一批专家于2019年12月31日赶赴武汉,进行了实地考察,做出了这种新型冠状病毒"可防可控""不会人传人"的结论,2020年1月19日,武汉疾控中心在电视媒体上发布信息,新冠肺炎疫情可

防可控。2020年1月1日,武汉警方以"在互联网上发布不实言论"通报了8名医生"造谣",并对他们进行警示和训诫。疫情传播期间,美国总统告诉美国民众,我们已为发现的任何病例都做好了准备,保证一切"尽在掌控"之中,并扬言将新冠肺炎疫情说成是一个危害较低的常见病,错误的情报与信息,迅速导致美国确诊病例急剧上升,疫情也在美洲肆虐蔓延。加强情报信息管理工作,做好情报信息收集、分析与研判,就情报信息发布级别、权限做出相应规范,为应急决策、科学决策提供最直接的依据。2019年12月31日至2020年1月22日,湖北省武汉市卫健委对外发布新冠肺炎疫情信息相关情况通报共16份,若这些通报属于疫情信息,武汉市卫健委是否有权对外发布?若是预警信息,又没有明显的预警提示。决策,绝不是靠拍脑袋拍出来的,是在获得大量情报信息的基础上,进行综合分析研判形成的。决策缺乏科学性的重要原因,就是情报信息收集渠道不畅通、方法单一、内容简单,信息生成部门之间有壁垒,缺乏共享机制,信息传递设置了多道"门坎",从而导致决策层无法快速定下处置决心。

决策,应坚持系统思维、底线思维和法治思维的观点,采取科学的态度和方法,及时定下事件应对决心。在这次疫情应对期间,我们就采取了依法施策和重典治乱双轮驱动策略,取得了显著成效。疫情防控初期,各地曾出现了封门、堵路、挖坑、设障等极端粗暴的疫情防控措施;社区、农村也出现了众多的"雷人标语",其滑稽"娱乐效果"误导了处置的初衷;有些病毒携带者无视国家法律法规要求,造成了疫情的扩散;涉嫌传播新冠肺炎病毒事件、检验实验室超能力检测出具"假报告"事件、核酸检测出多例"假阳性"事件、检验实验室数据造假事件、不遵守社区防疫规定事件等违法违纪问题时有发生,为疫情防控工作设置了障碍。为此,各级党委政府加大了依法治理和重拳出击的力度,通过多轮"组合拳",有效地解决了疫情防控期间各种违法法纪问题。

(五)"三基"与"三识",重心下沉与关口前移,织牢群防群治网络体系

"三基",是基层、基础和基本的统称。基层是社会组织的最小单元,突发事件的诱因和风险在基层,第一响应在基层,先期处置在基层,防范工作的重心也在基层。基础是突发事件应对工作的基石,常言讲,"基础不牢,地动山摇",基

本是基层风险防范工作的基础,突发事件防范与应对要有基本准备、基本力量、基本措施。"三识"是意识、常识和知识的统称。公民应树立"耽误一分钟,危险六十秒"的危机意识,具备防范与应对突发事件的一般常识和个人防护、基本逃生、自救互救基本知识。

预防防范体系是危机和风险的拦河坝,坝体越高越长,对于风险和危机的防范能力就越强。预防防范体系的基础在基层,预防防范工作的落实也在基层,因此,我们要把预防防范工作的重心下沉到基层,把预防防范工作的关口前移至基层,在基层广泛开展科学的风险认知活动,以喜闻乐见、可理解、可接受的方式,将预防防范知识传递给公众,进而转化为普通百姓的风险意识、风险常识、风险知识和风险应对技能,按照"六有"(有机构、有队伍、有预案、有物质、有场所、有平台)要求,加强基层群防群治网络体系建设。这次疫情防控期间,我们通过基层单位和组织,将党和政府关于疫情防控的策略措施,及时传递到广大人民群众之中,实现了"零死角、零盲区、零疏漏"的传递,基层出现的"有病才买药"到"买药等阳性"的现象,充分说明了公众风险防范意识和应急准备能力正在逐步提升。

(六)"应急"与"科技",赋能叠加才会增长作用臂

灾害经济学的"十分之一"法则告诉我们,在灾前投入一分资金,用于灾害的防范,通过降低灾害发生的概率或者避免灾难的发生,人类可以降低十分的损失。所以说,做好应急准备工作就显得十分重要。"四预"(预防、预测、预警和预案)是应急准备的重要内容,其中,应急预案是应急管理工作的基础,也是突发事件应对的"作战图""路线图"。岗位在变、职务在变、环境在变,处置突发事件的责任不会变,预案准备,类别要健全、要自成体系、更要实用管用。常言说得好,"家里有粮、心里不慌",就是这个道理。从应急管理全流程视角看,健全和完善应急管理全流程应急准备,包括了应急救援队伍与力量、应急物资与装备、应急产业与研发准备等;从应急管理全要素视角看,健全和完善应急管理全要素应急准备,诸如公共危机公民教育、应急心理准备等,培养全社会的安全意识、安全常识、安全知识和安全技能,最终实现应急治理体系和治理能力现代化。新冠肺炎疫情的暴发,对我国的治理体系和治理能力进行了一次实战检

验,既彰显了治理体系和治理能力的有效性和成绩,也暴露出了诸多不足和缺陷。疫情应对期间,福建省泉州市鲤城区将欣佳酒店征用为疫情隔离酒店,该酒店在违章改造时,于2020年3月7日19时5分发生坍塌,致71人被困(不含自救逃生的9人),事故共造成29人死亡、50人受伤,直接经济损失5794万元,20人获刑。同是疫情应对,当我们注重了"应急"与"科技"之间的关系,将"科技"赋能于"应急"时,就增长了应急工作的作用臂,收到了意想不到的效果。疫情防控期间,科研机构、有关科技公司,充分利用大数据、互联网等信息化技术和手段,组织研发了健康码、行程码、场所码等小程序,在组织核酸筛查、行程监控、流量监测等方面发挥出了极大作用,阿里巴巴推出"疫情监控云屏"、大数据助力疫情防控工作、华为助力火神山医院搭建5G网络基站、网易推出免费线上课程、顺丰通过物流网络向武汉运送大量防疫物资等。依靠科技的力量,为抗击新冠肺炎疫情提供了强大持续的科技支撑。数字化、人工智能、机器人、区块链等现代科学技术对应急管理的赋能,必将会使应急管理插上腾飞的翅膀。

(七)"万家宴"与"钻石号",合作与沟通是突发事件应对工作的"倍增器"

雪崩时,没有一片雪花是无辜的。疫情暴发初期,武汉市江岸区百步亭社区举办"万家宴",4万余家庭共吃团年饭,13986道菜品摆满了党群活动中心主会场和9个分会场。与此同时,武汉还推出了主题为"浓浓中国风,暖暖江城情"2020春节武汉观光活动,向市民发放20万张文旅惠民券,让市民过年期间可免费游览市内主要文旅景区。"万家宴"活动正处在武汉新冠肺炎疫情暴发的初期,"万家宴"造成疫情传播范围扩大。至2020年1月20日,我国境内累计报告新冠病例224例,确诊218例中,武汉就占了198例。疫情发生后,我国充分发挥"集中力量办大事"和"一方有难、八方支援"的社会主义制度政治优势,仅用了1个多月的时间,就遏制了疫情发展势头。国内疫情应对期间,还召开了举世瞩目的中国共产党第二十次全国代表大会,成功举办了第24届冬季奥林匹克运动会、全国第十四届运动会和第四届中国国际进口博览会等重大活动。同样是聚集性疫情,没有合作与沟通,应对结果完全不同。"钻石公主号"游轮于2020年1月20日,从日本横滨出发,载有56个国家2666名游客,船上共有船员1045人,2月1日在香港靠岸时,发现一名新冠肺炎患者,然后,以每天10例以上的速度递增,至2月19日,确诊病例621例,2月29日12时,日本确诊740例新冠肺炎病例中,有705例来自钻石公主号游轮。该游轮母港是日本横滨港,船籍是百慕大英国海外领地,隶属美国嘉年华集团,所有权属于美国,运营权属于英国。但疫情发生后,本应行使管辖权的英美两国相互推诿扯皮,疫情防控责任落在了毫无管辖权的日本,仅靠日本一国之力难以完成疫情防控任务,由于疫情肆虐蔓延,导致东京奥运会延时举办。由此可见,加强国家和地区之间的协作与沟通,是突发事件应对工作的"倍增器"。

(八)"民间"与"官方"共同搭台"唱戏",力促事件应对优势互补

新冠肺炎疫情应对的实践告诉我们,突发事件应对工作应建立以党委政府为主导、官方与民间相协作的突发事件应对工作机制。在组织传染病专业应对,"官方"应建立中央、省、市三级公共卫生应急管理体系,确立中央、省、市三级CDC(疾病预防控制中心),中央CDC承担全国公共卫生事件应急管理的协调工作;省级CDC主要执行中央CDC下达的指令,搜集和分析传染病信息,定期将相关分析结果上报中央CDC;市级CDC在公共卫生事件发生后,执行上级CDC的决策,落实公共卫生应急管理的具体措施。在组织应急保障时,"民间"相关组织和社会平台,自觉承担起了社会防控责任,充分发挥自身优势,与政府之间密切合作,同台"唱戏",确保了疫情防控应急物资的急需。"非典"疫情之后,我国民间组织和社会平台得到了快速的发展,电商平台成为公众获取医疗物资供应和调控的关键渠道。面对这次新冠肺炎疫情防控工作实际需求,京东、阿里、美团、多点等主流电商企业发出了坚决履行社会责任,全力保障应急物资供应联合倡议书,主动开展了价格监测,打击投机囤货、优先保障医院供应等行动。电商平台的主动作为,对疫情防控期间平抑物价、避免人员聚集、打击非法投机等行为,起到了良好的作用。

【社会安全事件】
从风险评估、信息预警到应急处置
——"12·31"上海外滩陈毅广场拥挤踩踏事件应对反思

我国正处于社会主义现代化建设的重要时期,影响我国社会稳定的因素也在不断增多,突发社会安全事件也处在一个相对活跃的时期。各种传统的和非传统的、自然的和社会的、国际的和国内的风险矛盾交织并存,社会安全事件处置难度增大;事件发生的次数、参与人数、事件规模呈上升和扩展态势;事件涉及领域广泛、参与主体呈多元化趋势;行为激烈对抗性加剧、破坏性日益严重、组织化程度明显提升,且具有集中性和反复性,公共安全管理面临的形势更加严峻复杂。如何做好新形势下突发公共事件的应急处置工作,从"12·31"上海外滩陈毅广场拥挤踩踏事件的复盘剖析中,得到一些启迪,为重大群体性活动的组织与实施提供借鉴。

一、事件回放

2011年,上海市开始在外滩上演国内最大规模的跨年3D灯光秀。以往举办外滩灯光秀跨年迎新活动时,采取了严格的交通管制措施,外滩附近中山东一路、北京东路、四川中路等周边区域的路段,禁止一切车辆通行,黄浦江东金线轮渡双向停航,黄浦江人行观光隧道关闭,外滩附近地铁2号线、10号线的南京东路站都会封站。2014年跨年灯光秀活动共分为两个部分,一个是在陈毅广场观景台对面的10秒倒计时灯光,另一个是在"外滩源"的5D大型灯光表演,两者间距离为0.5公里,为了缓解交通压力,主要表演活动在外滩源举行。

外滩风景区,是黄浦区辖区内公共区域,东起黄浦江防汛墙、西至中山东一路和中山东二路西侧人行道、南起东门路北侧人行道、北至苏州河南岸,面积3.1平方公里。

陈毅广场,位于上海外滩风景区中部(与中山东一路335号至309号段隔路相望)、与南京东路东端相邻、与中山东一路相连,公共活动面积约2877平方米。陈毅广场通过大阶梯及大坡道连接的黄浦江观景平台是外滩风景区最佳观景位置。此外,陈毅广场附近交通便捷,距离城市轨道交通2号线、10号线南京东路站约580米,是外滩风景区人员流量最大、密度最高的区域。

拥挤踩踏事件发生现场,位于陈毅广场东南角通往黄浦江观景平台的上下人行通道阶梯处。阶梯自上而下分为两组共17级,两组阶梯间距2.3米,阶梯两侧有不锈钢条状扶手,阶梯宽度6.2米,最高处距地面高度3.5米,纵深8.4米。

外滩风景区东侧黄浦江对岸是上海东方明珠和新落成的上海中心等标志性建筑所在的浦东陆家嘴地区,西侧沿中山东一路有外滩历史建筑群,并与延安东路、广东路、元芳弄、福州路、汉口路、九江路、南京东路、滇池路、北京东路、南苏州路等道路相通。市民游客可沿阶梯上至观景平台,观看黄浦江两岸景观灯和建筑群。外滩源位于中山东一路33号,邻近外滩风景区,与陈毅广场步行距离约550米,是事发当晚新年倒计时活动的举办地点。

2014年12月31日20时起,外滩风景区大量市民游客涌向外滩观景平台,市民游客人数逐步呈现聚集态势;22时37分,外滩陈毅广场东南角北侧人行通道阶梯处的单向通行警戒带被市民游客冲破,现场值勤民警竭力维持秩序,但仍有大量市民游客逆行涌上观景平台;23时23分至33分,上下人流不断对冲后,在阶梯中间形成僵持,继而逐步形成"浪涌";23时35分,僵持人流向下的压力陡增,造成阶梯底部有人失衡跌倒,继而引发多人摔倒、叠压,下面更多的人被层层涌来的人浪压倒,形势逐渐失控,最终酿成悲剧,致使拥挤踩踏事件发生。事件造成36人死亡,49人受伤(伤者多数是学生),其中,重伤13人,轻伤18人(18人诊治后离院,31人继续在院治疗)。

2015年1月21日,上海市公布"12·31"外滩陈毅广场拥挤踩踏事件调查报告,认定"12·31"上海外滩陈毅广场拥挤踩踏事件是一起对群众性活动预防准备不足、现场管理不力、应对处置不当,而引发拥挤踩踏并造成重大伤亡和严重后果的公共安全责任事件。"12·31"上海外滩陈毅广场拥挤踩踏事件告诫我们,应对公共安全事件,要具备丰富的城市公共安全应对经验与较高的现场应急处理能力,时刻做到城市安全管理警钟长鸣。

二、应对之策略

事件发生后,党中央和上海市领导迅速做出批示,上海市立即成立了应急处置与应急救援工作机构,由上海市市长牵头,统一组织和指导应急处置与救援工作。

(一)领导高度重视,政府及部门快速响应,全面展开调查工作

拥挤踩踏事件发生后,中共中央总书记、国务院总理等中央领导同志分别做出重要批示,要求上海市全力以赴救治伤员,做好各项善后工作,抓紧调查事件原因,深刻吸取事件教训,及时准确向社会发布信息。上海市委书记、市长对事件调查工作高度重视,要求彻查原因,严肃问责,举一反三,深刻吸取教训。公安、交通、卫计、旅游等部门依据突发群体性事件响应有关工作要求,迅速按照职责分工,展开了应急处置与救援等工作。上海市依据《中华人民共和国突发事件应对法》和《上海市实施＜中华人民共和国突发事件应对法＞办法》等有关法律法规,迅速成立了联合调查组,市委常委、常务副市长屠光绍任组长,副市长周波任副组长,市政府相关副秘书长和市监察局、市安全监管局、市公安局、市应急办、市政府法制办、市卫生计生委、市旅游局等部门相关负责同志为成员。联合调查组邀请了国家和本市应急管理、公共安全管理、法律等方面的专家,为事件调查进行分析论证。联合调查组通过现场勘查、调查取证、专家论证、综合分析等方式,开展了事件调查工作。先后调查走访了受伤人员、值勤民警、市民游客、地铁工作者等人员,详细了解事件发生过程,并对事件现场有关情况进行核查。联合调查组还调取查看外滩区域 36 个监控探头、累计时长约 70 小时的视频录像,系统梳理相关法律法规,查阅市级和区级有关部门"三定方案"、规范性文件、会议纪要等资料 195 份,对市级 10 个部门(单位)和黄浦区政府以及区有关部门领导共 51 人进行了谈话询问。对"12·31"外滩陈毅广场拥挤踩踏事件系有人在外滩 18 号抛撒疑似"美金"引发舆情一事,立即展开了应对行动。经查,该疑似"美金"为外滩 18 号一酒吧代金券,视频监控显示,距离事件现场约 60 米的外滩 18 号疑似纸张高空飘落,引发少数群众捡拾,未发

现人群挤压,且此事发生在拥挤踩踏事件之后,踩踏与抛撒代金券无关。

(二)树立"生命至上"理念,现场展开伤员救治工作

2014年12月31日23时35分,拥挤踩踏事件发生后,在现场维持秩序的民警试图与市民游客一起将临近摔倒的人员拉出,但因跌倒人员仍被上方的人流挤压,多次尝试均未成功。此后,阶梯处多位市民游客在他人帮助下翻越扶手,阶梯上方人流在现场民警、管理人员和热心市民游客的共同努力下开始后退,上方人员密度逐步减小,民警、现场工作人员和市民游客开始将被拥挤踩踏的人员移至平地进行抢救。许多市民游客自发地用身体围成人墙,辟出一条宽约3米的救护通道。现场市民游客中的医生、护士都自发地加入受伤人员抢救之中,对有生命体征的受伤人员进行紧急抢救。

12月31日23时41分22秒起,上海市"120"医疗急救中心陆续接到急救电话。23时49分起,先后有19辆救护车抵达陈毅广场,第一时间开展了现场救治和伤员转运工作。上海市公安局及黄浦公安分局迅速组织开辟应急通道,调集警用、公交及其他社会车辆,将受伤市民游客就近送至瑞金医院、长征医院、上海市第一人民医院和黄浦区中心医院进行抢救。同时,迅速组织力量千方百计地收集伤亡人员信息,及时联系伤亡人员所在单位和家属。

(三)完善组织机构,全力做好应急处置工作

拥挤踩踏事件发生后,上海市委、市政府主要领导迅速赶赴事发现场,组织指挥应急处置工作,并分别前往医院看望慰问受伤人员和伤亡人员家属。连夜组织召开紧急会议,成立了医疗小组、联合调查组、善后工作组、舆情工作组等应急工作机构,各应急工作机构立即展开工作。指挥部调动全市优质医疗资源,全力以赴救治受伤人员,在专家会诊评估的基础上,按照"一人一方案、一人一专家"的要求,逐一明确医疗方案,尽一切可能挽救生命。截至1月20日,49名伤者中已有46人经诊治后出院(包括13名重伤员中的11人),3名伤员(2名重伤、1名轻伤)仍在院治疗。在通过多种途径确认伤亡人员身份信息后,及时向社会公布遇难者名单,并对出院伤者进行随访,指派专人全力做好伤亡人员家属的接待、安抚工作,组织专业人士对受伤人员和伤亡人员家属进行心理疏导。通过组织集体采访、书面发布、"上海发布"政务微博等形式,及时向媒体

和社会发布相关信息。上海市各地紧急叫停一批正在开展或即将举办的大型活动。同时,各区已经启动了针对各类安全隐患的全面排查行动,并明确值班机制。针对一些人流密集的地标性区域,加强了安保巡查力度。

2015年1月1日,文化和旅游部网站发布关于做好节日期间旅游安全工作的紧急通知。通知要求,各地要从上海外滩及以往类似事故中汲取教训,各地旅游部门负责人要亲赴一线检查,确保各项安全措施落到实处,及时发布流量信息,引导游客合理出行。

(四) 妥善做好善后处置工作

拥挤踩踏事件发生后,上海市卫生计生委及时启动了心理援助工作机制,协调上海市精神卫生中心组成了8人专家组,并召集6个行政区的精神卫生中心近40人组成应急救治后备队伍,分别与3家收治医院进行对接,做好伤员的心理干预工作,要求收治医院同步做好伤员的心理疏导,积极组织医务社工和志愿者参与伤员及家属的劝慰和安抚工作。

1月1日上午,上海市委、市政府召开全市党政负责干部紧急会议,全面部署事件的各项善后工作和全市安全防范工作,并在会议开始前向遇难者表示深切哀悼。1月4日,市领导分别参加市十四届人大三次会议各代表团会前组团活动和市政协十二届三十八次主席会议,会前,全体与会人员肃立默哀,向遇难者表示深切哀悼。1月7日,上海市委、市政府召开全市安全工作会议,要求全面开展各类安全隐患摸排,针对薄弱环节和短板,一个一个认真梳理,一件一件细致解决,切实做好人员密集场所的安全管理工作。

2015年1月21日,上海市黄浦区人民政府新闻办官方微博"上海黄浦"发布消息,本着"依法依规、合情合理、实事求是、一视同仁"的原则,黄浦区政府会同有关社会组织,共同研究制定了外滩拥挤踩踏事件遇难人员家属救助方案。确定此次事件遇难人员家属救助抚慰金为人民币80万元。其中,50万元为政府救助抚慰金,30万元为社会帮扶金,伤残人员的救助抚慰金额,将根据伤员救治、伤情和伤残鉴定等具体情况另行确定。

三、公共安全管理视角下重大活动组织与实施的思考

维护人民群众生命财产安全和城市运行安全,是各级党委政府法定职责和

应尽的义务,领导干部思想麻痹是城市公共安全最大的隐患,安全责任落实不力是城市公共安全最大的威胁。群体性重大活动的组织与实施,若缺乏科学系统的风险评估、缺乏及时有效的信息公开预警、缺乏精准可行的应急处置措施和手段,必将造成严重危害和社会影响,"12·31"上海外滩陈毅广场拥挤踩踏事件值得我们深思。

(一)预防准备工作,要牢固树立"宁防十次空,不放一次松"的理念,建立"明细台账",实施"消号"管理

古人云:"千丈之堤,以蝼蚁之穴溃,百尺之室,以突隙之烟焚。"这充分说明了凡事应从小处着眼,从细处入手,全面做好应急准备工作的重要性。组织新年倒计时这样重大的群体性活动,关乎着人民群众的生命财产安全,关乎着每个家庭的幸福和社会的安全稳定。因此,应建立和完善各种周密细致的预防准备措施,健全相应的预防准备"台账",每完成一项准备工作,对其进行跟踪检查和"消号"管理,确保各项准备工作落实到岗到位。机会总是留给那些有准备的人,没有危机意识那就是最大的危机。

从2011年起,上海市黄浦区政府、上海市旅游局和上海广播电视台连续三年在外滩风景区举办新年倒计时活动,鉴于在安全等方面存在一定的不可控因素,黄浦区政府经与上海市旅游局、上海广播电视台协商后,于2014年11月13日向市政府请示,新年倒计时活动暂停在外滩风景区举行,将另择地点举行,活动现场观众将控制在3000人左右,主办单位是黄浦区政府和上海广播电视台。对此,市政府同意暂停在外滩风景区举办新年倒计时活动,并就另择地点举办活动,明确要求"谁主办、谁负责",坚决落实属地管辖,切实把责任落到实处。2014年12月9日,黄浦区政府第76次常务会议决定,2015年新年倒计时活动在外滩源举行,具体由黄浦区旅游局承办。同时,要求区有关部门落实活动的各项保障措施。12月26日,黄浦公安分局做出大型群众性活动安全许可决定书,同意区旅游局举办新年倒计时活动的申请。黄浦区政府及黄浦公安分局、市委、旅游局等单位召开会议进行了安排部署。2014年12月19日、24日,上海市公安局先后召开两次党委会议,专题研究部署元旦春节安保维稳工作。12月25日、28日,又召开各公安分局领导专题会议,转发公安部《关于切实做好2015年元旦春节期间安保维稳工作的通知》,就做好元旦春节安保维稳工作提出明

确要求。12月30日,上海市公安局主要领导在安保维稳工作动员部署视频会上强调,上海中心的亮灯和灯光秀仪式可能造成陆家嘴、外滩等相关区域短时间内游客大量聚集,要按照"一活动一方案""一点一方案"的要求,制定周密的安保工作方案和应急处置预案,加强活动现场警力配置。然而,这些预防准备要求只停留在会议安排上,没有落到实处。往年举办新年倒计时活动时,外滩附近的中山东一路、北京东路、四川中路等周边区域路段禁止一切车辆通行,黄浦江东金线轮渡双向停航,黄浦江人行观光隧道关闭,地铁2号、10号线南京东路站封站。连续三年来坚持的行之有效的应急准备措施,而在事发当晚均被取消。

事发现场的东侧是高于地平面四五米的外滩观景平台,向东可以观看上海浦东夜色,向西可以对视外滩西洋建筑群,西侧是中山东一路,而这些非常重要的路段,事发当晚却并未采取交通限行措施。外滩观景平台地形狭长,陈毅广场台阶结构不利于人群流动,人员稠密时无法立足,该片地域找不到一个可以疏散的区域,而这些风险隐患确无人察觉。一位外滩风景区管理办公室工作人员介绍,往年举办外滩灯光秀跨年迎新活动时,前来观看的游客需要经过4道管控"防线"才能到达活动核心区——外滩观景平台,这些"防线"会由武警、公安、协警以及志愿者共同组成,人流过马路时也会有开关闸措施,而事发当晚这些措施却成了虚设。承办新年倒计时活动相关单位在预防与准备上,把"以往做了,当现在做了,把开会部署了,当工作落实了,把只是做了,当作做好了",明知道有风险隐患,才调整改变了活动举办地点,明知道有防范措施与要求,而没有去落实,也没有进行"消号"管理,最终导致了踩踏事件的发生。

由于准备不足,韩国也发生了历史上最为惨重的踩踏事件。2022年10月29日,韩国首尔梨泰院因举办万圣节派对活动发生了踩踏事件,截至11月1日,踩踏事件遇难者人数增至156人。韩媒报道,早在28日,就有市民在社交媒体上称,当晚在梨泰院地区有人被推倒,所幸人群停止了移动,未造成人员伤亡。有韩媒指出,梨泰院过去举办万圣节派对时,当局会派出800名巡警,今年只派出了200名巡警。由此可见,预防与准备措施的不足或缺失,必将酿成悲剧,最终导致拥挤踩踏事件的发生。

(二)风险评估工作,既要注重"常量""变量"分析,还要关注风险的"变形"与"纠缠"

常言讲,"放过隐患,必有后患","知己知彼,百战不殆"。做好风险评估工作,是风险管理与应急管理工作的重要内容之一,是制订应急预案和行动方案的重要依据,是组织应急处置的基本前提,若不知道风险是什么,风险在哪里,风险有多大?何谈去组织应急处置。开展风险评估工作,我们要按照行业规范和标准,组织风险的排查、辨识、分析和评估工作,若环境条件发生了变化,我们还应在"常量"分析的基础上,充分考虑风险因素的"变量",及时掌握风险外溢情况,提出延伸和补充措施,防止风险的"变形"与"纠缠"。风险存在是客观的,风险认知是主观的,若对风险隐患认识不清楚、变量把握不精准、分析评估不到位,必将为重大群体性活动的组织与实施埋下重大隐患。

在上海外滩陈毅广场拥挤踩踏事件中,黄浦区政府和相关部门领导思想麻痹,严重缺乏公共安全风险防范意识,对新年倒计时活动变更存在的风险未作评估。因外滩风景区陈毅广场新年倒计时活动及重点公共场所和人员密集性场所存在着大量的风险隐患,安全方面存在着一定的不可控因素,才经协商,新年倒计时活动暂停在外滩风景区举行,将另择地点举行。以上充分说明了外滩风景区举办此次活动,存在着重大的风险隐患,为了消除或降低风险,才提出择地另行举办,将活动现场观众控制在3000人左右的要求。新年倒计时活动,环境条件变了,风险因素也将随之发生变化,针对这一情况,举办方仍未进行风险分析和评估,也未及时发出风险防范的预警,大量市民游客认为外滩风景区仍会举办新年倒计时活动,南京路商业街和黄浦江对岸的上海中心、东方明珠等举办的相关活动吸引了部分市民游客专门至此观看。拥挤踩踏事件发生时,楼梯最低处忽然有人被挤倒,附近人们一边试图拉起他们,一边大声呼喊:"不要再挤了!有人摔倒了!"可惜的是,这点声音都被淹没在楼梯上不断涌下来人群的嘈杂声中。潜在的风险、常量的演变、风险的纠缠,最终导致了势态的失控。黄浦区政府在新年倒计时活动变更时,未对可能存在的人员聚集安全风险予以高度重视,没有组织风险评估,缺乏应有认知。黄浦公安分局未按照黄浦区政府常务会议要求,在编制新年倒计时活动安全保卫工作方案时,对外滩风景区安全风险进行专门评估(仅对外滩源新年倒计时活动进行了安全评估)。风险的变形与纠缠,最终导致了决策判断失误、应对措施不当,造成了严重的公共安全责任事件。同样,韩国首尔梨泰院踩踏事件发生地,是一条从梨泰院洞的世界美食街延伸到梨泰院站 1 号出口,宽约 4 米、长约 45 米左右的胡同,是一条下坡路的狭长地段,一侧为酒店外墙,没有备用出口。事发当天,现场人流量暴增到平日的 10 倍,达到了 10 万人的规模。根据研究表明,成人占用空间约为 0.18 平方米,当人群密度小于每平方米 2 人时,人们可以自由活动,就算是快速活动,也可以避开障碍,防止摔倒,一旦这个数字达到每平方米 8 人以上时,情况就会变得十分危险。"见之于未萌,识之于未发",若不以科学的理论,去组织风险分析与评估,潜伏的风险必将演变成为突发事件。因此,做好重大活动风险评估工作十分必要。

(三)信息与预警,手段多元、方法多样、渠道多种,及时、快速、准确地将信息传递到最需要的地方

《管子·九守》云:"目贵明,耳贵聪,心贵智。以天下之目视,则无不见也,以天下之耳听,则无不闻也,以天下之心虑者,则无不知,辐辏并进,则明不可塞。"我们要充分发挥信息网络监测预警系统、大数据、云平台的作用,采取"土洋结合"的方法,做到目明、耳聪、心智,实现信息"出现即发现"的精准监测目标,及时快速准确地获得突发事件信息。对获得的碎片化信息,要进行多维度的分析和研判,形成信息结论,及时进行报告和传递,对有价值的信息要做到"发现即发布",尽早做好预警发布工作,为突发事件应对赢得有利时机。在城市安全运行管理过程中,对存在的风险与隐患,要做到"四早五最"(早发现、早研判、早预警、早处置,在最早的时间、最低的层级、以相对最小的成本、解决最突出问题、达到最佳的综合效应),及时将信息传递到最需要的地方。

通过对上海外滩陈毅广场拥挤踩踏事件动态监测、信息传递、预警发布等环节的研究分析,我们发现在信息预报预警过程中存在着许多短板和问题。

一是监测报告制度不落实、监测信息不精准,对监测人员流量变化情况,未及时进行研判、预警,未发布提示信息。12 月 31 日 20 时至拥挤踩踏事件发生时,外滩风景区人员流量呈上升趋势。事后,根据上海市通信管理局、市公安局、地铁运营企业(即申通集团)等部门单位提供的数据分析,事发当晚外滩风景区人员流量情况:20 时至 21 时,约 12 万人;21 时至 22 时,约 16 万人;22 时

至23时,约24万人,23时至拥挤踩踏事件发生时,约31万人(远远超出原计划控制在3000人左右的规模)。20时12分,上海市公安局指挥中心要求黄浦公安分局指挥中心整点上报外滩风景区和南京路步行街人员流量情况。20时20分,黄浦公安分局指挥中心上报,外滩风景区观景平台人员流量5成(民警凭经验对人员密集程度的判断),南京路(河南路至中山东一路)人员流量约5~6成。20时27分,上海市公安局指挥中心要求黄浦公安分局指挥中心每半小时上报外滩风景区和南京路步行街人员流量情况。21时14分,黄浦公安分局指挥中心上报陈毅广场人员流量5成,情况正常;21时39分,黄浦公安分局指挥中心致电外滩分指挥部,询问外滩风景区和南京路步行街人员流量情况,回复均为6~7成,但电台和电话记录未显示上报上海市公安局指挥中心;22时45分,黄浦公安分局上报,外滩风景区观景平台人员流量5~6成。黄浦公安分局指挥中心未严格落实上海市公安局指挥中心每半小时上报人员流量监测情况的工作要求,也未及时向黄浦区委、区政府总值班室报告信息。黄浦公安分局对各时段人员流量快速递增的变动情况监测不精准,上报不及时,未及时采取有效应对措施,未报请黄浦区政府发布预警,控制事态发展。对上海市公安局多次提醒的形势研判要求,也未做出响应。

二是信息传递有盲区,传递方法单一。2014年12月31日,上海外滩没有举办大型跨年活动,但在几百米外的外滩源确实有一处封闭的收取门票式的灯光秀,然而不少市民游客对于外滩与外滩源是不是同一地点并不知情,前去外滩的市民游客不断增多,一些管制措施却没有及时进行调整。对新年倒计时活动场地的变更,上海各大媒体事发前几天都有报道,很多年轻人并不知道这一变化。并且,外滩源和外滩一字之差,很多学生和游客并不知道区别是什么。于是,当日晚上大多数的市民游客,还是来到了外滩的陈毅广场。

三是新年倒计时活动变更信息宣传严重缺位。新年倒计时活动变更后,主办单位应当提前向社会充分告知活动信息。但是,直至12月30日,黄浦区旅游局才对外正式发布了新年倒计时活动信息,对"外滩"与"外滩源"的区别,没有特别提醒和广泛宣传,信息传递出现不对称、不及时、不到位、不充分的问题。

(四)应急处置工作,要警惕"准备不足凭经验、情况不明决心大"的现象,要依法依规科学应对突发事件

突发事件现场,情况往往错综复杂,瞬息万变,事件发生原因、发展趋势、可

能造成的后果,第一时间都难以确定,各种新矛盾新问题不断出现,决策者常常会有一定的压力。《大学》云:"知止而后有定,定而后能静,静而后能安,安而后能虑,虑而后能得。"越是事件紧急、情况不明,越要稳住阵脚,保持冷静。要做到决策、力量到位而不越位,要让专业的人,去干专业的事,要团结而不要分裂,危急关头,要敢于站得出来,身先士卒、为人表率,依据应急(预案)方案,科学有序组织事件应对。

上海外滩陈毅广场拥挤踩踏事件表明,"条块分割、点线分离、各自为政"是城市安全运行管理亟须破解的重要难题。新年倒计时活动任务明确后,黄浦区政府及其部门各自展开了相应准备工作。12月25日,黄浦公安分局制定了新年倒计时活动安全保卫工作方案,成立了新年倒计时活动安保工作指挥部,设立了现场管控、外滩及南京路沿线秩序维护两个分指挥部,活动共安排安保警力771名、主办方保安180名。其中,外滩、南京路沿线秩序维护警力350名(陈毅广场60名,阶梯处7名)。12月31日,黄浦区市委及其下设的黄浦区外滩风景区管理办公室共安排108名城市管理执法人员和社会辅助力量,参加外滩风景区中班时段管理工作(中班日常工作时间为14时15分至22时15分,当日安排工作时间为14时15分至次日凌晨1时)。21时09分,外滩风景区由黄浦公安分局副局长(外滩分指挥部现场指挥长)陈琪负责指挥,南京路沿线由副局长姚华负责指挥。21时13分,黄浦公安分局调集辖区5家派出所40名警力增援南京路沿线,22时左右到岗;21时18分,通知警训队20名警力增援外滩分指挥部,21时44分,警训队警力到岗。21时20分,指挥中心指挥员俞磊带领40名警力到达外滩分指挥部增援。20时27分,黄浦公安分局局长周正致电陈琪,询问南京路步行街人员流量、警力配置情况,周正要求采取"铁马"措施,每隔10米,安排1名警力;外滩风景区观景平台入口设立单向通行警戒带。此后,黄浦公安分局根据人员流量情况,对现有警力部署进行调整。22时44分,周正致电姚华,要求南京路沿线警力设置拦截线减缓人群往外滩方向流动。截至23时30分,黄浦公安分局在外滩风景区、南京路沿线共布置警力510名,其中陈毅广场80名(阶梯处13名),南京路沿线150名。20时31分,上海市公安局主要领导致电周正,要求重视外滩风景区人员流量情况,落实安保措施。22时,上海市公安局副局长陈臻、俞烈、陆民在市局指挥中心大厅,通过视频监控查看外滩风景区等区域人员流量情况。陈臻通过视频电话提示周正,外滩风景区人员已经很多,要求其进行安全评估,如有需求及时提出。对此,黄浦公安分局未提出需求。22时12分,上海市公安局指挥中心指令培训三部200名、培训四部100名、静安公安分局100名、虹口公安分局50名、闸北公安分局50名共500名警力增援黄浦公安分局。23时10分,虹口公安分局增援警力到达中山东一路、滇池路口,主要负责中山东一路(南京东路至北京东路)沿线警戒和人群疏导;23时30分,闸北公安分局增援力量到达陈毅广场北侧观光隧道入口,主要负责引导和疏散观景平台人群。23时35分,培训三部、培训四部增援警力分别位于中山东一路福州路路口、中山东一路北京东路路口,静安公安分局增援力量尚未抵达。23时24分,上海市公安局指挥中心致电黄浦公安分局指挥中心,建议在外滩风景区沿线的中山东一路两端对机动车进行改道分流,实施交通临时管制措施。黄浦公安分局指挥中心回复,周正的意见是继续保持交通畅通,否则,老百姓会认为外滩风景区有大型活动。以上警力部署与调动均未进行风险评估,在力量持续投入和采取应对措施上,凭主观经验办事。整个活动存在着警方对人流量预估严重不足的情况,虽然迅速组织了500名警力及时参与疏导人流,但还是由于人数过多,没能阻止悲剧的发生。各种准备严重缺失,现场缺乏有效的控制。23时30分,当发现客流异常增多时,民警未能采取强行进入的方式,及时进入核心区域,进入核心区域所用时间比正常时间要多。应急预案启动滞后,美国在纽约组织狂欢节活动时,于活动8小时前就启动了相关预案,做好了各项准备,上海新年倒计时活动在活动前37分钟才启动应急预案,从而导致预案很多准备工作难以落实。

(五)突发事件应对工作只有进行式,没有结束式。结束就是开始,既是承上也是启下,既是收尾也是开头,突发事件应对工作永远在路上

突发事件应对工作的结束,标志着新一轮预防与准备工作的开始。中医在"愈后防复"中强调,大病初愈后,身体很虚弱,抵御病邪的能力也很差,如不及时调理好身体,就会存在很大复发的可能性。突发事件应对工作也是如此,突发事件发生后,要圆满"收场",必须做好突发事件应急处置的后续工作,防止节外生枝。停止执行应急状态下的各项措施,并不意味着导致突发事件的原因已经完全消除,特别是在某种情况下,一个突发事件可能会引发其他事件,或者重

新引发社会安全事件的现象屡见不鲜。因此,突发事件处置结束后,都要认真做好突发事件的善后处置工作,既要消除次生、衍生事件,也要做好事件应对的分析总结与评估工作,既要做好事态恢复,又要修订完善预案,重新做好突发事件的预防与准备工作。

上海外滩陈毅广场拥挤踩踏事件发生后,上海市立即紧急叫停一批正在开展或即将举办的大型活动,各区启动了针对各类安全隐患的全面排查行动,针对一些人流密集的地标性区域,加强了安保巡查力度。文化和旅游部下发了关于做好节日期间旅游安全工作的紧急通知,要求各地要以上海外滩陈毅广场拥挤踩踏事件为教训,各地旅游部门负责人要亲赴一线检查,确保各项安全措施落到实处,及时发布流量信息,引导游客合理出行,防止此类事件的再次发生。

坚持在突发事件应对实践中学习,不断地汲取突发事件应对工作的经验教训,充分利用"5·12"国家防灾减灾日等时机,依托传统媒体和新媒体等平台,广泛开展公共安全知识和应急常识的宣传普及活动。坚持群众观点和群众路线,坚持群防群治和社会共治理念,完善公民安全教育培训体系,推动应急安全宣传"进企业、进农村、进社区、进学校、进家庭"活动,开展常态化应急知识宣传培训与应急疏散演练活动,引导支持社区居民开展风险隐患排查和治理,积极推进安全风险网格化管理,全面筑牢防灾减灾救灾的人民防线。

参考文献

[1] 乔仁毅,龚维斌.政府应急管理[M].北京:国家行政学院出版社,2016.12.

[2] 王宝明,刘皓,王重高.政府应急管理教程[M].北京:国家行政学院出版社,2013.3.

[3] 闪淳昌,薛澜.应急管理概论:理论与实践(第2版)[M].北京:高等教育出版社,2022.10.

[4] 游志斌.基于典型案例的重特大突发事件现场管理研究[M].北京:国家行政学院出版社,2016.8.

[5] 生产过程危险和有害因素分类与代码(GB/T13861-2022).

[6] 企业职工伤亡事故分类标准(GB6441-86).

[7] 地质灾害危险性评估规范(GB/T40112-2021).

[8] 洪涝灾情评估标准(SL579-2012).

[9] 防洪风险评价导则(SL602-2013).

[10] 堰塞湖风险等级划分标准(SL450-2009).

[11] 林业有害生物风险分析准则(LY/T2588-2016).

[12] 电气安全风险预警指南(GB/T40437-2021).

[13] 城市轨道交通地下工程建设风险管理规范(GB50652-2011).

[14] 城市轨道交通工程地质风险控制技术指南(建办质〔2020〕47号).

[15]《城市轨道交通运营安全风险分级管控和隐患排查治理管理办法》(交运规〔2019〕7号).

[16] 超高层建筑施工安全风险评估与控制标准(T/CECS671-2020).

[17] 化工企业定量风险评价导则(AQ/T3046-2013).

[18] 石油天然气管道系统治安风险等级和安全防范要求(GA1166-2014).

[19] 交通运输信息系统安全风险评估指南(JT/T1275-2019).

[20] 电信网和互联网安全风险评估实施指南(YD/T1730-2008).

[21]《信息安全技术工业控制系统风险评估实施指南》(GB/T36466-2018).

[22] 信息安全风险评估规范(GB/T20984-2007).

[23] 国家煤矿安监局关于印发《关于预判防控煤矿重大安全风险的指导意见(试行)》的通知(煤安监监察〔2020〕25号).

[24] 《渔业船舶重大事故隐患判定标准(试行)》(农渔发〔2022〕11号)节选.

[25] 《危险货物港口作业重大事故隐患判定指南》(交办水〔2016〕178号).

[26] 《水上客运重大事故隐患判定指南(暂行)》(交办海〔2017〕170号).

[27] 《化工和危险化学品生产经营单位重大生产安全事故隐患判定标准(试行)》(安监总管三〔2017〕121号).

[28] 《重大火灾隐患判定方法》(GB35181-2017).

[29] 郑州"7·20"特大暴雨灾害调查报告.

[30] 天津港"8·12"瑞海物流公司危险品仓库特别重大火灾爆炸事故调查报告.

[31] 国务院联防联控机制《新型冠状病毒肺炎防控方案》第九版.

[32] "12·31"外滩陈毅广场拥挤踩踏事件调查报告.

后 记

2004年,我开始从事应急管理方面的研究,组织编写了《西安市突发公共事件总体应急预案》,从此,就与应急管理结下了不解之缘。20年来,一直供职于政府应急管理部门,亲自组织了地方应急体系建设规划编制、应急预案制定和重大应急演练活动;身临其境,多次参与了重特大突发事件的现场处置与救援工作;潜心研学,不断积累沉淀了一些应急管理的经验与收获。在工作实践中,对风险的感知、事件的演变、危机的化解、预防与准备以及处置与救援等方面进行了长期探索,有了许多心得与感悟,这些经验体会、教训反思、想法见解,都是在应急管理实践活动中获得的,来之不易。因此,经过了认真地思考,进行了系统梳理与归纳,以《应急急诊室》的方式,呈现给大家,仅尽一个应急管理工作者微薄之力。

风险管理重在"织网",应急管理重在"成链",这是一本"织网成链"的书,是风险防范与化解的参考书、预案编制与管理的指导书、突发事件处置与救援的操作书。该书在整体结构设计上,采用了医院业务策略模式,设置了"药理、体检、处方、手术和临床"五大部分,分别就风险管理、应急管理和危机管理中的风险概论、风险评价、预案管理、应急行动和案例剖析等内容进行了"全链条式"的阐述。在"药理"设置上,强调了风险管理的重要性,阐述了风险管理基本流程、应急管理相关属性、危机应对策略境界,理顺风险管理、应急管理与危机管理之间的关系,揭示了风险管理是应急管理工作的基础和"前沿",是最重要的

预防准备工作;在"体检"设置上,采用了"自检、复检和专检"三种"体检"模式,就管理环节中的人、物、环境等因素风险形成原因、防控标准措施和重大事故隐患判定,进行了规范和明确,为政府及其企事业单位对标对表标准,完成自身"体检",查验自身在安全管理方面存在的问题,提供了风险分级管控和隐患排查治理的"谱系图";在"处方"设置上,突出应急预案是应急管理工作第一业务这条主线,就党委政府及其部门和单位及基层组织应急预案编制与管理有关问题,进行了详细介绍,用"一案"(应急预案)引领"三制"(应急体制、运行机制和应急法制)建设,为各级各单位认真做好应急准备工作提供了指导;在"手术"设置上,结合事件机理、事态发展和突发事件应对工作实际需求,对情报支持、应急指挥、力量编成和现场处置与救援行动程序等内容进行了探索与研究,提出了突发事件应对工作的基本流程、基本方法和基本要求,为现场应急行动的组织与实施提供了借鉴;在"临床"设置上,以自然灾害等四个类型突发事件典型案例为"临床患者",通过对其处置与救援过程的"复盘"与"归零"研究,以新的视角提出了新时期、新形势下突发事件应对工作的"新疗法",为做好突发事件应对以及应急管理工作开启了"探索之门"。通过对重特大突发事件案例剖析研究,也进一步阐明了"风险、应急与危机"事件的全周期管理过程,与本书前四章内容相呼应,更好地揭示了突发事件应对工作由"风险管理"到"应急管理"再转向"危机管理"的演变进程。给地方党委政府及其部门和单位及基层组织在风险防范与化解、应急准备与行动以及公共安全体系建设等方面提供了支持和帮助。

中安应急管理研究院执行院长滕飞霞、国家城市轨道交通专家委员会专家贺农农、西安市应急管理专家魏鹏、西安市应急管理局原总工、一级调研员刘平参与了本书的研究探讨和修订完善工作;有着地方应急管理工作经验的杨栋超、房雷雷、范蓉、何鑫等同志为本书的编写提供了大量的实践素材,并多次参与对本书所述观点的讨论校正工作;董为民同志为案例剖析提供了有益的意见;陈新安、王利民、袁卫东、杨利军等同志对本书的最后修改与完善,提出了有建设性的建议;西安中安应急技术研究院有限公司、陕西城与光管理咨询有限公司对本书的编撰工作给予了大力支持。在此,谨对给予本书编写提供帮助支持和付出辛勤劳动的专业人士及社会组织机构表示衷心的感谢。

由于编者水平有限,而且是个人在应急管理"赶考"路上的一些工作实践与思考,相关研究和探索不可避免地存在着一定的局限性,书中也难免会有一些错漏和不足之处,敬请各位读者批评指正。

范升彦

2022 年 12 月 30 日

于西安